Fondateur
André ROBINET

Directeur
Gilbert HOTTOIS

Entre modernité et postmodernité, cette collection d'essais a pour vocation première d'encourager des réflexions originales sur l'avenir d'une civilisation caractérisée par les interactions entre traditions et technosciences.

REGARDS CRITIQUES SUR LE PRINCIPE DE PRÉCAUTION

DANS LA MÊME COLLECTION

CHABOT P., *La philosophie de Simondon*, 2003.
– et HOTTOIS G. (dir.), *Les philosophes et la technique*, 2003.
COURTINE-DENAMY S., *Le souci du monde. Dialogue entre Hannah Arendt et quelques-uns de ses contemporains*, 1999.
DALED P.F., *Le matérialisme occulté et la genèse du sensualisme. Écrire l'histoire de la philosophie en France*, 2005.
FISETTE D. et POIRIER P., *Philosophie de l'esprit. État des lieux*, 2002.
GATEAU V., *Pour une philosophie du don d'organes*, 2009.
GOFFETTE J., *Naissance de l'anthropotechnie. De la médecine au modelage de l'humain*, 2006.
GOFFI J.-Y., *Regards sur les technosciences*, 2007.
HOTTOIS G., *Essais de philosophie bioéthique et biopolitique*, 1999.
– *Pour une métaphilosophie du langage*, 2000.
– *Species technica*, suivi de *Dialogue philosophique autour de* Species technica *vingt ans plus tard*, 2002.
– *Dignité et diversité des hommes*, 2009.
KAPP E., *Principes d'une philosophie de la technique*, traduit de l'allemand et présenté par G. Chamayou, 2007.
KERMISCH C. et HOTTOIS G. (éd.), *Techniques et philosophies des risques*, 2007.
PINSART M.-G., *Hans Jonas et la liberté. Dimensions théologiques, ontologiques, éthiques et politiques*, 2002.
– (éd.), *Narration et identité. De la philosophie à la bioéthique*, 2008.
QUELQUEJEU B., *Sur les chemins de la non-violence. Études de philosophie morale et politique*, 2010.
ROBINET A., *La justice et la terreur. Leibniz et le principe de raison*, 2001.
– *Le sera. Existiturientia* (G.W. Leibniz), 2004.
– *Les signes et l'insignifiant*, 2005.
– *L'il a été. Destin et liberté*, 2006.
Socrate pour tous. Enseigner la philosophie aux non-philosophes, J. Ferrari, P. Kemp, D. Evans (dir.), 2003.
VAN-SEVENANT A., *Philosophie de la sollicitude*, 2001.

Pour Demain

REGARDS CRITIQUES SUR LE PRINCIPE DE PRÉCAUTION

LE CAS DES OGM

édité par

Alain MARCIANO
Bernard TOURRÈS

PARIS
LIBRAIRIE PHILOSOPHIQUE J. VRIN
6 place de la Sorbonne, V[e]

2011

Imprimé en France

ISSN 0180-4847
ISBN 978-2-7116-2288-7

www.vrin.fr

INTRODUCTION

Le principe de précaution serait-il victime de son succès ? La question est sans doute provocatrice mais elle doit être posée tant ce principe est depuis quelques années mis en avant, utilisé, revendiqué…, partout, et pour tout, y compris dans des situations où le simple « bon sens » devrait conduire à adopter un comportement élémentaire de prudence. À tel point qu'il semble aujourd'hui difficile (impossible ?) de prendre une décision sans peser au trébuchet les risques encourus. Le principe de précaution apparaît de plus en plus comme une sorte de sésame moderne sans que l'on sache finalement très bien si c'est pour ouvrir des portes ou pour les fermer. Loin s'en faut en effet que ce principe – ou, plus largement, le « concept » du même nom – soit clairement défini. Tout au contraire, de très nombreux commentateurs, à l'instar des différents contributeurs du présent ouvrage, insistent le plus souvent sur son ambiguïté fondamentale.

Cette situation génératrice de difficultés sur le plan pratique est tout autant problématique du point de vue théorique. S'il est exact, comme l'écrit Olivier Godard que, « le principe de précaution ne concerne que la gestion des risques », il ne faudrait pas pour autant le limiter à la seule prévention des dommages matériels selon la « logique classique du risque » comme le suggèrent par ailleurs Dominique Bourg et Alain Papaux. En effet, la mise en œuvre du principe de précaution impose à l'évidence de se poser des questions plus essentielles : doit-il être interprété radicalement, à la manière du principe de responsabilité préconisé par Jonas, ou de façon plus mesurée afin de permettre l'action tout en se demandant quelle forme d'intervention retenir ? Est-il réellement incapable d'appréhender la question du devenir de l'humanité ou y participe-t-il, plus humblement, en imposant à l'homme de réfléchir dans chaque situation aux finalités de son action ?

Si l'on veut bien admettre cette réalité moins visible du principe, alors sa mise en œuvre devient une question de nature politique et même philosophique parce qu'elle est le reflet d'une société confrontée à elle-même qui s'interroge sur ses valeurs. En l'occurrence, ce qui se joue avec la précaution c'est précisément la capacité des hommes de créer au-delà de toute limite ou, comme l'écrivent Bourg et Papaux, au-delà de toute mesure. Nous pouvons donc dire que l'enjeu de la précaution renvoie à la capacité des hommes à se gérer eux-mêmes, à le faire en relation avec leur environnement (avec la Nature, comme on disait autrefois) sans limite extérieure ni transcendante. Ainsi, discuter de la précaution conduit nécessairement à se poser la question de la modernité, de sa légitimité mais aussi de ses fondements, dans les sociétés occidentales depuis l'apparition de l'humanisme à la Renaissance.

La modernité s'est incontestablement construite sur l'idée d'une séparation forte entre le spirituel et le temporel. Condorcet souligne dans son *Esquisse d'un tableau historique des progrès de l'esprit humain* les difficultés d'un telle séparation. « Ces progrès furent d'autant plus lents, que les objets soumis à la raison touchaient davantage aux intérêts politiques ou religieux ». Pourtant, l'homme s'est progressivement affranchi de fins déterminées en dehors de lui. Il s'est de plus en plus pensé comme un individu autonome en situation de gérer son existence terrestre sans aide extérieure. Mais débarrassé de ces contraintes, il s'est très vite cru capable de remonter aux fondements mêmes des choses et du monde, d'en comprendre le fonctionnement et, finalement, de créer lui-même des artefacts plus « naturels » que ceux que la nature avait été elle-même capable d'inventer. Descartes dans son *Discours de la méthode*, ne nous enjoignait-il pas de nous rendre « maîtres et possesseurs de la Nature » ? Les organismes génétiquement modifiés (OGM) apparaissent comme l'exemple le plus actuel et peut être le plus parfait de la mise en œuvre de l'injonction cartésienne.

La réflexion de Louis-Marie Houdebine se nourrit de cette évolution historique. La théorie darwinienne nous a permis de comprendre que le mécanisme de la reproduction n'est jamais complètement identique. La lutte pour la survie, le fameux « struggle for life », assure la sélection des individus les plus aptes à prolonger l'espèce. L'homme a très tôt, dès sa sédentarisation, vu les nombreux avantages qu'il pouvait tirer de ce phénomène. Les opérations de sélection ont ainsi « fourni à l'espèce humaine l'essentiel des plantes et des animaux qui sont à la base de son alimentation mais aussi des animaux de compagnie et des plantes ornementales ».

Pourtant, de nos jours encore, elles ne concernent toujours qu'une centaine d'espèces au plus ! C'est que la reproduction sexuée ne repose que sur un réarrangement aléatoire des chromosomes parentaux. Il était donc tentant de substituer à ce processus aléatoire une démarche raisonnée. L'approche OGM, nous dit l'auteur, « repose sur le transfert d'un gène connu et choisi pour ses effets bénéfiques potentiels ». Il n'y aurait donc pas de différence fondamentale entre ce que fait la Nature au hasard et ce que souhaite réaliser l'homme par réflexion. Un autre aspect intéressant du texte réside dans la présentation des différents comités d'éthiques mis en place pour contrôler la fabrication et la diffusion d'OGM. La modernité n'a pas en effet seulement reconnu des capacités et conféré des droits aux hommes mais elle leur a également imposé des responsabilités et des devoirs. L'homme doit être capable de s'auto-limiter. En l'absence de cadre éthique pré-donné, il doit déterminer par lui-même les limites de ses propres actions.

La question qui se pose est alors celle de la pertinence – de l'efficacité pourrait-on dire – de ces modes de contrôle de la puissance créatrice de l'homme par l'homme lui-même. Peut-on être juge et partie ? Les dérives totalitaires qui ont dramatiquement marqué le vingtième siècle ont conduit de nombreux philosophes – aussi différents, par exemple, que Hannah Arendt ou Friedrich von Hayek – à souligner qu'il était illusoire de croire l'homme capable de s'auto-limiter alors que, dans le même temps, il se présente comme un être tout puissant, en particulier grâce à l'usage de sa raison. Si les grandes catastrophes du siècle dernier ont eu directement pour cause cette puissance destructrice de l'homme échappant à tout contrôle, les catastrophes nouvelles, environnementales ou autres, annoncées pour le siècle qui débute pourront-elles être évitées ? La modernité saura-t-elle affronter ce nouveau défi ? Faut-il redouter la destruction prochaine des sociétés et même la disparition de l'espèce humaine ainsi que le craignait ou l'anticipait Hans Jonas ?

Penser le principe de précaution dans un tel cadre analytique semble devoir conduire inéluctablement à une remise en cause de la modernité telle que l'on vient de l'évoquer. Dans le texte qu'ils ont proposé, Dominique Bourg et Alain Papaux justifient ainsi leur préférence pour une politique de précaution. Le fondement essentiel de leur raisonnement est précisément dirigé contre cette modernité qui, selon eux, obéit à une logique de transgression, c'est-à-dire repose sur une « dénégation de toute espèce de limite », aussi bien technique que politique ou morale. Pour échapper au destin apparemment inévitable de l'homme moderne, la seule solution à leurs yeux est de revenir à la véritable nature de l'homme qui fait de chaque personne est d'abord un être social ou plutôt un être « collectif » dont le destin et donc les fins sont liées à celles des autres êtres humains. L'individualité de l'homme ne doit jamais s'exprimer qu'au travers du collectif. Le politique est le moyen d'exprimer cette nature collective. Le principe de précaution devient alors, de manière tout à fait logique, le moyen de limiter les tentations techniciennes de l'homme en lui permettant de retrouver le sens de la mesure qu'il aurait perdu.

Si l'argumentaire développé par Bourg et Papaux les conduit à justifier une forme particulière du principe de précaution par une critique forte de la modernité, il nous semble néanmoins possible d'adhérer à une autre vision, tout aussi politique, sans remettre en cause toutefois cette même modernité. Rien ne serait en effet plus caricatural que de limiter l'individualisme à l'égoïsme. N'oublions pas que la modernité apparaît avec l'humanisme et que cette philosophie considère l'homme non comme un être indépendant, enfermé dans son ego, mais bien au contraire autonome, capable de définir, grâce au dialogue avec les autres, les fins les meilleures pour la société. Ainsi, la modernité, porteuse du discours de l'humanisme, ne doit pas conduire à considérer l'homme comme un être essentiellement collectif, ni individuel mais bien plutôt comme une personne dont la caractéristique principale est l'autonomie comme source d'intersubjectivité et de dialogue et dont le modèle social serait celui d'une société de proximité. Selon cette approche, les fins ne peuvent être collectives que dans la mesure où elles sont choisies et voulues et non pas dans le sens où elle préexisteraient à l'ordre social en dehors des individus.

Certes, des conséquences non voulues et non prévues – quelquefois non prévisibles – restent toujours possibles. L'avenir n'est écrit nulle part. Tout mode d'organisation social conduit à des « effets pervers », pour reprendre la formule de Raymond Boudon, tant il semble difficile, et même improbable, de vouloir envisager toutes les conséquences possibles de nos actions. C'est pourquoi, il est fondamental de toujours distinguer la fin, de nature politique, des moyens, purement instrumentaux, mis en œuvre pour l'atteindre. Le principe de précaution doit, nous semble-t-il, intervenir dans ce cadre non pas comme moyen de peser sur les fins collectives mais comme mode de contrôle de la procédure. À une justice d'état, nous proposons ainsi de substituer une justice de procédure.

C'est de cette façon que nous souhaitons interpréter l'argument développé par Olivier Godard dans son long article. Godard oppose deux lectures du principe de précaution. La première consiste à suivre Hans Jonas au plus près quand il nous invite à ne pas nous engager dans des processus de risque dont nous ne pouvons maîtriser l'issue. C'est l'action éradicatrice précoce qui fait sans doute disparaître le risque mais aussi le progrès qui lui est consubstantiel. De manière alternative, le principe de précaution pourrait conduire à mettre en place une action patiente à maturité afin d'éliminer progressivement (de manière rationnelle?) les risques rencontrés au fur et à mesure du processus de décision. Certes, comme le précise l'auteur, les deux perspectives ont chacune leurs avantages et inconvénients, et choisir l'une plutôt que l'autre est particulièrement délicat. Godard plaide néanmoins pour l'action patiente permettant en quelque sorte aux acteurs – citoyens, hommes politiques et experts – de combiner leurs approches pour agir malgré le risque et l'incertitude. Dans ce cadre, les acteurs locaux ont-ils un rôle à jouer en matière d'OGM? Où doit se trouver le «bon niveau de décision finale»? La réponse pour Godard est que les décisions finales doivent être prises «au niveau auquel se déploie la majeure partie de leurs conséquences». Ceci l'amène à distinguer, par exemple, les activité de recherche qui doivent échapper par principe au contrôle d'autorités régionales, de la mise en culture commerciale, avec un droit de regard accordé à ces mêmes autorités qui pourrait s'exercer notamment en cas de dommage constaté.

L'argumentation développée par Olivier Godard ne fait pas disparaître pour autant toutes les difficultés rencontrées. Elle amène, au contraire, à se poser de nouvelles questions – dont certaines sont d'ailleurs envisagées dans le texte lui-même – sur la façon, par exemple, dont la décision doit être prise. Ceci concerne plus précisément la nécessité (dans certains cas la simple possibilité) d'appuyer les décisions sur du savoir expert, non seulement celui des physiciens, des biologistes, des médecins mais aussi celui des économistes souvent mobilisé dans le cadre de la décision publique. Une telle utilisation de la science et du calcul économique reste, aujourd'hui encore, controversée en l'absence de risque ou d'incertitude et l'est évidemment encore plus dans les situations nécessitant la mise en œuvre du principe de précaution. Deux raisons expliquent ce rejet ou, à tout le moins, ce scepticisme. Premièrement, la science économique est critiquée parce que les méthodes d'aide à la décision qu'elle propose consistent à attribuer une valeur monétaire à des objets ou à des phénomènes qui n'en possèdent habituellement pas. Ainsi, la science économique reposerait sur une double illusion scientiste et moderne: tout serait évaluable, mesurable et quantifiable, et par là-même maîtrisable. De manière complémentaire, un second problème est posé qui pourrait s'énoncer ainsi: comment l'économie pourrait-elle de toute façon assurer des évaluations (monétaires), un calcul de type coûts-avantages, alors même que les conséquences des actions à évaluer sont impossibles à déterminer en situation de risque?

Les deux autres textes de nature économique présentés dans cet ouvrage prennent le contre-pied de ces objections en démontrant que, même si ces critiques peuvent être acceptées sous certaines conditions, elles ne remettent pas en cause la validité du principe de précaution. C'est en particulier l'argument retenu par Dominique Ami et Robert Kast qui présentent et discutent les techniques qu'utilisent les économistes pour évaluer les conséquences des risques et prendre des décisions dans l'incertain. Leur argumentation permet de répondre aux critiques faites à l'économie et au calcul économique. Un point important doit être souligné: pour Ami et Kast, les méthodes d'évaluation par lesquelles sont calculés coûts et avantages ne sont précisément que des méthodes ou des outils qui éclairent la décision publique sans nécessairement influencer un choix final qui reste dans les mains des citoyens ou de leurs représentants. Plus encore, les calculs d'évaluation présentés aux citoyens et éventuellement discutés dans les conférences citoyennes peuvent devenir des sources d'information pour ces citoyens en leur permettant d'exprimer des choix et d'affiner leurs préférences. Le risque réside ici dans le fait de donner trop d'importance à l'économie mais ne saurait résider dans l'utilisation même de la science économique. C'est aux citoyens et à leurs représentants de prendre *in fine* leurs responsabilités.

À nouveau se pose la question de l'échelon public adéquat pour prendre la décision: par exemple, mettre en œuvre le principe de précaution ou pas et de quelle façon. C'est l'objet du texte écrit par Marc Baudry. L'auteur souligne d'abord que l'un des aspects essentiels concerne la quantité d'information – en termes économiques: la quantité optimale d'information – requise pour prendre la décision. En utilisant la théorie des options réelles – et plus précisément, une version Bayésienne de cette théorie –, Baudry montre que la délégation de la prise de décision à des niveaux institutionnels locaux, voire éventuellement à des acteurs privés, dépend de la capacité que ces individus ont à produire par eux-mêmes de l'information pertinente. On peut donc justifier une division de la prise de décision. D'un côté, les échelons institutionnels supérieurs – autorités nationales ou supranationales – dont le rôle serait de produire les informations les plus générales et les plus coûteuses nécessaires à la mise en œuvre du principe de précaution. De l'autre, de manière complémentaire, les échelons locaux qui prendraient les décisions concernant la mise en culture de plants OGM. Baudry rejoint ici l'une des conclusions précédemment évoquée du texte de Godard. De façon tout à fait significative, l'un des arguments que donne Baudry en faveur d'une telle division des tâches entre les niveaux institutionnels consiste à dire qu'il faut déléguer la tâche à l'échelon qui est le mieux à même d'en assumer la responsabilité en cas de problème : l'échelon national ou supra-national peut assumer une responsabilité générale mais l'échelon local reste le mieux placé pour tenir compte de spécificités locales. Baudry combine en réalité deux arguments : l'un sur les modalités de mise en œuvre du principe et l'autre en termes de responsabilité. Cette démarche est à souligner dans la mesure où le principe de précaution a égalcment fait l'objet d'interrogations par les juristes sur ces deux points.

Le premier texte proposé par Bernard Tourrès porte sur les fondements juridiques du principe de précaution au regard, notamment, du cas particulier des OGM. L'un des problèmes majeurs soulevés par le principe de précaution est sa prétention à l'universalité alors même qu'on ne le trouve pas sous la forme d'un énoncé unique qui serait universellement accepté. Il est donc particulièrement difficile à appréhender. Si l'on excepte son utilisation par les juristes allemands dans les années soixante, la référence au principe s'est d'abord faite, à partir des années quatre-vingt, dans l'ordre juridique international. La première formulation extensive est celle de la Déclaration de Rio de 1992. Or, il existe un décalage certain entre cette formulation, la valeur normative du principe qui y est énoncé, et ce qui a été repris par la suite en droit communautaire ou en droit national. Ce décalage concerne autant le mécanisme de mise en œuvre que le mode opératoire proposé. Le recours au principe de précaution ne se justifie en effet qu'en présence d'un ou plusieurs risques. Encore faut-il que ces risques soient susceptibles d'occasionner des dommages graves voire irréversibles ! Il faut donc avant toute mise en œuvre du principe de précaution procéder d'abord à l'identification du risque puis à sa caractérisation. Mais la notion est floue, le concept incertain. Ainsi, même dans le cas où les OGM présenteraient des risques, rien ne permet d'affirmer qu'ils puissent être suffisamment dangereux pour que le principe de précaution leur soit applicable. La précaution ne doit donc pas faire oublier la prévention. D'autant plus, qu'agir en univers incertain voire controversé, nécessite de le faire selon des critères clairs et opératoires universellement admis ce qui est loin d'être le cas. Les notions de mesures provisoires et proportionnées qui constituent le dispositif opératoire du principe ne sont pas aussi simples qu'il peut y paraître à première vue. Elles supposent l'une et l'autre la détermination préalable d'un objectif à atteindre le plus souvent très difficile voire impossible à formuler. Cette succession d'imprécisions ne devrait pas cependant conduire à remettre en cause le principe lui-même. Elle ajoute pourtant de l'incertitude à l'incertitude initiale et implique, pour le moins, que le dispositif de décision puisse s'adapter le plus souplement et le plus démocratiquement possible à l'ensemble de ces contraintes.

Si la réflexion menée par Bernard Tourrès concerne les fondements, le soubassement intellectuel, du principe de précaution, le texte de Bernard Dubuisson vise à l'opposé à examiner ce principe au regard du droit commun de la responsabilité. Le questionnement de l'auteur porte plus particulièrement sur les relations qu'il pourrait entretenir avec le droit de la responsabilité civile. On passe ainsi d'une extrémité à l'autre de l'univers juridique, de la réflexion très en amont sur les conditions de mise en œuvre du principe pour éviter la réalisation du dommage à l'examen de l'influence de ce même principe sur la mise en jeu de la responsabilité si ce dommage devait malgré tout intervenir. Selon l'auteur, « le principe de précaution n'est pas conçu comme une règle de responsabilité ». Il n'est pas fondamentalement destiné à permettre la réparation des dommages et reste essentiellement un principe de nature procédurale utilisé pour faciliter les dispositifs de contrôle des risques. Son domaine d'intervention apparaît tout entier consacré à éviter à la réalisation du dommage. Il vise en effet plus à fournir « des règles d'action *a priori*, c'est-à-dire avant la prise de décision, [alors que] la responsabilité civile répartit les coûts économiques de réparation des dommages *a posteriori*, c'est-à-dire lorsque ceux-ci sont survenus ». S'il n'est pas sans influence sur les régimes de responsabilité civile, il n'annoncerait ni un progrès, ni un recul de la responsabilité pour faute par rapport à la responsabilité sans faute. On peut d'ailleurs penser que les imprécisions constatées en ce qui concerne les fondements mêmes du principe ne faciliteront pas la recherche a posteriori de responsabilités éventuelles. « En ce qui concerne le lien causal, le dommage et sa réparation, les responsabilités fondées sur le risque n'échappent pas aux difficultés exposées à propos de la responsabilité pour faute. Si ce n'est la promesse d'un assouplissement des critères d'appréciation du lien causal et du dommage, le principe de précaution n'apporte rien à la matière ». La conclusion logique est donc qu'il faut faire porter l'effort sur l'aspect procédural du principe et plus particulièrement sur les compétences reconnues aux autorités publiques dans le processus de décision. Les juristes rejoignent par là les économistes.

Le principe de précaution ne doit pas devenir un moyen pour freiner le progrès. Il doit rester un principe d'action. S'il ne peut pas être l'instrument adéquat pour définir les responsabilités personnelles, il reste malgré tout un garde-fou absolument nécessaire à toute décision nouvelle comportant des risques. Chateaubriand s'était plaint, en son temps, de ne voir que la matière dans les livres scientifiques modernes mais l'homme aurait-il jamais pu, sans cela, se débarrasser des mythes et des croyances qui l'encombraient sur le chemin de la connaissance. Il n'en doit pas moins rester vigilant et prendre, en toutes occasions, la pleine mesure des conséquences de ses propres choix. Le principe de précaution n'est qu'un moyen, sans doute perfectible, pour y arriver. Il concourt à la réalisation d'un progrès raisonné et, espérons-le, maîtrisé pour les temps à venir.

Alain MARCIANO
Bernard TOURRÈS

LA GESTION DES RISQUES RELATIFS AUX OGM

Les sociétés développées ont développé des méthodes d'une efficacité sans précédent pour contrôler et exploiter la nature. Ce mouvement qui a commencé il y a bientôt deux siècles n'a fait que s'amplifier en posant des questions nouvelles qui se positionnent progressivement au centre des préoccupations humaines. Le temps où le progrès technique était considéré automatiquement comme un progrès social réel, ou perçu comme tel, est révolu. Chacun admet désormais qu'une prouesse technique ne mérite qu'une admiration relative tant ce genre d'événement est devenu fréquent et n'est pas forcément un bienfait pour l'humanité, bien au contraire. Cette prise de conscience massive est récente et elle est à l'origine d'une des crises que vivent les sociétés développées.

L'avènement des OGM (organismes génétiquement modifiés) est un des exemples les plus représentatifs de ce type de situation qui n'est pas si nouvelle qu'il n'y parait. Il est en effet important de constater que la société revit à peu de choses près ce genre d'événement de manière cyclique et en des termes à peine différents. Il n'est pour s'en convaincre que de se rappeler les commentaires calamiteux qui ont accompagné les débuts de l'application des vaccins il y a un siècle et demi. Le remplacement de vaccin par OGM dans ces commentaires se fait aisément et il révèle que nos sociétés évoluent dans le fond moins vite qu'on ne l'imagine.

Les OGM rassemblent la plupart des ingrédients requis pour focaliser les questions et les angoisses du moment. Toute nouveauté dérange et les OGM sont une incontestable nouveauté dont l'impact sur les sociétés est inévitable. Les OGM touchent à l'intime des humains : la nourriture. Les OGM répondent apparemment bien au modèle de référence ancré dans les esprits qu'est Frankenstein. Il est facile d'affirmer, sans preuve, que l'on va avec les OGM préparer des aliments néfastes pour la santé humaine et que les « manipulations génétiques » vont de plus engendrer des organismes qui vont envahir, dénaturer notre planète et ainsi menacer l'humanité des pires fléaux. Il est bien connu par ailleurs que l'arrivée des OGM ne se fait pas au moment le plus favorable. L'accident de Tchernobyl, l'épisode du sang contaminé, les effets induits de la mondialisation sur la vie des entreprises et l'accès massif à l'information et à la communication personnelles ont laminé la confiance des citoyens vis-à-vis des experts et incité chacun à exprimer ses interrogations et ses angoisses. Le sort actuel des OGM résume assez bien la distorsion qu'il y a entre les réalités d'une technique et la perception qu'en ont beaucoup de nos concitoyens, en particulier en ce qui concerne la biosécurité.

Cet article se propose de faire le point sur le développement des OGM et sur la manière dont sont traités les problèmes de sécurité que soulèvent leur utilisation dans le domaine agroalimentaire.

DE LA SÉLECTION NATURELLE AUX OGM

La théorie de l'évolution nous a appris que les êtres vivants ne se reproduisent pas strictement à l'identique ce qui permet aux individus les mieux adaptés aux conditions du moment de survivre, se reproduire et perpétuer ainsi l'espèce. Les déviations par rapport aux modèles conduisent de temps à autres à l'émergence de nouvelles espèces.

Figure 1
Les différentes méthodes de sélection des organismes vivants

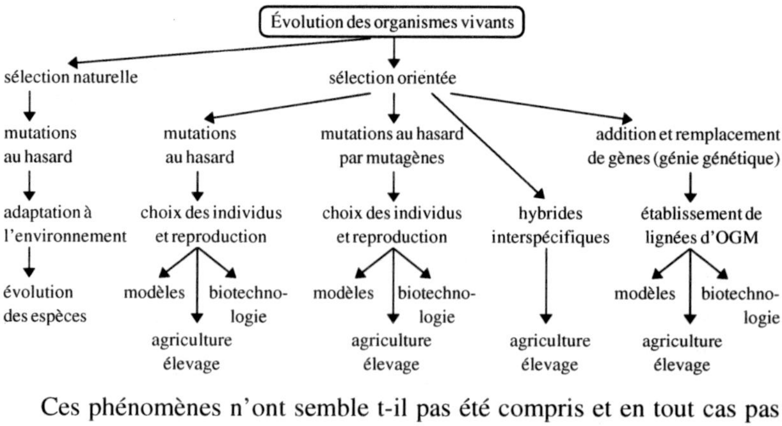

Ces phénomènes n'ont semble t-il pas été compris et en tout cas pas exploités par l'Homme avant sa sédentarisation qui a permis l'invention de l'agriculture et de l'élevage. Ceci impliquait la maîtrise de la reproduction qui, à son tour, a permis la sélection artificielle des animaux et des plantes. Cette approche repose sur la reproduction préférentielle des individus ayant les caractéristiques les plus intéressantes pour leurs utilisateurs (figure 1). Ces opérations qui ne concernent de nos jours encore pas plus d'une centaine d'espèces ont fourni à l'espèce humaine l'essentiel des plantes et des animaux qui sont à la base de son alimentation mais aussi des animaux de compagnie et des plantes ornementales. Au cours du XXe siècle, la connaissance des lois de l'hérédité, découvertes un demi siècle plus tôt, a permis de procéder à des sélections plus rapides, plus variées et plus précises. Ces sélections sont le résultat de modifications génétiques aussi nombreuses qu'aléatoires et qui sont au niveau moléculaire encore pour la plupart totalement inconnues. La reproduction sexuée implique par ailleurs un réarrangement aléatoire des chromosomes parentaux qui sont redistribués aux descendants également de manière aléatoire. Chaque individu reçoit donc ainsi de ses parents des versions plus ou moins différentes des mêmes gènes (figure 2). C'est pour cette raison que, même en absence de mutation, les descendants de mêmes parents ne sont pas des clones.

Figure 2
Le principe de la sélection classique via la reproduction sexuée et via la transgenèse

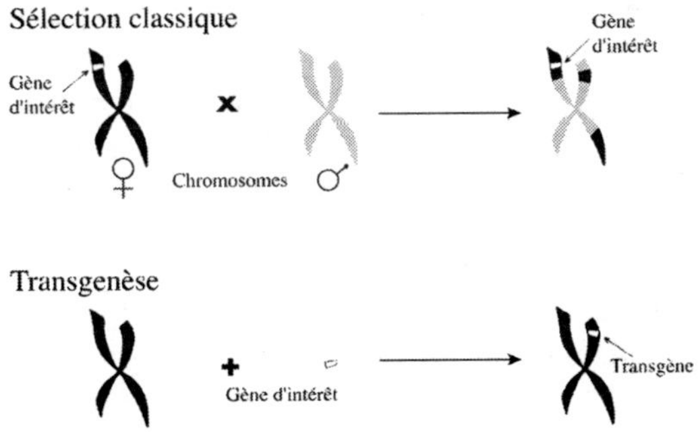

Afin d'augmenter le nombre de géniteurs permettant une sélection plus diversifiée et plus rapide, des mutations ont ensuite commencé, au cours du XXe siècle, à être artificiellement induites chez les microorganismes, les plantes et les animaux à l'aide d'agents chimiques mutagènes. Ce procédé fait effectivement apparaître avec une faible fréquence des individus ayant des caractéristiques génétiques intéressantes chez lesquels de nombreux gènes inconnus, et dont les effets sont eux-mêmes inconnus, ont été mutés en plus des gènes conférant des propriétés intéressantes aux mutants. De tels microorganismes et plantes sont couramment utilisés pour l'alimentation animale et humaine. Ce procédé est efficace, malgré son imprécision, grâce au tri sévère qui est appliqué pour ne conserver que les mutants intéressants et dont l'utilisation parait dépourvue de risque.

Les communautés humaines ont également procédé à des croisements entre les espèces pour augmenter de manière radicale la diversité génétique. Le procédé consiste à faire des croisements forcés entre plantes de la même famille pour transférer des gènes intéressants d'une plante n'ayant qu'un intérêt réduit vers la plante cultivée. Ce sont en pratique des fragments entiers de chromosomes d'une plante, et donc toute une panoplie de gènes, qui sont transférés en aveugle dans la plante d'intérêt. Il existe ainsi des variétés de tomates commercialisées qui sont des hybrides interspécifiques contenant des centaines de gènes inconnus provenant de plantes voisines. Le croisement artificiel du cheval et de l'âne est le résultat du transfert en aveugle des 25 000 gènes d'une espèce dans l'autre. Les choses sont même allées plus loin dans le monde végétal. Le croisement forcé du blé et du seigle suivi d'une cassure et d'un réarrangement aléatoire des chromosomes de l'hybride par des rayonnements ionisants a donné une nouvelle espèce, le triticale, qui est cultivé à grande échelle depuis plusieurs décennies. Cette opération ne fait que mimer ce que la nature fait de temps à autre pour engendrer des plantes comme le colza et le blé qui sont des hybrides formés respectivement par le croisement de deux et trois plantes.

Toutes ces opérations montrent que les organismes vivants et l'environnement, mais aussi les consommateurs, s'accommodent bien de modifications génétiques réalisées en aveugle et sélectionnées ensuite de manière totalement empirique pour le meilleur profit des utilisateurs.

La sélection classique sous toutes ses formes chez les organismes sexués repose non seulement sur des mutations de gènes mais aussi sur des remaniements multiples des chromosomes parentaux qui se traduisent par une redistribution des fragments de ces chromosomes qui est unique pour chaque individu. La sélection génétique classique consiste donc à privilégier la présence chez les descendants d'un gène d'intérêt inconnu mais dont les effets sont bénéfiques (figure 2). Ceci implique qu'une multitude de gènes situés au voisinage du gène s'intérêt se trouvent co-sélectionés avec ce dernier. Ces gènes sont inconnus ainsi que leurs effets. Ceci conduit périodiquement à des situations aussi désagréables qu'imprévisibles. Un cas particulièrement spectaculaire est celui de variétés de pommes de terre obtenues par sélection classique qui ont, contre toute attente, gravement intoxiqué les consommateurs humains. Une analyse de la situation a révélé la présence de toxines chez ces variétés de pomme de terre, les solanines. Ces toxines sont présentes à faible concentration chez toutes les variétés de pomme de terre. Peut-être nos ancêtres avaient ils empiriquement éliminées au cours du temps les pommes de terre trop riches en solanines. Toujours est il que le croisement classique de pommes de terre peut s'accompagner d'une suractivation de la voie de biosynthèse des solanines et engendrer ainsi des variétés toxiques. Ce genre d'incident, relativement rare à un tel niveau, constitue une menace permanente pour les sélectionneurs.

L'approche OGM repose sur le transfert d'un gène connu et choisi pour ses effets bénéfiques potentiels. Un exemple représentatif est le maïs Bt qui contient un gène de toxine bactérienne dont les effets insecticides ne s'exercent que sur quelques espèces d'insectes et en particulier la pyrale qui ravage les cultures de maïs. Le gène Bt n'induit en principe pas de modification du maïs autre que celle lui permettant de résister à des insectes nuisibles. Cette approche est donc plus fine, plus diversifiée, plus rapide, mieux ciblée et mieux connue que la sélection classique (figure 2). Il est difficilement possible de considérer que cette méthode comporte fondamentalement plus de risque que la sélection classique qui est elle-même considérée comme sûre. Le niveau de risque dépend, dans les deux cas, surtout des gènes que l'on sélectionne ou que l'on transfère. Ces considérations n'ont pas suffi pour convaincre un commissaire européen qui propose, contre toute logique, de généraliser l'obtention de variétés de plantes par l'intermédiaire de mutations chimiques aléatoires plutôt que via la transgenèse.

Force est de constater que les variétés de plantes obtenues par sélection classique ne sont soumises qu'à un nombre très restreint de tests spécifiques de sécurité. À l'inverse, les OGM sont l'objet d'examens multiples qui sont décrits plus loin. Cette pratique ne doit pas être comprise comme étant dictée par la crainte de risques particulièrement nouveaux et potentiellement élevés induits par les modifications génétiques via le transfert de gènes. Le même scénario s'applique aux autres produits issus des biotechnologies. L'insuline provenant de bactéries génétiquement modifiées par le transfert du gène humain est ainsi soumise à des tests bien plus rigoureux que celle provenant de pancréas de porcs et qui a été utilisée pendant des décennies. Il est apparu normal de profiter d'un changement de technique pour imposer des examens plus rigoureux pour les techniques nouvelles afin de se mettre dans les meilleures conditions de biosécurité, même si les tests traditionnels ne paraissaient pas insuffisants. La préparation d'insuline de porc par la méthode traditionnelle ne serait probablement pas acceptée si on la proposait maintenant.

LES TECHNIQUES DE TRANSFERT DE GÈNES

Un gène peut être considéré comme une information codée dont le support matériel est l'ADN. Le codage repose sur l'ordre des bases ATGC de l'ADN. Cette information qui est transmise dans les cellules filles et chez les descendants est décodée pour diriger la biosynthèse le plus souvent d'une protéine lorsque la cellule ou l'organisme a besoin de cette protéine. Les protéines sont en effet les principales molécules effectuant les réactions biochimiques qui sont la base même du fonctionnement des êtres vivants. Les protéines sont toutes composées des mêmes vingt éléments qui sont des acides aminés. Les fonctions des protéines sont déterminées par leur structure qui dépend elle-même de l'ordre de leurs acides aminés. L'ordre des acides aminés de chaque protéine est strictement défini par l'ordre des bases du gène correspondant. Pour qu'un organisme vivant acquière une nouvelle propriété intéressante, il faut qu'une protéine jouant un rôle clef dans l'expression de cette propriété soit spontanément modifiée ou transférée à l'organisme en question. En pratique, il est plus facile de transférer le gène correspondant, c'est-à-dire d'obtenir un organisme génétiquement modifié. En effet, les protéines sont instables et partant leurs effets sont transitoires. Les gènes sont au contraire transmis à la descendance et il est possible de contrôler leur activité. Ceci permet à l'organisme de disposer des protéines d'intérêt de manière opportune.

Dans la très grande majorité des cas, le gène qui doit être transféré ne peut être utilisé dans son état natif. Il doit être adapté par les méthodes du génie génétique. Un gène comprend deux régions essentielles : l'une contient le message génétique proprement dit (codant pour une protéine) et l'autre qui précède ce message contient les éléments (le promoteur) permettant au gène qui le suit d'être exprimé ou non et dans les cellules en fonction des besoins de l'organisme. L'expérimentateur a le loisir de choisir le promoteur d'un gène et de l'associer à un tout autre gène pour permettre la synthèse de la protéine correspondante dans une cellule donnée au moment désiré (figure 3). Le code génétique qui définit la règle de correspondance entre la succession des bases de l'ADN et la succession des acides aminés des protéines est le même pour tous les organismes vivants. Ceci permet à un gène bactérien comme le gène Bt d'être exprimé dans une plante. Les promoteurs sont par contre spécifiques des différents règnes du vivant. Le gène Bt doit donc être associé au promoteur d'un gène du règne végétal pour permettre son expression dans une plante (figure 3).

Figure 3

Le principe de la construction de gène

Des fragments d'ADN provenant d'organismes vivants divers ou obtenus entièrement par synthèse chimique peuvent être assemblés pour donner naissance à un gène fonctionnel dans l'espèce dans laquelle il doit être transféré. Pour être fonctionnel, un gène doit contenir une région qui contrôle son fonctionnement et un message génétique qui peuvent l'un et l'autre provenir de sources différentes

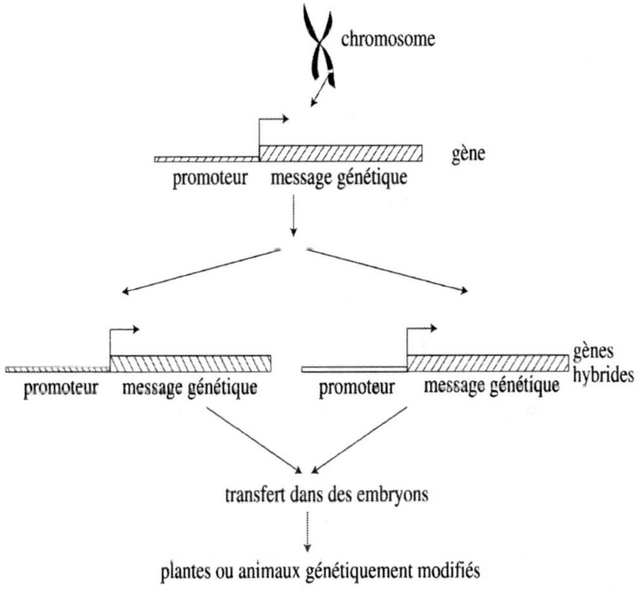

Pour permettre l'obtention d'un organisme génétiquement modifié, ou transgénique, le gène étranger doit se trouver dans les cellules germinales pour être transmis à la descendance. Pour atteindre ce but, le plus simple consiste, en pratique, à transférer le gène dans l'embryon au stade une cellule ou dans les cellules sexuelles. Une alternative consiste à transférer le gène dans des cellules souches introduites ensuite dans un embryon précoce qui donne naissance à un organisme chimère capable de transmettre le gène à la descendance. Une autre possibilité repose sur le transfert du gène dans des cellules somatiques (les cellules des organes à l'exclusion des cellules sexuelles) utilisées ensuite pour reconstituer des embryons par culture chez les plantes et par clonage chez les animaux (figure 4).

Figure 4
Le principe du transfert de gène conduisant à l'obtention de plantes ou d'animaux trangéniques

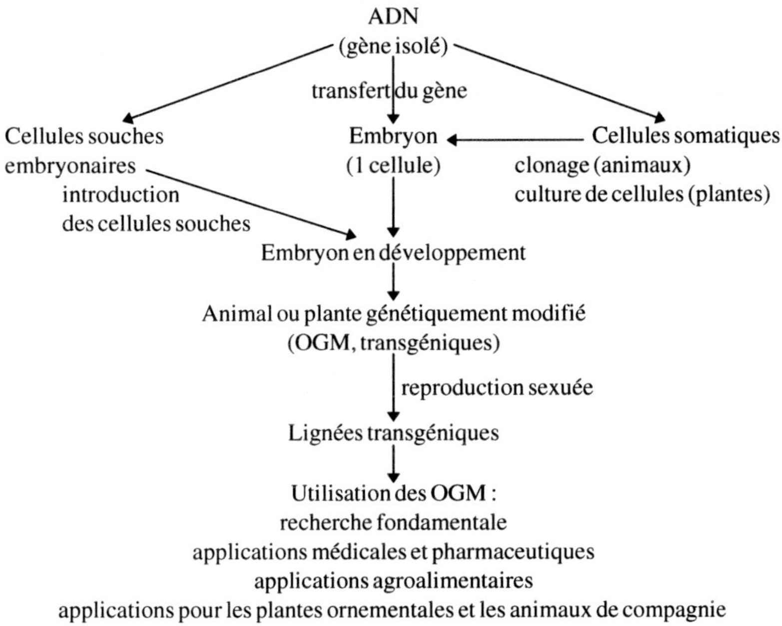

Ces opérations de transfert de gène ont des rendements relativement faibles. Ceci constitue un véritable handicap pour les animaux d'élevage car cela augmente le coût et le temps de production des OGM. La situation est moins défavorable chez les plantes. Il est en effet possible dans une seule expérience d'obtenir des centaines de plantes transgéniques indépendantes et fondatrices de lignées. Ces lignées de plantes sont développées et celles qui présentent les propriétés attendues sont conservées par les sélectionneurs.

En pratique, une ou quelques lignées d'un OGM sont caractérisées de manière approfondie y compris en ce qui concerne les risques. Celles qui sont agréées par les instances compétentes sont utilisées pour produire des semences qui sont distribuées aux agriculteurs pour la production en masse de l'OGM. Une transformation génétique comme celle qui consiste à transférer au maïs le gène Bt de résistance à la pyrale ne se fait en pratique que sur un nombre réduit de variétés. Ces variétés sont ensuite croisées avec d'autres selon les méthodes classiques de la sélection pour créer de nouvelles variétés possédant les avantages cumulés des deux parents.

LES APPLICATIONS DES OGM

Les premiers animaux transgéniques, des souris, ont été obtenues en 1980 et les premières plantes, du tabac, en 1983. Depuis ces expériences pionnières, les OGM n'ont cessé d'être utilisés intensément, surtout comme modèles expérimentaux pour étudier le fonctionnement et le rôle des gènes. Des animaux transgéniques sont également très utilisés comme modèles pour l'étude de maladies humaines. Ces modèles sont irremplaçables car les maladies complexes ne peuvent la plupart du temps pas être étudiées seulement à l'aide de cellules et de mutants spontanés qui ne miment qu'une partie des maladies humaines. Les OGM utilisés pour la recherche cognitive et qui ne sortent pas des structures destinées aux expérimentations représentent à eux seuls 90% des OGM.

Des porcs transgéniques sont en cours d'étude pour que certains de leurs organes puissent un jour être transplantés chez des patients ne pouvant bénéficier d'organes humains dont le manque va croissant. Le succès de cette entreprise ambitieuse est possible mais non encore certain.

Le lait d'animaux transgéniques (et bientôt le blanc d'œuf de poulets transgéniques) est devenu une source de protéines médicaments. Les graines et les feuilles de plantes transgéniques peuvent également dans certaines conditions être utilisées pour préparer massivement des protéines médicaments.

Des plantes transgéniques sont dores et déjà utilisées à grande échelle pour l'alimentation animale et le seront dans un avenir prochain pour l'alimentation humaine. Il en serra de même pour les animaux d'élevage mais très probablement à une échelle moindre. Les animaux transgéniques d'élevage sont en effet plus difficiles à obtenir que les plantes. C'est surtout la diffusion des transgènes dans les élevages qui restera une limite. Il est en effet plus aisé de multiplier les semences de plantes et de les diffuser rapidement que de transmettre un gène d'intérêt à un grand nombre de gros animaux d'élevage, même en mettant en œuvre des techniques comme l'insémination artificielle, le transfert d'embryon et probablement bientôt le clonage. Les gènes candidats pour préparer des animaux d'élevage transgéniques doivent donc apporter une amélioration suffisamment élevée pour que l'opération soit justifiée.

Figure 5
Les principales utilisations alimentaires en 2005 des plantes génétiquement modifiées

- 15% des récoltes mondiales sont des OGM. Ceci correspond à la moitié des terres cultivables des USA.
- 4 plantes seulement destinées à l'alimentation animale sont cultivées à grande échelle : le soja, le coton, le maïs et le colza.
- 21 pays cultivent des OGM dont 11 sont des pays en développement qui cultivent 38% des OGM.
- L'augmentation de la culture des OGM est de 10-20% par an.
- L'augmentation des OGM est de 23% par an dans les pays en développement et de 5% dans les pays développés.
- La culture des OGM a fait baisser l'utilisation de pesticides de 14%.
- La culture des OGM a permis d'augmenter les revenus des agriculteurs de 6,4 milliards de dollars.

Quatre plantes seulement se partagent actuellement l'essentiel du marché des OGM (figure 5). Ces plantes ont été choisies en fonction d'une stratégie commerciale précise. Il était en effet plus aisé de s'intéresser dans un premier temps à des plantes de grande culture essentiellement utilisées pour l'alimentation animale et de leur transférer des gènes capables d'améliorer leur exploitation mais non de changer leurs propriétés alimentaires. Le succès technique et commercial est sans précédent dans l'histoire des semences. Les semences OGM sont même l'objet d'un véritable marché noir dans un certain nombre de pays. Les surfaces où sont cultivés des OGM correspondent actuellement à la surface des terres cultivables des USA et ces surfaces sont en rapide augmentation, en moyenne de 15% par an. Les pays en développement ne sont nullement exclus de cette aventure puisque environ 90% des cultivateurs d'OGM sont dans les pays pauvres. Ces mêmes pays pauvres cultiveront bientôt plus d'OGM que les pays riches. La culture des OGM a significativement réduit l'utilisation de pesticides et augmenté les revenus des agriculteurs, surtout proportionnellement ceux des pays pauvres. Ceci est une raison du succès des OGM qui ne pourrait avoir lieu sans que les agriculteurs n'y trouvent leur compte.

Des projets intéressants impliquant des animaux génétiquement modifiés sont en cours d'étude. Un seul de ces projets a atteint la maturité. Il s'agit des saumons à croissance accélérée dont le coût de production est abaissé. Ce projet n'a toujours pas reçu l'agrément de la FDA (Food and Drug Administration, USA) essentiellement pour des raisons environnementales. Une partie des saumons d'élevage s'échappent en effet de leurs cages et rejoignent la mer. Bien qu'il ne soit pas du tout certain que la présence des saumons à croissance accélérée dans la mer poserait des problèmes pour les espèces sauvages, le risque reste mal connu et difficile à évaluer. Les animaux aquatiques d'élevages génétiquement modifiés ne seront donc autorisés pour des productions à grande échelle que lorsque des confinements physiques ou biologiques empêchant leur dissémination incontrôlée auront été validés.

Figure 6
Les principales utilisations des animaux génétiquement modifiés

– Accélération de la croissance des poissons (saumons).
– Résistance aux maladies : pertes réduites, meilleur bien-être animal, moindre utilisation d'antibiotiques, réduction des zoonoses (mammites, cécropine chez les poissons, infections virales, prions PrP) ...
– Amélioration de la qualité du lait : moins de lactose et de protéines allergènes, transport de protéines anti-pathogènes (anticorps).
– Amélioration de la qualité de la viande : plus de lipides polyinsaturés de type oméga 3.
– Réduction de la pollution : porcs sécrétant de la phytase dans leur salive.

Une proportion importante des OGM en cours de préparation a pour objectif d'améliorer la qualité des aliments destinés aux consommateurs humains (figure 7). La mise sur le marché de certains de ces OGM de seconde génération n'est semble t-il pas très éloignée. L'existence de ces nouvelles variétés n'aurait pas pu aisément devenir une réalité sans le succès des premiers OGM. Quatre projets en cours méritent une mention particulière. Le premier concerne le riz, les pommes de terre et les tomates transgéniques qui contiennent des quantités substantielles de vitamine A propres à palier les déficits chroniques de 400 millions d'êtres humains menacés de cécité ou de mort. Le deuxième cas est celui de la culture de papaye de Hawaï. Ces cultures décimées par un virus ont pu être restaurées grâce à l'obtention de lignées transgéniques résistantes au virus. Le troisième cas concerne une variété de coton transgénique ne contenant plus sa principale toxine, le gossipol. Ceci permet virtuellement à 500 millions de personnes souffrant de malnutrition de consommer désormais sans risque les protéines de la graine de coton. Le dernier de ces quatre cas est celui des pommes de terre boliviennes devenues résistantes à des vers nématodes ravageurs et qui sont susceptibles d'atténuer les manques chroniques de nourriture dans ce pays. Ces quatre projets sont particulièrement remarquables mais ils le sont encore plus lorsque l'on prend en considération le fait qu'ils sont tous les quatre développés par des laboratoires universitaires dont l'objectif premier n'est pas la prise de bénéfice.

Figure 7
Les OGM de deuxième génération

- Les OGM actuellement exploités ont été conçus pour améliorer les techniques de culture. Ils n'ont qu'un impact négligeable sur les consommateurs.
- Les OGM en préparation ont pour but :
  - d'améliorer la composition des aliments : addition de protéines, lipides, vitamines, antioxydants … (alicaments), retrait de toxines, d'allergènes, de caféine …
  - d'améliorer le goût des aliments (terpènes)
  - de réduire les contaminations par les pesticides et les engrais
  - de produire des molécules non alimentaires : biocarburants, amidon riche en amylose, protéines thérapeutiques, métabolites …

L'évolution de l'exploitation des OGM est conforme à ce que l'on pouvait attendre. La mise à disponibilité d'une grande quantité de nourriture pour l'espèce humaine dépend pour une bonne part de la sélection génétique. La contribution croissante, directe ou non, des OGM dans l'alimentation humaine s'inscrit très logiquement dans les schémas de sélection classique. Il est important de rappeler à ce sujet que la sélection classique et l'utilisation des OGM ne sont pas des techniques en compétition. Elles sont au contraire parfaitement complémentaires. L'approche OGM convient bien pour améliorer rapidement une variété de plante ou une race d'animaux lorsque l'on dispose d'un gène connu pour être capable de franchir un goulet dans la chaîne des réactions biochimiques qui gouvernent l'expression d'une fonction biologique. La croissance accélérée des poissons en est un bon exemple. La croissance dépend d'une multitude de gènes mais il se trouve que, chez un certain nombre de poissons, le gène de l'hormone de croissance ne fonctionne pas à son niveau maximum. Ce seul gène suffit donc pour accélérer considérablement la croissance des poissons. La sélection classique convient au contraire pour procéder à une co-sélection empirique de gènes non connus mais contribuant à améliorer une production. Une lignée fondatrice d'OGM est établie à partir de variétés ou de races qui sont le résultat d'une sélection millénaires et elle est croisée avec d'autres variétés et races déjà validées (figure 4). La sélection classique et la sélection via les OGM ont donc un avenir commun très prometteur.

Le traitement des risques liés aux OGM

La communauté scientifique a très tôt érigé des règles pour contrôler les expérimentations mettant en œuvre des microorganismes, puis des animaux et des plantes génétiquement modifiés. Ces règles ont été étendues à l'ensemble des expérimentations de laboratoire impliquant des OGM puis à l'exploitation industrielle et agroalimentaires de certains OGM. Ces règles sont maintenant unifiées pour l'essentiel dans les pays développés et elles sont progressivement adoptées par les pays émergents.

Les risques théoriques que peuvent créer les OGM proviennent d'une part du processus de transformation génétique proprement dit et d'autre part du message génétique qui été ajouté ou soustrait à l'organisme d'origine.

Le premier problème résulte du fait que le gène est dans la majorité des cas introduit dans l'ADN de l'organisme receveur de manière non contrôlée. Le gène étranger peut s'introduire dans un gène de l'hôte et l'inactiver. À l'inverse, le gène étranger peut s'intégrer au voisinage d'un gène de l'hôte et l'activer indûment. Dans la majorité des cas, le gène étranger s'intègre dans une région dépourvue de gène. Les gènes n'occupent qu'une petite partie de l'ADN chez les plantes et les animaux. Ces phénomènes aléatoires sont relativement modestes en comparaison avec les fréquentes modifications spontanées de l'ADN des plantes et des animaux au cours de leur reproduction. À l'avenir, l'intégration des gènes étrangers sera très probablement, dans certains cas, ciblée précisément vers des régions de l'ADN de l'hôte n'interférant pas de manière indésirable avec son fonctionnement normal.

Le deuxième problème provient de la présence d'une protéine étrangère chez l'hôte. La protéine en question peut avoir des propriétés toxiques ou allergènes. Ceci peut être évalué. Plus subtilement, la protéine peut interférer avec le métabolisme de l'hôte de manière imprévisible et non aisément identifiable. Ceci peut altérer certaines propriétés de l'hôte et engendrer un risque alimentaire spécifique.

Un autre type de risque concerne la dissémination indésirable de certains OGM. Ces risques sont très atténués par le fait que bon nombre de plantes cultivées sont devenues incapables de se perpétuer sans l'assistance de l'Homme. C'est le cas par exemple pour les carottes comme pour le ver à soie. Certaines plantes ne sont plus capables de se croiser avec leurs homologues sauvages ou n'ont pas de tels partenaires dans les lieux ou on les cultive. Le maïs présente de ce point de vue particulièrement peu de risque lorsqu'il est cultivé en Europe. Ces risques ne sont pas propres aux OGM car ils se posent dans des termes très voisins pour les variétés et races obtenues par la sélection classique. Une variété de plante résistante à un herbicide ou à des insectes présente des risques semblables qu'elle provienne d'une sélection génétique classique ou d'une modification génétique artificielle. En règle générale, il peut être difficile de maîtriser la dissémination des organismes qui colonisent l'air ou les eaux sauvages que ce soit ou non un OGM.

Ces différents problèmes sont traités au cas par cas en se basant sur des règles générales. Cette approche est actuellement la seule possible pour les organismes vivants car ils sont très complexes et très divers. Considérer les risques que posent en soi les OGM n'a donc pas de véritablement de sens dès que l'on sort des considérations générales. Avant d'être proposé à des consommateurs animaux ou humains, un OGM doit franchir une série d'étapes qui sont résumées dans la figure 8. Chacune de ces étapes comporte ses réglementations propres qui sont prises en compte pour l'évaluation des risques par des commissions d'experts spécialisées. Les trois premières commissions décrites dans la figure 8 ont été récemment regroupées en France en une seule entité, le Haut Conseil des Biotechnologies (HCB), qui a commencé à exercer ses fonctions au début de l'année 2009.

Figure 8

Les différentes étapes du contrôle des OGM alimentaires

Recherche en milieu confiné

↓

Évaluation des OGM dans les champs

↓

Surveillance des OGM

↓

Autorisation pour la culture des OGM

↓

Évaluation de la sécurité alimentaire pour l'homme et les animaux

↓

Autorisation pour la commercialisation des OGM

↓

Étiquetage des OGM

↓

Accord du Codex Alimentatius

↓

Contrôle de la commercialisation par l'OMC

L'obtention d'un OGM et son étude initiale a lieu dans des locaux confinés. Il est admis que même les agents pathogènes les plus dangereux peuvent être manipulés de manière sûre à condition de respecter les règles de confinement appropriées. Ces règles qui sont résumées dans la figure 9 ont été transposées aux OGM. Quatre classes de risque accompagnées de quatre niveaux de confinement ont été appliquées aux OGM comme aux agents pathogènes. Il s'agit de protéger les expérimentateurs et l'environnement. La plupart des OGM sont de classe 1 et peuvent donc être manipulés dans un local quelconque. Les OGM contenant des gènes à haut risque favorisant le développement de cancer, de maladies à prion ou de maladies infectieuses sont maintenus dans des locaux de niveau de confinement 2, 3 ou 4 selon les cas. Ces règles sont appliquées à toutes les opérations impliquant des OGM, avec suffisamment de rigueur pour ne pas avoir permis à des accidents notables de se produire.

Figure 9
Le contrôle de la manipulation des OGM dans des espaces confinés

(Expériences de laboratoire)
- Classe 1 : aucun risque pour l'expérimentateur et l'environnement : pas de confinement.
- Classe 2 : risque limité : local clos, hotte de type II, destruction des déchets.
- Classe 3 : risque élevé : local en dépression, sas, filtres absolus, hotte de type II, vêtements spéciaux, autoclave à double entrée.
- Classe 4 : risque très élevé : local de classe 3 renforcé, hotte de type III, vêtements pour protection totale.
- Avis donné par les Ministères concernés.

Les essais et les exploitations à grande échelle dans des milieux non confinés doivent bénéficier d'un agrément spécifique. Seuls les OGM de classe 1 peuvent prétendre à être volontairement disséminés. La commission d'expert donne ses avis au cas par cas pour des cultures réalisées sur des surfaces de petite taille. Ces essais sont indispensables pour certaines études des effets de l'environnement sur les plantes. Ils sont également un prélude nécessaire pour valider la culture potentielle à grande échelle d'un OGM. La décision de cultiver ou non un OGM est prise par la Commission Européenne qui s'appuie sur les avis des commissions d'experts nationales (figure 10) et européennes.

Figure 10
Le contrôle de la dissémination volontaire d'OGM

(Dissémination volontaire)
- Réservé aux OGM de classe1.
- Description de la plante.
- Description du gène.
- Description du lieu de culture.
- Autorisation de cultiver de petites surfaces.
- Autorisation donnée par les Ministères concernés.

Un comité de surveillance est chargé de suivre les effets sur le terrain des essais de culture des nouveaux OGM. Les activités de ce comité devraient être désormais bien coordonnées avec celles des autres commissions à l'intérieur du HCB.

La consommation des OGM et des produits dérivés est autorisée ou non au cas par cas par la Commission Européenne sur les avis de l'AESA (Agence Européenne de Sécurité Alimentaire) et des commissions nationales équivalentes (en France l'ANSES : Agence nationale de la sécurité sanitaire de l'alimentation, de l'environnement et du travail). Ces examens comprennent 1) une étude agronomique de la plante, 2) une mesure des principaux composants de l'OGM comparé au même organisme non OGM pour établir s'il existe une équivalence substantielle entre les deux partenaires, 3) une description détaillée du gène transféré avant et après transfert, 4) une étude approfondie de l'alimentarité avec les animaux cibles potentiellement appelés à consommer régulièrement l'OGM, 5) l'évaluation de la toxicité aiguë de la protéine codée par le transgène et de la toxicité chronique de l'OGM lui-même, 6) et l'allergénicité des produits issus des OGM (figure 11). Ces tests sont ceux couramment utilisés pour l'évaluation des risques des médicaments, des pesticides et des additifs alimentaires. Ils doivent donc être suffisants pour les OGM.

Figure 11
L'évaluation des risques liés à la consommation d'OGM par les animaux et l'Homme

- Description de la plante.
- Description du gène avant son transfert et du transgène dans la plante.
- Équivalence en substance.
- Toxicité aiguë de la protéine codée par le transgène, chez des souris (10 jours).
- Toxicité chez des rats nourris pendant 3 mois avec l'OGM comprenant des examens approfondis des organes des animaux à la fin de l'expérience.
- Alimentarité chez les animaux cibles pendant des temps correspondant aux conditions d'élevage.
- Allergénicité de l'OGM.
- Avis donné en France par l'ANSES et dans l'UE par l'AESA.
- Décision prise par la Commmision Européenne/le Conseil des Ministres Européens.

Les Européens ont souhaités être informés au cas par cas de la présence d'un OGM quel qu'il soit dans leurs aliments. Pour répondre à cette exigence, la Commission Européenne a instauré des règles d'étiquetage unique au monde. Ces règles impliquent 1) qu'un aliment contenant moins de 0,9% d'un OGM autorisé par l'UE pour être consommé en tant que tel n'a pas à recevoir un étiquetage particulier; 2) qu'un aliment contenant plus de 0,9% d'un OGM autorisé sans être lui-même un OGM doit avoir la mention « contient un OGM »; 3) qu'un OGM consommé comme tel doit être accompagné de la mention « est un OGM ». Cette réglementation n'a qu'un rapport relatif avec la sécurité qui est établie par ailleurs mais elle offre un choix véritable au consommateur.

Les OGM comme les autres produits commerciaux sont soumis aux contraintes de l'OMC (Organisation Mondiale du Commerce). Le Codex Alimentarius est chargé de rédiger des textes récapitulant les règles de la consommation des différents produits. De tels textes existent pour les microorganismes, les plantes et les animaux génétiquement modifiés (bien qu'aucun produit provenant d'animaux transgéniques ne soit encore autorisé pour la consommation). Chaque pays est libre de signer ou non ces textes, ce qui implique qu'il ne peut s'opposer à la vente des produits génétiquement modifiés chez lui, sauf s'il peut apporter des preuves que les produits en question posent des problèmes de sécurité particuliers. Le refus obstiné de certains OGM par les Européens risque donc fort de les placer dans une situation de conflit qui pourrait s'avérer très préjudiciable avec les producteurs d'OGM.

L'ACCEPTATION DES OGM

Les OGM sont peu contestés en tant que tels. L'Homme est par essence un explorateur et un ingénieur, ce qui le mène naturellement à modifier les organismes vivants pour son usage, y compris en exploitant des OGM. Les OGM utilisés pour la recherche ou pour des applications médicales et pharmaceutiques sont généralement reconnus comme bénéfiques, en particulier pour les patients. Les OGM alimentaires sont par contre plus ou moins rejetés dans divers pays et particulièrement ou essentiellement en Europe. La réalité à cet égard n'est sans doute pas aussi tranchée que certains le prétendent. Un sondage présenté récemment par le Ministère de l'Agriculture et de la Pêche indique que les Français sont de plus conscients des risques alimentaires et en même temps de plus en plus confiants sur la manière de les maîtriser qu'on ne le dit générallement. Les résultats du sondage concernant les OGM sont les suivants : 1) 17% des Français perçoivent les OGM comme le premier facteur de risque pour la santé, 2) 52% pensent qu'il faut permettre la culture encadrée des OGM, 3) 62% sont conscients du fait qu'un agriculteur a un risque de voir sa récolte de maïs OGM détruite, 4) 50% pensent que les destructions d'OGM ont un impact négatif sur la recherche, 5) 25% ne se prononcent pas considérant qu'ils ne sont pas assez bien informés. Nous sommes donc loin des affirmations indiquant avec insistance que 80% des Français sont opposés aux OGM alimentaires. Pour autant, la situation reste bloquée et la France risque de se retrouver parmi les pays qui n'ont pas accepté les OGM. Cela rappelle l'adoption de la pomme de terre il y a trois siècles.

Figure 12
L'étiquetage des OGM destinés à l'alimentation humaine

La réglementation de l'UE prévoit trois situations distinctes :

1) Le produit contient moins de 0,9% d'un OGM accepté par l'UE pour la consommation animale ou humaine : pas d'étiquetage.
   Le seuil est de 0,5% si l'OGM est accepté par les experts mais pas encore par l'UE.
2) Le produit contient plus de 0,9% d'OGM : ce produit contient un OGM.
3) Le produit est un OGM : ce produit est un OGM.

Figure 13
La réglementation internationale pour le commerce des OGM alimentaires

(Codex Alimentarius)

- Les pays qui le souhaitent donnent leur accord sur les critères internationaux de sécurité alimentaires des OGM (sur avis d'experts de la FAO, de l'OMS de l'OCDE et du Codex Alimentarius).
- Les accords signés par les différents pays font référence pour les conflits commerciaux que doit régler l'OMC.

L'exploitation des OGM comme de toute nouvelle technique est de plus en plus systématiquement accompagnée de revendications réclamant l'application d'un certain nombre de principes supposés permettre de tirer le meilleur parti d'une technique avec le minimum d'inconvénients, tous risques confondus (figure 14).

Figure 14

Principe de prévoyance

↓

Principe de précaution

↓

Principe de prévention

↓

Principe de surveillance

↓

Principe d'information

↓

Principe d'attention

↓

Principe d'utilité

↓

Principe d'équité

Avant de prendre en considération ces différents principes relatifs à l'utilisation des OGM, il peut être utile de redéfinir ce qu'est un risque. Un risque est un danger potentiel : naviguer sur la mer comporte un risque bien identifié. Un risque potentiel est un risque non clairement identifié : l'utilisation des téléphones portables comporte peut-être des risques mais ils n'ont pas été identifiés.

Le principe de prévoyance

Le principe de prévoyance s'applique aux situations où un risque potentiel est suspecté mais non identifié. Ce principe est effectivement mis en œuvre parfois en particuliers pour les OGM expérimentaux. Ceux-ci sont en effet très variés et ils engendrent souvent des situations nouvelles. L'émergence des maladies à prions, il y a un peu plus d'une décennie, a induit des recherches nouvelles et beaucoup plus intenses impliquant des animaux transgéniques. Les réglementations qui étaient assez vagues dans ce domaine ont été renforcées et parfois surdimensionnées pour éviter tout risque de transmettre une maladie aussi mal comprise que dangereuse. Ce type de situation a très peu de chance de concerner des OGM alimentaires. Tout projet comportant des risques potentiels aussi élevés que ceux engendrées par les expérimentations sur les prions ne saurait entrer ni de près ni de loin dans le domaine alimentaire. Un OGM alimentaire doit être de la classe 1 de risque pour être pris en considération.

Le principe de précaution

Il parait raisonnable de classer l'utilisation alimentaires des OGM parmi les risques potentiels, tout en gardant à l'esprit que chaque OGM doit faire l'objet d'un examen spécifique. Il y a en effet extrêmement peu de chance que la consommation d'un maïs transgénique exprimant le gène Bt de résistance aux insectes comporte des risques. Les raisons qui soutiennent cette hypothèse sont les suivantes: 1) le maïs est utilisé depuis plusieurs millénaires pour l'alimentation animale et humaine sous forme de multiples mutants et hybrides sans qu'on ait observé d'effets indésirables, 2) la protéine Bt est utilisée depuis plusieurs décennies sans qu'on ait pu lui attribuer un quelconque effet toxique ou allergène, 3) les études de toxicité et d'allergénicité réalisées avec la toxine Bt pure n'ont révélé aucun effet néfaste de cette protéine, 4) l'association du maïs et de la toxine Bt ne doit donc pas augmenter le niveau de risque. C'est effectivement ce qui été constaté maintes fois en évaluant les risques alimentaires de ce type d'OGM. Ce qui est vrai pour le maïs Bt ne saurait être extrapolé à n'importe quel autre OGM. Il est évident que les cotons transgéniques doivent être soigneusement examinés pour s'assurer que les toxines naturelles que contient cette plante ne sont pas plus abondantes dans les cotons génétiquement modifiés. Les OGM de deuxième génération auront pour certains d'entre eux un métabolisme délibérément modifié pour améliorer leur valeur nutritive. Ces OGM devront être examinés compte tenu des ces propriétés, car on attend d'eux qu'ils aient une action sur les consommateurs.

Le maïs est très utilisé dans de nombreux pays et notamment en Europe. Chacun peut constater que le maïs n'est pas pour autant devenu une plante sauvage. Sa dissémination, qu'il soit OGM ou non, n'a donc que des chances infimes d'avoir lieu. Il n'en est pas de même pour le colza qui se dissémine spontanément et peut se croiser dans certaines conditions avec des plantes sauvages de la même famille. Pour ces raisons, un maïs transgénique Bt est autorisé pour la culture dans l'UE mais pas le colza résistant à un herbicide. Pour les mêmes raisons, les saumons transgéniques à croissance accélérée ne sont pas actuellement autorisés pour une aquaculture à grande échelle dans les eaux sauvages.

Le principe de précaution qui n'est qu'une extension du précepte traditionnel « en cas de doute, abstiens toi » est très fréquemment invoqué lorsqu'il s'agit d'OGM. Il est important de rappeler les bases de ce principe. Celui-ci doit s'appliquer lorsque l'on postule qu'une activité nouvelle pourrait comporter des risques élevés sans que l'on ait encore été capable de le démontrer. Il est expressément stipulé que ce principe ne doit être appliqué que pendant des temps limités et à un coût raisonnable pour la société. L'application du principe de précaution implique un arrêt du développement ou de la mise en œuvre d'une technique. Pendant ce moratoire, des études doivent être menées pour tenter d'évaluer les risques que l'on redoute. À la fin de cette période, une décision doit être prise pour poursuivre les recherches et le moratoire ou de les arrêter pour autoriser la mise en œuvre de la nouvelle technique ou au contraire de l'interdire. En aucun cas, le principe de précaution doit représenter une période d'attente stérile. Nous sommes donc loin du principe de tranquillité cher à nos responsables politiques et déguisé en en principe de précaution. Le principe de précaution peut et doit être appliqué dans le cas du changement de climat. La chose est beaucoup moins claire lorsqu'il s'agit d'OGM. En effet, on peut considérer que la prise en considération précoce des risques théoriques liés à l'utilisation des OGM et la mise en place des diverses instances de contrôle décrites plus haut constituent en soi une application du principe de précaution. Cette phase parait dépassée depuis bientôt une décennie pour laisser place aux autres principes plus proches de l'utilisation effective des OGM. L'application d'un moratoire au maïs déjà autorisé à la culture dans l'UE parait injustifiée. Il est même en contradiction avec le principe de précaution puisque l'on sait que pendant un moratoire, aucune recherche ne serait menée pour évaluer les risques car ces évaluations ont déjà été effectuées maintes fois.

Il reste que dans les faits, le principe de précaution est effectivement appliqué ponctuellement. L'examen d'un OGM par les commissions conduit souvent les experts à demander des compléments d'informations au pétitionnaire comportant ou non de nouvelles expérimentations. L'acceptation de l'OGM est de fait bloquée tant que les informations demandées n'ont pas été fournies ou n'ont pas convaincu les experts.

Les ratés dans l'utilisation des OGM alimentaires sont rares et un seul paraît réellement préoccupant. Un soja transgénique synthétisant une protéine de la noix du Brésil riche en acides aminés essentiels a été obtenu il y a bientôt dix ans. Il s'est rapidement avéré que la protéine en question avait des propriétés allergiques. Le développement du projet a été aussitôt abandonné par l'industriel, et le soja n'a pas dû être retiré du marché comme certains le clament. Plus récemment, un institut de recherche publique australien a obtenu des pois résistants aux charançons. La protéine protectrice provenant du haricot consommé couramment sans problème s'est retrouvée légèrement modifiée et anormalement immunogène après transfert du gène correspondant chez le pois. Ceci pouvait induire un risque non prouvé pour les consommateurs humains. Cette constatation a suffit pour que l'institut de recherche arrête le projet spontanément et non sous la pression particulière des opposants et des media comme cela a été affirmé. L'efficacité des tests de sécurité appliqués aux OGM est donc réelle. Un vrai problème est celui de l'herbe destinée aux pelouses et aux terrains de golf rendue résistante à un herbicide total, le Roundup. La plante en question indésirable dans les champs a la possibilité de se disséminer largement sans pouvoir être détruite par l'herbicide, même si elle reste sensible aux autres herbicides. La communauté scientifique, l'Académie des Sciences et le pouvoir juridique des USA ont réagi jusqu'à imposer le retrait de la plante fautive, pour la première fois dans la courte histoire des OGM. Ceci confirme que les réglementations des USA ne sont pas dépourvues d'efficacité mais elles sont insuffisantes. Une telle erreur ne pourrait que très difficilement se produire dans l'UE. Dans le même ordre d'idée, des herbes sauvages naturellement résistantes à l'herbicide Roundup commencent à émerger dans les régions où sont cultivés intensément des OGM resistants à cet herbicide.

La consommation d'un Maïs Bt a récemment fait l'objet d'une polémique dans l'UE. Un groupe de chercheurs français a réévalué les données concernant les tests de toxicité de ce maïs et ils ont prétendu que les conclusions des experts avaient occulté des résultats révélant la possibilité de risque pour les consommateurs. Les commissions d'experts de divers pays dans le monde compris l'agence de l'UE, l'AESA, et l'AFSSA ont confirmé sans ambiguïté leurs premières conclusions tout en faisant ressortir l'incompétence des contestataires. Cela n'empêche pas les contestataires de demander des tests de toxicité des OGM sur les rats au-delà de trois mois. Ceci est très révélateur de la différence entre une impression accompagnée d'une erreur de raisonnement et une démonstration expérimentale. Il est en effet très facile et très gratifiant d'affirmer publiquement que trois mois constituent un temps insuffisant pour évaluer les risques toxicologiques d'aliments puisque l'on peut être amené à consommer ces produits pendant des années. C'est oublier que ces tests sont ceux appliqués depuis longtemps et avec un réel succès pour les médicaments, les pesticides et les additifs alimentaires. Il faut modestement écouter les toxicologues qui considèrent que les tests de toxicité sur des rats pendant des périodes de six mois ne font le plus souvent que confirmer ce que l'on avait déjà observé après trois mois.

Le même groupe français a prétendu démontrer, sans respecter les règles fondamentales de la démonstration expérimentale, que l'insecticide Roundup était toxique, contrairement aux conclusions unanimes des cinquante publications sur le sujet. Les données du groupe en question a en réalité montré, sans le mentionner, que la toxicité du Roundup était semblable à celle du sel de cuisine. Là encore la démarche a consisté à faire tout ce qui pouvait ressembler à une démonstration expérimentale pour justifier des conclusions décidées à l'avance. La même chose se produit périodiquement dans divers pays dans des termes peu différents.

Il reste que la démonstration formelle qu'un OGM donné n'a aucun impact négatif sur la santé des consommateurs sur le long terme n'a pas été faite et elle ne le sera strictement jamais. Les méthodes pour faire cette démonstration n'existe pas et n'existeront probablement jamais, pas plus qu'il n'en existe pour affirmer que les carottes ou le pommes sont totalement inoffensives. En dessous d'un certain seuil de risque, aucune certitude n'est possible sinon que les risques sont au pire extrêmement faibles. L'humanité s'est très bien accommodée pendant des millénaires de cette situation empirique pour les aliments conventionnels peu surveillés, elle doit donc pouvoir affronter sereinement l'introduction des OGM dans son alimentation.

La controverse scientifique respectant les exigences de la transparence est donc réellement possible dans ces domaines et ces épisodes révèlent, s'il en était besoin, que la contestation est exigeante et n'est pas une vertu en soi. Il peut être utile à cet égard de préciser qu'il n'y a qu'une symétrie apparente entre les partisans et les opposants aux OGM. La communauté scientifique ne se sent pas concernée par la promotion des OGM. La destruction des OGM est devenu un rite annuel. On n'a jamais vu des chercheurs semer du maïs OGM, illégalement ou non, pour favoriser l'utilisation de ces semences. La communauté scientifique se contente de demander que leurs évaluations et les conclusions que l'on en tire soient faites sur des bases scientifiques rigoureuses et honnêtes. Les chercheurs ne contestent pas les décisions politiques qui suivent leurs évaluations, quelles qu'elles soient, dès lors qu'elles ne travestissent pas leur travaux d'expertise.

Le principe de prévention

Ce principe s'applique aux situations pour lesquels les risques sont connus. Il convient alors de prendre des mesures validées pour maîtriser les risques en question. C'est ce principe qui est appliqué pour limiter les mélanges d'OGM et de plantes conventionnelles dans les récoltes. Des distances entre les champs ont été définies pour que les cultures conventionnelles ne contiennent pas plus de 0,9% d'un OGM cultivé dans le voisinage. Ces mesures ne sont pas nouvelles puisqu'elles sont déjà appliquées pour empêcher les cultures conventionnelles de se mélanger avec les plantes des champs voisins et encore plus pour préparer des semences pures. Les agriculteurs n'ont ainsi aucune difficulté particulière pour cultiver du maïs doux destiné à la consommation humaine, donc non contaminé par du maïs destiné aux animaux. Les mesures prises dépendent du degré de pureté que l'on souhaite dans les récoltes. Il n'y a aucune raison pour que ces mesures ne s'appliquent pas aux produits issus de l'agriculture biologique, à moins de considérer que la biosécurité alimentaire n'est pas l'objectif prioritaire dans ces affaires. À cela, il faut ajouter que les semences de maïs, génétiquement modifiés ou non, sont des hybrides qui ne sont pas ressemés car leurs descendants immédiats sont peu productifs. Cette pratique pourrait contribuer, s'il en était besoin, à empêcher la dissémination incontrôlée des maïs transgéniques.

Il reste que de telles mesures ne sont actuellement pas considérées comme suffisamment fiables pour des plantes comme le colza dont les graines et le pollen se disséminent aisément, dont les graines restes fertiles plusieurs dizaine d'années dans le sol et qui peuvent se croiser avec des plantes sauvages.

Le principe de surveillance

La surveillance à plus ou moins long terme est mise en pratique pour un certain nombre de techniques portant sur des produits bien contrôlés mais trop complexes pour permettre une prévision de toutes les situations possibles. Ceci est plus particulièrement le cas pour les médicaments dont les effets secondaires ne peuvent pas être tous connus malgré les très rigoureuses études auxquelles ils sont soumis avant leur mise sur le marché.

Il est logique d'évaluer les effets éventuels sur l'environnement des essais en champs de nouveaux OGM. Ces études n'ont jusqu'à maintenant pas été conduites de manière systématique.

Un autre problème concerne les études épidémiologiques qui pourraient être menées sur le long terme pour établir d'éventuelles corrélations entre la survenue d'une maladie rare dans un groupe humain et la consommation intense et prolongée d'un OGM. De telles études sont particulièrement difficiles à mener, comme d'autres portant également sur les effets éventuels des aliments sur les consommateurs. Personne n'a jusqu'à ce jour sérieusement tenté de mettre en place de tels dispositifs de surveillance, même si certains dossiers de demande d'agrément pour un nouvel OGM contiennent des protocoles de surveillance. La très faible consommation humaine d'OGM jusqu'à ce jour et le peu d'impact attendu de ces OGM sur la santé humaine n'ont pas incité les différents opérateurs à se lancer dans des procédures de surveillance. Il pourrait en être autrement lorsque les OGM de deuxième génération, supplémentés par divers composés susceptibles d'améliorer la santé humaine, seront utilisés à grande échelle.

Le principe d'information

La transparence est un concept à la mode. Chacun demande à être informé sur tout ce qui le concerne. Ceci est particulièrement net dans le domaine alimentaire. L'information dans ce domaine est de plus en plus abondante même si elle est parfois peu utile ou mal comprise. L'UE est très soucieuse de tenir compte des doléances de ses citoyens. Les règles d'étiquetage des produits alimentaires contenant des OGM en est un exemple représentatif. L'information utile aurait sans doute été plutôt celle indiquant que le produit avait reçu l'agrément des instances européenne de sécurité alimentaire.

Les Français se plaignent volontiers d'un peu tout et en particulier de la qualité de leur nourriture sensée se dégrader. Le sondage récent du Ministère de l'Agriculture et de la Pêche montre que les Français sont plutôt confiants vis-à-vis de la manière dont la sécurité alimentaire est gérée dans leur pays.

L'information sur les OGM est extraordinairement mauvaise. Il est frappant de constater que la majorité de nos concitoyens sont convaincus 1) que les OGM sont stériles alors qu'aucun ne l'est (l'utilisation de gène contrôlant la reproduction des OGM aurait pourtant l'avantage de protéger les agriculteurs et les semenciers contre le vol des semences et d'empêcher toute dissémination intempestive), 2) que la culture des OGM augmente l'utilisation des herbicides et des pesticides alors que le contraire est avéré, 3) que les OGM ont commencé à envahir les espaces cultivés sans possibilité de contrôle ce qui n'a pas été constaté même dans les pays où les OGM sont cultivés intensément, 4) qu'aucune étude digne de ce nom des risques alimentaires des OGM n'est menée avant leur mise sur le marché alors que de multiple commissions traitent ces problèmes depuis longtemps et que les OGM sont les aliments les mieux connus et les plus contrôlés de l'histoire de l'humanité, 5) que les résultats de ces études sont gardées secrètes alors que les conclusions de l'AFSSA (totalement ignorée dans cette affaire alors que c'est elle qui a la charge de l'évaluation des risques alimentaires) sont très rapidement rendues publiques y compris via internet, 6) qu'une entreprise semencière s'est emparée du monde vivant en le brevetant, alors que les brevets en question ne sont pas tous solides loin s'en faut et qu'ils sont de toutes façons négociables, 7) que les experts ne sont pas compétents mais que surtout ils sont à la solde des multinationales, ce qui est une accusation aussi infamante qu'inexacte, etc. Le moins qu'on puisse dire est que la réalité est infiniment plus nuancée.

On ne peut s'empêcher de se demander comment on en est arrivé là. Cette situation n'est de toute évidence pas l'effet du hasard. Une chose est certaine : la communauté scientifique dans son ensemble n'a jugé bon de communiquer sur ses travaux et les expertises auxquelles elle participe intensément dans ces domaines. Les chercheurs continuent à penser que leur activité est incontestable et qu'ils n'ont pas besoin de rendre des comptes à leurs concitoyens. Cet échec n'est pourtant pas inéluctable. Le succès durable du Téléthon est là pour le montrer. Il est vrai que l'acceptation des biotechnologies est bonne dès lors qu'elles touchent le domaine médical.

On ne peut éviter de constater que la situation actuelle concernant les OGM n'est pas seulement le fait d'un manque d'information du public mais d'une désinformation. La désinformation est organisée par des groupes d'opposants qui bénéficient de manière quasi systématique de la complicité des media, même si les choses sont en cours d'amélioration sur ce point. Les motivations des opposants apparaissent multiples et disparates. Certains arguments sont sous tendus par un réel désir de ne pas laisser s'installer une technique sans un contrôle suffisant. Force est de constater que le débat sur les OGM ne traite bien souvent que marginalement du sujet. Les opposants tiennent fréquemment des propos nihilistes. Dans d'autres cas, le débat sur les OGM est en réalité un combat déguisé, totalement hors de propos, entre le bien et le mal. Les OGM sont de toute évidence un excellent faire valoir pour des gens en mal de succès dans leur recherche et un tremplin puissant pour soutenir une carrière politique. D'autres opportunistes qui sont de véritables charlatans stigmatisent les OGM à outrance pour valoriser indûment les produits biologiques dont ils font un symbole de pureté, alors que personne n'a jamais pu monter que ces produits pouvaient améliorer de quelque manière que ce soit la santé des consommateurs. Ironiquement même, il est bien connu des professionnels que les produits biologiques contiennent parfois des mycotoxines cancérigènes en quantité plus élevée que les produits conventionnels. C'est le cas pour le maïs biologique, alors que le maïs Bt contient quant à lui en général moins voire beaucoup moins de toxines (et en particulier de fumonisine) et nettement moins que le maïs biologique. Le conflit actuel entre les partisans des produits biologiques et ceux qui ne considèrent pas les OGM comme une calamité est artificiel. Il cache difficilement l'action des lobbies qui voient dans les produits biologiques d'abord et avant tout une bonne opération commerciale qu'il convient de soutenir en entretenant la peur des OGM. Les OGM sont par ailleurs et seront encore plus une matière de choix pour des conflits juridiques divers. Il convient donc pour certains juristes de prendre une position appropriée pour tirer un bénéfice direct des procès le moment venu.

Les OGM sont donc le bouc émissaire du moment. Les Allemands ne sont pas en reste mais leur contestation qui revêt les mêmes atours, porte plutôt sur les problèmes de reproduction et d'eugénisme tandis que le bien-être animal focalise de préférence l'attention des contestataires britanniques. Tous les pays ne subissent pas le même sort. Les Espagnols cultivent du maïs Bt avec bonheur sans que cela ne soulève les polémiques stériles que l'on connaît en France et dans d'autres pays. La situation européenne dans ce domaine ne manque pas d'étonner certains économistes et certains sociologues qui n'arrivent pas à comprendre pourquoi les Européens font assaut de propos venimeux et haineux à chaque fois qu'on évoque les avantages des OGM. Ce phénomène est encore apparu clairement très récemment à la suite d'une publication relatant les avantages particulièrement convaincants de la culture de maïs Bt en Italie. Force est de constater que l'éthique propre de la contestation est souvent bafouée sous couvert de propos moralisateurs anti-OGM. Cette situation n'est pas anodine même si elle n'est ni nouvelle ni originale. La démocratie ne peut en effet trouver son compte au milieu de cette cacophonie et de ces truquages médiatiques. Les aspects économiques et politiques ne sauraient non plus être ignorés. La recherche française dans le domaine des OGM alimentaires est sinistrée. Une entreprise nationale qui a vu ses champs d'OGM systématiquement dévastés a décidé de quitter la France. La recherche publique et l'enseignement dans ce domaine ne sont pas en meilleur état et avec ce que cela comporte de perte de compétitivité, de marchés, de compétence pour l'expertise des risques et de liberté pour l'UE de développer ses propres projets et des projets spécifiquement destinés aux pays pauvres. L'UE qui s'est dotée de la réglementation la plus complète et la plus cohérente sur les OGM trouve moyen, sans le vouloir, d'être une référence négative pour certains pays pauvres qui empruntent l'attitude des Européens, alors que certains OGM leur seraient de toute évidence bénéfiques. Une analyse récente dresse même un tableau parfaitement calamiteux de la situation européenne. Selon cette analyse, dans un avenir rapproché, le refus des OGM va priver les éleveurs européens de nourriture pour leurs animaux. Ceci va se traduire par une décapitation d'une partie importante des troupeaux, par une importation massive, à des prix prohibitifs, de viande provenant d'animaux nourris avec les OGM honnis par les européens. Ce n'est pas un hasard si la destruction des cultures d'OGM est considérée par les spécialistes comme un des principaux sinon le principal méfait du bioterrorisme international.

Le principe d'attention

Tous les responsables de groupes humains, et en particulier les gouvernements, savent qu'il faut du temps à une société pour assumer les changements. Les refus du changement se nourrit de la paresse humaine que savent d'instinct exploiter les charlatans. On peut le déplorer, mais nier cette réalité ne saurait conduire qu'à des crispations et des conflits inutiles. Une prise en considération de ces contraintes consiste à prendre en compte les inquiétudes des citoyens même si tout indique qu'elles ne sont pas justifiées. Un risque élevé connu comme celui des accidents de la route est beaucoup mieux accepté qu'un risque très faible mais nouveau comme celui de l'utilisation des OGM alimentaires. Il est évident par ailleurs que pour avoir du recul sur les OGM comme sur toute autre innovation il faut avancer, prudemment sans doute, mais c'est bien ce qui se passe en réalité pour l'utilisation des OGM alimentaires.

La patience et la pédagogie doivent donc être des outils essentiels des décideurs dans certaines situations. C'est surtout à une dérobade démagogique que l'on a surtout assisté jusqu'à maintenant. La bonne attitude à adopter n'est pas simple. Les USA prétendent que l'acceptabilité des OGM est bonne dans ce pays parce que les industriels et les instances gouvernementales ont fait précocement assaut de pédagogie, mais aussi de lobbying dramatisant la compétition dangereuse, en réalité non certaine, des Japonais avant la mise sur le marché des premiers OGM. D'un autre côté, le paradoxe d'Ellsberg veut que l'intensité du refus d'un changement est d'autant plus élevée que les intéressés sont plus tôt informés du changement en cours ou à venir.

Le principe d'équité

Les citoyens des pays développés sont abreuvés d'images montrant les difficultés auxquelles se heurtent les pays pauvres, en particuliers en ce qui concerne leur alimentation. Il est bien évident que les OGM ne saurait être la solution miracle pour faire disparaître la malnutrition. Il est en effet évident qu'aucune technique à elle seule ne saurait être suffisante pour résoudre un problème aussi vaste et complexe. Certains en profitent pour dénier tout intérêt ces OGM pour les pays pauvres. La preuve a été donnée que les OGM actuellement disponibles peuvent être bénéfiques pour les pays démunis bien qu'ils n'aient pas été conçus pour eux et malgré le fait que la commercialisation des semences OGM soient en majeure partie dans les mains de quelques entreprises privées. Les exemples cités plus haut montrent que le développement d'OGM destinés aux pays pauvres est parfaitement possible dans les conditions actuelles, en particulier par des groupes de recherche académiques. L'affirmation dogmatique et insistante que les OGM ne peuvent qu'accroître l'asservissement des pauvres par les riches a quelque chose de criminel.

Une question que pose les OGM est celui des dommages potentiellement causés par la présence d'OGM non autorisé ou sa dissémination non contrôlée. De telles éventualités peuvent justifier l'intervention des compagnies d'assurances. Celles-ci sont jusqu'à maintenant restées discrètement en retrait. Ceci n'a rien de surprenant et encore moins de suspect ou révélateur de risques élevés. Les assureurs peuvent assurer à peu près n'importe quoi à condition de connaître les risques financiers à couvrir. Cette évaluation commence juste à pouvoir être chiffrée et les agriculteurs vont savoir à quoi s'en tenir en ce qui concerne les assurances que certains seront amenés à prendre. La situation dans ce domaine devrait évoluer rapidement au fur et à mesure que les risques juridiques réels seront mieux connus. Aux USA, certaines compagnies d'assurance diminuent le montant à payer par les assurés pour des cultures comme le maïs Bt dont les récoltes sont plus prévisibles ques les cultures conventionnelles.

Le principe d'utilité

Les citoyens actuels affirment leur désir de participer aux choix des projets à développer et en particuliers en ce qui concerne les OGM. Ce désir on ne peut plus légitime n'est pas aussi facile à satisfaire qu'il n'y parait. C'est tout le problème que pose la démocratie populaire dont les succès ne sont pas si nombreux. On ne peut oublier que des dictateurs ont pris le pouvoir à la suite d'élections démocratiques. Il n'est pas aisé d'éviter les dérives populistes. Les sociétés modernes doivent trouver les moyens de répondre aux demandes de leurs citoyens. En ce qui concerne les OGM et plus généralement les choix à faire en matière entre autre d'agriculture au niveau national et mondial, il y a toutes les raisons de faire confiance aux citoyens. Cela suppose une information honnête et claire ce qui n'est pas actuellement le cas. Il convient également de ne pas promettre l'impossible ou l'irréaliste. Nul ne peut par ailleurs s'improviser spécialiste dans un domaine qui n'est pas le sien. Le dialogue entre ceux qui mettent en œuvre de nouvelles techniques et ceux qui sont susceptibles d'en bénéficier ne peut que ponctuellement être direct et valablement entrer dans les détails. Il faut donc faire en sorte que les citoyens puissent faire connaître leurs desiderata et faire une confiance critique aux chercheurs, aux industriels et aux experts pour tenir compte de ces exigences. Cela suppose que des intermédiaires se chargent d'assurer un dialogue permanent entre les opérateurs et les utilisateurs. Une gestion pertinente des avantages et des risques d'une technique dépend probablement pour une bonne part du degré de culture qu'a acquis l'ensemble des acteurs concernés. Les OGM participent à l'apprentissage quelque peu laborieux de la société dans ce domaine. Un fait ne devrait pas être ignoré. La mise en œuvre de la production d'électricité par des centrales nucléaires s'est faite sans concertation réelle avec les citoyens. Cela ne signifie pas que les choix qui ont été faits étaient pour autant non pertinents. La réglementation sur l'utilisation des OGM en général a été mise en place avant que les laboratoires de recherche ne s'engagent massivement dans leur utilisation. La réglementation sur l'utilisation des OGM alimentaires végétaux a accompagné de près leur première mise sur le marché. La réglementation sur l'utilisation des OGM animaux destinés à l'alimentation humaine est prête alors qu'aucun produit provenant de tels animaux n'est actuellement en vente. L'attitude de la société dans ce domaine évolue donc dans la bonne direction et ceci devrait inciter tout un chacun à formuler des commentaires plus constructifs sur la situation actuelle et future des OGM.

Louis-Marie HOUDEBINE

DES LIMITES DU PRINCIPE DE PRÉCAUTION OGM, TRANSHUMANISME ET DÉTERMINATION COLLECTIVE DES FINS

LE PRINCIPE DE PRÉCAUTION ET LA CONTROVERSE SUR LES OGM

Si l'on considère l'avis du Comité de préfiguration de la nouvelle Haute Autorité sur les OGM relatif au maïs MON 810 de Monsanto (9 janvier 2008) et la décision du gouvernement français de lancer alors la procédure de sauvegarde à son propos, les analyses critiques d'Olivier Godard [1] nous paraissent pertinentes au regard de l'économie du principe de précaution. Force est en effet de constater la faiblesse du dossier scientifique d'accusation concernant ce maïs. En revanche, nous sommes moins enclins à souscrire aux positions de cet auteur au sujet de la banalité des OGM en général, et surtout des relations nouées par les principes responsabilité de Hans Jonas et de précaution, celui-ci se présentant comme une continuation de celui-là, alors que nous soutenons une différence de nature entre eux. Nous accorderons une grande importance à ce dernier point que nous développerons pour lui-même. Plus précisément, nous nous attacherons à mettre en lumière les limites du principe de précaution : son extension réduite et ponctuelle, le fait qu'il ne saurait donc permettre de prendre en

1. O. Godard, « Le principe de précaution et la controverse sur les OGM », *Économie publique Public Economics*, n° 21 (2007/2), p. 13-75, article qui reprend et intègre nombre de propos tenus ici, formulés alors sous forme de remarques sur la première version de cet auteur ; voir D. Bourg et A. Papaux, « Des limites du principe de précaution : OGM, transhumanisme et détermination collective des fins », *Économie publique Public Economics*, n° 21 (2007/2), p. 95-123.

charge qu'un nombre restreint parmi les dangers auxquels nous sommes et serons confrontés. Sans pour autant méjuger de ses mérites que nous rappellerons, ces limites interdisent de voir dans la précaution l'unique principe de la conception forte du développement durable. Il ne saurait à lui seul inspirer les ruptures qu'appelle la mise en œuvre de sociétés plus durables. Nous montrerons pour l'essentiel que la précaution reste dans son interprétation actuelle peu ou prou rivée au domaine des moyens, et partant à une acception classique du risque, alors même qu'il conviendrait de mettre en place, à une échelle publique, des procédures de détermination des fins collectives.

D'entrée de cause, révoquons en doute, sous un certain angle au moins, la généralité de l'expression « OGM ». La pratique de la transgénèse en laboratoire en vue de produire tel ou tel médicament ne pose nullement les mêmes problèmes que la culture en champs des Plantes Génétiquement Modifiées (PGM) ; et là encore, si problèmes il y a, ils varieront d'une PGM à l'autre. L'intérêt d'une PGM différera largement en fonction de la propriété nouvelle acquise par transgénèse ; la plupart des PGM posent des problèmes de dissémination de leurs gènes, mais ce n'est pas le cas de toutes non plus : il existe par exemple des plants de vignes génétiquement modifiés, en vue de résister à la maladie du court noué, qui n'engendrent pas ce risque de dissémination. Ces plants confirment-ils l'assertion d'O. Godard, féconde et à contre-courant, suivant laquelle « le naturel, bien plus que l'artificiel, est source de l'inconnu qui enveloppe les objets techniques inventés par l'homme »[1] ? Quand bien même le suivrait-on, l'*exploitation* de l'artefact OGM n'en devient pas moins une activité se déployant dans l'inconnu et donc « à risque »[2]. En effet, leur exploitation présupposant nécessairement une interaction avec le naturel, l'inconnu qui caractérise ce dernier rejaillit forcément sur les OGM, quand bien même concèderait-on que leur *élaboration-production* s'opère sous parfaite maîtrise, ce qui par ailleurs requerrait démonstration. Dès lors que l'interaction naturel-artificiel se développera dans l'inconnu, toute technique sortant du laboratoire – en quoi réside notamment sa vocation – c'est-à-dire d'un univers confiné, donne lieu à risque.

À quoi s'ajoute qu'il est possible d'obtenir par une autre technique, la mutagenèse, provoquée par une exposition à des rayonnements, un résultat équivalent à celui de la transgénèse, et qui partant devrait appeler les

1. O. Godard, « Le principe de précaution... », art. cit., p. 39, n. 24.

2. L'auteur en conviendra (*ibid.*).

mêmes mesures de précaution qu'à l'égard de celle-ci. Et par économie de moyens – comme marque de la finitude humaine – on comprend aisément pourquoi on ne soumet pas à contrôle accru les techniques antérieures, dites ou non « naturelles », et leurs variantes, compte tenu de l'expérience accumulée en ces matières, et cela sans pour autant adhérer à quelque romantisme naturaliste que ce soit. Il s'agit évidemment d'une position pragmatique et non épistémologique. Par économie de moyens l'expérience et la durée se substituent donc à l'expérimentation.

Il n'en existe pas moins des problèmes généraux associés aux PGM qui ne sont pas à proprement parler scientifiques. Le premier procède de la brevetabilité des gènes associés à la transgénèse. L'extension de la pratique de la transgénèse dans le cadre des PGM débouche de ce fait sur l'appropriation par de grandes compagnies du génome des plantes cultivées, et par voie de conséquence, d'une part croissante de l'alimentation mondiale, ce qui constitue une situation inacceptable. Une autre conséquence est l'homogénéisation mondiale des plantes cultivées, et donc un appauvrissement génétique. Un troisième problème consiste en la dissémination génétique due aux PGM, laquelle est en soi un problème qui varie en fonction du type de plante cultivée; mais cette même dissémination peut également être instrumentalisée par une compagnie, ce que n'a pas manqué de faire Monsanto en intentant des procès contre des paysans, conduisant là encore à une situation inacceptable[1]. Quatrièmement, l'autorisation successive, au cas par cas, selon la logique du principe de précaution, de PGM de nature différente mais résistants à un même herbicide générique, le glyphosate, déboucherait sur d'épineux problèmes de culture: il deviendrait difficile de ménager la succession d'un type de culture à un autre, autrement dit d'éliminer les plans résiduels de la culture précédente, compte tenu de la généralisation de la résistance au glyphosate. On peut enfin comprendre que le public n'ait guère envie de favoriser les affaires d'une firme comme Monsanto, aux agissements cyniques à suivre les media, quand bien même un tel constat n'a aucune valeur juridique[2]. Tous ces problèmes ne relèvent ni de la science, ni du risque au sens du dommage matériel probable, et donc ni du principe de précaution pour autant que ses modalités d'application renvoient à un contexte cognitif scientifiquement caractérisé. Ils n'en

1. Pour plus de développement, voir M.-D. Robin, *Le Monde selon Monsanto*, Paris, La Découverte-Arte éditions, 2008, p. 224-234, dont le propos, quel qu'en soit le militantisme, n'enlève rien aux faits mis en lumière.

2. *Ibid.*

constituent pas moins des problèmes réels. Or, il n'est pas admissible ni suffisant que les seuls arguments valables sur la scène internationale pour s'opposer à l'importation d'un bien soient « *science based* », ce que nous montrerons aussi à la faveur d'autres questions. Cela constitue en effet une forme de déni à l'endroit de difficultés aussi nouvelles que redoutables, face auxquelles les autorités publiques ne sauraient demeurer inertes.

Nombre d'écrits sur le principe de précaution semblent associer trop étroitement scientificité et rationalité. Quand la science avait pour vocation exclusive de dévoiler la nature, de porter à la lumière ses mécanismes universels, une telle assimilation était légitime. Il n'en va plus ainsi avec la technoscience qui vise moins à dévoiler un réel préexistant qu'à le modeler en fonction d'objectifs variés. Les découvertes fondamentales se font en effet rares depuis plusieurs décennies, et la majeure partie de l'activité scientifique vise à tirer de connaissances antérieures une foultitude de savoir-faire à vocation commerciale. D'où le basculement en direction du secteur privé d'une grande partie de la production des « connaissances », et en réalité de savoir-faire nouveaux. Sous cet angle une PGM n'est pas plus rationnelle que n'importe quel produit de l'agriculture biologique : la seule rationalité envisageable dans ces deux cas étant celle du marché. Tel ne serait plus le cas si les PGM pouvaient apporter une amélioration nette et largement reconnue, notamment d'un point de vue environnemental. Seule la méthode qui a permis de produire la PGM en question peut être qualifiée de rationnelle. Le programme de recherche revendiqué par les transhumanistes, sur lesquels nous reviendrons, participe de la même logique : les méthodes employées pour atteindre leur but relèveront bien de la méthodologie scientifique, mais leurs objectifs, par exemple différer incessamment la mort d'un individu pour atteindre une certaine forme d'immortalité, ne nous semblent nullement ressortir à une rationalité exemplaire. Il convient de tirer les conséquences de cet état de choses en matière d'évaluation. Force est de constater que nombre de scientifiques engagés dans la production de PGM sont nécessairement intéressés à la réussite commerciale de ces PGM, quels que soient les autres avantages éventuels offerts par ces plantes. C'est la raison pour laquelle existent des procédures d'autorisation exigeant des recherches auxquelles ne satisferaient pas spontanément les entreprises. On n'oubliera pas que du temps de la publication de *Silent Spring* de Rachel Carson, l'immense majorité des entomologistes se sont dressés contre elle et ont légitimé *scientifiquement* l'usage intensif des pesticides.

Les OGM reposent en cela, certes à leur manière, la question du rapport d'*homo faber* à la nature, nous obligeant à réinterroger notre prétention moderne à la maîtrise et donc à la manipulation. Nous ne pensons pas que les militants contempteurs des OGM s'imaginent que la nature est en tous points bénéfique au genre humain. Ils affirment en revanche que le recours à la transgénèse n'offre pas la même prédictibilité, tout particulièrement en matière de risques, que celle permise par les techniques classiques d'amélioration variétale. On ne sort pas dans ce dernier cas du connu, pour autant qu'il relève du passé, alors que l'on ne maîtrise pas à l'avance, dans l'autre cas, les effets de l'introduction d'un gène nouveau dans un génome particulier; les effets de la plante quant à l'environnement et sur le plan sanitaire méritent ainsi d'être explorés avant commercialisation. L'usage critique de la catégorie « nature » cherche davantage à traduire cette méfiance qu'elle n'exprime un rejet total de la technoscience. Au reste, ce genre d'appréhensions est d'autant plus légitime que les tenants des PGM n'ont pas encore administré la preuve des avantages sociaux qu'elles procuraient[1]. Remarquons encore que les mêmes phénomènes, pour autant qu'ils résultent dans un cas de l'action humaine, et dans l'autre de la nature, n'offrent pas le même sens, notamment sur un plan moral : « La simple vérité, écrivait John Stuart Mill dans *La Nature*, est que la nature accomplit chaque jour presque tous les actes pour lesquels les hommes sont emprisonnés ou pendus lorsqu'ils les commettent envers leurs congénères ».

Enfin, il est souvent de bon ton de moquer le processus du Grenelle, salmigondis d'opinions, combien étrangères à la démarche scientifique. Mais le Grenelle est un processus politique participatif[2]. Il ne saurait se limiter à la seule rationalité scientifique. De surcroît sur un plan institutionnel, il paraît douteux qu'un consensus comme celui acquis au sujet d'une mesure aussi lourde que la « Contribution Climat Energie », autrement dit la taxe carbone, par exemple, proposée par la Fondation Nicolas Hulot, ait été possible en passant directement par le Parlement, compte tenu de la logique majorité/opposition qui lui est inhérente; la suite l'a montré.

Nous en arrivons aux relations entre principe de précaution et principe responsabilité selon Hans Jonas. Bien des auteurs analysent le principe responsabilité comme s'il s'agissait d'un principe de gestion des risques, au sens classique, simplement caractérisé par une volonté d'éradication

1. Voir par exemple pour le soja transgénique résistant au glyphosate, S. Bonny, « Genetically modified glyphosate-tolerant soybean in the USA : adoption factors, impacts and prospects. A review », *Agronomy for Sustainable Devlopment*, 28, 2008, p. 21-32.

2. Pour une analyse plus approfondie voir K. Whiteside, D. Boy and D. Bourg, « France's "Grenelle de l'environnement" : Openings and Closures in Ecological Democracy », *Environmental Politics*, vol. 19, n° 3, May 2010, p. 449-467.

précoce. Cette volonté est bien réelle chez Jonas et elle ne laisse effectivement pas d'être problématique. Mais il n'en est pas moins vrai que ce principe déborde de loin la gestion des risques au sens de dommages matériels, qualifiables scientifiquement[1]. Le principe responsabilité a deux objets principaux : le premier, la perpétuation de l'existence même de l'humanité, renvoie effectivement aux risques environnementaux, mais le second concerne l'« authenticité » de cette existence et renvoie à l'idée que nous nous faisons de l'humanité. Ce qui signifiait notamment pour Hans Jonas le refus de toute modification du substrat biologique de la condition humaine. Nous verrons plus loin qu'une telle modification constitue aujourd'hui le programme même du transhumanisme. Quoi qu'il en soit, nous ne sommes plus ici dans le domaine du risque et la question de l'identification précoce ne se pose plus dans les mêmes termes. Avec ce type de question, l'impossibilité d'arrêter un jugement en se fondant sur la seule appréhension « scientifique » des risques, face à des savoir-faire techniques nouveaux, prend une tout autre ampleur qu'avec le cas des OGM. Et il y a fort à parier qu'il s'agit d'une difficulté qui ira croissant.

ORIGINALITÉS, LIMITES ET MÉRITES DU PRINCIPE DE PRÉCAUTION

Originalités

L'originalité de la précaution est en premier lieu attachée à l'incertitude, à savoir non seulement l'impossibilité où nous sommes de calculer la probabilité objective d'occurrence des dommages attendus, mais encore l'impossibilité de décrire l'ensemble des dommages qui pourraient découler de la réalisation du risque ; un défaut de connaissances qui interdit même le calcul de probabilités subjectives[2].

La seconde originalité, étroitement dépendante de la première, est de nous inciter à agir, en dépit de ce manque de connaissances, en raison de la

1. Pour un panorama de la question des risques et de ses évolutions récentes, voir D. Bourg et A. Kaufmann, *Risques technologiques et débat démocratique*, Paris, La Documentation Française, 2007.

2. Les probabilités objectives présupposent des séries statistiques, par exemple le nombre annuel d'accidents de la route dans un pays donné ; les probabilités subjectives concernent les croyances des individus ; or, on ne saurait croire à un événement auquel on ne songe nullement, à un état du monde qu'on ne saurait décrire ou que l'on a peur d'envisager tant il remettrait en cause nos convictions, singulièrement celles liées au progrès et à la liberté individuelle des Modernes.

gravité et de l'irréversibilité du ou des dommages redoutés. Ne pas agir, c'est en effet prendre un second risque, celui d'une impuissance durable face à ces mêmes dommages.

L'action en question peut prendre des formes très diverses : l'intensification de l'effort de recherche en premier lieu, en vue d'adapter au mieux les mesures préventives; ensuite diverses mesures de protection dont l'interdiction et le moratoire ne sont que des formes particulières. Ces mesures varient en fonction de la nature du risque en cause, et de l'évolution de sa connaissance; d'où le caractère provisoire, et plus exactement révisable, des mesures prises au nom de la précaution. C'est le troisième trait original du principe de précaution.

La légitimité de l'action anticipée découle de la logique temporelle propre aux risques qui relèvent du principe de précaution. Une des caractéristiques des risques environnementaux, et de certains risques sanitaires, est en effet la précocité de la mise en branle du mécanisme cindynogène, alors même que les dommages ne surviennent que plus tard, voire beaucoup plus tard. L'action juridique revêt alors un aspect prospectif auquel le droit n'est guère accoutumé, à tout le moins le domaine de la responsabilité, et c'est le quatrième trait original. Une responsabilité tournée vers l'avenir semble en effet participer bien davantage de la rhétorique que de la pratique juridique : responsabilité vient de *respondere*, répondre, ce qui présuppose un événement, une situation déjà advenus. Elle est traditionnellement tournée vers le passé. Le principe de précaution recèle à ce titre une véritable révolution juridique. En interdisant telle activité, les autorités publiques ou le juge rendent « responsable » tel entrepreneur puisque quelque liberté lui est comprimée voire supprimée, la liberté d'entreprendre notamment, et ce pour un dommage qu'il n'a pas causé… et pour cause ! suivant un bouclage temporel peu ordinaire, propre à la précaution précisément. Il s'agit certes d'une responsabilité indirecte, au rebours de celle qu'encourt l'État en violant des politiques publiques en lien avec la précaution (*infra*, p. 63).

Une cinquième marque originale du principe de précaution réside dans l'ambivalence même de son efficience : sa réussite se mue ipso facto en défaite. En effet, plus le principe de précaution sera efficace, moins la catastrophe annoncée sera ressentie comme ayant été réelle dans le sens d'une réalité *potentielle*, évidemment, et non dans le sens d'une réalité *actuelle*, accomplie. Cet esprit déceptif du principe de précaution sera d'autant plus marqué que le drapeau de la *possible* catastrophe aura été agité énergiquement. Elle sera perçue comme pure virtualité et, partant, fruit d'esprits chagrins, sans voir que sa non-réalisation est précisément due à l'efficacité de l'intervention s'autorisant du principe de précaution. Que sa non-réalisation soit reçue comme une preuve de l'absence de catastrophe potentielle conduira à une délégitimation des politiques d'une part, à une démobilisation des citoyens d'autre part. En bref, le principe de précaution s'éprouve politiquement «invendable» et, partant, s'exerce sous des formes discrètes mais bien concrètes : autorisations de mise sur le marché des médicaments, directive européenne REACH, procédures de mise sur le marché des pesticides, etc. Cette apparence de contradiction interne expose le principe de précaution, dans une démocratie d'opinions, à toutes les manipulations et mésinterprétations, le rendant de surcroît plus difficilement imposable par les instances juridiques, singulièrement en période de marasme économique.

Une sixième originalité témoigne d'une autre révolution juridique aussi bien qu'épistémologique. Le principe de précaution pensé au sein d'une métaphysique de l'incertitude conduit non seulement à un renversement du fardeau de la preuve, constatation classique, mais plus profondément à une modification de la nature même de la preuve. D'abord, de ce que la certitude est devenue une exception, on comprend que la notion même de preuve pose problème : que peut-on prouver au sein d'une incertitude principielle ? On passera donc de la notion de *preuve* à celle plus modeste de *corrélation*, exigeant de la sorte du régime de preuve qu'il assume cette incertitude principielle. On comprendra dès lors aisément la présomption de dangerosité pesant sur toute substance chimique nouvelle, présomption qui ne ruine pas plus l'industrie chimique que la saine logique formelle. En effet, l'incertitude de principe nous oblige «simplement» à penser une «preuve» ne s'inscrivant plus dans un monde binaire «vrai *vs* faux», «prouvé *vs* non-prouvé», mais dans un monde se passant du tiers exclu, ce que le droit a été capable de faire allons-nous voir.

Le renversement du fardeau de la preuve contraint le producteur à «prouver» que son produit n'est pas dangereux. Il devra organiser une batterie de tests, suffisamment importante pour que la non-nocivité ou innocuité du produit constatée ensuite des expériences ne puisse pas être imputée au hasard. Ainsi tiendra-t-on compte de la marge d'erreur que contient tout calcul de probabilités, marge *conventionnellement* fixée à 5% ou 10%, seuil choisi sans raison objective, ruinant de la sorte le caractère «objectif» du calcul de probabilités *utilisé* hors son champ initial, la mathématique.

Les *indices* de non-nocivité «établis» mais l'incertitude de principe régnant, on ne peut affirmer absolument ni que le produit *est* inoffensif ni qu'il *est* nocif : l'absence de *preuve* de la nocivité n'entraîne aucunement la preuve de son innocuité; le monde au sein duquel se conduit la «preuve» n'est pas (ou plus) bivalent, à deux valeurs (nocif *vs* inoffensif) mais trivalent. Perdant le mode binaire de penser, d'autres critères du « vrai », changé déjà en « vrai-semblance » de par son immersion dans une métaphysique de l'incertitude (ou incertitude principielle), doivent être avancés. La proposition de Dupuy séduira le juriste, qui avance la notion propre au droit pénal, de *beyond reasonnable doubt*. Rappelons que le procès pénal est dominé par la logique indiciaire et non par des preuves (au sens absolu du terme) comme le soulignent les spécialistes des sciences criminelles. Ce « au-delà de tout doute raisonnable », qui qualifie l'intensité d'une conviction, constitue un seuil légitimant l'imposition du discontinu (la décision ou jugement condamnant *ou* libérant l'accusé) sur du continu, sur des degrés : évaluation de la force des indices en termes de probabilités, traduction de cette vraisemblance en termes de conviction des membres du jury, toutes choses se disant selon le plus et le moins. Le « *reasonnable* » ne fait que sanctionner la transformation du rationnel immergé dans l'incertitude de principe. On pourrait craindre de se situer « seulement » dans la sphère rhétorique, en disqualification de *La* vérité dans sa majesté. Ce serait là partir encore de la notion classique de preuve, se mouvoir dans une métaphysique de la certitude alors que le point de départ est désormais inverse : il n'y a plus de certitudes, des preuves parfaitement assurées, mais des indices, que l'on peut ordonner *de manière cohérente* en une pluralité de *fabula* possibles, de parcours interprétatifs, *plus ou moins* (selon le gradualisme) convaincants. Cette référence à la conviction renvoie ultimement à l'acceptabilité sociale du scenario proposé ou élaboré en fonction de l'homme raisonnable, du citoyen standard, ce qui se traduit en termes politiques par la détermination collective des fins que le droit recueille pour son compte au titre du « risque acceptable »[1]. Rappelons que dans le système classique de preuve, si la personne lésée, sur laquelle repose le fardeau, n'a pas prouvé la nocivité de la substance *alors* la substance sera considérée comme non-nocive, selon la logique du tiers-exclu : si je ne dispose que d'un système bivalent, alors la substance qui n'a pas été démontrée nocive devient *ipso facto*, logiquement, inoffensive.

Dans le système trivalent de « preuve », on demeure dans l'incertitude sur l'innocuité du produit (au mieux est-elle vraisemblable), interdisant ainsi au politique de faire disparaître le risque, plus exactement obligeant à poser la question de son acceptation, soit la détermination collective d'une

1. Selon le sous-titre (« Le droit et la question du "risque acceptable" ») de l'ouvrage de Ch. Noiville, *Du bon gouvernement des risques*, Paris, PUF, 2003.

fin. La figure cognitive d'une décision ferme au sein d'un contexte d'incertitude (principielle) est, nous l'annoncions, une figure classique du droit anglo-saxon : dès lors que les acteurs impliqués considèrent que l'innocuité rapportée se situe « au-delà de tout doute raisonnable », ils peuvent trancher soit *décréter* l'innocuité et non la *constater*. Où l'on voit que la nature de la preuve s'est transformée puisque, dorénavant, elle se situe sur le plan des convictions graduées : au-delà de tout doute raisonnable.

Pareil changement de nature de la preuve ne peut se comprendre sans en passer par un changement de logique, abandonnant celle déductive aussi absolue que la prémisse majeure du syllogisme est nécessaire, pour nous porter vers une logique indiciaire : les tests des nouvelles substances chimiques, proprement des *évaluations*, fournissent une série d'indices, dans le sens de l'innocuité par hypothèse (sans quoi le processus s'interrompt); l'industriel tente de proposer une lecture des divers indices, leur ordonnancement suivant une certaine logique emportant la conviction de l'innocuité de la substance chimique, alors que les adversaires tenteront, pour leur part, de lire les *mêmes indices* (à défaut d'en pouvoir produire d'autres) suivant un ordonnancement qui, le cas échéant, emportera la conviction de ne pas se trouver en présence d'un produit inoffensif. Il n'est à tout le moins plus question de prémisses nécessaires. Reformulant la « preuve » sous la forme d'une *conviction qualifiée*, on comprend que pareille décision puisse être prise par un juge, maître dans la pesée des convictions : c'est là son métier. La parole de l'expert scientifique dans le prétoire, plus largement dans la sphère juridique, s'en trouve, elle aussi, profondément modifiée : de la parole sacrée les propos de l'expert sont (re)devenus des arguments, parmi une multitude d'arguments provenant d'horizons non scientifiques, arguments sans doute « autorisés » soit surdéterminés mais aucunement « preuve » s'imposant à tous, au juge en particulier. À la bien comprendre, cette position n'a rien de choquant, la fonction ultime du juge étant de « dire le juste » (« *juris-dictio* ») et non de découvrir le vrai [1], ce que nous enseignent déjà les présomptions et les fictions juridiques ainsi que les codes de procédures qui *sélectionnent* les faits pour n'en retenir que quelques-uns, les faits dits « pertinents » (pour le droit) et reçus tels parce qu'établis selon les seuls modes de preuves arrêtés *a priori* par le code. Se ferme ainsi une parenthèse moderne, celle de la croyance en l'accès à la certitude absolue,

1. En d'autres termes, « Il devient urgent de ne pas demander aux sciences de trancher, de ne pas exiger du droit qu'il dise vrai » (B. Latour, *La Fabrique du droit*, Paris, La Découverte, 2002, p. 257).

qui plus est monopole de la science, à l'abri de toute subjectivité dans les remparts de la neutralité de l'observateur, lequel se contente de *calculer*, non de *juger*. Serres, au rebours, a montré la permanence du dialogue, et les emprunts réciproques fréquents, de la science et du droit (les notions de cause, de la cause plaidée à la cause physique, de preuve, de fait[1]), désignant par « épistémodicée » cette histoire commune de la raison et du jugement, que la Raison moderne a dissociés. Pour le philosophe français, « [...] le processus de connaissance court de procès en causes, d'arrêts en élections, donc ne quitte jamais l'aire juridique. Les sciences procèdent par contrats. La certitude, la vérité scientifiques dépendent, en fait, autant de tels jugements que ceux-ci de celles-là »[2].

Ce modèle judiciaire de la preuve explicite ce que toute autorité publique en charge du principe de précaution doit suivre. Toutefois, pour pragmatique qu'elle soit, la solution strictement judiciaire doit le moins possible se substituer à un choix proprement collectif, à savoir celui de l'acceptabilité du risque, en amont de la décision de justice laquelle, ne l'oublions pas, a pour mission de dire le droit *in concreto*, dans le cas concret, c'est-à-dire en tenant compte, autant que faire se peut, de toutes les singularités du cas, et partant, ne constituant pas le lieu adéquat pour une évaluation d'une technique ou d'une substance dont l'usage excède la cause des parties au procès.

Limites

Le principe de précaution reste au moins partiellement dans la logique du risque, au sens strict du terme, à savoir celle de la prévention de dommages matériels, d'où l'importance pour la mise en œuvre du principe de précaution de la connaissance scientifique et de son accroissement, ne fût-elle que pourvoyeuse d'indices. La lecture du principe de précaution selon une analyse « coûts/bénéfices » confirme son inscription dans cette logique classique du risque et par là sa prétention à la maîtrise de la nature et des technosciences conformément au projet moderne[3]. Le principe de précau-

1. Voir la suggestive analogie de la science avec le monde juridique, en particulier l'ancienne procédure anglo-saxonne du jugement par jury, que conduit K. Popper, *La logique de la découverte scientifique*, Paris, Payot, 1973, p. 109-111. On a vu, *supra*, p. 57, Dupuy emprunter, lui aussi au droit, le critère permettant de décider de l'innocuité d'une substance chimique : *beyond reasonable doubt*.

2. M. Serres, *Le contrat naturel*, Paris, François Bourin, 1990, p. 42.

3. Dans « Une Pensée devenue Monde », *Esprit*, novembre 2009, p. 130-146, N. Bouleau, mathématicien, grand spécialiste des mathématiques financières, montre la pauvreté de

tion se limite ainsi à des questions de sûreté relatives à des moyens divers, et donc à des techniques diverses et plus précisément aux conséquences de leur usage : celles afférentes à l'exploitation des énergies fossiles ou nucléaires, à la transgénèse, aux techniques de transfusion sanguine face à une menace sanitaire nouvelle, etc. En revanche, il reste muet face à l'emploi de techniques qui pourrait affecter certains intérêts, voire altérer la condition humaine, sans pour autant produire des dommages à proprement parler.

Or, l'évolution récente des techniques, peut-être plus encore pour un avenir proche, nous contraint à ouvrir le spectre par delà la notion traditionnelle de risque en tant que possibilité de dommages matériels, à laquelle la précaution reste attachée. La problématique des OGM a marqué à cet égard une rupture. Très rapidement l'éventail des risques publiquement discutés a dépassé les seuls risques environnementaux et sanitaires présumés pour intégrer des dimensions économiques et sociales, par exemple le souci de préserver l'autonomie (économique et agronomique) des agriculteurs aussi bien que la liberté de choix des consommateurs, en l'occurrence celle de consommer des aliments non-OGM. Certes les atteintes à la liberté en question, celles touchant l'autonomie des producteurs comme le choix des consommateurs, sont inséparables du problème de la dissémination génétique des OGM, mais elles n'en constituent pas moins un problème spécifique. Très rapidement des analystes ont revendiqué cette acception élargie de la notion de risque[1]. Les problèmes posés par la transgenèse ne sont que les prodromes de ceux que suscitera l'essor des techniques dans le domaine biologique.

L'essor technoscientifique n'est plus seulement problématique en raison des ratés qu'il occasionne, auxquels correspond la notion classique de risque, mais aussi en vertu de ses réussites. Ces dernières peuvent en effet modifier profondément notre monde commun, induire des choix fondamentaux qui ne suscitent pas pour autant une adhésion universelle.

l'usage des probabilités par la « science » économique appliquée aux problèmes environnementaux en particulier, jusqu'au « côté primaire » de l'« empaquetage » de l'analyse « coûts/bénéfices », aux présupposés naïfs : il n'y a pas d'usager « statistique », les individus veulent prendre soin d'autres individus, les dégradations irréversibles à l'environnement ne sont pas assimilables à des pertes d'argent et le futur est trivialisé dans des rubriques d'aujourd'hui, occultant la dimension temporelle des phénomènes humains comme les préférences. L'auteur d'ajouter que « *La représentation des risques futurs* [...] est simpliste et fallacieuse ». Les propos de l'économiste et spécialiste de l'épistémologie J.-P. Dupuy dans *Pour un catastrophisme éclairé* (Paris, Seuil, 2002) vont dans le même *sens mutatis mutandis*.

1. Voir notamment B. Petriccione, « De l'utilisation de la notion de risque dans le débat sur les biotechnologies », *Revue européenne des sciences sociales*, 2005, XLII : 130, p. 73 *sq*.

De façon générale, et depuis plusieurs décennies, l'immense effort collectif des sciences, de plus en plus étroitement lié aux activités économiques, ne produit plus guère de découvertes fondamentales. L'essentiel de cette activité vise plutôt à extraire de l'état des connaissances des savoir-faire nouveaux, variés et sophistiqués. Dans le domaine particulièrement sensible de la biologie, le problème n'est plus tant aujourd'hui de découvrir une vérité préexistante que de remodeler à discrétion le corps et d'exploiter ses possibilités; il s'agit moins de dévoiler la « nature humaine » que d'ouvrir des opportunités d'interventions nouvelles sur les corps. Affiner la connaissance de certains mécanismes, c'est ipso facto se donner le moyen de les manipuler. Or, seule la manipulation en question ouvre un marché, lequel exige de son côté de nouveaux savoir-faire; l'activité scientifique en tant que, désormais, intrinsèquement techno-scientifique, tend plus à dégager des savoir-faire nouveaux, à finalité commerciale, qu'à découvrir des dimensions inconnues remettant en cause les connaissances antérieures.

Les choses sont plus particulièrement visibles et sensibles à la croisée de la biologie et d'autres domaines technoscientifiques comme les nanotechnologies ou les sciences de l'information (NBIC), où d'aucuns attendent de leur convergence prochaine l'ouverture d'un horizon nouveau, celui d'une plasticité de l'espèce humaine censée permettre, pour un petit nombre, un dépassement de la condition humaine, une sorte de salut individuel via la technicisation extrême du corps, à l'exemple du discours porté par le mouvement transhumaniste.

Nous illustrerons cette situation par une possibilité plus basique, relevant des techniques d'intervention sur le génome dans le cadre d'un diagnostic prénatal. Tel serait le cas si le scénario imaginé par le généticien américain Lee Silver venait à se réaliser[1]. On connaît la croyance très répandue aux USA selon laquelle nos gènes déterminent directement nos comportements. D'où la tentation de nombreux parents de doter leurs enfants d'un capital génétique amélioré, avec une attente de résultats tant sur un plan physique que comportemental. On peut supposer que ces parents, qui auront investi, à tous les sens du terme, dans le capital génétique de leur enfant, n'auront qu'une crainte : qu'il s'unisse avec quelqu'un qui n'aurait pas bénéficié d'un pareil enrichissement, lequel serait alors complètement perdu. Lee Silver résout le problème en suggérant qu'on intervienne sur les molécules de liaison entre spermatozoïdes et ovules, de

1. *Cf.* L.M. Silver, *Remaking Eden : Cloning and Beyond in a Brave New World*, New York, Avon Books, 1997.

telle sorte que tous les enfants qui auraient bénéficié d'un enrichissement génétique ne seraient plus interféconds avec ceux qui n'en auraient pas bénéficié. Le *Wasp* originaire de la côte Est et plutôt fortuné ne risquerait plus de connaître une union féconde avec une personne au génome standard. La satisfaction de cette demande, rendue possible par la technologie disponible et le marché, aboutirait à une altération profonde de notre situation réelle et symbolique. Depuis la disparition d'*homo sapiens neandertalensis*, il existe en effet un seul genre humain et une seule espèce humaine. Avec l'hypothèse envisagée, nous aboutirions, au bout de quelques générations, à la situation suivante : un genre humain avec deux espèces. Notre idée de l'humanité, inséparable de son caractère indivisible et universel, en serait bouleversée. Nous sortirions du cercle constitué par l'affirmation de l'unité du genre humain, sur laquelle reposent les droits de l'homme comme le principe de l'égalité des citoyens devant la loi. Le problème ne serait plus celui du coût de tel ou tel droit, mais celui de la nature même du droit et de l'humanité. Ce scénario illustre ce que nous appelons un *risque symbolique* : à savoir un risque dont la menace correspondante ne saurait être appréhendée en termes physiques, à savoir de dommages matériels, ni même en termes de pertes ou coûts économiques, mais qui renvoie à l'altération de représentations fondamentales, sous-jacentes à des institutions ou à des comportements majeurs. Tout le domaine des anthropotechniques, cher aux transhumanistes, qui devrait connaître un grand développement, relève précisément de cette catégorie nouvelle de risques. Précisons encore ce type de risques. Il permet à un petit nombre d'individus d'imposer, via le marché essentiellement, à l'ensemble des autres un effet général, une sorte de choix collectif. Tel serait par exemple le cas avec l'hypothèse de Lee Silver ou tout autre réalisation du programme transhumaniste : l'unité du genre humain volerait en éclats du fait des agissements d'un petit nombre d'individus.

Les mérites du principe de précaution, en comparaison avec le principe responsabilité

Or, de tels événements tomberaient totalement en dehors du champ d'application du principe de précaution. Et c'est l'une des grandes différences d'avec le principe responsabilité de Hans Jonas : « respect et frémissement », écrit-il, « nous protègent des aberrations de notre pouvoir (par exemple de l'expérimentation avec la constitution humaine) »[1].

1. H. Jonas, *Le Principe responsabilité. Une éthique pour la civilisation technologique*, Paris, Le Cerf, 1990, p. 302.

Dans *Le principe responsabilité*, Hans Jonas concevait la responsabilité comme un principe de gestion absolument en amont, *a priori*, du risque, conçu au sens le plus large possible. Pour lui, le principe responsabilité a deux objectifs : d'une part, veiller à ce que l'humanité *continue d'exister* dans l'avenir, et de l'autre, sauvegarder *la qualité* proprement *humaine* de cette existence dans les siècles futurs. Jonas disait, à propos d'une technique donnée : avant de la mettre sur le marché, demandons-nous si elle ne pourrait pas déboucher dans un avenir à long, voire à très long terme, sur une remise en cause de l'existence de l'espèce humaine, ou du moins sur une altération profonde de la qualité de cette existence. En réalité, dit-il, on ne peut pas le savoir. Il faut donc l'*imaginer*, chaque fois, systématiquement, dans ses pires conséquences possibles. Si, de ces conséquences de nos découvertes techniques, on peut imaginer qu'il découle une altération profonde de la qualité de la vie humaine, voire même une disparition de l'humanité, mieux vaut renoncer à cette technique en dépit des bénéfices qu'on pourrait immédiatement en tirer. Et par conséquent, s'abstenir. C'est l'heuristique de la peur.

Il en va tout autrement avec le principe de précaution. Foncièrement, il incite à l'action. Là où le principe responsabilité débouche sur la seule interdiction, le principe de précaution ouvre d'une part et explicitement une gamme d'actions qui va de l'interdiction à de simples recommandations d'usage (par exemple pour la téléphonie mobile) mais toujours ponctuelles, d'autre part et implicitement exige une intensification des processus de recherche et d'acquisition de connaissances ; le caractère révisable des mesures prises au nom du principe de précaution est solidaire de ce processus. Le principe de précaution invite donc à agir, en cas de menace grave et irréversible, avant d'avoir acquis une quelconque certitude scientifique. Le principe de précaution fonctionne ainsi au rebours de la devise attachée à la rationalité classique de l'action : « Dans le doute, abstiens-toi ». Plus précisément, la décision juridique – éminemment révisable – d'interdire ou de suspendre l'activité supposée dangereuse ne concerne aucunement les recherches scientifiques à propos de la substance litigieuse. Ainsi du moratoire voté par le peuple et les cantons suisses ensuite de l'adoption d'une loi autorisant, sous restrictions, le commerce des OGM en Suisse, moratoire qui en interdit la production mais aucunement l'étude, même en plein champ. Le principe responsabilité de Jonas n'ouvre, lui, qu'une seule modalité d'action, qui équivaut à une recommandation d'abstention : renoncer à une technologie ; parce que Jonas présuppose que tout ce qui peut être, dans le monde techno-scientifique, sera, alors seul le « tout ou rien » convient et convainc[1].

De plus, il « imagine » un futur hypothétique, alors que dans le cas du principe de précaution l'imagination n'intervient guère : on a des données scientifiques, qui ne sont pas probantes en ce sens qu'elles ne peuvent déboucher sur un protocole de preuve expérimentale, mais on dispose d'un savoir scientifique réel à propos d'un problème donné. On ne se trouve pas dans le cadre d'extrapolations non documentées, non fondées sur des enquêtes et autres recherches, sur un avenir seulement imaginé.

Les indices scientifiques à disposition sont organisés suivant un schéma de *causalité plausible* (selon la logique indiciaire) tel qu'il s'en puisse dégager un scénario technico-politico-social « vrai-semblable » dont le caractère *acceptable* ou non sous-tendra la réponse administrative ou judiciaire concernant l'activité projetée. Cette plausibilité de causalité, si elle peut troubler les esprits scientifiques positivistes, n'effraiera aucunement les juristes, habitués à s'en contenter, exigeant simplement de la vraisemblance afin que l'imputation de tel ou tel comportement soit acceptable socialement voire individuellement.

Le principe de précaution se départit de la sorte aussi bien du principe de prévention, participant d'une logique de maîtrise et donc de prédictions assurées, notamment grâce à la connaissance du lien de causalité scientifique, que du principe responsabilité dont on a vu qu'il tranchait dans l'abstrait, et par là de manière distante voire artificielle compte tenu de l'existence d'éléments scientifiques. Le principe de précaution renoncera donc et à la logique déductive des prédictions puisque des prémisses *nécessaires* lui manquent, par définition, et à un choix a-scientifique ou quasi-métaphysique voire catastrophiste.

La portée politique respective du principe de précaution et du principe responsabilité sera donc fondamentalement différente. Le principe de précaution opère en fonction d'indices scientifiques et partant s'inscrit dans une logique du vraisemblable donc du commensurable, produisant

1. Cette présupposition est loin d'être naïve. La technique comme puissance, à savoir un potentiel inclinant à passer à l'acte, contient une grande part de vérité du point de vue anthropologique d'*homo faber*; pour quelle raison résisterait-il au passage à l'acte de telle technique potentielle, même risquée, si sa lecture du réel se contente de la considération des moyens, les fins n'étant jamais naturelles mais purement artificielles, à sa libre disposition, suivant son bon vouloir ? La Modernité ne s'inaugure-t-elle pas notamment par la réversibilité, mieux la continuité avancée par J.-B. Vico : « *Verum et factum convertuntur* », « ce qui est vrai et ce que l'on fait sont convertibles » ? (Voir les développements, *infra*, p. 76 *sq.*).

des arguments que les politiques peuvent porter dans l'espace public : on en peut débattre dans la sphère démocratique. Le principe responsabilité, pensé comme exercice d'anticipation à long terme, relève avant tout de l'« expérience de pensée », proposant une décision certainement meilleure d'un point de vue idéal mais insoutenable pragmatiquement et démocratiquement : elle ne s'offre pas à la discussion dans l'espace public car le peuple n'est pas à même de renoncer de son propre mouvement à des techniques aux bénéfices immédiats mais aux conséquences possiblement dommageables à long terme. Ce manque de lucidité du peuple avancé par Jonas justifie dans le principe responsabilité l'avènement d'une « tyrannie bienveillante », conduite par un petit nombre de « sages » ou d'« experts ». Avoir raison avec ce petit nombre plutôt que tort avec le grand séduit sans doute les doctrines idéalistes mais s'avère incompatible avec les principes démocratiques : le « vivre ensemble » exige que les risques soient acceptés ou écartés « ensemble ».

Dans le contexte d'application du principe de précaution, son non-respect ouvre une responsabilité *juridique*, en permettant l'*imputation* à l'État ou à l'une de ses administrations (voire à une entreprise), d'un défaut de mise en œuvre, en cas de survenance d'un dommage. Un haut degré de *vraisemblance* suffit à fonder ladite responsabilité suivant une logique se développant *à partir* d'indices scientifiques et non conformément à quelque causalité certaine établie par voie déductive. Cette logique indiciaire, au rebours de la causalité traditionnelle, confère beaucoup de plasticité à l'imputation juridique, différenciant fondamentalement les positions des scientifiques et des juristes à propos du réel. Le droit peut ne pas reconnaître, et donc ne pas imputer, une relation *juridique* entre la mère biologique et « son » enfant, alors même qu'elle a accouché en présence du corps médical. À l'inverse, le droit a le pouvoir de *décréter*, d'instituer, une responsabilité juridique alors même que la science affirme ne pas pouvoir démêler les multiples et complexes causalités reliant telle activité humaine à tel dommage (actuel ou potentiel). On reconnaît dans ce pouvoir de décréter, dans cette « force instituante » du droit, le ressort même du principe de précaution permettant, le cas échéant et de manière indirecte, d'empêcher le déploiement d'une activité industrielle dont on suppose qu'elle provoquerait des dommages graves et irréversibles à l'environnement, mais sans qu'il soit possible de prouver scientifiquement la véracité de la supposition. Sans être du même ordre de rigueur que la causalité traditionnelle, la logique indiciaire ne procède pas pour autant de la pure subjectivité mais de la vraisemblance, soit ce qui semble vrai, le faisceau convergeant des indices « au delà de tout doute raisonnable » donnant beaucoup de force, de conviction, à l'hypothèse émise en synthèse de ces indices. Il serait un peu court de qualifier cette démarche d'irrationnelle; elle participe au contraire de modes d'inférence autres que la déduction, laquelle domine la technoscience en tant que cette dernière ne fait guère que tirer les conséquences de lois connues. Mais la logique de la découverte scientifique ne procède pas elle-même de la déduction, comme dans bien d'autres domaines de la réflexion humaine[1]. Cette inférence inductive ordonnancée par une hypothèse de lecture des divers indices, comme dans le *Zadig* de Voltaire, se renforce au fur et à mesure du parcours des indices fournis par les sciences autres que le droit et à l'endroit duquel elles fonctionnent comme matériau. Au juriste de le retravailler, de l'informer, selon les besoins du droit, lesquels doivent demeurer commensurables à l'état donné de la société. Le droit, en effet, est fondamentalement appelé à trancher des conflits actuels, articuler des valeurs ici et maintenant.

Le principe de précaution s'inscrit ainsi dans une praxis, en désignant une conduite bien réelle, porteuse d'un dommage certes potentiel, et donc actualisable, mais non simplement virtuel. Le principe responsabilité, fondé sur l'imagination et le très long terme, par ces qualités, s'inscrit en revanche dans le virtuel, peut-être même dans le désirable au nom d'une éthique de la prudence, mais non dans le « justiciable » au sens de « qui peut donner lieu à une action en justice ». En d'autres termes, le principe responsabilité, en ne garantissant aucune commensurabilité entre ses exigences et la vie concrète des hommes à deux ou trois décennies, n'est pas formulable en règles juridiques. Cette distance par rapport au droit positif, si ce n'est au droit tout court, et, partant, relativement à l'État de droit, rend inopératoire le principe responsabilité dans un espace démocratique et rend étrangère à sa logique la démocratie participative. À défaut de convaincre démocratiquement, le principe responsabilité ne peut accéder aux réalités pragmatiques des hommes incarnés qu'à travers une tyrannie, certes « bienveillante », mais inévitable selon Jonas compte tenu de l'urgence environnementale dans laquelle nous nous trouvons et du manque de lucidité ou de volonté des citoyens.

1. On rappellera les travaux de C.S. Peirce, W. James, U. Eco, C. Ginzburg. Voir encore récemment, sous la direction de D. Thouard, *L'interprétation des indices. Enquête sur le paradigme indiciaire de Carlo Ginzburg*. Villeneuve d'Ascq, Presses Universitaires du Septentrion, 2007. Et en droit, notamment A. Papaux, *Essai philosophique sur la qualification juridique : de la subsomption à l'abduction*. Paris-Bruxelles-Genève, LGDJ-Bruylant-Schulthess, 2003.

Enfin, le principe responsabilité offre une amplitude beaucoup plus large. Contrairement au principe de précaution, il inclut la détermination des fins. Il permet par exemple de se prononcer contre la volonté d'intervenir sur les molécules de liaison entre spermatozoïdes et ovules, car ses conséquences constitueraient un crime contre l'idée que nous nous faisons de l'humanité.

Le principe de précaution a une visée beaucoup plus pratique. Il s'occupe d'environnement et de santé (et alimentation), les deux étant liés, et plus généralement de sécurité, par définition matérielle. Il ignore les fins hautes, « métaphysiques », de l'homme, celles touchant à la préservation de l'existence de l'humanité et de son « authenticité ». Jonas n'a du reste jamais parlé du principe de précaution (*Vorsorgeprinzip*), absence étonnante – ou plutôt très cohérente – car au moment où paraît son livre (1979), il est déjà question de précaution depuis une dizaine d'années en Allemagne.

Certains voudraient relier les deux principes, lesquels se rencontrent tout au plus à travers une certaine analogie des préoccupations. Leur visée et leur mise en œuvre sont très éloignées, à supposer d'ailleurs que le principe responsabilité puisse connaître une mise en œuvre pratique possible. Le principe de précaution couvre certes une partie seulement des « risques » susceptibles de relever du principe responsabilité mais il le fait de façon beaucoup plus démocratique et avec moins de risques politiques avons-nous vu. En revanche, il ne se préoccupe guère des fins ultimes de notre « vivre ensemble » ou de celles des individus. Le principe responsabilité les assume infiniment mieux, en théorie, et en théorie seulement, puisqu'il demeure aussi impraticable pragmatiquement qu'insoutenable politiquement. Qu'il serve de boussole, qui s'en plaindrait, mais s'agissant de mesurer les actes concrets des hommes, le principe de précaution est bien meilleur compas.

MODERNITÉ ET QUESTION DES FINS : LE PRINCIPE DE PRÉCAUTION… MÉTAPHYSIQUEMENT MODERNE

De l'incapacité du principe de précaution à appréhender la question du devenir même de notre humanité sous la pression de technologies nouvelles (NBIC) et, partant, de la nécessaire extension du principe de précaution

Si l'on considère les anthropotechniques déjà praticables, et plus encore celles en devenir, le principe de précaution *comme principe* ne nous est d'aucun secours. Et pourtant les enjeux ne sont pas moins élevés en cette matière que ceux du changement climatique, même s'ils sont plus qualitatifs. Aussi faudrait-il envisager son extension dans une *politique de la précaution.*

Le programme transhumaniste ne laisse pas en effet d'inquiéter. Il s'agit ni plus ni moins que de transmuter la condition humaine via la manipulation de son substrat biologique, grâce à la convergence NBIC. La perspective est alors explicitement religieuse, à savoir celle du salut, mais pour un nombre limité d'hommes, du fait du recours à des technologies aussi diverses que coûteuses. Ce qui est visé est tout autant le dépassement de la souffrance que celui des contraintes matérielles, corporelles et communicationnelles, jusqu'à l'immortalité en passant par une augmentation de nos capacités tant sensorielles qu'intellectuelles; et partant la création d'êtres autant post- que supra-humains. Un tel programme qui pourrait sembler délirant est désormais soutenu par de grandes figures de la science notamment nord-américaine. Il s'inscrit dans une tradition plus large, la postérité pélagienne, de Bacon à Marx en passant par Descartes et Condorcet. Rappelons que Pélage, moine contemporain de Saint Augustin, refusait l'idée de péché originel. L'imperfection humaine, notre inclination mutuelle à nous nuire, lui paraissait provenir de la sédimentation de nos comportements et non d'une altération de nos intelligence et volonté au sortir du jardin d'Eden. Francis Bacon reprendra cette tradition en voyant dans la science moderne alors naissante le moyen de recouvrer la perfection qui était celle du couple originel. Le transhumanisme pousse à l'extrême l'utopisme technicien, hérité de Bacon, en postulant la possibilité d'une transformation de la condition humaine par les technologies[1]. Il est peut-être possible de différer indéfiniment la mort par le savoir-faire technique, mais en aucun cas de transmuter la mortalité humaine en quelque accès à l'éternité, cette dernière étant traditionnellement définie comme la fusion de la durée et de l'instant. Faute d'une telle fusion, l'étalement indéfini de la

1. Voir notamment M.C. Roco and W.S. Bainbridge, *Converging Technologies for Improving Human Performance. Nanotechnology, Biotechnology, Information Technology and Cognitive Science*, Airlington (Vi.), National Science Foundation, 2002, p. 4-6 et J. Schummer, « Identifying ethical issues of nanotechnologies », dans *Nanotechnologies, Ethics and Politics*, A.M. Henk et J. ten Have (eds.), Paris, UNESCO, 2007, p. 79-91. J. Schummer, « Societal and Ethical Implications of Nanotechnology : Meanings, Interest Groups, and Social Dynamics », dans *Nanotechnology Challenges. Implications for Philosophy, Ethics and Society*, J. Schummer and D. Baird (eds.), Londres, World Scientific, 2006, p. 430-434.

durée de l'existence risque plutôt d'en détruire le sens. On n'imagine guère l'attrait que représenterait l'exercice d'une profession ou d'une relation, durant mille ans. Le prix de l'existence est intrinsèquement attaché à son unicité et à ses limites. Le sens est inséparable de notre « être-pour-la-mort », selon l'expression de Heidegger, du fait que nous ne saurions indéfiniment refaire notre vie. D'où d'ailleurs le caractère cauchemardesque de la vie de Dracula, condamné à ne pouvoir mourir[1]. De même on ne voit guère comment nous pourrions surmonter, par quelque technologie ou modification de notre substrat biologique, cet autre trait de la condition humaine qu'est l'incessante conversion de ce que nous réputons constituer un bien en un mal. Une fin présumée bonne, de par le choix des moyens pour la réaliser ou de par son insertion dans un contexte autre que celui initialement envisagé, peut déboucher sur un résultat au rebours du dessein initial. L'importation de l'or du Nouveau monde apparut aux Espagnols comme un enrichissement alors qu'il finit par les appauvrir. Le bolchévisme qui se voulait porteur de l'homme nouveau, inspiré de l'homme intégral de Marx, a fini par produire un cynisme généralisé sur fond de pauvreté partagée. Etc.

Ces fantasmes, qui disposent toutefois d'un appui institutionnel et de crédits de recherche substantiels, portent atteinte, comme le projet de Lee Silver, à l'unité du genre humain comme à la dignité de la personne. Il s'agit de créer en quelque sorte dans les deux cas une catégorie d'êtres à part, prétendument supérieurs, voire « post-humains ». On ne peut concevoir, comme effet indirect au moins, une altération plus profonde du vivre-ensemble, de l'éthos commun à tous les hommes. Une amélioration du génome d'un individu sans modification des molécules de liaison ovule-spermatozoïdes, l'implant d'un module d'apprentissage linguistique, etc. ne poseraient pas le même problème de scission d'avec l'espèce ou le genre humain.

Le transhumanisme, comme au reste le réchauffement climatique, s'inscrit dans une conception fondamentalement individualiste du politique, se traduisant en une sorte de contractualisme généralisé, dont la marchandisation des corps n'est qu'une espèce. Une société pourrait

1. D'aucuns prétendront pouvoir « reprogrammer » indéfiniment la mémoire; remarquons seulement la logique individualiste et narcissique absurde qui sous-tend un tel argument : quid des parents et amis ? En quoi l'identité du moi survivrait-elle à une telle reprogrammation ? Le moi n'est-il pas par essence inséparable de son histoire, l'être humain intrinsèquement relationnel, animal social (*zoon politikon*) écrivait Aristote repris par les sociologues contemporains ?

exister sans « bien commun » comme tel, par simple ajustement mécanique, aux ressorts mystérieux, sans « vivre ensemble » autre que la juxtaposition des individus selon la liberté des Modernes entendue le plus formellement qui soit : « ma liberté s'arrête là où commence celle d'autrui ». Pareille juxtaposition rend accidentel – au sens philosophique de non-essentiel – le « vivre ensemble » et plus encore le « bien » vivre ensemble. Affirmer positivement ce « bien » constituerait une attitude moraliste et même paternaliste selon les tenants d'une éthique minimale. Où l'on retrouve la position moderne classique de l'homme sans fin « naturelle », sans inclination propre, « essentielle », que seul peut donc finaliser ce contractualisme généralisé, allant du contrat social jusqu'au consentement « libre » de tout adulte à toutes activités, pourvu qu'il rencontre un autre consentement « libre ». Il s'agit assurément d'une position autophage, le contractualisme s'inscrivant par définition dans un cadre juridico-politique déjà établi (certes révisable), concrétisé notamment par le droit privé, et particulièrement par ses principes généraux purs de tout consentement : interdiction du contrat léonin ou contraire aux mœurs (interdiction de la traite des humains, de toute mise en esclavage volontaire, par exemple), du dol, de l'abus de droit, etc. On comprend alors mieux la relativité de la distinction droit privé/public, notamment par l'existence de quelque bien commun qui englobe et fonde le « droit privé » et toute logique contractualiste. Faut-il rappeler que le cannibalisme ou certaines pratiques sado-masochistes sont condamnées par la justice quand bien même tous les participants sont consentants et agissent dans la « sphère privée »[1] ? Autrement dit, il ne saurait y avoir de contrat social fondateur sans qu'un ordre politico-juridique ne l'englobe et ne le précède à l'instar de la règle *pacta sunt servanda* (les conventions doivent être respectées),

1. Sur le premier cas, voir par exemple le jugement allemand du *Bundesgerichtshof* du 22 avril 2005 (2StR310/04). Sur le second le jugement de la Cour européenne des droits de l'homme (CEDH), Affaire K.A. et A.D. c. Belgique, arrêt du 17 février 2005 ; la Cour d'Appel considéra notamment « que la morale publique et le respect de la dignité de la personne humaine imposaient des limites qui ne sauraient être franchies en se prévalant du "droit à disposer de soi" ou de la "sexualité consentante". Même à une époque caractérisée par l'hyper-individualisme et une tolérance morale accrue, y compris dans le domaine sexuel, les pratiques qui s'étaient déroulées lors de la phase 4 étaient tellement graves, choquantes, violentes et cruelles qu'elles portaient atteinte à la dignité humaine et ne sauraient en aucun cas être acceptées par la société. Le fait que les prévenus continuaient de soutenir qu'il n'y avait ici qu'une forme d'expérience sexuelle dans le cadre du rituel du sadomasochiste entre personnes majeures consentantes et dans un lieu fermé, n'y changeait rien », position confirmée par la CEDH.

garante du contrat social mais dont la nature de droit coutumier atteste la préexistence d'un ordre juridique à tout contrat social qui n'a donc rien d'un point-origine.

Dès lors, repenser des fins, mieux les réélaborer collectivement, ne s'avère nullement en diminution de la liberté mais, tout au contraire, comme son accomplissement, son achèvement dans l'humain en tant que membre de ce genre désormais mortel. De ce point de vue, la liberté des modernes, schématiquement vulgarisée en « absence d'obstacle extérieur », apparaît puérile[1] et contrefactuelle et même dangereuse compte tenu de l'urgence environnementale. Peut-être est-ce là l'interprétation bienveillante à donner à la position de Jonas quand il réclame la tyrannie : ne plus abandonner l'homme à ses instincts premiers, comme nous y enjoint subrepticement le consumérisme, instincts vaguement et négativement contenus par la présence d'autrui selon la formule creuse, car déniant toute interdépendance des individus notamment dans le temps, « ma liberté cesse où commence celle d'autrui ». Cette liberté d'individualisme pur des Modernes se présente comme « la faculté que tout homme porte en lui d'agir selon sa détermination propre sans avoir à subir d'autres contraintes que celles qui sont nécessaires à la liberté des autres »[2].

Force est de constater que désormais les actions individuelles, mêmes « innocentes », peuvent porter atteinte à ce qui conditionne l'aire d'exercice commune à nos libertés individuelles : le conditionnement écologique de la vie humaine remis en question par les grands risques environnementaux.

À partir de ce moment, le collectif cesse d'être accidentel; il redevient essentiel au contraire de la vulgate moderne, par solidarité objective de destin. Dans le même ordre d'idée, sur un plan toutefois davantage symbolique que physique, le savoir-faire biologique dont s'emparent les transhumanistes fait qu'un petit nombre d'individus peut prendre en otage l'unité du genre humain. Or, l'idée de biens publics ou de biens communs n'est pas à la hauteur de ces enjeux en ce qu'elle demeure dans une logique individualiste et, partant, ignore la radicalité du changement suscité par nos savoir-faire que seule une politique de précaution pourrait dans une certaine mesure appréhender. La biosphère, en tant que condition de notre

1. « Lorsque la finitude de la condition humaine est perçue comme aliénation et non comme source de sens, on perd quelque chose d'infiniment précieux en échange de la poursuite d'un rêve puéril » (J.-P. Dupuy, *La marque du sacré*, Paris, Carnets Nord, 2008, p. 105).

2. G. Burdeau, *Le libéralisme*, Paris, Seuil, 1979, p. 40. Où l'on ne dépasse guère la simple juxtaposition des individus, faisant de tout autrui un ennemi potentiel puisqu'il compresse par sa seule existence ma sphère de prérogatives, de pouvoirs ou encore *potestas*.

existence, devrait être pensée à la manière dont Aristote concevait la relation de notre corps comme le tout (et pas simplement l'ensemble) conditionnant ses parties : la main isolée du corps n'est plus une main, une partie du corps, mais un morceau de cadavre inerte, privé de fonction ; de même un individu séparé de la biosphère n'est plus un individu vivant mais une partie morte ou en train de trépasser. Par « séparé », on n'entend pas une mise à distance physique mais l'adultération de la relation de symbiose qui lie intimement l'homme à la nature[1]. Lien intrinsèque et impossible séparation se traduisent dans notre délicate voire funeste position : polluant la nature, nous nous polluons nous-mêmes. Une politique de précaution ne devient-elle pas nécessaire ?

De même, si l'on faisait advenir des post-humains, qu'on le veuille ou non, pareille création amènerait tous les autres à se penser ou se percevoir autrement, vraisemblablement « diminués » et « déclassés » : l'identité de chacun serait radicalement affectée par un tel changement. Il y aurait là une situation nouvelle, produisant une inégalité fondamentale, touchant non pas quelque possession, mais notre humanité même, et partant notre dignité : en tant que « non-modifiés » nous nous éprouverions soudainement comme des « sous-hommes ». Un transhumanisme modéré suffirait à produire une telle inégalité[2]. À l'inverse, une thérapie génique cherche à rétablir une égalité, une conformité, à la norme commune. En effet, si la dignité humaine est la marque de la reconnaissance du statut de membre à part entière de la communauté humaine, alors le transhumanisme rend impossible ou caduque cette identification à la figure la plus fondamentale du collectif puisque la « communauté » humaine en tant que communauté vole en éclats. Attentant au principe cardinal de la dignité humaine, comment nos sociétés démocratiques pourraient-elles surmonter les tensions ainsi créées, en ruinant simultanément l'ultime « ciment » entre les individus, déjà si friable ?

On ne peut en particulier abandonner à la logique contractualiste la résolution des questions éthiques posées par les risques symboliques. Le problème du devenir même, tant physique que qualitatif, de notre humanité, actualisé par la menace contemporaine planant sur l'unité du genre

1. Sur cette relation de symbiose, voir en particulier M. Serres, *Le contrat naturel*, *op. cit.*, p. 67, lequel relève au reste que « Notre puissance collective atteint [donc] les limites de notre habitat global » (*ibid.*, p. 72).

2. Notons que les anthropotechniques ne feraient que radicaliser un certain effet de l'essor des techniques qui a jusqu'alors suscité l'explosion des écarts de niveau de vie moyen à l'échelle planétaire (*cf.* notamment les analyses de Paul Bairoch).

humain, ne laisse pas le droit sans instruments ou valeurs pour l'affronter. Certes, nous avons vu que le principe de précaution dans son acception classique n'est pas à même d'assumer ces problèmes. Pourtant, moyennant une certaine extension du principe, le faisant passer à une politique de précaution, il n'est pas invraisemblable de lui faire assumer les risques symboliques. Les juristes, et spécialement les internationalistes, connaissent les notions de tort moral, de dommage moral ou encore de « préjudice juridique ». Le constat d'un préjudice juridique ne requiert aucun dommage matériel, la « simple » violation d'une norme, généralement d'importance fondamentale, suffisant à constituer un dommage pour lequel l'auteur encourt une responsabilité juridique. Les normes impératives du droit international, dites encore « *jus cogens* », et de manière plus générale les obligations *erga omnes*[1], se prêtent particulièrement à pareille interprétation exigeante. Le droit de l'environnement s'offre, à son tour, d'une manière quasi évidente à une qualification de jus cogens compte tenu et de son objet et de l'urgence à aboutir à des résultats concrets en la matière. Ne parle-t-on pas déjà de préjudice environnemental ? Si l'environnement s'entend en premier lieu de ce qui doit impérativement demeurer « habitable » pour l'homme, on n'hésitera plus à le considérer comme comportant des obligations *erga omnes* voire des normes « à autorité renforcée » ou *jus cogens* ou encore « droit impératif », les plus contraignantes. Mais la société internationale, bien existante, elle, au rebours de la mythique communauté internationale, constituée au premier chef des États, précisément dits « sujets primaires », demeure encore fortement décentralisée au point que cette éminence du droit international de l'environnement demeure à peu près ignorée. Le droit de l'UE, par ses aspects de supranationalité, constitue un terreau plus fécond pour une prise en compte véritablement pragmatique des questions environnementales ; il fait bel et bien preuve d'avancées louables, demeurassent-elles modestes, au regard de la pauvreté générale des engagements internationaux en matière environnementale et éthique.

Pour d'aucuns, cette modestie ne dépasserait, en réalité, aucunement le bon vouloir des États c'est-à-dire leur souveraineté absolue, à tout le moins pour ce qui a trait aux dispositions de rang constitutionnel. Sans vouloir entrer dans un débat assez stérile de par l'opposition schématique entre déclarations théoriques et comportements pratiques, on relèvera que même

1. « Obligation qui lie tout État à la communauté internationale dans son ensemble », *Dictionnaire de droit international public*, J. Salmon (ed.), Bruxelles, Bruylant, 2001, p. 771.

cette toute-puissance affichée de certains États se trouve déjà limitée en droit, sans parler de l'économie ou plus généralement encore de la globalisation. En effet, une norme de *jus cogens* ou droit impératif ou encore droit tel qu'aucun État ne puisse y déroger, et notamment par traité[1], s'impose à toute règle juridique de droit interne[2], quel que soit son rang, puisque le *jus cogens* qualifie «des règles de fond qui interdisent des comportements considérés comme intolérables en raison de la menace qu'ils représentent pour la survie des États et de leurs peuples ainsi que pour les valeurs humaines fondamentales» suivant le texte d'un projet de la Commission de droit international de l'ONU qui inspira la Convention de Vienne sur le droit des traités de 1969. «Survie des peuples», «valeurs humaines fondamentales», le droit de l'environnement n'en constitue-il pas en quelque sorte la condition de possibilité? La planète rendue inhabitable, elles disparaîtraient. Dès lors, parmi tous, le droit de l'environnement devrait être élevé au rang de *jus cogens*, à tout le moins emporter des obligations *erga omnes*. Au même titre que l'individu, par ses actions privées, met en cause le collectif comme socle de l'exercice de sa propre liberté individuelle, compte tenu de l'état environnemental contemporain, de même l'État ne peut plus exercer sa souveraineté selon son seul bon vouloir: par le *jus cogens* ou les obligations *erga omnes*, charbonnier n'est plus maître chez soi, affirmation somme toute évidente en matière environnementale, la pollution – pour ne retenir qu'elle – se moquant assez allègrement des frontières. Le principe de précaution ne devrait-il pas alors participer de quelque manière de ce droit impératif? Proposition plutôt téméraire, elle ne commence pas moins de poindre en droit international, par la voie d'auteurs prestigieux, à l'exemple de P.-M. Dupuy (*infra*, p. 81). Un environnement échappant à la volonté des hommes et des États, les surplombant en quelque sorte, affirme en cela une propriété singulière: l'indisponible. Cette nature se révèle déjà à l'épreuve de l'analyse «coûts/

1. Voir l'article 53 des Conventions de Vienne sur le droit des traités de 1969 et 1983, en particulier E. Suy, *ad* article 53, dans *Commentaire des Conventions de Vienne de 1969 et 1986 sur le droit des traités*, P. Klein et O. Corten (éds.), Bruxelles, Bruylant, 2006, p. 1905 *sq.*

2. E. Suy, *Commentaire des Conventions de Vienne ...*, *op. cit.*, p. 1912, rappelle que si une règle doit être «acceptée et reconnue par la communauté internationale des États dans *son* ensemble» (nous soulignons) comme impérative afin de recevoir la qualification de *jus cogens*, cette reconnaissance ne suppose aucunement l'unanimité des États mais simplement une très large majorité. Il souligne en outre qu'en 1963 déjà le Rapporteur spécial de la Commission de droit international de l'ONU relevait que la thèse selon laquelle il n'y aurait pas d'«ordre public international» apparaissait de moins en moins soutenable.

bénéfices » : l'environnement lui échappe complètement et même essentiellement puisque la biosphère est la condition d'existence de l'espèce humaine. Ainsi un collectif surplombe-t-il, à tout le moins sous forme d'une communauté de destin, les volontés singulières, individuelles ou étatiques, se posant à leur endroit comme hors leur portée, hors leur disposition, en une manière d'indisponibilité.

L'assomption de ce destin engage à une relecture plus dynamique et plus exigeante du principe de précaution. Il consiste précisément à assumer le destin funeste qui se prépare pour nous... et par nous, cette dernière cause faisant que nous pouvons encore écarter la catastrophe en la *pensant* inévitable, et non pas en l'affirmant telle, afin d'adopter maintenant des mesures à la hauteur des enjeux ainsi circonscrits. Alors se découvre le ressort des actions à conduire pour « le temps des catastrophes », l'anticipation de la rétroactivité d'un jugement qui nous conduirait à regretter l'absence ou la faiblesse des dispositions adoptées : « Il est donc encore temps de faire que jamais il ne puisse être dit par nos descendants : trop tard ! » et, citant Hans Jonas : « Nous voici assaillis par la crainte désintéressée pour ce qu'il adviendra longtemps après nous – mieux, par le remords anticipateur à son égard »[1].

Le critère prudentiel du regret (ou de l'absence de remords), est si éloigné de la logique de l'analyse « coûts/bénéfices » qu'il protège le principe de précaution de toute menace de rabattement (par paresse intellectuelle) sur la prévention, manière de « prévention bis » prolongeant naïvement notre inclination à la maîtrise. Fondé sur l'évitement d'un remords à venir, donc interprété dans le regard anticipé des générations à venir, le principe de précaution gagne un plan politique, conduit à des choix non seulement ponctuels, sur telle technique mais le cas échéant sur un pan entier de la technique et, de là, sur des fins collectives. La détermination des fins collectives recouvre sa nature politique, celle d'un choix collectif, quelle que soit sa forme institutionnelle dans le système démocratique[2], annulant le fatalisme porté par la soi-disant détermination mécanique des fins collectives telle que présupposée par les idéologies modernes du marché et du progrès.

1. J.-P. Dupuy, *Pour un catastrophisme éclairé*, *op. cit.*, p. 127 citant H. Jonas, *Pour une éthique du futur*, Paris, Payot-Rivages, 1998, p. 103.

2. Voir *infra*, p. 85-86, les éléments de démocratie écologique.

La détermination mécanique des fins au sein des sociétés modernes via le marché et l'idéologie du progrès

Les sociétés modernes délaissent la détermination des fins de deux manières : soit en les abandonnant aux seuls choix individuels (héritage de la laïcité, libéralisme-contractualisme), soit en les livrant à des automatismes collectifs. L'accumulation de choix individuels dans le cadre du marché d'un côté, l'expression du progrès technologique de l'autre, conçue comme nécessairement bonne, débouchent l'un et l'autre sur un design de nos modes de vie, ni désirable, ni voulu : le mitage du paysage, la césure du genre humain propre à un scénario du type Lee Silver, la dégradation du climat qui découle de la surconcentration des GES, la suppression de l'espace public induite par l'extension de la circulation automobile; lesquels constituent autant de fins collectives qui n'ont jamais été poursuivies, mais découlent indirectement de l'accumulation de choix individuels, portés par l'idéologie du progrès.

Ces fins ne sont donc pas proprement voulues au sens fort de choisies et de là sans valeur « politique », du point de vue de la philosophie politique, évidemment. Et l'on pourrait se demander si les réflexions d'I. Illich sur la contreproductivité ne sont pas le pendant de cet automatisme du cumul avec franchissement du seuil de saturation, manière d'expression mécanique de la négation de la finitude humaine portée par le mirage du progrès technique. J.-P. Dupuy, réhabilitant la rationalité instrumentale trop superficiellement réduite à la logique du détour, intrinsèquement liée à la modernité, caractérise cette logique par la confusion des moyens avec les fins, confusion dont découle précisément la contreproductivité[1]. C'est dire que l'homme doit se réapproprier cette mécanique du progrès et sa funeste automaticité afin de réaffirmer la conscience de sa propre finitude et partant réassumer des choix ou la sélection de fins collectives. En cette assomption de la finitude, assomption qui se retrouve au cœur du principe de précaution, revit un certain esprit aristotélicien, Ewald voyant dans la *phronesis*, la prudence aristotélicienne, le fondement épistémologico-éthique du principe de précaution : « La nouveauté est dans le type de connaissance, faible, incomplète, incertaine que la décision politique s'estime devoir prendre en compte. Ce faisant, le politique retrouve la mission qu'Aristote avait assigné, il y a vingt-cinq siècles, à la vertu de prudence : décider, dans

1. J.-P. Dupuy, *Pour un catastrophisme éclairé*, *op. cit.*, en particulier p. 31 *sq.*

une incertitude constitutive, de ce qui permettra au monde des hommes de rejoindre sa perfection encore inaccomplie »[1].

Transgression et modernité

La dénégation de toute espèce de limite constitue au contraire le moteur de la modernité. Tout semble s'être passé comme si nous nous étions ingéniés, grosso modo depuis Bacon, à construire un programme de transgression tous azimuts des limites.

La première des limites que nous avons cherché à transgresser est celle que la nature impose à nos activités. Avec Francis Bacon la fonction du savoir change, il apparaît désormais comme la condition du pouvoir sur la nature : « La fin qui est proposée à notre science, écrivait le Chancelier dans l'*Instauratio magna*, n'est plus la découverte d'arguments, mais de techniques, non plus de concordances avec les principes, mais des principes eux-mêmes, non d'arguments probables, mais de dispositions et d'indications opératoires. C'est pourquoi d'une intention différente suivra un effet différent. Vaincre et contraindre : là-bas, un adversaire par la discussion, ici la nature par le travail ». Les propos de Bacon consacrent par ailleurs le passage d'une conception du pouvoir comme *auctoritas*[2], fondée sur des rapports hétérogènes, asymétriques, d'un plus compétent, un maître (*magister*) exhaussant un disciple, à un pouvoir comme *potestas*, puissance, force, pouvoir d'imposer sa volonté à autrui[3], de le contraindre,

1. F. Ewald, C. Gollier et N. de Sadeleer, *Le principe de précaution*, Paris, PUF, 2001, p. 43.

2. Explicitée ainsi par le philosophe H.-G. Gadamer, *Vérité et Méthode*, Paris, Seuil, 1996, p. 300 « [...] l'autorité des personnes n'a pas son fondement ultime dans un acte de soumission et d'abdication de la raison, mais dans un acte de reconnaissance et de connaissance : connaissance que l'autre est supérieur en jugement et en perspicacité, qu'ainsi son jugement l'emporte, qu'il a prééminence sur le nôtre. Ce qui est lié au fait qu'en vérité l'autorité ne se reçoit pas, mais s'acquiert et doit nécessairement être acquise par quiconque y prétend. Elle repose sur la reconnaissance, par conséquent, sur un acte de la raison même qui, consciente de ses limites, accorde à d'autres une plus grande perspicacité. Ainsi comprise dans son vrai sens, l'autorité n'a rien à voir avec l'obéissance aveugle à un ordre donné ».

3. Hobbes défendra exemplairement une conception du droit-*potestas*, droit-puissance ou pouvoir de (prérogatives), soit une lecture volontariste de la loi dont les éléments constitutifs sont d'après le *De Corpore* (chap. 6, § 7) le « commandement de celui qui peut contraindre » et le « pouvoir », ce dernier s'analysant comme « volonté des hommes qui ont établi par souci de paix un tel pouvoir » entendu que « si les instincts et les passions des hommes ne sont pas contenus par quelque pouvoir, ils se combattront entre eux... ». Voir A. Papaux, *Introduction à la philosophie du « droit en situation »*, Paris, LGDJ, 2006, p. 70-107.

parce qu'il est moins fort, moins « puissant », donc selon des rapports homogènes, différant par la seule quantité, laquelle sera ramenée à la stricte égalité arithmétique dans la logique contractualiste, les cocontractants étant tous dotés en théorie d'un même pouvoir, de mêmes prérogatives. À une logique d'inscription dans une culture, *logique d'insertion* dans du « déjà là » aussi bien institutionnel que naturel, se substitue une logique d'imposition, de contrainte sur un moins puissant que l'on domine et donc maîtrise, comme il adviendra à l'endroit de la nature par une logique de prédation, d'exploitation. Qu'importe si « *Verum et factum convertuntur* », « ce qui est vrai et ce que l'on fait sont convertibles »[1] ?

Bacon ne dira au reste pas autre chose, affirmant que le pouvoir ainsi conquis doit nous permettre de détourner à notre profit les lois de la nature : « Notre Fondation, proclame le Père de la Maison de Salomon – genre de CNRS avant la lettre, institution clé de *La Nouvelle Atlantide* – a pour Fin de connaître les Causes, et le mouvement secret des choses ; et de reculer les bornes de l'Empire Humain en vue de réaliser *toutes les choses possibles* ». Dans le *Discours de la méthode*, Descartes discerne quant à lui dans la physique naissante la promesse de « l'invention d'une infinité d'artifices, qui feraient qu'on jouirait, sans aucune peine, des fruits de la terre et de toutes les commodités qui s'y trouvent ». Autrement dit, la physique devait nous permettre de sortir de la « vallée de larmes » à laquelle nous avait condamnés la malédiction divine proférée au sortir de l'Eden : « Maudit soit le sol à cause de toi ! À force de peines tu en tireras subsistance tous les jours de ta vie. Il produira pour toi épines et chardons et tu mangeras l'herbe des champs. À la sueur de ton visage tu mangeras ton pain... » (Gen III, 17-19).

La démocratie elle-même est le fruit de cette obsession de la transgression. Avec le principe de la souveraineté populaire, comme l'a montré Bertrand de Jouvenel dans *Du Pouvoir*, les Modernes ont pensé un pouvoir sans bornes, ne connaissant d'autre limite que lui-même; d'où l'auto-limitation. Et l'on ne saurait à cet égard confondre la démocratie athénienne et la démocratie moderne. S'il y a bien dans les deux cas une affirmation de l'autonomie de la Cité, de sa capacité à se donner ses propres lois, c'est toutefois dans un contexte éminemment différent. La démocratie antique n'a pas pour dessein de déloger les dieux de l'Olympe et elle s'inscrit au sein d'un cosmos fini qui impose son ordre aux dieux comme aux hommes; d'où le refus de l'*hubris*, de la démesure. Les techniques y

1. J.-P. Dupuy, « Les rêves de la raison », *Revue européenne des sciences sociales*, t. XLII, numéro spécial *Les usages de la précaution*, 2004, p. IX, citant J.-B. Vico.

sont rivées au monde sublunaire et ne peuvent qu'imiter ou parachever, au sein de ses propres limites, la nature. La démocratie moderne est en revanche inséparable d'un effort d'arrachement à la tutelle d'un dieu infini et tout-puissant, au sein d'un « cosmos » (bien davantage « univers » à dire vrai) désormais muet et insensé. « *Come, let us march against the power of heaven* [écrivait déjà Marlowe, le contemporain de Bacon] *And set black streamers in the firmament, To signify the slaughter of the gods* » (« Allons, marchons contre les puissances du ciel, Et plantons des banderoles noires sur le firmament, Pour signifier le massacre des dieux »[1]). Elle ouvre le désir humain comme l'action technique à l'infini. Elle se conçoit encore comme le mode d'organisation de la société qui permet à chacun de maximiser son avantage, c'est-à-dire de produire et de consommer toujours plus. C'est pourquoi il n'a pas seulement résulté de l'affirmation moderne de l'autonomie du politique la démocratie moderne, avec l'auto-limitation du pouvoir politique qui la caractérise, mais également son autre, le totalitarisme et son affirmation d'un pouvoir sans limites. Totalitarisme dont Hannah Arendt caractérisait précisément l'essence par le mouvement continu.

Ce programme de transgression ne se borne pas aux seuls domaines scientifiques, techniques et politiques. Une intolérance diffuse aux normes morales constitue en effet un des traits des sociétés modernes ; ces mêmes sociétés n'ont d'ailleurs eu de cesse de produire toutes sortes de tentatives de délégitimation de la morale : au nom des classes sociales, du ressentiment, du biocentrisme, etc. L'esthétique moderne est aussi pour l'essentiel une esthétique de la transgression des canons antérieurs. Le sport professionnel se présente comme un mouvement indéfini de transgression des limites du corps humain. Tous ces débordements ont nourri et nourrissent le mouvement général d'une croissance économique elle-même conçue comme un procès et un progrès sans fin. Et c'est ce type de croissance qui aboutit aux courbes exponentielles des flux de matières et aux risques globaux qui en découlent[2].

Ce à quoi d'aucuns cherchent à opposer désormais le développement durable, pour autant qu'il est inséparable d'une décroissance forte des flux d'énergie et de matières. La démocratie moderne et contemporaine présente

1. Christopher Marlowe, *Tamburlaine the Great*, deuxième partie, acte 5, scène 3.

2. W. Steffen, P.J. Crutzen and J.R. McNeill, « The Anthropocene : Are Humans Now Overwhelming the Great Forces of Nature ? », *Ambio*, 2007, 36 : 8, p. 614-621 ; et D. Bourg, A. Grandjean et Th. Libaert, *Environnement et entreprises. En finir avec les discours*, Paris, Village Mondial, 2006, p. 26-27 pour les courbes.

cependant une faille structurelle inquiétante au regard de la « durabilité » : l'essence même de cette démocratie, a longuement montré P. Rosanvallon [1], est étrangère au temps long ; elle fonctionne sur le court terme, au mieux sur le moyen terme. Quelle chance de succès aurait un politique proposant des sacrifices lourds aujourd'hui pour des effets que chacun ne constatera que dans un lendemain lointain, à trente ou cinquante ans ?

De la confusion des fins et des moyens

S'il est commun de caractériser l'homme moderne par l'illimitation, l'*hubris*, la volonté de transgression de toutes les limites, vécues comme autant d'obstacles à sa liberté, on ne prend pas toujours aux mots cette volonté infinie, qu'elle soit oubli, déni ou perte de la finitude. En effet, « infini » doit s'entendre au double sens du mot. D'une part, sans fin au sens de sans limite, la volonté humaine ne supportant plus guère les interdits, de quelque nature qu'ils soient, ou les marques matérielles de la finitude de la condition humaine. D'autre part, sans fin au sens de sans finalité, sans *telos*, sans but, sans inclination (et non simples besoins) naturelle. Pur individu, « atome sociétal », parfaitement « auto-nome », soit l'auteur de toute norme qui pourrait le concerner, l'homme moderne est libre de la plus plate liberté : la liberté d'indifférence. Sa logique postule que l'auteur d'un choix se ressentirait d'autant plus libre que les objets « mis » en choix sont plus nombreux.

Ce tour d'esprit « économiciste », qu'il faut se garder absolument de confondre avec la pensée économique, a si bien pénétré la condition de l'homme moderne que sa liberté se retrouve dans la dépendance de toutes sortes de marketings devenus nécessaires pour, en grande part, individualiser les divers termes du choix, numériquement divers mais plus guère spécifiquement, qualitativement. Rien de bien répréhensible dans cette manière de fonctionner sauf que l'accent de l'action continue de porter sur les moyens, au point que ces moyens deviennent leur propre fin au sens de recherchés pour eux-mêmes et légitimés par les lumières du progrès.

L'individualisme lui-même ne s'affirme pas nécessairement solipsisme. L'individualisme constitue d'ailleurs un mode de vie en société, certes problématique, puisqu'il présuppose le primat de la décision individuelle, alors qu'aucun individu n'a jamais eu à en décider. Cette dénégation

1. Voir notamment « Le souci du long terme », dans D. Bourg et A. Papaux, *Vers une société sobre et désirable*, Paris, PUF, 2010.

fut définitivement ruinée par le *linguistic turn*, n'étaient dans quelques propos parfaitement idéalistes de certaines philosophies politiques ou dans quelque économicisme sommaire. Qui douterait aujourd'hui qu'autrui conditionne l'émergence du « moi » : comment naître dans une culture, être éduqué des années durant dans sa langue, et prétendre après des lustres d'influence, s'en défaire complètement comme on délaisse un manteau en le déposant, en le faisant glisser le long de son corps?

Au reste, l'essoufflement de ce modèle dénégateur s'annonçait déjà dans la doxa, dans les comportements du commun des mortels puisque jamais la présence d'autrui n'a été aussi recherchée qu'aujourd'hui, dont témoigne l'explosion des moyens de communication, quelle que soit la valeur des contacts ainsi noués; leur profusion traduit l'ardeur du désir de rencontrer l'autre. L'individu strict, seul, non abandonné de tous, mais affranchi de tous, c'est-à-dire de toute « dépendance » dans l'esprit moderne, n'a plus cours. La présence d'autrui à nouveau reconnue essentielle à l'identité de tout individu, à son bonheur, à tout le moins à son équilibre, une réflexion sur les fins *collectives*, sur le « vivre ensemble », peut retrouver une dignité sociale et politique. Sous cet angle, le principe responsabilité est plus profond, plus « engagé », plus « politique » que le principe de précaution somme toute encore fondamentalement voué aux moyens.

De l'entrelacs du collectif et de l'individuel

Les indices d'un retour de la finitude humaine aujourd'hui se multiplient : la nature limitée des ressources; l'étroitesse de notre lien avec l'environnement, relation qualifiée de *symbiose* par M. Serres et qui transforme cet environnement en milieu, quelque chose et quelque lieu *dans* lequel nous sommes plongés, si immergés que le polluant, nous nous polluons nous-mêmes; la disparition de toute extériorité par rapport et grâce à laquelle nous pourrions nous débarrasser de nos déchets; etc. Guerre froide et menace nucléaire auront transformé l'humanité d'un « genre des mortels » en « genre mortel » suivant la formule édifiante de G. Anders. Le réchauffement climatique pourrait nous conduire à la même fin alors que le transhumanisme tente de nous en libérer, plus exactement d'en libérer quelques uns seulement d'entre nous.

Pourtant, réchauffement climatique et transhumanisme, deux produits de l'homme technicien, posent des problèmes radicalement nouveaux, d'une portée éthique inouïe en présentant des enjeux collectifs pris en otage par et dans leur interaction avec l'individu ou avec quelques uns. Dans les deux cas, l'individualisme autiste moderne toise le collectif, jusqu'au mépris. D'une part, l'individu peu enclin à modifier profondément ses habitudes de vie pour diminuer la pression humaine sur l'environnement, échaudé de surcroît par le peu de disposition de son voisin à en faire autant, semblant ruiner ses efforts avant même qu'ils ne soient entrepris. D'autre part, la suffisance de quelques scientifiques scientistes de culture occidentale et plus particulièrement nord-américaine, prônant une voie transhumaine vers l'ère post-humaine, réservée toutefois à un tout petit nombre d'« élus ».

On doit à l'absence de réflexion *politique* – à savoir concernant l'ensemble de la cité (*polis*) à travers ses membres – sur les fins de trouver aujourd'hui un collectif nu, désemparé, face à ces deux figures du mépris, par inconscience ou légèreté d'une part, par suffisance ou cynisme d'autre part. Il convient de rechercher sans plus attendre des voies du dépassement (*Aufhebung*) de l'individu vers le collectif. On relèvera à ce titre que nul ne parle de dignité de l'*individu* mais de dignité de la *personne*, figure intrinsèquement relationnelle. Voilà le solipsisme moderne ramené à sa dimension véritable : la rhétorique. Rien ne semblait plus étranger au dépassement de l'individu que les droits de l'homme. Pourtant, non seulement des effets entre particuliers – et non plus seulement entre le particulier et l'État, ce dernier présenté nécessairement monstrueux, voire tyrannique, véritable Léviathan – dits horizontaux, leur sont reconnus, mais encore leur lecture contemporaine désigne la dignité humaine pour leur matrice, soit une notion éminemment relationnelle. Cette présence de la relation au cœur des droits de l'homme, très exactement à leur principe, s'avère proprement essentielle mais enfouie, travestie, pour que l'altérité, la présence d'autrui, ne se révèle pas constitutive de sa propre identité, et surtout pas constitutive des droits de l'homme, trop souvent présentés comme temple, à tout le moins parangon, de l'individualisme moderne. Le « test Robinson » appliqué à ces droits met immédiatement en relief leur nature relationnelle : seul sur son île, quelle pertinence Robinson pourra-t-il reconnaître à la liberté de réunion, d'association, d'opinion ou d'expression ou encore de mariage, liberté de la presse, etc. ? Où l'on voit que ces droits ou libertés fondamentaux ne font sens que par la présence d'autrui ; en vérité, ils la présupposent, au moins inconsciemment : sans relation point de droit, *ubi societas, ibi jus* affirmaient les Romains.

L'édifice des droits de l'homme est effectivement sous-tendu par une dialectique fine individu-collectif, bien visible dans le rôle de l'État par exemple, lequel les garantit contre… ses propres agissements. Plus profondément encore, cette dialectique individu-collectif procède d'une autre dialectique, plus essentielle et désormais incontournable : la dialectique des droits et des devoirs. L'individu rechignait à reconnaître ses devoirs, vécus comme autant d'obstacles à l'exercice de sa liberté comme à son autonomie. La découverte que le collectif via la dégradation de l'environnement conditionne la possibilité même de cette liberté individuelle permet la réaffirmation de devoirs de l'homme, sans pour autant retomber dans un contractualisme généralisé. La consubstantialité de l'individu et du collectif, la redécouverte du droit comme relation, mettent en relief les aspects « devoirs » des droits de l'homme qu'une certaine idéologie voulait passer sous silence. N'est-il pas emblématique que la France, patrie des droits de l'homme, consacre de la manière la plus explicite la notion de devoirs de l'homme en les inscrivant dans sa Charte de l'environnement ?

Par là se trouve confirmées les définitions anthropologiques du droit élaborées par des juristes-anthropologues : le droit est fait du « contrôle des actes et valeurs considérés comme essentiels par une société » pour qui admet que « le groupe conçoit comme juridique ce qu'il estime essentiel à sa cohérence et à sa reproduction »[1]. À cette aune, le droit de l'environnement devrait occuper le cœur du droit. Les ordres juridiques contemporains sont loin de consacrer semblable cohérence, même si le principe de précaution tente, avec d'autres principes généraux du droit de l'environnement et non sans quelque force, de reconstruire cette cohérence et même de la consistance au sens français comme anglais du terme. La Cour internationale de justice (CIJ), n'a-t-elle au reste pas déclaré, mieux jugé, que : « l'environnement n'est pas une abstraction, mais bien l'espace où vivent les êtres humains et dont dépendent la qualité de leur vie et leur santé, y compris pour les générations à venir »[2] ? Dans cette veine, on rappellera la position de Pierre-Marie Dupuy affirmant, à propos du principe de précaution, qu'il émerge en tant que règle du droit international général[3] soit un principe coutumier s'imposant à tous les États et donc imposant

1. N. Rouland, *Anthropologie juridique*, Paris, PUF, 1988, p. 136.

2. Cour internationale de justice (CIJ), Arrêt *Projet de Gabcikovo-Nagymaros*, 25 septembre 1997, § 53.

3. P.-M. Dupuy, « Le principe de précaution, règle émergente du droit international général », dans *Le principe de précaution. Aspects de droit international et communautaire*, Ch. Leben et J. Verhoeven (éds.), Paris, Éditions Panthéon-Assas, 2002, p. 111. Sur le principe de précaution comme indice d'une éthique internationale, voir par exemple A. Papaux, *Introduction à la philosophie du « droit en situation »*, *op. cit.*, p. 220 *sq.*, surtout p. 228-236.

potentiellement des obligations valant *erga omnes* en termes de responsabilité. Sans pouvoir faire aujourd'hui de l'environnement ou de la précaution du droit impératif (*jus cogens*), on remarquera leur avancée en reconnaissance, à défaut d'installation, dans la sphère juridique, laquelle a toujours trait, dans sa veine la plus fondamentale, au collectif, parfois à l'encontre des apparences. Un certain dépassement de l'individu, une force d'exhaussement vers le collectif au moins potentiellement « contenue » dans ces dispositions juridiques, commence de passer à l'acte. La reconnaissance du droit comme relation – voir plus haut le « test Robinson » – replace l'altérité, la présence de l'autre devenue constitutive des deux pôles de la relation juridique, au cœur du droit, mieux du droit tel que pratiqué et non simplement tel que « déclaré » ou déclamé, simple *law in books*.

RÉHABILITER LA CATÉGORIE D'*HUBRIS*?

Les pouvoirs que les individus se sont donnés via les technologies mettent paradoxalement à nouveau en lumière la nature essentielle, et non pas accidentelle, de la collectivité humaine. Les atteintes portées à l'environnement ne sont plus désormais locales, mais globales : elles altèrent les grands mécanismes régulateurs de la biosphère. Il en va des conditions physiques et écosystémiques d'existence de l'humanité même. Les pouvoirs que nous sommes en train de construire avec les anthropotechniques concernent désormais l'espèce et le genre humain : ces techniques peuvent soit créer une seconde espèce au sein du genre humain, soit prétendre produire à terme un autre genre « intelligent », à l'intelligence présumée supérieure. C'est donc bien l'humanité dans son existence et en tant que telle, qui constitue l'enjeu de nos actions, voire des actions de quelques-uns d'entre nous. Font désormais difficultés les relations que nous nouons avec la nature au dehors de nous comme en nous. L'entreprise d'artificialisation, consubstantielle à l'aventure humaine [1], de ce qui nous a été donné, autrement dit de la nature, semble désormais pouvoir franchir une limite dangereuse, et en l'occurrence une double limite. Nous redécouvrons ainsi ce que les Anciens, Aristote au premier chef, dénommaient l'*hubris* : la démesure vis-à-vis de ce que supporte la nature et son cortège

1. D. Bourg, *L'Homme artifice. Le sens de la technique*, Paris, Gallimard, 1996.

de conséquences destructrices. Les politiques carbone[1] qui commencent à s'imposer constituent une manière concrète et implicite de dénonciation de l'*hubris*. La société internationale, dans le cadre de la Convention sur le changement climatique, cherche en effet un consensus, physiquement fondé, relatif au seuil de concentration atmosphérique de CO_2 qu'il conviendrait de ne pas dépasser. Cet objectif finira par déboucher sur des politiques publiques s'appliquant, via des taxes ou des quotas, aux émissions des individus eux-mêmes; une façon indirecte de désigner et d'incarner des devoirs. Il ne s'agit toutefois plus seulement de devoirs au sens contrariant d'obstacles, de limitations, à la liberté de l'individu, mais également au sens abouti de participation au collectif. Et plus fondamentalement encore, il ne s'agit plus de discuter de tel ou tel mode d'être ensemble mais plus gravement de l'exister lui-même, ou au moins de son pourrissement. Le sens des devoirs change radicalement, leur objet n'est plus le bien-être du collectif mais sa condition même.

Redisons-le une ultime fois, le principe de précaution ne couvre pas l'ensemble de ces enjeux. Par ailleurs, nous avons indiqué les raisons pour lesquelles nous nous refusions, en dépit de son intérêt, de proposer une mise en œuvre du principe responsabilité. Que faire alors? Rappelons que le principe de précaution n'est qu'une des modalités possibles de l'idée de précaution[2]. Celle-ci trouve une première expression avec l'approche de précaution qui ne présente aucune force contraignante et ne relève donc pas du droit positif *stricto sensu*; elle est laissée à la libre initiative des autorités publiques. Tel n'est évidemment pas le cas du principe à proprement parler. Celui-ci peut toutefois connaître deux modalités de mise en œuvre : au titre de principe obligeant les seules autorités publiques, ce qui est le cas au sein de l'Union européenne; ou en tant que règle générale de droit permettant au juge de mettre directement en cause les agissements d'un décideur technologique. La quatrième expression possible de l'idée de précaution pourrait être une politique de précaution, à savoir une politique de prudence technologique incluant les risques symboliques, retenant du principe sa mise en œuvre anticipée, mais s'affranchissant du recours *exclusif* à des arguments « *science based* » puisque le critère du choix est le remords, le regret – variante négative du juste – et non le vrai. Cette quatrième

1. Voir à ce sujet P. Criqui, B. Faraco et A. Grandjean, *Les États et le carbone*, Paris, PUF, 2009.

2. D. Bourg et J.-L. Schlegel, *Parer aux risques de demain. Le principe de précaution*, Paris, Seuil, 2001, p. 150-156.

possibilité nous semble devoir être retenue. Elle pourrait s'appuyer sur des éléments juridiques tels que l'imputation indiciaire, le préjudice moral voire juridique, le *jus cogens*, et le principe lui-même en tant que norme émergente du droit international général. Elle pourrait s'inscrire dans le cadre d'une démocratie écologique, et donc d'une transformation des institutions démocratiques propre à intégrer la considération du long terme, et plus largement à assumer une métaphysique de la finitude, en devenir[1].

Dominique BOURG
Alain PAPAUX

1. *Cf.* D. Bourg et K. Whiteside, *Vers une démocratie écologique. Le citoyen, le servant et le politique*, Paris, Seuil, 2010.

LE PRINCIPE DE PRÉCAUTION À L'ÉPREUVE DES OGM

Inspiré par le *Vorsorgeprinzip* allemand, le principe de précaution est formellement né au droit international il y a plus de vingt ans, dans le contexte de la lutte contre la pollution de la mer du Nord[1]. Le Traité de Maastricht en 1992 en a fait une norme du droit européen de l'environnement. Depuis lors il s'est solidement installé en droit communautaire[2], au point d'être déclaré en 2002 principe général de cet ordre juridique par le tribunal de première instance auprès de la Cour européenne de justice (arrêt Artegodan du 26 mai 2002).

En France deux étapes ont marqué son entrée en droit interne : en 1995, la Loi Barnier 95-101 de renforcement de la protection de l'environnement le retenait parmi les principes qui doivent inspirer les actions de protection de l'environnement et en donne une définition; en février 2005 le Congrès réuni à Versailles adoptait la Charte de l'environnement de 2004, désormais adossée à la Constitution; son article 5 est dédié au principe de précaution. Le premier texte apportait la définition qui était absente du Traité de Maastricht en en faisant le principe « selon lequel l'absence de certitudes, compte tenu des connaissances scientifiques et techniques du moment, ne doit pas retarder l'adoption de mesures effectives et proportionnées visant à

1. La plupart des spécialistes s'accordent à voir dans la Déclaration ministérielle de la Deuxième Conférence internationale sur la protection de la mer du Nord en 1987 le premier texte juridique international y faisant explicitement référence. Voir O'Riordan et Cameron (1994), Godard (1997) et de Sadeleer (1999).

2. Cette installation a été consacrée en 2000 sur les terrains politique et administratif par l'adoption de textes dédiés par les trois instances européennes. Dans l'ordre chronologique de leurs interventions, on notera la Communication de la Commission en février, la Résolution adoptée par les chefs d'État et de gouvernement lors du Sommet de Nice en décembre et l'Avis du Parlement, également en décembre.

prévenir un risque de dommages graves et irréversibles à l'environnement à un coût économiquement acceptable». Le second, par son article 5, précisait ce qui est attendu des autorités publiques pour sa mise en œuvre : «Lorsque la réalisation d'un dommage, bien qu'incertaine en l'état des connaissances scientifiques, pourrait affecter de manière grave et irréversible l'environnement, les autorités publiques veillent, par application du principe de précaution et dans leurs domaines d'attributions, à la mise en œuvre de procédures d'évaluation des risques et à l'adoption de mesures provisoires et proportionnées afin de parer à la réalisation du dommage».

Ainsi le principe de précaution est désormais porté au plus haut dans la hiérarchie des normes juridiques communautaires – sa mobilisation peut faire obstacle au principe de liberté de circulation des marchandises, valeur suprême du marché unique européen – et françaises. En avions-nous vraiment besoin ? Était-ce nécessaire d'en faire une norme juridique et pas seulement une référence éthique ou politique ? Si l'on considère la vivacité des débats que son inscription dans la Charte de l'environnement a réveillés, avec cette résurgence d'idées fossiles faisant de la protection de l'environnement l'ennemi du progrès et de la raison, jusques et y compris au sein de la Commission Attali sur la libération de la croissance[1], la réponse est positive. La controverse récente (2009-2010) en France sur la gestion publique jugée excessivement coûteuse et peu efficace de l'épidémie de Grippe A (H1N1) a d'ailleurs fourni une nouvelle occasion à différents faiseurs d'opinion[2] d'imputer tous les excès et défauts dénoncés au principe de précaution imprudemment mis en avant par la ministre de la santé pour justifier sa stratégie[3]. On doit observer le travail tenace, chez nombre de ceux qui animent le débat public, d'un désir visant à travestir le principe de précaution en sa caricature lointaine, celle d'une action maxi-

1. Voir Attali (2007) et Bébéar (2007). Dans le rapport Attali pour la libération de la croissance (2008), il est demandé l'abrogation ou la révision de l'article de la Charte relatif au principe de précaution parce que : «cette référence génère des incertitudes juridiques et instaure un contexte préjudiciable à l'innovation et à la croissance, en raison des risques de contentieux en responsabilité à l'encontre des entreprises les plus innovantes devant les tribunaux de l'ordre judiciaire» (p. 91). Le texte évoque encore une paralysie de l'activité économique, une inhibition de la recherche fondamentale et appliquée, et des situations d'indécision pénalisantes pour les industriels et l'investissement à long terme.

2. Voir par exemple Carreyrou (2010).

3. Imprudemment, car la gestion d'une épidémie de grippe provoquée par un virus identifié, aux effets pathologiques connus, ne relève pas du principe de précaution, conçu pour aborder les situations d'incertitude scientifique, mais d'une approche classique de prévention, même si demeurent des aléas statistiques quant à l'ampleur de la diffusion ou au degré de pathogénicité de l'épidémie.

maliste, indifférente aux coûts, visant à tailler en pièces la moindre source de risques dès lors qu'elle serait « nouvelle ». L'importance des résistances et des malentendus entretenus, le caractère excessif et déplacé de l'argumentation ont dévoilé combien une partie de notre société n'avait toujours pas assimilé le défi que la question environnementale et celle des risques technologiques pose à la société moderne. Si, alors, on n'avait pas avancé, le recul aurait été assuré.

Or vouloir une prise en charge précoce et raisonnée d'hypothèses de risques non encore confirmées semble d'autant plus justifié que la gestion des grands risques qui se sont réalisés durant le XXe siècle a été marquée, à quelques exceptions près, non par la précocité mais par le caractère excessivement tardif, timoré et peu efficace des actions de prévention[1] engagées[2]. Ce retard à s'occuper sérieusement de ces risques a d'ailleurs été jugé coupable par les tribunaux dans certains cas comme celui de l'amiante en France (Rouyère, 2006), conduisant à la condamnation de chefs d'entreprises et d'autorités publiques.

De plus, si les sociétés contemporaines disposaient d'un temps infini pour faire face aux problèmes environnementaux, on pourrait plaider la nécessité d'un patient travail d'information, d'éducation et de persuasion avant toute traduction dans l'ordre des normes juridiques et de l'action publique. De ce point de vue l'idée de précocité attachée au principe de précaution peut être source d'une présentation illusoire en donnant à croire que nous en serions encore à un stade précoce de murissement des problèmes qui permettrait aux responsables et aux citoyens de prendre tranquillement leur temps sans se laisser bousculer. En dépit des incertitudes scientifiques qui demeurent, ce n'est pas le cas. Au contraire, il est déjà bien tard. Il est même déjà trop tard, par exemple, pour garantir à l'humanité qu'elle n'aura pas à affronter une aventure climatique où

1. Le substantif « prévention » et le verbe « prévenir » sont employés dans ce texte dans leur sens général d'action sur des risques avant qu'ils ne se réalisent sous la forme de dommages. Cela couvre à la fois les risques avérés et connus statistiquement relevant classiquement des démarches de prévention *stricto sensu*, visant en particulier la protection de la vie humaine et de la santé, et les hypothèses de risques ou risques suspectés, dont l'existence ou la caractérisation (ampleur, probabilité) n'est pas établie et qui constituent le domaine d'application du principe de précaution. En ce sens large le principe de précaution participe d'une attitude générale de prévention des risques. Cet usage linguistique tient au fait que le substantif « précaution », à la différence de « prévention », n'a pas de verbe qui le prolonge.

2. Voir les études de cas rassemblées par l'Agence européenne de l'environnement (Gee, 2002).

elle jouera sa survie[1] et très vraisemblablement des bouleversements majeurs aux répercussions géopolitiques considérables. En d'autres termes, l'urgence environnementale ne permet plus à la société de tergiverser longuement avant de se décider à amorcer, à petits pas, la réorientation de ses comportements.

Si l'on se tourne à présent vers ce que le principe de précaution a déjà permis de faire pour la prévention des risques environnementaux, le bilan est cependant encore mince ou en pointillés. Il y a certes des textes communautaires, comme la Directive REACH, ou internationaux comme les Conventions-cadres sur le climat et la biodiversité (1992), qui sont des avancées importantes, ou le protocole de Cartagena sur la biosécurité (2000). Ces textes internationaux retiennent la principale idée du principe de précaution, certes sous la forme juridiquement atténuée d'une « approche de précaution » : ne pas attendre des certitudes scientifiques pour prendre des mesures de prévention ou de contrôle visant un risque touchant à l'environnement. Cependant, en dépit de ces textes qui peinent à déboucher sur des dispositifs d'action fermes, sauf pour REACH, le principe de précaution n'a en réalité jusqu'à présent guère révolutionné l'état des choses technologiques et économiques, pas plus qu'il n'a fait beaucoup progressé l'intégration des considérations environnementales dans la vie économique et sociale, ce qu'on appelle le développement durable.

D'actions précoces significatives on ne trouve guère trace, sauf pour les biotechnologies. Ainsi l'essentiel des politiques climatiques reste-t-il à mettre sur pied : quinze années ont été quasiment perdues sur le plan pratique depuis la signature de la Convention sur le climat[2] ; la Conférence de Copenhague de décembre 2009 qui devait conclure de façon ferme un processus de négociation lancé deux ans plus tôt à Bali ne sera au mieux qu'une étape assez peu constructive d'un processus qui se poursuivra

1. Traduisant les résultats des modélisations climatiques les plus récentes et les informations du rapport de 2007 du GIEC-IPCC, Weitzman (2008, département d'économie de Harvard) considère qu'un scénario à 550 ppm de CO_2 – équivalent de concentration atmosphérique des gaz à effet de serre, scénario pourtant jugé difficile à tenir, implique une probabilité de 5% de voir une augmentation de la température moyenne à long terme du globe dépasser les 11 °C. Cette perspective mettrait en jeu l'existence de l'humanité et des principales formes de vie sur Terre. Elle écrase aux yeux de Weitzman tous les autres aspects des débats sur le choix du bon taux d'actualisation permettant d'optimiser la consommation intertemporelle.

2. Ainsi parmi les pays industriels qui avaient pris à Rio en 1992 l'engagement de bonne volonté de stabiliser leurs émissions de gaz à effet de serre en 2000 à leur niveau de 1990, les États-Unis les ont finalement augmenté de 15% et le Canada, en 2007, en était à + 25%.

à partir de 2010 pour une période indéterminée. Il n'a pas non plus été – pas encore? – une source majeure d'impulsion pour de nouveaux développements technologiques, bien que de tels développement soient attendus de différents côtés et que des frémissements soient sensibles (agrocarburants de seconde ou troisième génération, capture et stockage du CO_2, poids et durée de vie des batteries, révolution doublement verte en agriculture, énergies renouvelables de différentes sortes, bâtiments à énergie positive, etc.).

Si le nucléaire a été stoppé en Allemagne et dans d'autres pays, c'est sans doute sous l'effet de l'inquiétude de l'opinion publique et de facteurs liés à la composition de majorités politiques dans ces pays, mais pas du fait de mesures adoptées en contexte d'incertitude scientifique sur des risques graves et irréversibles encourus par l'environnement : la nature des risques nucléaires est d'autant plus connue et avérée que ces décisions d'abandon sont intervenues après la catastrophe de Tchernobyl. Rien à voir, donc avec le principe de précaution.

Les actions visant la préservation de la biodiversité n'ont encore guère de prise sur le processus d'érosion en cours à l'échelle mondiale et s'abîment souvent dans des escarmouches picrocholines opposant l'intégrisme des uns à la volonté d'aménager des autres. Démentant les craintes souvent exprimées, ce principe n'a fait obstacle à aucun développement technologique majeur, sauf peut-être, en Europe, les biotechnologies à finalité agricole, et en particulier les plantes transgéniques (PGM).

S'agissant des priorités des programmes de recherche, ce principe n'a pas non plus été le vecteur direct de rééquilibrages importants. Toutefois des programmes *ad hoc* ont souvent été mis en place pour accompagner des mesures de gestion des risques. Ce fut le cas pour les recherches sur le climat, qui ont été renforcées depuis la signature de la Convention de Rio en 1992, de celles sur les maladies à prions à la suite de la crise de la vache folle ou du programme français annoncé sur les biotechnologies en compensation de la suspension de la culture du maïs génétiquement modifié Mon810 de Monsanto.

Enfin, si ce principe a connu des applications limitées, c'est surtout dans le domaine de la santé publique, en dépit d'une large hostilité des milieux médicaux envers un principe qui n'est pas issu de leur réflexion (voir l'encadré 1) et qui a été présenté de façon travestie comme créant l'obligation d'apporter la preuve de l'absence de risques pour qu'une action soit autorisée ou qu'un acte médical soit légitime (voir l'encadré 2). Ainsi le principe de précaution a paradoxalement été peu mobilisé ou n'a pas été un levier puissant de l'action dans le champ de la protection de l'environnement pour lequel il avait été initialement conçu.

Encadré 1

La médecine et le principe de précaution

En France les médecins ont accueilli le principe de précaution avec réserve sinon hostilité, en tout cas avec ambivalence. Certains affirmaient qu'ils avaient pratiqué le principe de précaution depuis toujours comme Monsieur Jourdain la prose, du fait du commandement hérité d'Hippocrate (*Primum non nocere*). Pour d'autres le principe de précaution était une menace pour l'approche scientifique et rationnelle de la médecine et de la recherche médicale modernes. Ainsi Maurice Tubiana, qui présida l'Académie de médecine écrivait-il en 2000 à propos de ce principe : « Le poids accordé à une démarche non rationnelle rompt le lien entre la connaissance et la décision, ce qui pourrait encourager des mesures sans base logique, simplement parce quelles sont préconisées par des groupes de pression ». Et dans un rapport de cette Académie publié la même année, les auteurs (David *et alii*, 2000) notaient : « L'extension à la médecine du principe de précaution, à partir du domaine écologique, a paru justifiée par une communauté de risques, les risques sanitaires. Du fait de l'absence de toute concertation avec le milieu médical, cette assimilation s'est imposée sans que lui soit opposée l'existence de différences essentielles entre les deux secteurs. Tout d'abord, comme nous l'avons abondamment souligné, la prise de risque, dans le domaine médical, s'impose pour répondre à l'obligation de soins ; ce qui n'est pas le cas dans le domaine écologique. Mais il existe une autre différence de taille. Le domaine médical a une longue expérience de la gestion des risques qu'il s'agisse de ceux de la maladie ou de ceux entraînés par la thérapeutique. Une méthodologie spécifique a été lentement élaborée, tout spécialement au cours des dernières décennies. Elle est en constant perfectionnement mais dès maintenant elle a atteint un haut niveau de sécurité. La médecine dispose donc d'une méthodologie scientifique éprouvée ».

En 2009, le professeur Tubiana confirmait son diagnostic devant les parlementaires de l'Office parlementaire d'évaluation des choix scientifiques et technologiques (OPECST) : « Le principe de précaution n'a pas rassuré, comme le montrent les sondages, il a, au contraire, accentué les peurs, il a donné le primat aux émotions sur la rationalité. Il n'a engendré aucune mesure autre que celles qu'on aurait pu prendre dans le cadre de la prudence classique. Enfin, il a eu des conséquences budgétaires qu'il faudrait demander à la Cour des comptes d'étudier. De plus, et c'est le problème principal, la peur de risques hypothétiques a éclipsé celle des risques réels – on peut en citer énormément d'exemples, en particulier dans le domaine de l'alimentation. [...] En conclusion, le principe de précaution a renforcé les craintes devant la technologie comme le montrent les sondages, il a accentué les réticences envers la science et a fait ombrage à la rationalité ».

Il semble pris entre deux statuts : soit il constitue une référence générale de nature politique mais alors il ne parvient pas à lui seul à entraîner l'action collective requise, soit il est une norme juridique applicable à des actes ou décisions individuels soumis à un contentieux et sa signification devient ponctuelle, sinon dérisoire. Pour le dire autrement, la puissance performative du principe de précaution dans le champ de l'environnement demande encore à être démontrée concrètement. L'essentiel de ce qu'il peut donner est encore à venir.

Encadré 2

Les réflexions de 1998 du Conseil d'État sur le droit de la santé

En 1998, le Conseil d'État consacrait ses réflexions, publiées dans son rapport public annuel, aux évolutions du droit de la santé. Ces réflexions sont dénuées de portée juridique mais exercent une influence sur la doctrine juridique et sur les croyances de nombre d'acteurs quant à l'état du droit. Une section de ce texte était consacrée au principe de précaution et s'interrogeait sur le fait de savoir si ce principe devait à l'avenir constituer un nouveau fondement de la responsabilité médicale au côté des deux fondements classiques que sont la faute et le risque. Le Conseil s'est à cette occasion donné une définition repoussoir, correspondant aux demandes de groupes activistes comme Greenpeace, pour répondre par la négative. Ne correspondant en rien au concept détaillé dans la loi 95-101 (Loi Barnier de renforcement de la protection de l'environnement) et à la doctrine européenne ultérieurement confirmée par la Commission et le Sommet de Nice en 2000, cette définition repoussoir était exprimée dans les termes suivants : « Ce nouveau concept se définit par l'obligation pesant sur le décideur public ou privé de s'astreindre à une action ou de s'y refuser en fonction du risque possible. Dans ce sens, il ne lui suffit pas de conformer sa conduite à la prise en compte des risques connus. Il doit, en outre, apporter la preuve, compte tenu de l'état actuel de la science, de l'absence de risque » (Conseil d'État, 1998, p. 256). Que cette définition ait servi à récuser le principe de précaution comme nouveau fondement de la responsabilité médicale n'a pas empêché nombre de commentateurs, juristes ou médecins, à considérer qu'elle était l'expression authentique estampillée des exigences portées au nom de ce principe, d'où l'effroi légitime suscité dans le milieu médical par l'exigence d'avoir à apporter « la preuve de l'absence de risque ».

Cette situation crée une responsabilité particulière pour tous ceux qui sont en charge des applications qui sont faites dans une période qui est encore celle du tâtonnement de l'action de précaution. Ne voit-on pas poindre une schizophrénie entre les balises conceptuelles de la doctrine politiquement validée en Europe et en France et la manière dont, au concret, les autorités publiques et divers acteurs sociaux persistent à se saisir et à user de ce principe ? La clarification doctrinale (Godard, 1997 ; Godard *et alii*, 2002; Godard, 2005; Boutonnet, 2005; Rouyère, 2006; Noiville, 2007) paraît ici bien en avance ou bien décalée au regard des pratiques, comme le montrera la présente étude de la gestion des risques potentiels des PGM à usage agricole.

Le domaine des PGM est en effet le théâtre privilégié de repérage de cette tension schizophrénique car y coexistent deux conceptions du principe de précaution : celle qui serait la traduction organisée par des règles de procédures rigoureuses directement inspirées par la doctrine, notamment en attribuant un rôle important mais non exclusif à une expertise scientifique des risques ; celle qui vise surtout à répondre à des enjeux de gestion de l'opinion publique et de négociations avec des ONG s'étant fait une place sous le soleil médiatique, quitte à faire de la gesticulation sécuritaire.

Que demande au juste le principe de précaution face à des risques marqués par l'incertitude scientifique ? De quelle attitude fondamentale vis-à-vis de risques engageant la collectivité doit-il s'inspirer ? Sur quelles bases peut-il s'appuyer pour trouver à s'appliquer aux PGM ? Le clivage entre les techniques réputées naturelles et celles qui ne le sont pas fournit-il un socle solide ? Quelles sont les responsabilités des différentes autorités publiques désignées par l'article 5 de la Charte de l'environnement, compte tenu du cadre réglementaire européen, particulièrement complexe dans sa manière de combiner intervention des États membres et processus de décision communautaire ? En particulier, du fait des oppositions et conflits qui se sont fait jour à propos de la diffusion commerciale de PGM, comment agencer les rôles respectifs des autorités publiques nationales et territoriales ? Les conseils régionaux, les maires ont-ils leur mot à dire sur la mise en œuvre du principe de précaution ? Telles sont les questions que ce chapitre vise à éclairer.

La première section plante le décor empirique en faisant un rappel factuel sur l'émergence de la question des PGM comme objets à risque relevant du principe de précaution. La deuxième vise à clarifier le principe de précaution en le situant par rapport à deux modèles polaires de gestion des risques : l'éradication précoce des sources de risques et l'action patiente à maturité. La discussion tourne autour du lien à établir entre le timing de la prévention et son contenu en fonction de l'état des connaissances. L'incertitude scientifique y a une place centrale.

Munie de cet éclairage général, la troisième section fait retour sur l'application du principe de précaution aux applications biotechnologiques dans le domaine agricole. Faudrait-il interdire toutes les PGM ? Cette question fait écho à diverses allégations formulées par les opposants aux

PGM : ne sont-ils pas les meilleurs interprètes du principe de précaution et ne sont-ils pas en « état de nécessité » lorsqu'ils détruisent des parcelles de culture de PGM ? La réflexion s'amorce en considérant le caractère non-naturel présumé des PGM qui est utilisé par la directive européenne pour distinguer la technique de la transgenèse d'autres techniques de manipulation du vivant en agriculture ; elle pose ensuite des jalons sur les conditions de la maîtrise sociale des innovations en biotechnologies agricoles, pour finalement s'attarder sur le cas du maïs génétiquement modifié Mon810 produit par la société Monsanto, en retenant deux épisodes marquants de la gestion française de ce dossier. Se produisant entre fin décembre 2007 et début janvier 2008, le premier a vu le 11 janvier 2008 le gouvernement français enclencher la procédure de clause de sauvegarde afin de suspendre l'autorisation de culture de ce maïs, pourtant régulièrement acquise près de 10 années auparavant au terme d'une procédure d'autorisation impliquant États membres et institutions européennes. Le second a trait à l'avis du Haut Conseil des biotechnologies sur le dossier de renouvellement de l'autorisation du Mon810, avis éclaté entre celui du Comité scientifique (CS) et les recommandations du Comité économique, éthique et social (CEES). Alors que le CEES recommandait majoritairement de ne pas renouveler l'autorisation, le CS constatait l'absence d'indications de risque environnemental majeur et non contrôlable et publiait début janvier 2010 un avis récusant les apports scientifiques d'une publication émanant du Comité de recherche et d'information indépendantes sur le génie génétique (CRIIGEN) prétendant avoir prouvé la nocivité de trois maïs OGM pour la santé.

Le principe de précaution ne demandant pas, à mon sens, une interdiction générale de toutes les PGM, les deux sections suivantes s'intéressent à la distribution des rôles entre les différentes autorités susceptibles de le mettre en œuvre et à la justification de leur intervention. La quatrième considère le niveau international et fait ressortir l'ambivalence du rôle tenu par ce principe du point de vue de la coordination internationale. En effet les principaux usages qui en ont été faits dans ce cadre ont visé soit à légitimer des entorses faites par des États aux règles internationales admises, et cela au nom de l'appréciation souveraine des risques par ces États, soit à ménager un espace d'appréciation discrétionnaire dans des textes internationaux au profit d'initiatives des États signataires dans le domaine de la gestion des risques. La forme la plus pure de cette ambivalence se trouve précisément cristallisée dans le Protocole de Cartagena sur la biosécurité qui vise à réguler les échanges internationaux de PGM.

La cinquième et dernière section s'interroge sur les compétences et responsabilités des autorités publiques régionales et locales au regard de la gestion des risques éventuels entraînés par la diffusion de la culture de PGM. Retrouve-t-on le même jeu qu'au niveau international? Le point de vue proposé trouve son inspiration dans les implications du concept de développement durable et d'autonomie de développement régional. Le besoin de raisonner en termes d'articulation d'espaces de développement requiert de tenir compte de l'étendue de l'espace des principales conséquences d'une décision pour déterminer à quel niveau la décision doit être prise *in fine*. En l'état du droit interne et européen, la régulation territoriale des PGM, qu'il s'agisse de cultures expérimentales ou de cultures commerciales, n'entre pas dans les attributions des conseils régionaux. Sans démembrement du principe de souveraineté nationale et sans instauration de droit de veto territorial, le droit actuel gagnerait néanmoins à évoluer, en résonance avec la thématique du développement durable, pour laisser une place à l'idée de projet de développement régional, au-delà de l'opposition binaire entre l'interdit général pour risques possibles et l'autorisation générale au nom de la liberté d'entreprise et du droit de la concurrence.

De la conférence d'Asilomar à la régulation de la diffusion des PGM

En 1974 un groupe de chercheurs américains autour de Paul Berg, futur Prix Nobel de chimie, avait publiquement posé la question d'un moratoire sur les recherches visant à exploiter les techniques toutes nouvelles permettant de découper des séquences ADN et de les remplacer par d'autres. Leur démarche singulière et retentissante était motivée par les dangers entrevus. Les remous entraînés ont conduit à l'organisation en février 1975 d'une conférence sur l'ADN recombinant. Cette conférence d'Asilomar n'était pas une conférence scientifique ordinaire. Réunissant 150 participants, pour la plupart des chercheurs en biologie moléculaire, elle avait pour objet de déterminer quelle conduite cette communauté de chercheurs devait adopter quant au développement de ce nouveau champ de recherches.

Au terme de débats animés les participants ont pris une position en deux points : refus de tout moratoire d'ensemble sur la recherche et l'expérimentation dans ce domaine, mais adoption de mesures rigoureuses de précaution afin d'éviter des effets dommageables peu prévisibles. À Asilomar, les mesures préconisées comportaient le confinement des recherches en laboratoire et le refus des développements les plus dangereux [1]. Centrées sur l'approche scientifique des enjeux de santé pour l'homme, elles ne prenaient pas en compte les aspects proprement écologiques ou la dimension économique liée à la propriété intellectuelle, et avaient délibérément écarté toute référence à des débats éthiques.

Cette conférence reste comme l'un des témoignages les plus saisissants d'une réflexion portée par une communauté scientifique naissante sur les risques que ses recherches peut engendrer pour la société et sur les conditions à réunir pour autoriser la poursuite de ces dernières dans une démarche d'autorégulation. Elle n'a cependant pas mis fin aux interrogations et inquiétudes sur les effets possibles des recherches en question et surtout de leurs applications destinées à une diffusion commerciale.

La naissance d'un régime de régulation publique

Lorsque la perspective de manipuler le génome de plantes cultivées en vue d'applications commerciales est devenue crédible avec la mise au point expérimentale en 1983 de la première plante transgénique (du tabac), les gouvernements européens et les institutions de Bruxelles ont élaboré des procédures particulières d'évaluation et d'autorisation afin de contrôler la qualité agronomique des semences OGM proposées, mais aussi d'en assurer la sécurité sanitaire et environnementale.

En 1986, l'OCDE publiait un rapport sur les principes d'une évaluation et d'une régulation de l'usage des biotechnologies recourant à l'ADN recombiné. Il recommandait que les procédures d'évaluation des risques ne deviennent pas une entrave au développement de ces biotechnologies, prônait une harmonisation internationale des procédures et préconisait une démarche d'analyse faite « cas par cas » et « étape par étape », du laboratoire au champ, s'appuyant sur les connaissances étendues obtenues pour les plantes équivalentes non-OGM (OCDE, 1986).

C'est à la fin de la même année que la Commission de génie biomoléculaire fut installée en France, avant même que soit promulguée le 23 avril 1990 et transposée en droit interne la directive européenne 90/220 sur la dissémination volontaire d'OGM dans l'environnement. Elle avait pour

1. Voir les réflexions portées vingt ans plus tard par Berg et Singer (1995) et trente ans plus tard par Berg (2004). Elles soulignent le caractère non reproductible de cet événement et d'une démarche d'autorégulation par les scientifiques, qui avait été rendue possible par le surgissement d'un problème vraiment nouveau posé à une communauté de recherche naissante et restreinte, demeurant encore à l'abri des imbrications commerciales et politiques.

mandat d'examiner tous les aspects de la dissémination d'OGM du point de vue des risques pour l'environnement et pour la santé publique. Son domaine de compétence recouvrait les plantes cultivées mais aussi les vaccins recombinant à usage vétérinaire ou humain ou encore les essais de thérapie génique. Ayant fêté ses vingt années d'existence en 2006 par un grand colloque sur l'expertise scientifique, cette Commission a paradoxalement vu sa mission s'interrompre à l'été 2007 pour le motif avancé qu'elle aurait manifesté son usure et qu'elle aurait une pratique de l'expertise biaisée et étriquée. Tel était du moins le point de vue de certaines ONG anti-OGM, point de vue relayé par les responsables gouvernementaux du moment au Ministère de l'écologie et du développement durable.

Les dispositifs mis en place en Europe se distinguaient de la législation américaine en ciblant une nouvelle technologie en tant que telle, dans la perspective de ce qui allait devenir le principe de précaution, sans se contenter des procédures standard d'examen utilisées en vue de l'inscription de nouvelles variétés au catalogue des plantes cultivées. Ils retenaient toutefois le principe d'une évaluation au cas par cas et étape par étape des constructions génétiques proposées avant même que le moindre dommage ou le moindre accident ne se soit produit[1]. Des auteurs avertis comme Marie-Angèle Hermitte et Christine Noiville (1993) ont pu y voir alors une première application du « principe de prudence ».

L'émergence d'un mouvement de contestation conduisant au blocage en France et à l'indécision au niveau européen

Le vent a tourné en 1996 lorsque, à la suite du déclenchement de la crise de la maladie de « la vache folle » (Encéphalopathie spongiforme bovine – ESB), conduisant à l'embargo sur les produits bovins britanniques, et de l'arrivée aux frontières du soja transgénique américain, un mouvement de contestation des OGM à usage agricole s'est levé. Indépendamment de toute application formelle du principe de précaution, la procédure française et européenne d'autorisation de la mise en culture s'est alors ralentie, puis paralysée entre 1999 et 2003.

1. Sur l'organisation en France de l'expertise des OGM et sur les épreuves et adaptations qu'il lui a fallu traverser jusqu'en 2000, voir Roy (2001).

En France

Évoquons quelques épisodes notoires. En avril 1996 la Commission de génie biomoléculaire avait rendu un avis favorable à l'autorisation de mise en culture du maïs OGM Mon810, concluant à l'absence d'éléments scientifiques à l'appui de l'hypothèse d'existence de risques pour la santé et l'environnement. Le Premier ministre Alain Juppé avait alors chargé le professeur Axel Kahn, président de la CGB, de défendre cette position auprès des instances européennes en charge de l'évaluation des risques et d'un collège d'experts internationaux. Cependant, en février 1997, il décidait de suspendre l'autorisation de mise en culture des semences OGM en invoquant les risques environnementaux potentiels, tout en maintenant l'autorisation d'importation de ce maïs pour l'alimentation animale et humaine. Ébranlé par cette imputation qui prenait à contre-pied l'avis de la CGB, Axel Kahn démissionnait, estimant rompu le lien de confiance qui lui paraissait nécessaire entre experts et décideurs.

En 1998 le gouvernement dirigé par Lionel Jospin autorisait deux maïs OGM mais suspendait pour deux ans les autorisations de betteraves et colzas transgéniques. La même année l'OPECST organisait une conférence de citoyens[1] qui s'est tenue entre avril et juin. Il s'en est suivi une réforme de la composition et des attributions de la Commission de génie biomoléculaire, en vue de l'ouvrir davantage à des représentants de la « société civile » et d'élargir le spectre des disciplines scientifiques représentées.

Cependant l'autorisation accordée au maïs Bt de Novartis a donné lieu durant l'automne 1998 à un combat judiciaire devant le Conseil d'État, donnant l'occasion à cette institution de se prononcer pour la première fois, mais de façon ambiguë[2], sur la recevabilité en droit administratif positif du motif de défaut d'application du principe de précaution : l'autorisation de l'inscription de ce maïs au catalogue des plantes cultivées a été suspendue en référé le 25 septembre. Quelques semaines plus tard le Conseil posait à la Cour de justice européenne une question préjudicielle sur sa compétence à intervenir à un stade final d'une procédure européenne. Il obtiendra sa

1. Sur les enjeux de ce type de procédure de débat public, voir Bourg et Boy (2005).

2. Les plaignants avaient mis en avant deux motifs pour demander l'annulation de l'autorisation d'inscrire cet OGM au catalogue des plantes cultivables sur le territoire national : un vice de procédures, par manque de consultation d'un organisme consultatif, et la non-application du principe de précaution. L'arrêt du Conseil d'État rappelle ces deux motifs et décide la suspension, sans l'imputer clairement à l'un ou l'autre des motifs.

réponse en 2000 : faute d'éléments nouveaux, l'État qui a compétence pour délivrer l'autorisation au terme d'une procédure communautaire d'instruction parcourue sans embûches est tenu d'attribuer ladite autorisation. Le gouvernement délivre alors l'autorisation demandée au maïs Bt de Novartis, cette société préférant néanmoins ne pas le mettre en vente.

Au niveau communautaire

Suite aux mouvements de contestation apparus en 1996 et aux initiatives commerciales de la grande distribution tendant à exclure les OGM de la composition des produits mis en vente, une nouvelle directive européenne a été adoptée en 2001 (Directive CE/2001/18). Se référant de façon explicite au principe de précaution, elle précise le champ d'application concerné, instaure une obligation de traçabilité, d'étiquetage, d'information du public et de surveillance *a posteriori* du devenir des OGM autorisés. Elle renforce également l'examen à un double niveau, national et européen, de toute demande d'autorisation préalable de dissémination d'OGM; elle prévoit notamment la possibilité pour un État d'objecter à un projet d'autorisation instruit par un autre État et instaure une clause de sauvegarde à la disposition d'un État si des informations nouvelles et des indications précises sur l'existence de risques pour l'environnement et la santé le justifient. Les mêmes dispositions sont valables pour les produits importés.

Cette directive a été suivie en 2003 par un règlement communautaire précisant les règles applicables pour la traçabilité et l'étiquetage des produits destinés à l'alimentation humaine et animale (Règlement CE n° 1830/2003). Par ailleurs les institutions de Bruxelles se sont dotées en 2002 d'une Autorité européenne de sécurité des aliments (EFSA), en charge de rendre des avis scientifiques indépendants sur les risques alimentaires, mais aussi environnementaux. Cette dernière a par exemple rendu un avis en avril 2004 concluant à l'absence d'éléments scientifiques à l'appui de l'idée que le maïs OGM Mon863 présenterait un risque alimentaire ou environnemental, mais a considéré ne pas disposer d'informations suffisantes pour conclure sur l'impact présumé d'un maïs hybride résultant du croisement du Mon863 avec le Mon810, bien que les deux « parents » soient jugés sains (EFSA, 2004).

Entre-temps la sorte de moratoire européen qui ne s'avouait pas mais qui s'était mis en place depuis juin 1999 dans l'attente de la révision de la directive européenne de 1990 a conduit en mai 2003 des pays tiers (États-Unis, Argentine, Canada) à amorcer un contentieux devant l'Organisation mondiale du commerce. Sur la base du rapport du Groupe spécial mis en place par l'Organe de règlement des différends, rapport remis avec beaucoup de retard le 26 septembre 2006, cette organisation a mis en demeure l'Union européenne de mettre un terme avant le 11 juin 2008 aux clauses de sauvegarde adoptées par différents États-membres et jugées abusives car maintenues sans preuves scientifiques suffisantes au sens des engagements de l'accord sur les aspects sanitaires et phytosanitaires (SPS).

En dépit des efforts de la Commission européenne de s'inscrire dans le cadre de cette injonction, les États membres qui refusaient la culture de PGM sur leur territoire (Autriche, Grèce) ont maintenu leur position. Ils ont même été rejoints par d'autres (Hongrie, France, Luxembourg, Allemagne), au point qu'aucune majorité d'États ne s'est formée ces dernières années au sein du Comité spécialisé représentant les États membres pour entériner les propositions de la Commission.

L'Allemagne, en particulier, a tenu une position pivot. En avril 2007 une décision de la justice allemande suspendait l'autorisation de culture du maïs Mon810 au vu des risques potentiels liés notamment à la présence durable de toxine Bt dans le sol et conditionnait la reprise des autorisations à la soumission d'un plan satisfaisant de surveillance des conséquences environnementales. La société Monsanto s'étant exécutée, la culture du Mon810 était à nouveau autorisée en décembre 2007. En 2008, 4000 hectares de maïs transgéniques ont alors été mis en culture et 3700 hectares avaient été autorisés pour 2009, soit une portion négligeable de la SAU. Dans le même temps le gouvernement allemand avait soumis le plan de surveillance proposé par Monsanto à examen, de même qu'il faisait expertiser la littérature scientifique récente. Le 14 avril 2009, la ministre de l'agriculture Ilse Aigner annonçait qu'elle était parvenue à la conclusion que le Mon810 présentait un risque pour l'environnement et qu'elle interdisait sa culture sur le territoire allemand. Cette conclusion est apparue aussi contestable aux experts en biotechnologies que ne l'avait été la décision française un an plus tôt (Kuntz, 2009).

Retour en France

Faisant suite à l'élection présidentielle du printemps 2007, le processus politique de concertation connu sous l'appellation de Grenelle de l'environnement a été lancé à l'été 2007 et s'est conclu en octobre de cette année. Faisant écho à une promesse du candidat Nicolas Sarkozy à l'élection présidentielle, ce processus a réuni représentants des collectivités territoriales, de syndicats de travailleurs, des milieux patronaux, des ONG de défense des consommateurs et de protection de l'environnement et de l'administration. Les seuls à être écartés en tant que tels étaient les membres du Parlement. Le Grenelle visait à dégager les nouvelles orientations de la politique de l'environnement en recherchant un consensus large entre toutes les parties associées, sachant que l'exécutif s'était engagé à mettre en œuvre les mesures consensuelles.

S'appuyant sur le sentiment répandu dans l'opinion que les PGM pouvaient présenter des risques sans procurer d'avantages pour les consommateurs et sur l'action médiatisée des « faucheurs volontaires » contre les cultures expérimentales ou commerciales de PGM, les ONG conviées ont obtenu que l'autorisation donnée à la seule PGM cultivée de façon commerciale en France, le maïs Mon810, soit suspendue d'ici que soit votée la nouvelle loi sur les biotechnologies attendue depuis des années pour transposer la directive européenne de 2001. Cette loi devait notamment reconnaître un droit à produire et consommer avec ou sans OGM. En marge d'une réunion du Conseil des ministres de l'environnement, lors de laquelle la France a apporté son soutien au refus de l'Autriche de lever son interdiction d'importation et de culture de PGM, le ministre d'État Jean-Louis Borloo annonçait le 31 octobre 2007 que la France allait recourir à la clause de sauvegarde prévue par la directive 2001/18/CEE à l'encontre du Mon810.

Afin de rendre compatible cet engagement politique de suspension des cultures de PGM avec le droit communautaire, et de mobiliser à cet effet la « clause de sauvegarde », les autorités françaises devaient pouvoir s'appuyer sur des informations nouvelles mettant en avant de façon précise un risque pour l'environnement ou la santé, et communiquer à la Commission sa réévaluation scientifique des risques. Sans attendre l'entrée en vigueur de la nouvelle loi, le gouvernement a mis sur pied, par décret du 7 décembre 2007, un Comité de préfiguration de la Haute autorité sur les OGM à qui il a demandé de réévaluer les risques et bénéfices de la culture du maïs Mon810 pour l'environnement et la santé publique. Le président de ce comité, un sénateur ayant pris part aux travaux du Grenelle de l'environnement, Jean-François Legrand, faisait état dès le 9 janvier 2008, au nom du Comité, de faits scientifiques nouveaux négatifs et de doutes sérieux quant à l'innocuité du Mon810[1]. Le gouvernement lançait immédiatement la procédure de suspension de l'autorisation de mise en culture. Cette suspension a été maintenue à la fois en avril 2008, bien que l'AFSSA ait conclu son expertise scientifique en estimant que « les maïs portant l'événement de transformation Mon810 et leurs produits dérivés présen-

1. Voir plus loin l'analyse détaillée de cet avis sous l'angle de sa conformité aux exigences du principe de précaution.

tent le même niveau de sécurité sanitaire que les variétés de maïs conventionnelles et leurs produits dérivés », et en octobre de la même année, bien que l'EFSA (2008) ait alors conclu que l'expertise française n'apportait aucun élément probant nouveau de nature à remettre en cause les conclusions de précédentes évaluations, avis que confirmait l'AFSSA en octobre 2008.

Parallèlement, au terme d'un débat animé par quelques rebondissements de procédures et clashs publics entre responsables politiques, une loi sur les OGM a été votée par le Parlement le 25 juin 2008. Cette loi créait une nouvelle instance d'expertise, le Haut conseil des biotechnologies, ordonnait la transparence des cultures OGM au niveau de la parcelle et instaurait un régime de responsabilité des cultivateurs d'OGM en cas de dissémination contaminant des cultures avoisinantes non-OGM; elle créait également un « délit de fauchage », impliquant une peine plus sévère que ce que le code pénal prévoyait jusqu'alors pour la destruction de biens privés; le seuil de contamination des cultures biologiques par des cultures OGM acceptable pour être qualifiées de « sans OGM » devait être défini au cas par cas par le Haut conseil des biotechnologies et, dans l'attente, restait fixé par défaut à 0,9 %, seuil d'étiquetage européen.

La persistance d'un grand écart entre les conclusions des instances publiques d'expertise scientifique des risques (CGB, AFSSA, EFSA) et le discours des responsables politiques accréditant l'existence de risques pour l'environnement et la santé pour mieux donner satisfaction aux ONG environnementalistes et consuméristes a conduit les parties prenantes anti-OGM à faire de l'expertise française et européenne leur cible de choix. Le gouvernement français a repris cette thématique à son compte, se lançant dans une fuite en avant en attribuant les avis négatifs – à ses yeux – de ces instances d'expertise à une organisation défaillante du dispositif d'expertise. D'où la demande française, acceptée par le Conseil européen des ministres en décembre 2008, sous présidence française, de remettre à plat l'organisation européenne en la matière. Les directions de réforme étaient fixées : renforcement de l'évaluation des impacts environnementaux à moyen et long termes des OGM cultivés, lancement en 2009 d'une réflexion communautaire pour définir et prendre en compte des facteurs d'appréciation socio-économiques relatifs aux OGM, amélioration du fonctionnement de l'expertise en associant davantage les États membres au processus d'expertise confié à l'EFSA, fixation de seuils communautaires de présence d'OGM dans les semences conventionnelles, protection de zones sensibles et/ou protégées telles que Natura 2000 et prise en compte des pratiques agricoles spécifiques. Cerise sur le gâteau, la France proposait à l'Europe d'adopter le modèle qu'elle avait choisi en créant le Haut conseil des biotechnologies.

Ce dernier dispositif est censé assurer une plus grand vigilance quant à l'indépendance des études et données utilisées – elles devront provenir de laboratoires agréés –, un renforcement des exigences de qualité des études statistiques sur les risques, y compris en développant des méthodes pour appréhender les risques à moyen et long terme, un élargissement des questions et points de vue aux aspects économiques et sociaux, un élargissement des disciplines représentées, une meilleure prise en compte des particularités écologiques et économiques des territoires et une association de la société civile et des parties prenantes au processus d'expertise.

C'est dans ces conditions que le Haut Conseil des Biotechnologies a été installé en mai 2009. Ce conseil comprend deux organes : un comité scientifique (CS) pluridisciplinaire et un comité économique, éthique et social (CEES), rassemblant des représentants de la société civile et politique (associations, organismes professionnels, élus territoriaux et parlementaires...). Le premier procède à l'évaluation scientifique des risques et formule des avis. Selon les cas examinés, ces avis sont directement transmis à l'autorité administrative ou communiqués au CEES qui a le loisir de formuler des recommandations. Avis des uns et recommandations des autres constituent alors l'avis du Haut Conseil.

Entretemps la France et sa clause suspensive attendaient l'issue de l'expertise de l'EFSA sur la demande de renouvellement décennal de l'autorisation accordée en 1998 au Mon810. Si le feu vert de l'expertise était donné, la Commission européenne devait logiquement prendre la décision de renouveler l'autorisation, compte tenu des règles du commerce international et des règles européennes elles-mêmes. En ce cas la clause de sauvegarde française tomberait automatiquement, selon les termes de la directive en vigueur. Un premier élément de réponse a été donné par l'avis de l'EFSA rendu le 15 juin 2009. Le résumé de ce dernier se conclut ainsi :

> Le groupe GMO de l'EFSA estime que les informations disponibles sur le maïs Mon810 répondent aux commentaires scientifiques formulés par les États membres et que le maïs Mon810 est aussi sûr que son équivalent conventionnel en ce qui concerne les effets potentiels sur la santé humaine et animale. Le groupe GMO de l'EFSA conclut également qu'il est improbable que le maïs Mon810 ait des effets nocifs quelconques sur l'environnement dans le cadre de ses utilisations prévues, en particulier si des mesures d'exploitation appropriées sont prises pour limiter une exposition éventuelle des espèces de lépidoptères non cibles. De plus, le groupe GMO de l'EFSA recommande de continuer à mettre en œuvre des stratégies de gestion de la résistance des espèces nuisibles (EFSA, 2009).

La France n'a pas abandonné sa clause de sauvegarde pour autant et a rappelé qu'à son initiative le Conseil européen avait demandé en décembre 2008 une réforme de l'expertise et de la gestion européenne du dossier des OGM. Des propositions d'ajustement des lignes directrices pour l'évaluation des risques sont attendues de l'EFSA courant 2010... En janvier 2010 l'affaire demeurait en suspens : une Commission européenne en fin de mandat s'est bien gardée de prendre la responsabilité de donner l'autorisation controversée.

Le gouvernement français ne s'est pas contenté d'enregistrer l'évaluation faite par l'EFSA. Il a demandé aux deux instances françaises d'expertise, l'AFSSA et le HCB, d'examiner l'avis de l'EFSA sur le Mon810.

Le premier dossier que le Haut Conseil a eu à examiner à la demande du gouvernement concernait la définition du seuil caractéristique de l'appellation « sans OGM », question non scientifique qui a donné lieu à recommandations de la part du seul CEES le 3 novembre 2009 : pour les végétaux le seuil recommandé est de 0,1% ; pour la viande et le lait, de 0,9%.

Le second dossier, toujours sur saisine gouvernementale, a concerné le renouvellement de l'autorisation de culture du Mon810. L'avis rendu fin décembre comprend d'un côté l'avis du CS concernant l'avis de l'EFSA (CSHCB, 2009a) et les recommandations du CEES (CEESHCB, 2009a) sur les aspects économiques et sociaux. Le CS reconnaît des faiblesses dans les analyses statistiques présentées par le postulant, mais admet leur conformité aux exigences réglementaires en vigueur; il conclut que rien n'indique un effet majeur sur l'environnement tout en rappelant l'adage « l'absence de preuve n'est pas la preuve de l'absence » ; il s'appuie sur la revue de littérature pour identifier des points particuliers à prendre en compte par les plans de surveillance post-commerciaux. Le CEES a pour sa part estimé par 14 voix pour et 11 contre que les inconvénients économiques et sociaux du renouvellement de l'autorisation l'emportaient sur les avantages et par 13 voix contre 12 que si l'autorisation était renouvelée, elle devrait être accompagnée de certaines conditions préalables et de conditions d'accompagnement.

Le troisième dossier a résulté d'une saisine par un député de la majorité, François Grosdidier concernant l'évaluation d'un article récemment publié par le CRIIGEN dans une revue scientifique faisant état de preuves de dommages pour la santé sur des rats d'expérimentation ayant été nourris par trois variétés de maïs OGM. L'avis publié par le CS se conclut en ces termes : « l'étude de Spiroux de Vendômois *et alii* (2009) comme une étude précédente (Séralini *et alii*, 2007) n'apporte aucun élément scientifique recevable susceptible d'imputer aux trois OGM ré-analysés une quelconque toxicité hématologique, hépatique ou rénale » (CSHCB, 2010), pointant au passage qu'une analyse statistique donnée ne suffit pas à porter un diagnostic en toxicologie : des effets peuvent être statistiquement significatifs sans être le signe d'une pathogénécité. L'Agence australienne et néo-zélandaise de sécurité sanitaire de l'alimentation avait pareillement récusé l'apport scientifique de cet article (FSANZ, 2009).

Au total, les instances scientifiques à qui les autorités publiques ont confié l'évaluation des risques de la culture du Mon810[1] pour l'environnement et pour la santé ont constamment récusé sur le terrain scientifique les allégations quant à l'existence de preuves ou d'indications sur de tels risques, sans pouvoir affirmer avec certitude l'absence de tout risque de dommage de quelque nature que ce soit. Dans le même temps les autorités publiques se sont acharnées à mettre en avant l'existence de tels risques pour prendre des mesures de suspension ou d'interdiction, s'appuyant souvent sur la parution médiatisée de nouvelles études dont l'analyse par les instances d'expertise a ensuite démontré les erreurs ou l'inconsistance. L'expertise scientifique s'est de ce fait retrouvée la cible d'attaques, ONG et pouvoirs publics se retrouvant pour rechercher une issue dans une réforme des dispositifs d'expertise qui amoindrirait la place des scientifiques au profit des « représentants de la société civile ». Est-ce cela l'application du principe de précaution ?

Morphologie et dynamique d'une contestation sociale aboutie

Cela fait ainsi près de quinze années – depuis 1996 – qu'en France et en Europe, un front anti-OGM s'est constitué, mêlant personnalités médiatiques, écologistes (Greenpeace, Amis de la terre, France nature Environnement, etc.), syndicats paysans minoritaires comme la Confédération paysanne, ONG consuméristes, auxquels se sont joints des scientifiques, agronomes ou écologues pour la plupart. Cette levée de bouclier anti-OGM s'est paradoxalement attaquée à une technologie qui avait été pour la première fois, près d'une décennie plus tôt, l'objet d'un traitement institutionnel spécifique de précaution avant toute réalisation d'un dommage. En

1. Cela ne veut pas dire que ces instances ont donné des avis favorables à tous les dossiers de demande d'autorisation de culture d'OGM, loin de là, puisque le Mon810 était le seul maïs à être effectivement cultivé en Europe, surtout en Espagne.

dépit de cette prise en charge précoce, mais peut-être aussi en partie à cause d'elle – du fait de la stigmatisation de la transgénèse parmi toutes les techniques utilisées en « amélioration des plantes » –, la contestation a fait feu de différentes inquiétudes : pour la santé [1], pour la biodiversité, contre la mainmise de multinationales sur « le vivant » à travers la brevetabilité des semences OGM, pour la petite paysannerie, contre la domination américaine sur le marché des intrants agricoles.

Ce front anti-OGM a pris pour cibles les OGM eux-mêmes, mais aussi les conditions de l'expertise scientifique (Roy, 2001) : la CGB, mais aussi l'expertise européenne, même après la création de l'EFSA, ou l'AFSSA ont été critiquées pour le déséquilibre disciplinaire de leur composition, leur manque d'indépendance, la superficialité de leurs évaluations, les biais de leurs avis, l'absence de publicité des dossiers soumis à leur instruction et des études scientifiques mises en avant par les pétitionnaires. Le processus public de décision n'y a pas non plus échappé : dénonciation du pouvoir des institutions communautaires, ne laissant pas assez de place à la prise en compte des circonstances nationales ou régionales, dénonciation des prérogatives exclusives de police des autorités nationales, ne laissant aucun pouvoir d'appréciation et de décision aux autorités régionales et locales, critique du manque de transparence sur la localisation des cultures OGM et de la défaillance dans l'application des règles européennes, et en particulier du principe de précaution. Le bain politico-idéologique duquel a surgi cette contestation est dominé par quelques thèmes : la défense de l'agriculture paysanne contre les règles du marché mondialisé et le capitalisme multinational, l'affirmation de la souveraineté alimentaire nationale, le droit au naturel, l'exigence de preuve de l'innocuité, le retour du pouvoir de décision à la base, à ce citoyen dont différentes ONG se considèrent les authentiques représentants.

L'arrière-plan économique a beaucoup pesé dans la constitution de ce front anti-OGM capable de rassembler des énergies aux inspirations aussi variées. Il est significatif que ce soient des agriculteurs qui se réclament d'alternatives diverses qui aient occupé la première ligne des opérations médiatiques de fauchage des cultures expérimentales d'OGM : l'émergence de la technologie OGM avait été portée dans les années 90 par de grandes manœuvres industrielles de multinationales de la chimie rivalisant

1. Risques de développement d'allergies, risques liés à la présence de gènes de résistance aux antibiotiques utilisés comme marqueurs dans les premiers OGM présentés en vue de leur commercialisation.

dans le rachat de producteurs de semences et de start-up de biotechnologie et s'imposant comme de nouveaux partenaires intégrés du monde agricole. Le déséquilibre dans la relation économique qui en a résulté a été perçu comme une menace par nombre de petits exploitants agricoles qui vivaient jusqu'alors en bonne intelligence avec les producteurs de semences[1].

En dépit des initiatives prises (rapports de commissions diverses, notamment parlementaires, conférence de citoyen, débats publics de différentes sortes, réformes successives de l'expertise), la situation est restée durablement bloquée en France et au niveau communautaire sans empêcher l'introduction des cultures d'OGM dans des pays comme l'Espagne et le Royaume-Uni. Jusqu'au Grenelle de l'environnement, les différentes procédures de débat public n'ont pas réussi à faire autre chose qu'une réitération de plus en plus vociférante des positions figées respectives, les médias adoptant très majoritairement le point de vue des contestataires. L'Europe a tardé à mettre en place un régime de responsabilité et d'assurance pour les éventuels dommages occasionnés par les cultures OGM. La recherche publique française a été mise en veilleuse et la recherche privée s'est délocalisée. Le retard de la France à transposer la nouvelle directive européenne a fourni le prétexte de batailles judiciaires se situant davantage sur le terrain procédurier que sur le fond[2]. L'épisode de la mobilisation de la clause de sauvegarde pour suspendre l'autorisation du maïs Mon810 confirme la substitution d'une gestion politique du dossier à une gestion raisonnable des risques éventuels des produits de cette technique pour la santé publique et l'environnement.

En France la seule PGM finalement cultivée dans un but de production, et non d'expérimentation, mais sur une surface inférieure à 1% de la surface dédiée à la culture du maïs dans ce pays, était le Mon810 : autorisée en 1998, la culture de ce maïs a été suspendue par le gouvernement français

1. Sur cet arrière-plan économique de la contestation, voir Hommel et Godard (2002), et Hommel (2004).

2. Un jugement surprenant du tribunal correctionnel d'Orléans du 9 décembre 2005 était allé jusqu'à reconnaître l'état de nécessité aux faucheurs de parcelles d'OGM du fait, principalement, de la défaillance des autorités publiques à transposer à temps la législation européenne en droit interne. Ce jugement a été cassé par la Cour d'appel d'Orléans le 28 juin 2006. De même la relaxe pour « état de nécessité » ordonnée par un jugement du tribunal d'instance de Chartres en 2008, concernant des faucheurs d'une parcelle expérimentale de Monsanto à Poinville, a-t-elle été annulée en janvier 2010 par la Cour d'appel de Versailles qui a prononcé un ensemble de peines avec sursis.

dix ans plus tard, en janvier 2008 en invoquant le principe de précaution. À bon escient ?

La maîtrise des risques, entre action précoce éradicatrice et action patiente à maturité

Dans la recherche d'une maîtrise sociale de risques collectifs touchant à l'environnement et à la santé, il est éclairant de situer le principe de précaution par rapport à deux idéaux-types (Godard, 2007b). Le premier est celui d'une saisie précoce de toute situation pouvant déboucher sur des dommages, afin de tuer dans l'œuf la source du risque. Le second est celui d'une intervention qui attend le moment où les situations créatrices de risques sont parvenues à maturité, permettant de bien caractériser les risques dans leur nature, leurs effets et leurs sources. Cette approche patiente fait espérer une action bien ajustée dans sa cible et son intensité, évitant les effets collatéraux. Je discuterai des idées en jeu dans ces deux modèles en partant de deux figures classiques du discours philosophique et religieux qui mettent en évidence des formes pures que l'on trouve ensuite mobilisées dans nombre de prises de positions visant plus concrètement la gestion des risques.

Le « Principe responsabilité » de Hans Jonas

La technique, force et menace devenant autonomes

Le premier modèle fait écho aux prémisses, aux propositions phares et aux maximes normatives présentées par le philosophe allemand Hans Jonas (1990) dans son livre sur le « principe responsabilité ». La maxime pratique que ce dernier en tirait est la suivante :

> jamais l'existence ou l'essence de l'homme dans son intégralité ne doivent être mis en jeu dans les paris de l'avenir. Il en résulte automatiquement qu'ici les simples possibilités du type qui a été caractérisé [*note de l'auteur* : celles qui comportent un potentiel apocalyptique] sont à considérer comme des risques inacceptables qu'aucune des possibilités qui lui sont opposables ne rendent davantage acceptables (p. 62). [Jonas ajoutait :] nous devons traiter ce qui certes peut être mis en doute, tout en étant possible, à partir du moment où il s'agit d'un possible d'un certain type, comme une certitude en vue de la décision (p. 62).

Encadré 3

Peut-on établir un lien entre un modèle de gestion des risques et la réflexion philosophique de penseurs catastrophistes ?

La référence à l'œuvre d'un philosophe pour discuter d'un modèle de gestion des risques peut être contestée. Ainsi Jonas ne se situe pas directement dans le registre des règles et procédures administrative de gestion des risques mais dans celui d'une réflexion large sur le devenir de l'humanité et sur la menace apocalyptique que le développement technologique fait peser sur ce devenir. Sans doute en irait-il de même du « catastrophisme éclairé » de Jean-Pierre Dupuy (2002) demandant à ses contemporains de focaliser leur attention sur la catastrophe globale inscrite dans leur destinée pour avoir une petite chance de l'éviter. Appliquée à la gestion d'un enjeu délimité comme la grippe A(H1N1), cette maxime devient la source d'une « gabegie » vertement dénoncée par ceux qui éprouvent la raréfaction des crédits publics pour leurs domaines d'intervention (gestion hospitalière, diverses pathologies) doublée d'une crise de confiance dans la parole publique.

Ce décalage des champs et des registres ne suffit cependant pas à interdire de trouver dans l'œuvre de ces deux penseurs « catastrophistes » la forme d'expression la plus élaborée de justification du modèle de l'éradication précoce du risque apocalyptique.

J'avancerai plusieurs arguments à l'appui de ce rapprochement :

– Jonas et Dupuy abordent eux-mêmes des sujets pratiques comme la fusion nucléaire, le changement climatique planétaire, les énergies alternatives, l'agriculture et la pollution chimique des sols, etc. ;

– en formulant un nouvel impératif moral catégorique devant fonder l'éthique de la civilisation technologique, Jonas prend parti sur un point clé de la théorie de la décision face au risque puisqu'il récuse toute idée de proportionnalité, lorsqu'il s'agit de risques apocalyptiques, notamment celle qui prend la forme du calcul des coûts et des avantages et de leur pondération par une probabilité ; les implications pour l'approche des risques sont immédiates.

– il existe un lien formel entre les maximes de Jonas ou Dupuy et les formules qui ont été proposées par différents intervenants dans le débat sur le principe de précaution, qu'il s'agisse de l'interprétation portée par l'ONG Greenpeace demandant la preuve de l'innocuité comme préalable à une autorisation ou de la formule du Conseil d'État, déjà notée, associant à ce principe l'exigence de preuve de l'absence de risque.

– nombre de ceux qui ont apporté leur concours à l'élaboration de la doctrine du principe de précaution font explicitement référence à la pensée de Jonas comme un fondement philosophique de ce principe. C'est ce que note Mathilde Boutonnet (2005, p. 247) dans sa thèse : « une grande majorité de la doctrine établit clairement une filiation philosophique entre le principe de précaution et l'ouvrage du philosophe allemand Hans Jonas ». Dans l'article que Catherine Larrère (2002) consacre au lien entre *Le principe Responsabilité* de Jonas et le principe de précaution, elle montre bien comment Jonas fournit le contexte philosophique de la précaution : « celui de la maîtrise de la maîtrise, de l'impossibilité d'une solution purement technique des problèmes posés par la technique, dans une société pourtant technologique, où il est exclu de se passer du recours aux techniques », même s'il y a « une nette opposition entre les règles pratiques que Jonas déduit de son principe et les formes concrètes d'application du principe de précaution » (Larrère, 2002, p. 20 et 21).

Ainsi la simple possibilité qu'un type de développement technique ait *in fine* des conséquences apocalyptiques pour le devenir de l'humanité devrait être considérée comme une certitude au moment de juger de l'attitude à avoir à son endroit. Jonas est sans ambiguïté sur la norme à appliquer alors : l'obligation de ne prendre aucun risque de type apocalyptique en écartant tous les développements qui pourraient avoir une telle issue désastreuse : le « principe responsabilité » exige de refuser tout risque de déboucher sur l'apocalypse.

D'où vient ce nouvel impératif? À quelle représentation du développement technique correspond-il ? Ce développement n'apparaît véritablement maîtrisable à Jonas qu'au stade des commencements, lorsque les phénomènes se présentent encore à une petite échelle et sont à la mesure de l'action des acteurs économiques ou publics. Une fois passé ce premier stade, la technique prendrait l'allure d'une force autonome sur laquelle plus aucun acteur n'aurait de prise. Les objets techniques diffusés en masse et les comportements de très nombreuses personnes dans les activités les plus diverses formeraient alors système et rendraient socialement impossible toute remise en cause radicale. S'opposant à une vision de la technique comme résultat d'une négociation entre acteurs régulièrement remise en jeu[1], la pensée de Jonas sollicite le modèle de la bifurcation initiale qui, une fois franchie, est irréversible. Elle conduit logiquement à valoriser une hyper-vigilance dans la phase des tout débuts technologiques. Dans la problématique de Jonas, l'enjeu est de parvenir à faire le tri à un stade très précoce entre les innovations technologiques et les pratiques auxquelles

1. Ainsi Roqueplo avait une approche sociopolitique de la technique qui l'éloignait du catastrophisme à la Jonas, ce que manifeste par exemple cette appréciation : « chaque objet technique est une négociation [...] il est simultanément le contrat qui scelle momentanément l'équilibre des forces en présence et l'arme brandie vers d'autres conflits et d'autres négociations » (Roqueplo, 1983, p. 32).

une chance est donnée et celles à qui cette chance doit être refusée au vu du potentiel de menace apocalyptique qu'elles contiennent.

Une heuristique de la peur

Les utopies du bien ou les approches balancées de l'action pesant coûts et avantages comme celles que met en avant la théorie de la décision doivent céder la place à une heuristique de la peur, centrée sur l'évitement du mal apocalyptique. Relevant de la nécessité morale dans une société sécularisée, cette dernière doit mobiliser les facultés d'imagination et de sensibilité pour dépister le danger, au-delà des possibilités de la connaissance rationnelle. Sans cette conversion morale des sujets humains, les gouvernements des sociétés démocratiques seraient bien incapables de prendre en charge la menace pesant sur l'avenir de l'humanité, car l'avenir n'a pas de lobby.

Cette construction du problème de la possibilité pour l'humanité de s'abîmer dans un avenir apocalyptique qu'elle aurait elle-même engendré a conduit Jonas à définir la manière dont les hommes ont l'obligation d'aborder ce risque majeur : si nous avons individuellement le droit de mettre en péril notre propre vie en prenant différents risques, nous n'avons en rien le droit de mettre en jeu celle de l'humanité. Il est fondé de dire du principe responsabilité de Jonas qu'il débouche sur une règle d'éradication précoce du risque apocalyptique.

Une règle aporétique au sein même du dispositif de Jonas

Même si la pensée de Jonas plante de façon remarquable le contexte philosophique du principe de précaution et que de nombreux fils relient cette pensée aux débats sur le principe de précaution, ce dernier ne peut pas être la transcription dans l'ordre pratique des recommandations formulées par Jonas. Il y a au moins deux raisons à cela. D'évidence, le principe de précaution a à connaître d'un spectre de situations bien plus large que le sous-ensemble éventuel des risques à potentiel apocalyptique. Il serait sans fondement d'appliquer à tous ces risques une structure de raisonnement normatif (le refus absolu du risque devant la simple possibilité non écartée que se réalise un certain dommage, possibilité alors tenue par convention pour certaine) que Jonas ne trouvait justifiée que pour les risques à potentiel apocalyptique. La seconde raison est plus fondamentale en ce qu'elle remet en cause la norme de comportement jugée impérative par Jonas. Les agents humains sont incapables de discerner avec certitude à un stade précoce quelles innovations et quels développements seraient absolument dépourvus de tout potentiel d'issue apocalyptique[1]. Jonas a beau en appeler à l'imagination et à la sensibilité pour pallier les limites d'une approche scientifique des effets futurs de la technique – c'est là le fondement de son « heuristique de la peur » –, l'absence d'identification précoce de la potentialité apocalyptique d'une technique émergente ne permet pas de garantir qu'elle en soit dépourvue. Or pour Jonas, le simple doute, à savoir l'incapacité à écarter l'hypothèse de cette possibilité, devait conduire à agir comme si la certitude du dommage apocalyptique était acquise, ce qui rend absolument inacceptable la technique en question. Jonas n'avait pas saisi que l'insuffisance structurelle de la connaissance à donner par avance le tableau complet des effets futurs du développement technique conduisait à rendre impossibles à la fois le tri précoce qu'il préconisait et l'application de sa maxime d'éradication du risque apocalyptique. Si cette dernière devait être fidèlement appliquée, toute innovation devrait être considérée comme potentiellement apocalyptique et de ce fait condamnée à un stade précoce.

Cette discussion autour de l'issue apocalyptique de la destinée humaine pourrait sembler étrangère au problème posé par la régulation de la dissémination des OGM. Les responsables qui ont à en connaître ne se préoccupent pas d'apocalypse tous les jours, même si les positions de certaines ONG prennent un ton effectivement apocalyptique. Il suffit cependant de remplacer « apocalyptique » par « grave » dans les énoncés précédents pour se rapprocher de questions d'intérêt commun et retrouver toute la validité de la discussion menée.

Ce sont ainsi plusieurs des directions désignées par Jonas pour exercer une responsabilité orientée vers l'avenir qui se trouvent remises en causes et qui demanderont à examinées attentivement : l'idée d'une régulation précoce du développement technique sous l'angle de la sécurité ; celle d'une distinction entre deux modes de traitement des risques, l'un reposant sur le calcul des chances et la balance des coûts et des avantages, l'autre refusant absolument la recherche d'une proportionnalité dans la prise de risque ; celle demandant de traiter une potentialité comme une certitude, s'agissant de calibrer l'action.

L'artefact inversant la relation entre précocité et gravité perçue

Lorsque le problème est repris du point de vue du calendrier de l'action en rapport avec le temps de la connaissance scientifique, un cadrage normatif à la Jonas engendre un redoutable artefact : plus on se saisit de

1. Voir la démonstration dans Godard (2002a) et Godard *et alii* (2002, p. 82-115).

façon précoce, au regard de la maturité de la connaissance scientifique, de l'évaluation d'une technique nouvelle, plus il est possible de faire valoir toute une gamme d'hypothèses de dangers terrifiants et de menaces graves mais hypothétiques sans que, à ce stade de développement des connaissances, ces hypothèses n'aient encore pu être instruites, travaillées par la recherche, évaluées et, pour le plus grand nombre d'entre elles, généralement écartées. Si à un stade précoce l'on décide d'accorder un égal crédit à chacune de ces hypothèses sans considération pour leur niveau inégal d'étayage scientifique, ou que par choix réputé éthique on se focalise sur la plus catastrophique d'entre elles, sans porter attention aux avantages que les techniques considérées pourraient procurer, alors la seule mesure de prévention qui sera jugée suffisante est l'interdiction pure et simple de la voie technique considérée. Le principe de précaution serait alors transformé en cette machine à bloquer toute innovation que dénoncent ceux qui lui sont hostiles, alors que nombre d'innovations ainsi condamnées auraient permis de ne pas rester prisonniers des risques et périls connus et inconnus attachés aux techniques plus anciennes actuellement utilisées et dont l'emprise se trouve précisément renforcée par le refus de l'innovation.

L'action patiente à maturité

Le second modèle pour choisir le moment opportun d'une intervention visant à maîtriser un risque collectif est celui de la patience pour saisir le moment où apparaît la possibilité d'une action ajustée. Il s'agit là d'une forme moderne et sécularisée de la parabole évangélique du « bon grain et de l'ivraie » (voir l'annexe 1) refusant l'action précoce et précipitée au profit d'un tri à maturité. L'enjeu est de pouvoir agir avec discernement afin de préserver au mieux les bénéfices d'un choix tout en en écartant ou en en minimisant les inconvénients.

Les arguments en faveur de ce modèle correspondent à des circonstances qu'il ne faut pas négliger. Ou bien il est impossible de discerner de façon précoce avec pertinence la nature des dangers de techniques ou de pratiques; tant l'expertise que le débat public tournent alors à vide, ne s'alimentant que de spéculations; l*a priori*té est alors de lever l'incertitude scientifique par tous les moyens appropriés (recherche scientifique, expérimentation en milieu contrôlé et en milieu ouvert si nécessaire). Ou bien les deux faces de la technologie (le côté « bon grain » et le côté « ivraie ») ne sont pas séparables en pratique de façon précoce bien qu'on puisse les distinguer en théorie; il s'agit alors d'attendre le moment propice permettant cette séparation, en régulant des usages précis et particuliers sans interdire la technique de façon générique. Ou bien, troisième cas, il n'est pas possible d'établir à un stade précoce une balance des avantages et des inconvénients des effets possibles du développement technique considéré, alors que cette balance est nécessaire pour déterminer des mesures proportionnées de précaution. Dans tous ces cas, il faut alors laisser techniques et pratiques se développer et s'appliquer suffisamment pour que se révèlent les dangers qu'elles recèlent et que ces derniers fassent l'objet d'une action fine sans mettre en cause les applications positives dont les risques seraient jugés acceptables.

Ce modèle du tri à maturité a ses propres contraintes et limites. Il nécessite que soit entretenue une capacité de maîtrise du développement technique tout au long de ce développement et de la diffusion de la technique en question. Doit alors se vérifier concrètement la validité de l'appréhension de cette technique comme le produit constamment réajusté de rapports de négociation entre acteurs sociaux et pas comme une force autonome incontrôlable. Ce modèle postule une maîtrise croissante et de plus en plus fine dans ses manifestations pratiques. Il serait mis en défaut par des irréversibilités majeures engendrées à un stade précoce du développement technique car alors la découverte ultérieure du danger ne pourrait pas déboucher sur une action correctrice mais seulement sur le spectacle du déroulement inéluctable du cours des choses.

Même en l'absence d'irréversibilité majeure, lorsque les dommages des actions techniques considérées se réalisent de façon différée avec un fort décalage temporel entre l'agent causal et la réalisation du dommage, comme dans le cas d'une maladie se déclenchant après une longue durée d'incubation, ou lorsque est en jeu une grande inertie de phénomènes physiques comme dans le cas du changement climatique entraîné par les émissions de gaz à effet de serre [1], le modèle de la négociation patiente et continue de la technique en fonction de la révélation progressive des dangers ne permet pas, pour un temps long, de parer à la réalisation des dommages.

Dans ce dernier cas, ce modèle est en fait souvent prisonnier d'un paradoxe mortel lorsque les dommages sont attribuables à des produits ou

1. Ainsi le géochimiste Archer (2005, 2008) conclut de sa modélisation des échanges entre l'atmosphère et l'océan que la meilleure représentation de la durée de vie atmosphérique du gaz carbonique, principal gaz à effet de serre, était environ 300 ans pour 80% des émissions et quasiment l'éternité pour 20%, soit une durée de vie moyenne de 35 000 ans… Le problème du changement climatique avance ses tentacules aussi loin dans le temps que les déchets radioactifs à longue vie.

techniques particuliers. Quand les dommages commencent à se révéler et qu'émerge la prise de conscience de leur étendue, ils sont attribués à une situation révolue depuis longtemps : des progrès continus dans l'organisation de la production et la prise en charge de la sécurité ont été opérés, des innovations techniques ont été introduites sur les produits et, plus généralement, nombre d'autres changements sont intervenus. Lorsque le changement des conditions de création du risque est patent, la réalisation des dommages de longues années plus tard peut certes déboucher sur la déploration et sur la condamnation du passé, et sur des mesures de solidarité envers les victimes, à partir de l'intervention de fonds d'indemnisation *ad hoc*, par exemple. Cependant, du fait des différences en jeu, on ne peut pas y trouver rationnellement un motif de remise en cause des dispositifs techniques et conditions qui sont en place au moment de la révélation des dommages, puisque ce ne sont pas ceux qui étaient à l'origine de l'évolution dommageable.

Quant aux dommages qui pourraient résulter à l'avenir de la poursuite des activités considérées, ils échappent encore à l'évidence sensible et sont donc également ignorés par ce modèle. Si bien que le modèle est inopérant pour induire une politique de prévention, aussi bien pour les dommages présents attribuables au passé que pour les dommages futurs hypothétiques qui pourraient être attribuables aux activités présentes. Les progrès accomplis depuis le moment où prévalaient les conditions initiales auxquelles sont imputés les dommages aujourd'hui visibles apparaissent alors comme l'obstacle intellectuel à une prise en compte des dangers qui demeurent.

Pour que ce modèle débouche sur une prise en charge active bien que myope et très approximative de ce type de risque, il faudrait paradoxalement miser sur une perversion du processus politique qui, sous la pression de l'opinion publique, cèderait à l'illusion rétrospective, établirait un court-circuit entre causes passées et conditions actuelles et ferait porter la charge du passé sur les dispositifs de production et de régulation en place selon une version moderne de la fable de La Fontaine : « si ce n'est toi, c'est donc ton frère ».

Les catastrophes au ralenti ou catastrophes différées posent ainsi un problème redoutable au modèle de l'action patiente. Tant que les phénomènes sont encore influençables, sinon maîtrisables, les acteurs concernés se trouvent plongés dans l'incertitude scientifique et factuelle. Ils ne disposent pas d'éléments empiriques incontestables à l'appui des hypothèses de dangers, ce qui les condamne à l'inaction. Lorsque les dommages ont commencé de se réaliser et qu'ils prennent un tour largement irréversible – certes les malades peuvent bénéficier de soins, cela les soulagera et ralentira peut-être le cours naturel de la maladie, mais cela n'empêchera pas l'issue fatale pour nombre d'entre eux – il est bien trop tard pour avoir une action de maîtrise pleinement efficace : le mal est très largement fait. Le caractère différé des dommages a pour effet de distendre, voire de rompre, le lien entre les actions de personnes identifiées et les conséquences à gérer.

Le paradoxe identifié affecte encore davantage la manière de poser les problèmes de santé publique, dépendante de formules chimiques particulières soumises à obsolescence, que la caractérisation les problèmes environnementaux de type cumulatif créés par un même type de pollution : il n'y a par exemple pas de différence entre le gaz carbonique émis au XIXe siècle et celui que nous rejetons aujourd'hui[1]. L'évolution technique modifie principalement les niveaux d'émission nette de gaz à effet de serre et très secondairement la nature des gaz en cause, qui ne concerne ici que la gamme des composés fluorés inventés par l'industrie chimique (CFC, HCFC, HFC...).

Le modèle de l'action patiente intervenant à maturité attire ainsi l'attention sur deux questions cruciales : peut-on savoir quelque chose sur le moment à partir duquel le déclenchement d'une évolution dommageable irréversible serait à redouter ? À partir de quelles informations et de quels éléments de jugement convient-il de décider d'interrompre une logique continue d'ajustement et d'amélioration des dispositifs techniques et des conditions d'usage en interdisant totalement un produit ou une technique, alors que ni le passé ni le futur n'offrent à temps d'appui solide pour le faire ?

Le principe de précaution

Lequel de ces deux idéaux-types, celui de l'action précoce éradicatrice et celui de l'action ajustée à maturité est-il le plus défendable pour incarner

1. En revanche cet étirement du temps entre action et réalisation des dommages pose un problème inédit d'imputation d'une responsabilité historique. En quoi les Français d'aujourd'hui peuvent-ils être tenus pour responsables des dommages subis par les populations d'Asie durant le XXIe siècle du fait des émissions de gaz à effet de serre de leurs ancêtres vivant sous Napoléon III ? Adhérant au principe de la responsabilité personnelle, Gosseries (2004) écarte la responsabilité des générations présentes pour les actes des générations antérieures mais soutient l'idée que, si les générations présentes continuent à tirer un bénéfice des actes dommageables des précédentes, il leur est quand même fait obligation morale d'apporter une compensation aux victimes.

le principe de précaution? En fait, demandant une action précoce mais proportionnée, le principe de précaution emprunte aux deux : il vise d'un côté une prise en compte précoce des hypothèses de risques, mais sans bloquer systématiquement toute innovation et en renforçant le besoin de recherche; il vise de l'autre côté un accompagnement continu de l'essor d'une technique ou d'une pratique, conduisant à une révision périodique des mesures en fonction des nouvelles informations et connaissances obtenues. Cette approche suppose la mise en place de dispositifs de veille et de suivi dans le but de contrôler et, le cas échéant, de neutraliser les effets indésirables qui résultent non de la nature de la technique en question, mais de certaines de ses applications ou de l'échelle ou de la modalité territoriale de la diffusion de son usage [1].

Sans doute existe-t-il des cas où l'ampleur des effets en jeu et des difficultés concrètes que rencontrerait la mise en place contrôlée d'un usage prudent justifie qu'on mette un coup d'arrêt à un développement technique ou à une pratique déjà inscrite dans l'usage, et donc qu'on rompe avec les idées d'aménagement de l'application ou de corrections progressives. C'était le cas de l'amiante plusieurs décennies avant l'interdiction tardive décidée en France en 1997. En dépit du coup d'arrêt donné en janvier 2008 à l'exploitation commerciale du maïs Mon810 ce n'était le cas ni de ce maïs, ni des cultures expérimentales ou commerciales de PGM qui avaient reçu un avis favorable de la Commission de génie biomoléculaire entre 1986 à 2007.

Sans doute existe-t-il aussi des cas où la prudence recommande de ne pas s'engager du tout dans une nouvelle application technique. La justification de ce blocage doit être solide. Il ne peut suffire de brandir l'argument selon lequel l'évaluation disponible n'est pas complète et qu'il est impératif de reporter toute décision d'autorisation jusqu'au moment où une évaluation complète des effets à long terme du développement considéré aura été réalisée. Une telle évaluation ne sera en effet jamais disponible pour deux raisons. D'abord l'acquisition des connaissances empiriques nécessaires sur les effets d'une technique suppose généralement la possibilité d'observation et donc requiert un engagement minimum dans la voie technologique considérée. Ensuite, une évaluation complète ne sera jamais accessible tant que les savoirs scientifiques ne seront pas eux-mêmes stabilisés. Or nos savoirs ne le sont pas. Une science en progrès est toujours

1. Sur tous ces points, je renvoie aux analyses développées dans Godard (2003) et Godard *et alii* (2002).

susceptible de remettre en question des vues que l'on croyait établies ou de révéler des aspects qu'on ignorait préalablement. L'expérience apporte toujours son lot de surprises. L'idée du moratoire dans l'attente d'une évaluation complète des effets à long terme d'une technologie ne peut donc avoir qu'un statut purement rhétorique. C'est l'impasse dans laquelle le principe de précaution ne doit pas être précipité.

À cet égard le mandat donné à l'EFSA par la Commission, à la suite des demandes du Conseil européen (Conseil de l'UE, 2008), de réviser les lignes directrices de l'évaluation des risques en vue notamment de pouvoir produire une évaluation détaillée des effets à long terme des PGM sur l'environnement ne peut que soulever la plus grande inquiétude car ressemblant étrangement à une injonction à laquelle il ne pourra être satisfait qu'en rompant avec les canons de la démarche scientifique.

LE PRINCIPE DE PRÉCAUTION DEMANDE-T-IL D'INTERDIRE LES PGM ?

L'idée de risque occupe une place centrale dans le débat sur les PGM même si cette idée ne permet pas d'appréhender l'ensemble des effets possibles du développement de cette technologie[1] et n'implique pas nécessairement de mobiliser le principe de précaution : l'incertitude scientifique ne marque pas l'ensemble des effets possibles de la culture de PGM sur la santé et sur l'environnement, ou encore sur les rapports économiques et sociaux. Ainsi la problématique de la brevetabilité des PGM en lieu et place du certificat d'obtention végétale ne relève-t-elle pas directement du principe de précaution.

Au-delà la transgénèse a des implications mi-cognitives, mi éthiques, en mettant en jeu les représentations de base du monde, par exemple le fait que le vivant soit organisé en espèces distinctes les unes des autres, mais néanmoins filles de l'évolution, et des oppositions conceptuelles jugées fondamentales, dans la culture européenne tout au moins, comme celles entre la nature et la culture ou entre le naturel et l'artificiel. L'idée que la nature puisse faire l'objet d'une reconstruction humaine de grande ampleur, pointe ultime du projet de la biologie synthétique, et ne donne pas seulement lieu à l'aménagement d'un donné indépassable, transcende manifestement les analyses en termes de risques, qu'il s'agisse de risques pour

1. Voir les deux avis rendus par le Comité d'éthique et de précaution de l'INRA respectivement sur la brevetabilité des végétaux et les OGM végétaux (COMEPRA, 2002, 2004).

la santé ou de risques environnementaux, pour engager plus globalement la totalité du rapport au monde. Appréhender ce développement dans l'ensemble de ses aspects dépasse alors l'objet du principe de précaution.

Même lorsque l'interrogation porte sur les risques résultant des PGM, l'ensemble de ces risques ne relèvent pas automatiquement du principe de précaution : une partie d'entre eux, peut-être la plus importante, a fait l'objet de nombreuses études scientifiques depuis vingt ans et peut être considérée comme bien élucidée, relevant éventuellement d'une prévention classique. D'ailleurs, un des points importants de la dispute qui a été développée au sein de l'OMC et dont on trouve l'expression dans le rapport du Groupe spécial chargé d'instruire les plaintes contre le moratoire de fait adopté par l'Union européenne, a porté sur les conditions à réunir pour pouvoir légitimement mobiliser le principe de précaution tel qu'il est prévu par l'Accord sur les mesures sanitaires et phytosanitaires (SPS). Les parties plaignantes considéraient que l'Union européenne n'avait pas examiné les résultats des analyses de risques produites à propos des PGM proposées à l'importation, puisque les procédures européennes d'autorisation n'avaient pas été menées à leur terme dans un délai raisonnable – un moratoire de fait avait été appliqué. Or aux yeux des plaignants l'évidence scientifique attestant de la sécurité sanitaire des PGM destinées à l'exportation en Europe était largement suffisante pour empêcher l'Union européenne d'en appeler au principe de précaution, sans que cette dernière puisse s'appuyer sur des éléments scientifiques suffisants pour faire valoir l'éventualité de risques de dommages encore non instruits par la connaissance scientifique (Dufour, 2007 ; Vecchione, 2007).

Cette situation conduit à se demander si le principe de précaution demande réellement d'interdire les PGM (Godard, 2008a). À cet effet je soulèverai trois interrogations inspirées par la discussion sur le principe de précaution. Est-il fondé de recourir, pour les PGM, à des procédures d'évaluation spécifiques, différentes de celles utilisées pour d'autres produits destinés à l'agriculture, qui peuvent eux aussi créer des risques pour la santé et pour l'environnement ? En admettant que le génie génétique appliqué aux plantes cultivées confère un pouvoir étendu sur le vivant qui ne soit pas le simple prolongement de l'action immémoriale de l'homme depuis l'invention de l'agriculture, comment assumer cette responsabilité nouvelle ? Que signifie concrètement l'idée de maîtrise sociale du développement des applications d'une nouvelle technologie comme le génie génétique ? Cela nous conduira à nous interroger sur le rôle de la recherche publique vis à vis du développement des PGM. Je conclurai avec une réflexion sur la manière de conduire l'expertise scientifique des risques des PGM pour la mettre en phase avec les exigences du principe de précaution telles qu'elles sont déclinées par la Charte de l'environnement et par les règles européennes. Les deux épisodes récents dont le Mon810 a été la vedette en France l'un au début de 2008 et l'autre fin 2009, permettront de donner un tour concret à cette dernière réflexion.

L'évaluation des produits de la biotechnologie destinés à une valorisation agricole

Une distinction établie à partir du caractère naturel ou non-naturel des processus d'obtention

Il convient de s'attarder sur un fait remarquable. L'Union européenne a décidé à la fin des années quatre-vingt, et confirmé depuis lors, que s'agissant d'OGM, il convenait d'adopter une procédure qui ne se contente pas d'évaluer les produits par des méthodes standard, ce qui est le lot commun et la règle générale acceptée pour les produits agro-alimentaires dans le contexte des règles du commerce international (approche produits). La procédure choisie impose un régime particulier d'examen et de contrôle du fait du procédé d'obtention des produits considérés. Les OGM sont en effet définis, non par les propriétés finales des produits – telle ou telle semence de maïs ou de soja –, mais par leur technique d'obtention. Dans le cas d'espèce, cette technique est définie par référence à la notion de processus naturel : il s'agit de modifications génétiques qui ne sauraient s'obtenir par des modifications naturelles, à la différence des techniques qui « aident » des processus naturels, par exemple en les accélérant et en les dirigeant, comme on le fait en sélection variétale[1].

Cette référence au naturel est-elle pertinente du point de vue de la prévention des risques ? Afin de répondre à cette question, remarquons qu'elle renvoie à au moins deux interprétations possibles :

– selon la première, il y aurait une forte réticence, voire un interdit à transgresser la nature[2]; il ne pourrait être admis de s'écarter des voies naturelles que pour des motifs sérieux et de façon exceptionnelle ; comprise

1. Un organisme génétiquement modifié est « un organisme, à l'exception des êtres humains, dont le matériel génétique a été modifié d'une manière qui ne s'effectue pas naturellement par multiplication et/ou par recombinaison naturelle » (article 2 de la directive 2001/18/CE) (CCE, 2001).

2. Toute idée de transgression, qu'elle soit culturelle ou morale, ne peut prendre sens qu'à l'intérieur de distinctions établies par la culture ou la morale. L'idée de transgresser la nature ne saurait donc avoir de sens si la nature ou le naturel n'ont pas de statut moral et culturel couramment admis. Les plantes sont elles des entités morales, des entités dignes d'attention morale ?

de façon intégriste, cette position serait d'ailleurs en rupture avec les pratiques humaines depuis la naissance de l'agriculture; comprise de façon non-intégriste, elle demanderait néanmoins que le bien-fondé de la technique envisagée soit solidement établi (principe de justification); nous serions alors en présence d'une distinction dérivée d'un positionnement général dans l'ordre des valeurs, mais étranger à la question des risques et à la problématique du principe de précaution;

– compte tenu des difficultés et obstacles qu'ils ont eu à prendre en compte pour émerger d'un long processus évolutif, les processus « naturels » de production, peuvent être crédités d'un *a priori* de viabilité, de faible dangerosité mais aussi de faible changement par rapport à ce qui est déjà connu de longue date; la référence au naturel serait ici purement instrumentale au service d'une approche construite autour de l'idée de prudence envers le moins connu, voire l'inconnu [1]; dans ce cas, la référence au naturel pourrait être vue comme l'une des composantes de la traduction du principe de précaution dans les procédures d'analyse des risques.

Valeurs sociales d'un côté, prudence de l'autre, tels sont les deux fondements pouvant expliquer un clivage établi à partir du critère du « naturel ». Seul le second retient l'attention sous l'angle de la gestion des risques.

Le « naturel », garant de l'absence de dangers ?

Les imputations faites au naturel dans le cadre du second fondement conduisent à vouloir examiner les deux propositions suivantes : 1) « plus un processus est naturel, moins il est susceptible d'être dangereux » ; 2) « plus

1. En ce sens, notons l'attendu 17 de la Directive 2001/18/CE : « La présente directive ne devrait pas s'appliquer aux organismes obtenus au moyen de certaines techniques de modification génétique qui ont été traditionnellement utilisées pour diverses applications et dont la sécurité est avérée depuis longtemps » (CCE, 2001). Lors d'une audition en 2003 devant une Mission sénatoriale d'information sur les enjeux économiques et environnementaux des organismes génétiquement modifiés, le biologiste Gouyon remarquait : « Quand les citoyens disent que transgresser les lois de la nature est dangereux et va aboutir à des ennuis, il est évident qu'au départ, c'est un propos irrationnel. Toutefois, si l'on veut essayer de comprendre ce que veulent nous dire nos concitoyens, derrière l'idée de transgresser les lois de la nature, il y a justement l'idée d'aller dans un territoire que l'on ne connaît pas. [...] dans le cas des applications des biotechnologies, comme la biologie est dans un territoire qu'elle ne connaît pas, il est vrai que ses capacités de prédiction sont très faibles. Donc, je pense que ce discours irrationnel sur la transgression n'est pas aussi irrationnel si on l'interprète en disant, "eh bien oui, à l'heure actuelle, nos capacités de prédiction sont telles que quand on fait quelque chose de nouveau, ce n'est pas dangereux en soi, mais nos capacités à déceler des dangers sont extrêmement réduites et, de fait, nous risquons fort d'avoir un jour un ennui que nous n'avions pas prévu" » (Gouyon, 2003).

un processus est naturel, moins on risque de devoir affronter l'inconnu ». Si ces deux propositions étaient réfutées dans leur généralité et n'avaient pas de valeur heuristique, la stigmatisation *a priori* des PGM, présumées dangereuses car résultant d'une technique « non-naturelle », perdrait son appui dans l'idée de prudence qui inspire le principe de précaution. Il serait alors justifié de réduire le régime d'évaluation préalable des PGM au régime commun, celui qui se fonde uniquement sur l'évaluation de la sécurité des produits pour les consommateurs et de l'impact environnemental des activités.

Or les propositions (1) et (2) connaissent toutes deux des exceptions importantes. Que des phénomènes naturels puissent être dangereux pour les hommes est constitutif de la condition humaine qui a fait de la lutte ou de la protection contre les éléments naturels un impératif de survie et de développement. Les maladies infectieuses et les catastrophes naturelles témoignent de ce que la nature est, sous de multiples formes, dangereuse pour les populations humaines, même au XXIe siècle. Certaines plantes sont de véritables usines à toxines et certains animaux usent de venins tout à fait mortels... Rien de plus faux que d'assimiler de façon générale le « naturel » à l'absence de danger, même si pour des sociétés ayant longuement évolué dans un environnement naturel donné, les dangers encourus sont mieux maîtrisés lorsqu'ils sont connus.

Le naturel serait alors ce qui est le mieux connu des hommes ? Cette idée-là est aussi démentie par l'expérience et par le progrès des connaissances. L'exploration scientifique du monde naturel ne cesse de nous faire découvrir des bizarreries, des monstruosités ou des réalités inconcevables, tels ces organismes capables de vivre dans des milieux acides à des températures incroyablement élevées. La nature est *a priori* moins familière aux hommes que les produits de leur génie avec lesquels ils aménagent leur environnement domestique. La connaissance est d'autant plus intime qu'elle prend appui sur des activités humaines de conception et de fabrication, c'est-à-dire sur l'artificiel, tant que les objets ainsi fabriqués n'ont pas de propriétés d'auto-organisation qui les feraient échapper à leurs concepteurs et que leurs effets ne débordent pas significativement les intentions de ces derniers[1].

1. L'émergence depuis les années 1970 de la question de l'environnement résulte du constat que les objets techniques produits par la société industrielle et leurs déchets ne demeuraient pas confinés mais se diffusaient dans l'ensemble des milieux naturels (air, eaux, sols). Les propriétés de ces objets peuvent être parfaitement connues au stade de la conception ou de l'usage, cela n'empêche pas leurs interactions avec les êtres vivants et les milieux naturels de l'être souvent beaucoup moins. Pris dans ces interactions avec le flux des productions

Voilà qui relativise, pour le moins, la portée de la proposition (2). Il y a certes du connu dans le naturel, mais tout autant, sinon plus, dans l'artificiel. Cette situation ne justifie pas de faire du naturel un critère de séparation des dispositifs d'autorisation.

S'il existe de bonnes raisons pour soumettre les PGM à des procédures particulières d'évaluation, ces bonnes raisons doivent être davantage spécifiées que ne le permet la référence au « naturel ». Si les pratiques agricoles et alimentaires traditionnelles sont familières aux intéressés, c'est à tort qu'elles ont pu être considérées comme dénuées de dangers pour la santé humaine, sans quoi la révolution pastorienne, par exemple, n'aurait pas eu de raison d'être. Chacun s'accordera pour considérer le lait cru comme plus « naturel » que le lait pasteurisé; il n'en est pas pour autant moins dangereux pour le consommateur. C'est donc l'ensemble des produits et techniques mobilisés en agriculture qui devraient être *a priori* examinés par la connaissance scientifique moderne sous l'angle des risques sanitaires, alimentaires et environnementaux sans préjuger des résultats de cet examen par l'introduction de distinctions dénuées de pertinence, comme celle entre techniques « naturelles » et techniques « non naturelles ».

Ainsi serait-il justifié que les produits de l'agriculture biologique soient soumis à des analyses de risques comparables à celles mises en place pour les PGM, car ce nouveau type d'agriculture, marqué par le refus de ce qui vient de l'industrie, n'a pas pour propriété intrinsèque de produire des aliments plus nutritifs [1] et plus sûrs [2] pour les consommateurs que les produits offerts par l'agriculture moderne. Le cahier des charges que se sont donné les adeptes de ce type de culture ne les engagent d'ailleurs jusqu'à présent que sur des obligations de moyens [3]. Certains des produits « naturels » utilisés

humaines, les êtres naturels demeurent eux-mêmes bien moins connus. Cela confirme paradoxalement l'idée que le naturel, bien plus que l'artificiel, est source de l'inconnu qui enveloppe les objets techniques inventés par l'homme.

1. Dans un rapport dédié à l'agriculture biologique l'AFSSA (2003) concluait sur ce point son examen : « En l'état actuel des connaissances et devant la variabilité des résultats des études examinées, il ne peut être conclu à l'existence de différence remarquable, au regard des apports de référence disponibles (ANC), des teneurs en nutriments entre les aliments issus de l'agriculture biologique et ceux issus de l'agriculture conventionnelle ».

2. On trouve moins de résidus de pesticides industriels dans les produits issus de l'agriculture biologique que dans ceux de l'agriculture conventionnelle, mais les produits biologiques sont davantage exposés au risque des mycotoxines et au risque parasitaire.

3. Ce qui fait de la revendication d'une certification d'absence d'OGM dans les produits commercialisés une surprenante demande, car relevant d'une obligation de résultats qui n'a pas d'équivalent pour tous les autres éléments du cahier des charges « bio ».

comme engrais ou pour la protection des cultures peuvent présenter des dangers pour les consommateurs. Quant aux méthodes dites « naturelles » de sélection variétale, elles misent sur différents procédés pour provoquer des mutations génétiques qui induisent des transformations génétiques en « paquets » se présentant comme des boîtes noires qui n'offrent *a priori* aucune garantie systématique de sécurité. En revanche les promoteurs du génie génétique appliqué aux semences soulignent qu'ils obtiennent ainsi des constructions génétiques beaucoup plus « propres » et mieux contrôlées que celles obtenues traditionnellement par sélection. Les propriétés de certaines PGM font qu'elles peuvent présenter un niveau plus élevé de sécurité sanitaire pour les consommateurs comme le note l'avis du CSHCB sur le Mon810 de décembre 2009 dont la synthèse se termine, à propos des mycotoxines, de la manière suivante : « Dans ces conditions, le maïs Mon810 apparaît comme une alternative pour satisfaire les exigences sanitaires des aliments de l'homme et de l'animal, et pour répondre aux objectifs de diminution de 50% des pesticides utilisés en agriculture, fixés par le programme Ecophyto 2018 ».

La situation n'a donc pas ce caractère tranché qui résulte de la distinction originaire entre les techniques qualifiant les OGM et les autres. L'opposition entre ce qui serait naturel et ce qui ne le serait pas brouille les enjeux et les perceptions davantage qu'elle n'introduit une distinction utile. En ce sens on peut considérer que le dispositif de régulation mis en place en Europe en 1990, avec ses développements ultérieurs, a installé un clivage qui n'avait pas lieu d'être et qui a été transformé en dichotomie absolue entre « non-naturel = danger » et « naturel = sécurité » par l'opinion publique. De ce fait, il se trouve en partie responsable de la situation de blocage actuel. Cette conclusion se renforce lorsqu'on constate que nombre de techniques actuellement employées, qui ne sont pas formellement considérées comme des techniques OGM (comme la mutagenèse provoquée par exposition à des rayonnements) permettent aujourd'hui d'obtenir le même type de produits que la technologie OGM, sans être soumises aux mêmes exigences réglementaires.

Néanmoins, les techniques du génie génétique étant relativement nouvelles, et la connaissance du fonctionnement des écosystèmes ne permettant guère, du fait de leur complexité, de déboucher sur de véritables énoncés prédictifs, leur utilisation, comme celle des autres techniques permettant d'obtenir de nouvelles plantes, ouvre la possibilité d'effets nouveaux non anticipés. Cette nouveauté même et l'incertitude de principe quant à la possibilité d'effets sanitaires et environnementaux justifiait qu'à la fin des années 1980 on ait mis en place des procédures particulières pour régler les pratiques de recherche, l'expérimentation en plein champ et la diffusion commerciale des produits issus de techniques nouvelles, selon une démarche anticipant sur certaines des exigences du principe de précaution. Des procédures d'examen, par étapes, des applications de ces techniques étaient et demeurent justifiées. Cependant, compte tenu des différentes voies technologiques aujourd'hui ouvertes pour obtenir des modifications génétiques des plantes, la même justification aurait dû s'étendre bien au-delà de ce que la législation désigne comme OGM.

Pouvoir étendu, responsabilité nouvelle et maîtrise de la technologie

Lieux de pouvoir et lieux de maîtrise

Une des justifications données au traitement spécial réservé aux produits issus du génie génétique est l'idée que cette technique fait faire un bond dans le pouvoir technique de modifier le vivant par rapport aux techniques traditionnelles. Ce qu'il sera possible de faire en matière de recombinaisons génétiques sera sans commune mesure à la fois en termes de diversité des matériels obtenus et de rapprochement d'un paradigme de fabrication industrielle (on va pouvoir produire ce qu'on veut), qui tend à faire du vivant une matière première malléable comme une pâte à modeler. Pour certains penseurs, parmi lesquels le nom de Hans Jonas s'impose, la responsabilité morale procède du pouvoir. Un pouvoir étendu appelle une responsabilité étendue et cette dernière requiert logiquement une plus grande vigilance. D'où la justification d'un régime spécial de régulation des OGM. Que vaut l'argument?

Je ne reviendrai pas sur le constat que ce pouvoir étendu de la technique est aujourd'hui également distribué sur une large famille de techniques, bien au-delà de la transgénèse, et sur celui que c'est la nature des propriétés des produits mis en circulation, pas la technique mobilisée pour les obtenir, qui importe dans l'appréhension des impacts de la diffusion de ces produits. La mise en œuvre de l'idée de responsabilité du fait de la nouveauté et de l'ampleur de la transformation opérée implique cependant que soient correctement identifiés d'une part le lieu de manifestation du pouvoir, ce par quoi il manifeste sa puissance et s'avère potentiellement dangereux, et d'autre part ce que peuvent être ses variables de contrôle et de régulation. Si les dangers résultant de ce nouveau pouvoir se manifestaient seulement au stade de la diffusion commerciale des produits, il suffirait d'analyser les produits destinés à la commercialisation et d'écarter à ce stade ceux qui sont dangereux ou plutôt, si cela est possible, d'accompagner les autorisations accordées d'un cahier des charges précisant les conditions d'usage et d'un dispositif d'observance, comme c'est le cas pour de nombreux équipements ou substances pouvant présenter un danger, mais néanmoins utiles. En fait, il y aurait lieu d'envisager une régulation de toute la chaîne qui va de la création de nouvelles variétés jusqu'à leur diffusion commerciale sur le territoire.

Donnons un exemple d'une intervention le plus en amont, qui ne concerne pas le Mon810 et les autres PGM produisant leur insecticide, mais les constructions de PGM résistantes à des herbicides. Un des principaux risques agronomiques envisagés est que ces variétés soient rendues résistantes aux deux seuls herbicides totaux disponibles. En cas de transfert du gène de résistance à d'autres plantes, cela rendrait difficile, voire impossible, le contrôle de la diffusion des mauvaises herbes ou des repousses qui auraient acquis ce transgène. Une solution de prévention de ce risque consisterait à réserver le gène de résistance à l'un des herbicides totaux à un type de plante (par exemple le maïs) et la résistance à l'autre herbicide à un autre type de plante avec lequel les croisements sont impossibles (par exemple le blé). Dans cet exemple les mesures de précaution à prendre concernent la répartition de droits à incorporer tel ou tel gène dans telle ou telle plante. Le problème soulevé est un problème de définition et d'attribution de droits de propriété analogues aux régimes des licences pour l'utilisation des logiciels, en ce sens que les droits ne seraient concédés que pour certains usages définis dans le contrat de licence. Ce type d'approche fait actuellement défaut pour la gestion des ressources génétiques susceptibles de faire l'objet d'intervention du génie génétique. C'est par des interventions de ce type en amont de la création technique que peut se régler une part importante des problèmes posés par les usages à l'aval, sans qu'il y ait besoin de s'enfermer dans la dichotomie « interdit absolument »/« permis sans restriction ».

Ensuite il est important de situer, dans le processus conduisant de la recherche à l'expérimentation en milieu ouvert puis à la commercialisation, là où se trouvent les différentes sources de risque et la nature des risques encourus (agronomiques, environnemental, sanitaire, économique?) afin d'examiner pour chacun d'eux, sans confusion, les mesures aptes à les réguler. Pour reprendre une comparaison automobile utilisée par Pierre-Henri Gouyon (2003, p. 335), les véhicules doivent certes passer au Service des mines pour être acceptés sur les routes, mais on a aussi mis en place un code de la route que les automobilistes doivent respecter. En matière de PGM et plus généralement d'innovations biotechnologiques, il n'y a pas lieu de tout miser sur le stade de l'homologation en vue de la commercialisation. Tant l'amont que l'aval doivent être considérés.

À l'aval de l'autorisation de diffusion commerciale, il est nécessaire de considérer la mise en place d'un « code d'usage » visant à minimiser les différents risques environnementaux et sanitaires et de régler le problème délicat de la coexistence entre différents types d'agriculture (voir l'encadré 4), sans remettre frontalement en cause les principes de liberté de culture et de concurrence auxquels le droit communautaire est très sensible. Cela implique l'adoption de règles territoriales prévoyant différentes servitudes d'intérêt public pour les différents types de culture, voire une coordination locale des plans d'exploitation. Cela implique également l'édification de dispositifs de surveillance pour repérer les phénomènes et évolutions qui informeront sur la réalité des risques engendrés par les nouvelles plantes ou par l'usage de différents intrants agricoles.

Encadré 4

La coexistence entre cultures et la loi sur les OGM de 2008

La question de la coexistence entre différents types d'agriculture a été au cœur des débats les plus animés lors de l'examen du projet de loi sur les OGM par le parlement français en mars-avril 2008. La controverse s'est en particulier focalisée sur l'amendement Chassaigne et sur la question du seuil admissible de présence de traces de matériel PGM dans les productions d'autres types d'agriculture. Cet amendement est présent sous une forme complétée dans la loi 2008-595 adoptée le 25 juin 2008. Son article L. 531-2-1 précise : « Les organismes génétiquement modifiés ne peuvent être cultivés, commercialisés ou utilisés que dans le respect de l'environnement et de la santé publique, des structures agricoles, des écosystèmes locaux et des filières de production et commerciales qualifiées "sans organismes génétiquement modifiés", et en toute transparence. La définition du "sans organismes génétiquement modifiés" se comprend nécessairement par référence à la définition communautaire. Dans l'attente d'une définition au niveau européen, le seuil correspondant sera fixé par voie réglementaire, sur avis du Haut conseil des biotechnologies, espèce par espèce ».

Depuis ce qu'on appelle le théorème de Coase (1960), il est clair pour les économistes que la régulation des externalités individuelles suppose une clarification des droits de propriété et d'usage à partir desquels des transactions sur ces droits peuvent prendre leur essor et conduire à un état efficace. Aux yeux de Coase et contre l'évidence « de bon sens », le problème était symétrique entre les différentes parties intéressées : le présumé « pollueur » et la présumée « victime » n'étaient que deux utilisateurs concurrents d'un bien collectif vecteur d'interactions non voulues et non régulées par l'échange, faute de clarification suffisante des droits respectifs. Le problème de la coexistence entre types de culture différents illustre la pertinence de ce théorème. La question posée est la suivante : quels sont les droits respectifs des différents types d'exploitants ?

Les producteurs biologiques mettent souvent en avant les préjudices économiques que la « contamination » de leurs champs par des PGM engendrerait et demande à ce titre l'interdiction des cultures de PGM. Cette présentation suppose que la collectivité leur ait reconnu un droit absolu à être protégés des interactions mettant en jeu des processus aussi naturels que le vent, la pollinisation ou les échanges de gènes. Or la « contamination » n'est telle que par rapport à un cahier des charges constitutif de ce type d'agriculture. Ce cahier des charges a été élaboré et adopté de façon privée par un regroupement des agriculteurs qui partage une même idéologie, respectable comme toute idéologie compatible avec l'ordre républicain, faisant du naturel – refus obsessionnel des OGM – et du refus des produits de synthèse de l'industrie chimique une exigence pour leurs pratiques culturales. Jusqu'en 2007, la législation européenne et française sur l'agriculture biologique ne valait pas reconnaissance de son utilité publique; le choix de ce mode de production relevait de l'initiative privée concurrentielle. Les considérants du règlement européen CEE n° 2092/91 du Conseil du 24 juin 1991 (CCE, 1991) faisaient ainsi état de l'existence d'un marché pour les produits issus de ce type de production (intérêt économique), de la nécessité d'assurer une concurrence loyale entre producteurs (droit de la concurrence) et une information sincère aux consommateurs (droit de la consommation) en évitant l'utilisation abusive d'appellations et labels non définis et non contrôlés. Le règlement notait seulement que le plus faible impact environnemental de ce mode de production méritait qu'on en respecte les pratiques tout en les codifiant [1].

Accepter d'emblée la thèse du préjudice économique que subirait l'agriculture biologique du fait de la présence de cultures de PGM revient donc à valider un processus privé d'auto-création de droits de propriété de la part de ce type de producteurs, aux dépens des producteurs ayant choisi d'autres modes d'exploitation. Ce droit serait exorbitant s'il allait jusqu'à imposer l'interdiction de toute culture de PGM au motif que l'exigence de pureté sans OGM de l'agriculture biologique, fixée au seuil de détection permis par les techniques les plus modernes, devrait être impérativement respectée.

Dans une analyse fouillée des droits de propriété, Daniel Bromley (1978) avait souligné l'intérêt de distinguer entre régimes de droits selon les combinaisons de droits et d'obligations au regard des interactions technologiques entre agents économiques. Comme pour Coase, les droits peuvent être indifféremment attribués à l'émetteur de l'externalité – le « pollueur » – ou à son récepteur – la « victime ». Mais au-delà, Bromley proposait de distinguer le

1. Le nouveau règlement adopté en 2007 souligne davantage la contribution de la production biologique à la protection de l'environnement (CCE, 2007). L'objectif principal demeure la concurrence loyale et le bon fonctionnement du marché intérieur de façon à préserver la confiance des consommateurs dans les produits étiquetés « biologiques ».

droit d'initiative et le droit à compensation. Par exemple une solution équilibrée serait de reconnaître à chaque exploitant un droit d'initiative unilatérale dans le choix d'une technique de culture, mais assortie de l'obligation d'indemniser les parties affectées en cas de dommages créés, sans que cela s'accompagne d'une dimension pénale. Dans une formule plus contraignante pour la liberté de produire, chaque partie devrait recueillir l'accord préalable des autres parties susceptibles d'être affectées par ses choix ou, à défaut, procéder à l'acquisition des espaces-tampons requis.

La loi sur les OGM de juin 2008 clarifie la donne, ce qui est utile, mais introduit une asymétrie des droits entre différents types de culture. Elle revient à accorder un droit de propriété fort aux agricultures se revendiquant « sans OGM », à la nuance près du seuil de tolérance qui sera fixé réglementairement, puisqu'il fait du respect de ces agricultures la condition mise à l'autorisation de cultures de PGM.

La représentation nationale a-t-elle saisi tous les enjeux de la solution qu'elle a retenue ? Pour la théorie de Coase, la clarification était une étape nécessaire et préalable à l'engagement de transactions permettant de minimiser le coût social d'une externalité par l'arbitrage entre mesures de protection et mesures de compensation. On peut douter que l'attribution à l'agriculture biologique de droits aussi étendus sur la base d'une distinction « sans OGM », qui n'a de façon générique aucun intérêt public du point de vue de la santé ou de l'environnement, soit judicieuse pour le devenir de l'agriculture du pays : plutôt que de déboucher effectivement sur des transactions conduisant les producteurs de PGM à prendre en charge le coût des mesures de protection ou d'indemnisation associés à la présence fortuite de traces de PGM dans les produits biologiques [1], ce qui serait dans ligne du théorème de Coase, elle entraînera plus vraisemblablement l'éviction pure et simple des cultures de PGM, soit au stade de l'autorisation, soit en raison des surcoûts qui leur seraient imposés.

Il est curieux que le gouvernement et la représentation nationale française aient adopté cette sorte de loi Royer-Raffarin [2] de l'agriculture au moment où ces lois protectrices des rentes des établissements commerciaux en place ont été remises en cause du fait des obstacles à la concurrence qu'elles ont introduits et où chacun s'accorde pour souligner l'importance du besoin d'innovation qui est celui de l'économie française...

1. Cela peut prendre plusieurs formes : abondement d'un fonds mutuel d'indemnisation, financement d'achat de lots certifiés « sans OGM » pour remplacer des lots « contaminés » et faire ramener la production d'un producteur affecté en dessous du seuil fatidique.

2. Depuis la loi Royer de décembre 1973, l'installation d'établissements commerciaux est soumise à l'approbation de comités départementaux d'urbanisme commercial où sont représentés les commerçants en place. La loi Raffarin de juillet 1996 a étendu et enrichi le dispositif, notamment en imposant la prise en compte de critères environnementaux.

Quelles modalités de maîtrise sociale des innovations biotechnologiques agricoles ?

Ce qui pourrait justifier une vigilance particulière vis à vis des produits du génie génétique au stade de leur autorisation en vue d'une commercialisation serait la vitesse de diffusion de l'emploi de ces produits une fois qu'ils sont autorisés et le caractère incontrôlable des processus écologiques dommageables éventuellement enclenchés, prenant de court l'identification et l'évaluation nécessaire à la mise en place d'une prévention efficace. On retrouverait ici la situation de référence de la pensée de Hans Jonas, celle d'une bifurcation irréversible précoce. Ce serait donc l'absence de maîtrise de l'échelle de diffusion de ces produits et le côté « apprenti sorcier » de cette dissémination en milieu ouvert qui seraient en jeu.

Soulevée à propos des PGM, la question posée a manifestement une portée plus générale. Elle est au cœur des réflexions sur la maîtrise sociale de la technologie. Peut-on surmonter le retard systématique de l'évaluation des risques sur la diffusion d'innovations qui, toutes, comportent des risques dont certains peuvent ne se révéler qu'après-coup, parfois avec un délai important ? Existe-t-il un régime réglementaire, administratif et économique susceptible d'organiser une diffusion demeurant maîtrisée en permettant une réactivité aux progrès des connaissances scientifiques et de l'évaluation des risques qui s'en nourrit ? Un tel régime viserait à organiser la réversibilité sociale des engagements technologiques.

Si un tel régime est envisageable, la solution au contrôle des risques ne peut manifestement pas consister dans le blocage d'une innovation dans l'attente du temps futur où une évaluation complète de ses effets possibles sera disponible car elle ne le sera jamais : il sera toujours possible de faire valoir des incertitudes résiduelles et de demander des tests plus approfondis et des expériences encore plus complètes sur des périodes beaucoup plus longues. Destiné à être provisoire, le moratoire en deviendrait vite définitif, compte tenu de l'asymétrie de traitement réservé aux différents types de techniques en concurrence. Cette solution du moratoire en l'attente d'une évaluation complète et détaillée des effets possibles à long terme est une impasse, comme je l'ai noté plus haut à propos du mandat reçu par l'EFSA, même lorsqu'existent des craintes quant à la possibilité de déclenchement de phénomènes dommageables irréversibles. Elle n'est qu'un trompe-l'œil débouchant sur la paralysie. L'approche du moratoire ne peut donc être légitimement employée que si sont définies à l'avance des conditions réalistes et fermes pour en sortir ; un moratoire doit avoir une durée limitée sans que cette dernière soit conditionnée à l'obtention de résultats par définition impossibles à obtenir.

Enfin même si elle ne répond pas à toutes les questions, l'évaluation des risques peut être telle qu'elle conduise à refuser une autorisation. C'est ce qui a été fait pour les colzas génétiquement modifiés pour être résistants aux insecticides, sur avis négatif de la Commission de génie biomoléculaire.

Tout cela signifie que sous l'égide du principe de précaution, les mesures doivent être prises sur la base d'informations demeurant incomplètes et marquées par l'incertitude scientifique : il n'est nécessaire ni d'avoir la preuve de l'innocuité d'une PGM pour pouvoir l'autoriser, ni d'avoir la preuve d'un dommage inacceptable pour l'interdire. L'important tient au lancement d'un processus dynamique d'apprentissage qui combine engagement prudent dans les activités suspectées d'engendrer des risques, organisation du suivi pour en tirer un retour d'expérience, poursuite de la recherche afin de lever les incertitudes scientifiques et révision régulière des mesures prises « par précaution ».

La recherche publique et les PGM

Comme les autres plantes cultivées, les plantes transgéniques sont des produits commerciaux destinés principalement à des exploitants agricoles. Pourquoi donc la recherche publique, qu'elle soit financée par l'État ou par les conseils régionaux, devrait-elle se mêler de ce type d'innovations ? Quelles sont donc les missions de service public qui justifient un engagement de la recherche publique dans le développement de ces techniques « d'amélioration des plantes » ? Pourquoi ne pas laisser cela à la recherche privée, qui dispose, à l'échelle internationale, de moyens financiers très importants pour le faire ?

Si l'on met de côté la création d'OGM dans un but de recherche et pas de développement, ce qui représente la plus grande part des activités de recherche dans les universités et établissements publics, et en considérant l'investissement dans des recherches techniques susceptibles de déboucher sur des produits commerciaux, la réponse classique était inscrite dans les missions historiques d'établissements de recherche finalisés comme l'Institut national de la recherche agronomique (Inra) : concourir à l'accroissement de la production et de la productivité de l'agriculture du pays en vue de parvenir à l'autosuffisance alimentaire, dans un premier temps, puis de conforter un secteur d'activité économique solide contribuant de façon positive à l'équilibre du commerce extérieur du pays. Cette réponse n'est plus la seule ni, désormais, la principale. Les techniques en question étant socialement controversées, il est primordial que leurs promoteurs ne soient pas en position de monopole de la connaissance et de l'expertise scientifiques. Une des missions importantes des organismes publics de recherche est alors le développement et l'entretien d'une forte capacité scientifique propre et diverse de façon à pouvoir concourir de façon crédible aux expertises publiques sans donner prise à un soupçon légitime de capture par des intérêts commerciaux ou par des options idéologiques.

Pour que cette capacité d'expertise soit effective, il est nécessaire de réunir différentes conditions. La première est un investissement durable dans les champs scientifiques et techniques concernés afin de maintenir les compétences des chercheurs des établissements publics au niveau du front de recherche international. La deuxième est l'indépendance financière des recherches correspondantes par rapport aux groupes industriels investis dans ce type d'innovation, mais aussi par rapport aux influences politiques qui conditionneraient l'accès au financement à l'alignement des chercheurs sur les thèses professées par les commanditaires. Sans rompre, au niveau des établissements, avec les pratiques de partenariat avec le monde industriel, les collectivités territoriales et le milieu associatif, pratiques qui jouent un rôle important dans la diffusion et la valorisation des connaissances (COMEPRA, 2001), cette indépendance peut être assurée par des formules de pools financiers et par une séparation entre les financeurs et les instances décisionnelles ayant à attribuer les moyens. La troisième condition est l'entretien d'un pluralisme suffisant de profils de recherches et de partenariats au sein des établissements publics pour que ces derniers ne soient pas identifiés, en tant qu'organismes, à tel ou tel parti pris.

Si les éléments précédents sont admis, une conséquence en dérive de façon impérative : la recherche, publique comme privée, sur les plantes transgéniques doit pouvoir être menée, y compris au stade de l'expérimentation en plein champ, sans être exposée soit à des limites pratiques revenant à des interdits, soit à des actes de destruction par des groupes militants. En empêchant l'aboutissement de démarches de connaissance, ces actions sont non seulement illégales mais également mensongères lorsqu'elles se réclament du principe de précaution : en bloquant la résolution des incertitudes alléguées quant aux risques encourus, elles s'opposent frontalement à l'une des exigences majeures de ce principe. Loin d'être un frein général à la recherche, ce dernier institue en effet une obligation de recherche visant à lever autant que faire se peut les diverses incertitudes mises en avant. Il est bien dans la nature du principe de précaution d'accepter l'engagement prudent et encadré dans une activité potentiellement risquée – l'expérimentation de nouvelles plantes, PGM ou non –, ne serait-ce que pour mieux connaître la nature et l'étendue du risque suspecté.

Tout le raisonnement précédent sur le besoin d'une expertise publique dans le domaine des biotechnologies est cependant suspendu à une condition première : que la perspective de cultiver sur le sol national des plantes qui aient bénéficié de l'apport des biotechnologies demeure crédible et ne soit pas tuée dans l'œuf par des contraintes et règles par trop dissuasives, par des interdits politiques ou des actes de vandalisme systématique. On peut douter que cela soit encore le cas en France, après le vote de la loi sur les OGM de juin 2008. L'examen du mode de gestion du processus ayant conduit à la suspension du maïs OGM Mon810 et au maintien de son interdiction ne peut que conforter ce doute.

Les avatars du Mon810 sur le territoire français

L'historique des événements

Tout commence en 1996 avec l'avis favorable donné par la Commission de génie biomoléculaire à la dissémination commerciale du Mon810, faisant produire à la plante une substance insecticide répandue, la toxine Bt, tellement répandue qu'elle est aussi utilisée en agriculture biologique[1]. Le but est de limiter ainsi les besoins de recours à l'épandage d'insecticides pour lutter contre deux parasites, la pyrale et la sésamie. Cet avis débouche deux années plus tard sur l'autorisation, donnée par l'Union européenne, de cultiver ce maïs OGM en Europe. Il s'agit d'un maïs destiné exclusivement à l'alimentation animale, à la différence du Mon863 proposé en 2004 par la même firme et autorisé en 2005 pour l'alimentation animale, puis en janvier 2006 pour l'alimentation humaine. Cette autorisation du Mon810 résultait du suivi de l'ensemble des procédures d'évaluation et de décision prévues par la directive 90/220/CE.

Le 27 avril 2007, alerté par Greenpeace faisant état de nouveaux résultats publiés, le gouvernement fédéral allemand prend un arrêté conditionnant la vente des semences de Mon810 à la présentation d'un plan de surveillance des conséquences environnementales à l'Office fédéral de la protection des consommateurs et de la sécurité alimentaire. Il s'agit notamment de surveiller le comportement de la toxine Bt dans le sol et d'en identifier les impacts sur les organismes non ciblés, mais aussi d'étudier les

1. Il faut noter cependant, que la Bt OGM diffère un peu de la Bt « naturelle » par quelques acides aminés. Néanmoins la radical toxique pour les insectes après ingestion est exactement le même. Cette petite différence justifie-t-elle un traitement radicalement différent, entre l'emploi courant en agriculture biologique et l'interdiction effarouchée quand elle est produite par la plante cultivée ?

modifications entraînées réellement dans les pratiques d'application de produits pesticides par les exploitants.

Le 24 mai 2007, en France, la Commission du génie biomoléculaire est saisie d'une demande d'avis de la part du ministère de l'Agriculture sur un rapport de Greenpeace faisant état des résultats d'une étude réalisée en 2006 sur des échantillons de feuilles de maïs Mon810 cultivées en Allemagne. Le rapport fait état d'une variabilité importante de la production de toxine Bt d'une plante à l'autre et s'interroge sur les effets d'une moindre concentration en Bt sur le développement de résistances chez les insectes, envisageant la possibilité qu'une partie des ravageurs ne soit pas éliminée par ce traitement. Le 14 juin 2007 la Commission de génie biomoléculaire rend son avis sur le rapport de Greenpeace. Cet avis montre que la variabilité alléguée par Greenpeace n'est pas significative, pouvant être le reflet des conditions de prélèvement et de stockage des échantillons. S'agissant de l'impact sur les insectes cibles, les tests disponibles sur la culture en champ montrent la bonne efficacité du Mon810 en conditions réelles, mais aussi que l'impact sur les organismes non cibles est moindre que celui des cultures de maïs non-OGM accompagnées de traitements insecticides. La Commission conclut que l'étude rapportée n'apporte pas d'éléments de nature à remettre en cause l'évaluation environnementale précédemment faite du maïs Mon810.

Honorant une promesse de campagne, le Président de la République a fait mettre sur pied par son gouvernement en juillet 2007 le processus de concertation appelé Grenelle de l'environnement, déjà évoqué. Ce processus destiné à identifier un certain nombre d'actions phares, s'est conclu fin octobre en la présence du Président de la République qui a salué une nouvelle méthode de prise de décision publique, « la décision à cinq », et s'est engagé à mettre en œuvre les propositions consensuelles qui en ont résulté. S'agissant de cultures commerciales d'OGM, un accord s'était fait sur une mesure de suspension de l'autorisation donnée au Mon810, la seule PGM exploitée de façon commerciale en France, d'ici qu'une nouvelle loi sur les OGM soit adoptée par le Parlement, rejoignant en cela les conclusions avancées en 2005 par la Commission d'enquête parlementaire présidée par le député Jean-Yves Le Déaut. Cette nouvelle loi devait notamment mettre sur pied une nouvelle Haute Autorité sur les OGM et définir à la fois les conditions de coexistence de types de culture différents (OGM, bio, traditionnel et industriel) et les règles de responsabilité pour les dommages environnementaux et sanitaires éventuels, mais aussi pour les préjudices économiques.

Lors d'une réunion à Séville en Espagne les 20 et 21 novembre 2007, les responsables du projet européen SIGMEA (*Sustainable Introduction of Genetically Modified Crops into European Agriculture*), associant 44 partenaires de 12 pays ont révélé que la dispersion du pollen du maïs était désormais bien connue. Cela allait permettre, grâce à la modélisation, de déterminer précisément, région par région, les mesures à prendre pour que des champs de cultures OGM n'affectent pas les parcelles non OGM, en maintenant un taux de contamination fortuite inférieur au seuil de 0,9%. La viabilité de la coexistence des différents types de culture, moyennant des mesures raisonnables, était confirmée. Sur cette base, fin 2007, l'Allemagne annonçait qu'elle ré-autoriserait le Mon810 à la culture en 2008. Au printemps 2009 ce pays rejoignait toutefois le camp des pays ayant suspendu l'autorisation de culture du Mon810.

L'une des conclusions du Grenelle de l'environnement sur les OGM avait également été de remettre en cause l'organisation de l'expertise des dossiers soumis à autorisation qui était distribuée jusqu'à cette date entre la Commission de génie biomoléculaire et l'AFSSA. Cette remise en cause a conduit le gouvernement à décider de ne pas confier une nouvelle expertise à ces deux instances, mais de créer de façon *ad hoc* un Comité de préfiguration de la nouvelle Haute Autorité sur les OGM, ce qui fut fait par décret du 5 décembre 2007. Les nominations à ce comité ont suivi de peu. Le sénateur Jean-François Le Grand, qui avait co-présidé l'intergroupe du Grenelle sur les cultures OGM, en a été nommé président. Le Comité comprenait deux sections, une section scientifique rassemblant 15 experts scientifiques de diverses disciplines (écologie, biologie moléculaire, toxicologie, agronomie, etc.) et une section économique, éthique et sociale qui, de composition hétérogène, rassemblait 4 spécialistes du droit, de l'économie, de la sociologie et de l'éthique et 15 représentants d'associations, dont celui de Greenpeace, de professionnels (agriculteurs, industriels) et d'élus (maires, départements, régions).

Le même 5 décembre 2007 le ministre de l'Agriculture signait un arrêté suspendant la cession et l'utilisation des semences de Mon810 jusqu'à la publication d'une loi relative aux organismes génétiquement modifiés et au plus tard jusqu'au 9 février 2008. Cependant, dans le cadre du droit européen, le recours à la clause de sauvegarde prévue par la directive en vigueur devait nécessairement s'appuyer sur un avis scientifique compétent mettant en évidence des éléments nouveaux et suffisamment graves. Le gouvernement s'est donc adressé au Comité de préfiguration créé à cet effet pour qu'il réévalue « les risques et bénéfices pour l'environnement et la santé publique susceptibles d'être attachés à la dissémination volontaire de maïs Mon810 ».

Le 9 janvier 2008, le président Le Grand faisait part au ministre d'État Jean-Louis Borloo, au nom du comité, de l'existence de faits scientifiques nouveaux concernant l'impact de l'utilisation agricole du Mon810 sur la faune. Il concluait à des « doutes sérieux » quant aux impacts de cette culture pour l'environnement et la santé. Il reprenait ainsi l'expression utilisée la veille par le Président de la République comme condition d'enclenchement de la clause de sauvegarde. Le lendemain 14 membres du comité, dont 12 sur 15 de la section scientifique, faisaient savoir dans un communiqué que leur avis ne comportait pas les termes « doutes sérieux » et « faits scientifiques nouveaux négatifs », tout en reconnaissant l'existence de faits scientifiques nouveaux et l'existence d'interrogations. Ils confessaient leur gêne due à ce décalage et déploraient le manque de temps qui ne leur avait pas permis de rendre une expertise répondant aux critères de l'expertise collective. Le 11 janvier, le gouvernement annonçait néanmoins qu'il lançait la procédure de déclenchement de la clause de sauvegarde, au nom du principe de précaution. Au terme du délai de consultation prévu par la procédure et avant la date d'échéance du précédent arrêté, la suspension de la mise en culture des variétés de semences de maïs génétiquement modifié Mon810 a été confirmée par un arrêté signé le 8 février 2008. Parallèlement cette mesure était notifiée à la Commission européenne qui, d'après les textes, devait transmettre le dossier à l'EFSA.

En dépit des avis exprimés ultérieurement par les instances d'évaluation scientifique européenne (EFSA en 2008 et 2009) et françaises (AFSSA en 2008 et 2009; HCB en 2009 et 2010), la suspension était encore maintenue par la France début 2010. Il sera cependant intéressant d'examiner la manière dont le HCB a rendu son avis.

Deux questions sont soulevées par les événements de décembre 2007 et janvier 2008 (Godard, 2008b). Le comité de préfiguration a-t-il été composé, a-t-il pu travailler, a-t-il pu communiquer selon les règles aujourd'hui communément admises pour juger crédible une instance d'expertise? L'avis rendu constitue-t-il une base adéquate et suffisante pour appliquer le principe de précaution en respectant les repères donnés par le texte constitutionnel et la doctrine européenne? Une question est posée par la création du HCB comme nouvelle instance d'expertise : qu'apporte le nouveau dispositif tant par son organisation en deux comités que par l'élargissement de son mandat?

En 2008 le comité de préfiguration a-t-il respecté les règles de l'expertise ?

Nommés le 7 décembre, ses membres ont établi un mois après, dans l'urgence, le 9 janvier 2008, un premier projet d'avis. Ce texte de 4 pages (Comité de préfiguration, 2008) pointe de façon brève différents effets notés dans la littérature publiée depuis 1998. La référence à la littérature est partielle et imprécise – les références exactes ne sont pas données. L'avis ne se réfère pas aux précédents avis de la Commission de génie biomoléculaire ou de l'EFSA qui, à l'occasion, avaient été saisis des mêmes questions sur les « éléments scientifiques nouveaux ». Il n'apprécie pas non plus de façon critique la portée des résultats mentionnés dans la littérature, alors qu'il s'agit là du cœur de toute expertise scientifique collective. Par exemple, il est mentionné l'apparition de souches résistantes sur deux lépidoptères autres que les deux cibles principales. Bien que l'avis ne le dise pas, il s'agit en fait d'un résultat de laboratoire obtenu aux États-Unis sur des insectes qu'on ne trouve pas en France. Quelle portée donner à un tel résultat ? Rédigé de façon lapidaire, l'avis ne permet pas de dégager une évaluation argumentée des incertitudes soulevées et de la plausibilité des hypothèses évoquées. Il en va ainsi de la dissémination de pollen sur quelques dizaines de kilomètres : le résultat est noté, mais l'avis ne va pas plus loin dans l'examen de sa signification : en quoi ce phénomène caractérise-t-il un danger ? En quoi fait-il surgir un risque pour l'environnement ou pour la santé ? Tout cela dénote un travail de recensement préliminaire à une expertise mais ne saurait être pris pour l'expertise elle-même.

En fait, le sentiment d'incertitude qui semble résulter de ces quatre pages, que certains observateurs ont cru pouvoir traduire en disant « on ne sait rien », tient principalement, non à l'incertitude scientifique effective, mais au fait que le Comité n'a pas eu le temps de faire une évaluation en profondeur et contextualisée de la littérature disponible, pourtant abondante, comme le montrent les diverses revues de littérature établies à la suite de la publication de son avis[1]. Le Comité n'a eu le temps que de repérer des sources d'interrogation. Pour une plante autorisée à la culture sans dommages depuis dix ans, on ne saisit pas quelle urgence objective dans la gestion des risques devait conduire à cette précipitation dans la suspension de l'autorisation accordée.

1. J'en citerai trois : Joudrier (2008) (président du Comité biotechnologie de l'AFSSA); Bergé et Ricroch (2008) (Bergé a été directeur scientifique adjoint à l'INRA); Monsanto-France (2008).

Laissons l'avis de côté pour nous intéresser à l'organisation de l'expertise. Deux sections ont été distinguées au sein du comité. La première est clairement scientifique. La seconde est hybride : elle comprend à la fois des scientifiques des disciplines économiques et sociales et des représentants de groupes d'intérêt, dans une formation s'approchant de la composition du Grenelle de l'environnement, à la différence près que l'administration publique n'y est pas représentée. Ainsi, une fois encore, on ne reconnaissait pas un apport scientifique propre aux disciplines économique et sociale dont les représentants sont amenés à siéger avec les parties prenantes. Dans quel but ?

À tout le moins, le rôle des deux sections devait être distingué. Il aurait fallu que les deux sections puissent travailler chacune avec leurs propres objectifs et règles, une fois obtenu, par va et vient, un accord sur le mandat du Comité, sur la méthodologie générale à employer et sur sa déclinaison pour chaque section. À la première section devait revenir la mission d'évaluer la littérature scientifique disponible sur les effets du Mon810 et de caractériser et de jauger les risques. À la seconde, devait revenir la mission de situer le tableau des risques par rapport à différents cadrages normatifs (gestion des risques sanitaires ou environnementaux, éthique, enjeux économiques) pour proposer une stratégie ou des axes d'action adaptés. On ne trouve ici rien de tout cela.

En fait le Comité a travaillé en session plénière, dans la confusion des compétences et des missions. Il en ressort une liste de recommandations décousues dont certaines sont bienvenues de façon générale mais surréalistes au regard de la décision de suspendre – définitivement ? – la mise en culture : par exemple, mettre en place une biovigilance pour suivre en temps réel les effets de la culture du Mon810, ou lancer des études épidémiologiques, ce qui n'a de sens que si la culture de ce maïs est maintenue, qui plus est à une échelle importante.

Le rapport des experts aux décideurs ne s'est pas non plus déroulé de façon conforme aux règles minimales de la déontologie. Plusieurs aspects sont à relever, outre la précipitation avec laquelle le Comité a dû travailler. Le 9 janvier le Comité n'était parvenu qu'à un premier brouillon d'avis qui devait être revu. Ce document était intitulé « projet d'avis ». À l'insu des membres du comité, ce texte préliminaire est devenu le soir même l'avis définitif du Comité par décision de son président : le « projet d'avis » a été transformé en « avis ». Ensuite, la présentation publique de l'avis a été biaisée. Les « interrogations » mentionnées dans l'avis sont devenues des « doutes sérieux » dans la bouche du président du Comité, tandis que les éléments scientifiques nouveaux ont été qualifiés solidairement de

« négatifs », ce que ne fait pas l'avis. Ainsi n'a pas été mentionné un résultat important obtenu par l'AFSSA et repris par l'avis : du point de vue de la santé humaine, le Mon810 permet de réduire de 90 à 95% les mycotoxines, bien mieux que les insecticides épandus sur le maïs traditionnel.

En 2008 le comité de préfiguration a-t-il produit une expertise répondant aux exigences du principe de précaution ?

Dans son article 5 consacré au principe de précaution, la Charte de l'environnement demande une évaluation des risques et des mesures proportionnées, une fois établie la possibilité de dommages graves et irréversibles pour l'environnement. Quant à la doctrine européenne, elle a notamment adopté deux principes, qui font d'ailleurs écho aux engagements internationaux pris devant l'OMC ou le Codex alimentarius : le premier est le principe d'évaluation des risques (*risk assessment*) selon une méthode logique comprenant l'identification et la caractérisation des dangers, l'évaluation de l'exposition et la caractérisation des risques selon les procédures reconnues au niveau communautaire et international ; le second est le principe de cohérence avec les mesures déjà prises pour des situations de risques similaires. Elle demande aussi que les mesures de précaution soient choisies dans tout l'éventail des mesures possibles, y compris celle consistant à ne pas intervenir, et résultent de l'examen des avantages et des charges résultant de l'action ou de l'absence d'action.

Pour que les autorités publiques françaises aient été fondées à invoquer le principe de précaution, il aurait donc fallu que le Comité de préfiguration caractérise les dangers et les dommages encourus par l'environnement et évalue les risques en référence à la perspective de dommages graves et irréversibles à cet environnement. Rien de cela n'a été établi dans l'avis du 9 janvier 2008. Par exemple, le maïs cultivé n'ayant pas en France de plante indigène cousine, le risque de diffusion de transgènes en dehors des cultures de maïs est négligeable, ce qui fait que les problèmes de « contamination » sont éventuellement agronomiques, juridiques ou économiques, mais en fait pas environnementaux, à l'exception des effets potentiels et contestés sur les lombrics [1]. Le simple fait que des pollens puissent en faible

1. L'article cité pour mettre en avant des effets sur les lombrics présente les résultats d'une expérience de laboratoire dans laquelle les lombrics étudiés avaient un poids inférieur de 20% après avoir été immergés pendant 6 mois sur une litière de maïs Bt. Cependant l'auteur reconnaît lui-même qu'il ne sait pas à quel facteur attribuer ce résultat et qu'il n'a pas retrouvé ce résultat en plein champ. D'autres études concluent à l'absence de perte de poids en conditions naturelles… Voir Joudrier (2008), et Bergé et Ricroch (2008).

proportion se diffuser sur quelques dizaines de kilomètres ne suffit à caractériser ni le danger, ni l'exposition au danger, pas plus qu'il ne suffit à constituer une évaluation du risque et à attester du caractère de gravité et d'irréversibilité des dommages encourus.

Par ailleurs, l'exigence de cohérence impliquait d'aborder les risques du Mon810 en les comparant avec les risques similaires acceptés, c'est-à-dire ceux résultant de la culture de maïs non OGM accompagnée de l'usage de produits pesticides. Sur ce point l'avis du comité se limite à évoquer de façon absolue des possibilités d'effets du Mon810, sans les placer dans un cadre comparatif. La seule exception à cette absence d'approche comparative est faite pour souligner que les effets des maïs OGM Bt sur des familles d'invertébrés sont moindres que ceux liés aux traitements insecticides sur le maïs classique ! Enfin, le jugement en proportionnalité demandait qu'on établisse un bilan des coûts et des avantages des options d'action, ce qui supposait que l'expertise se penche également sur les avantages obtenus de la culture du Mon810 ou qu'on envisage d'autres mesures de précaution que la simple suspension de l'autorisation, comme l'avaient fait un temps les Allemands en conditionnant l'autorisation à la mise sur pied d'un dispositif de surveillance permettant de mieux connaître les conditions d'insertion de la PGM dans le milieu et de repérer les dommages éventuels occasionnés. Dans la mesure où, en 2007 la surface cultivée en Mon810 représentait moins de 1% de la surface occupée par la production de maïs en France, maintenir la culture en l'accompagnant d'un dispositif de surveillance aurait certainement constitué une mesure plus conforme à l'esprit du principe de précaution. Cependant, au vu de la question qui lui a été posée par le gouvernement et qu'il a acceptée, le comité a écarté tous les aspects touchant à la justification de la mise en culture de ce maïs et des OGM plus généralement, ce qui empêchait par construction les autorités d'avoir un jugement en proportionnalité.

Au total, cette expertise tronquée et inaboutie, menée dans la précipitation sous forte pression politique, puisque de l'aveu des responsables gouvernementaux il s'agissait de tenir les engagements pris lors du Grenelle de l'environnement, ne satisfaisait pas aux conditions définies par le texte constitutionnel et par la doctrine européenne sur le principe de précaution. En adoptant une approche absolue et non comparative, en se limitant à soulever des interrogations sur des hypothèses sans explorer et discuter davantage les éléments venant étayer ces hypothèses, le Comité a renouvelé une partie des erreurs du Comité Dormont et de l'AFSSA naissante lors de la controverse sur la levée ou le maintien de l'embargo sur le bœuf britannique à l'automne 1999 (Godard, 2001 ; Godard, 2002b). Le moins que l'on puisse dire est que la décision de suspension du Mon810 en janvier 2008 a créé un fâcheux précédent. Elle a manifesté un grand mépris pour les scientifiques acceptant de remplir une mission d'expertise et pour la connaissance scientifique, contribué à abaisser la confiance des citoyens dans l'expertise scientifique[1], porté atteinte à l'autorité publique et fait perdre son crédit au principe de précaution. Cela fait beaucoup.

En 2009 qu'apportèrent les innovations du Haut Conseil des biotechnologies ?

Le HCB comprend, on l'a vu, deux comités, un comité scientifique et un comité éthique, économique et social. Seul le premier rend des avis, le second n'ayant la faculté que de faire part de recommandations. Cette séparation en deux comités distincts ayant des compétences différentes n'était pas du goût des représentants des ONG, qui auraient voulu recevoir toutes les clés du HCB. Il a fallu neuf mois pour mettre sur pied le HCB tant il fut difficile de trouver des personnalités scientifiques qui veuillent le rejoindre et, encore plus, de convaincre une personnalité ayant la dignité scientifique requise d'en prendre la présidence[2]. À la défiance des milieux scientifiques échaudés par le sort fait à la CGB et scandalisés par la manipulation de l'expertise scientifique à laquelle se sont livré les autorités publiques françaises lors de l'épisode du comité de préfiguration, faisait écho celle des opposants à la culture d'OGM. Ainsi, poursuivant une ligne de discours adoptée de longue date, l'ancienne ministre Corinne Lepage, présidente du CRIIGEN, n'avait pas attendu la publication des premiers avis pour chercher à disqualifier le CS du HCB comme elle l'avait fait auparavant pour la CGB et pour l'EFSA[3].

1. Dans une lettre ouverte signée par quarante scientifiques français membres des académies des sciences, des technologies et de l'agriculture, parmi lesquels on note les noms de Yvette Dattée, Henri Decamps, François Gros, Pierre Joliot, Jean-Marie Lehn, Jean-Claude Mounolou, Alain Pavé, Gérard Pascal, Jacques Stern, on peut lire notamment ceci : « Comment expliquer à nos concitoyens que l'on suspende aujourd'hui, sans éléments scientifiques nouveaux solidement argumentés, la culture d'un OGM qui a été autorisé par toutes les instances nommées par le gouvernement et leur demander d'avoir confiance, demain, dans les avis des prochaines autorités mises en place ? » (Benveniste, 2008).

2. Le président du HCB nommé en 2009 est la physicienne Catherine Bréchignac, alors présidente du CNRS.

3. Corinne Lepage déclara ainsi « les représentants du comité économique, social et éthique n'auront aucun pouvoir tandis que le comité scientifique où se prendront les décisions est totalement noyauté par les pro-OGM. C'est une véritable parodie qui conforte s'il en était besoin, l'impossibilité en France de disposer d'expertise indépendante au niveau des

Le second dossier dont le HCB a eu à connaître après la détermination du seuil d'impureté de la qualification « sans OGM » est celui du renouvellement de l'autorisation du Mon810. Cette question avait déjà été examinée par l'EFSA (2009), puis par l'AFSSA (2009) pour les aspects sanitaires, libérant chacune la voie d'une autorisation si la logique scientifique devait être suivie par les décideurs politiques. Qu'allait dire le HCB ? Des avis et recommandations rendus publics en décembre 2009 et janvier 2010, je retiens deux ensembles de faits remarquables.

D'abord, bien qu'ils ne se situent pas sur le même plan, le CS et le CEES du HCB ont rendu des appréciations qui n'ont pas la même tonalité et qui ne pointent pas dans la même direction : de façon majoritaire, par 14 voix contre et 11 pour, le CEES s'est déclaré défavorable à l'autorisation tandis que le CS, tout en rappelant certaines insuffisances statistiques dans le dossier du pétitionnaire, n'a discerné aucune indication étayée scientifiquement quant à l'existence d'un risque d'impact environnemental majeur et non contrôlable et a conduit ses analyses de façon à alimenter des recommandations pour la mise en œuvre de la possible autorisation, notamment à l'attention de l'organe de surveillance biologique du territoire créé par la loi sur les OGM.

Ainsi se trouvait confirmé ce qui était patent depuis des années : tandis que le discours scientifique sur les risques du Mon810 persistait à ne discerner aucune indication de risque significatif pour l'environnement et aucun impact sur la santé[1], le discours des représentants de la « société civile » qui composent le CEES persistait majoritairement à s'inscrire dans le registre alarmiste quant à de graves dangers qu'entraînerait l'autorisation de mise en culture de cette PGM, pourtant très largement cultivée de par le monde sans effets nuisibles notables, tout particulièrement en Espagne.

Ensuite, l'organisation en deux comités, faisant écho à la proposition du deuxième cercle de l'expertise du rapport Kourilsky-Viney (2000), était supposée déboucher sur deux types différents de délibération, la délibération économique, éthique et sociale devant s'adosser à l'expertise scienti-

pouvoirs publics » (Actu-environnement, 2009), montrant à quel point elle confond une instance d'expertise avec une enceinte politique où prédominent intérêts et rapports de force.

1. Le CRIIGEN et d'autres ONG comme Greenpeace croyaient enfin tenir la preuve manquante de la nocivité sous la forme d'un article publié à l'automne 2009 par le CRIIGEN (Spiroux, 2009). Mobilisé sous la forme d'une saisine par le député François Grosdidier, cet article a été, comme cela a déjà été noté, disqualifié sur le plan scientifique par le CSHCB (2010). Cela n'a pas empêché la presse de titrer sur la démonstration scientifique de la nocivité de trois OGM pour la santé…

fique pour apprécier le bilan des avantages et des coûts de différentes lignes d'action de gestion des risques. Le CEES devait en particulier évaluer les bénéfices attachés à la culture du Mon810 afin de pouvoir mieux éclairer le jugement en proportionnalité quant aux mesures de prévention des risques à adopter. De ce point de vue le CEES a raté le coche en se rabattant très largement sur des logiques politiques *a priori* au stade des recommandations.

L'une des innovations intéressantes du CEES sur le plan des procédures avait été, non de recourir au vote final sur des recommandations, cette procédure politique ne convenant guère pour sanctionner la délibération d'une instance d'expertise, mais de rendre publiques les motivations de vote de la plupart de ses membres. Ces déclarations font ressortir un point essentiel : les positions exprimées sont majoritairement des positions *a priori* qui ne résultent ni de la prise en compte stricte et précise de l'avis du CS [1] ni d'une délibération particulière du CEES. Faut-il s'en étonner dès lors que la composition du CEES ne visait pas à associer des citoyens ou des personnes libres de leur jugement mais, hormis trois personnes choisies pour leurs compétences, des représentants désignés de syndicats, d'organisations d'élus, de comités ou d'associations (protection de l'environnement, protection des consommateurs) dont certains avaient pris de longue date des positions catégoriques d'hostilité envers les OGM ? La simple lecture de la composition du CEES permettait d'anticiper 11 votes opposés à l'autorisation, pour 14 votes constatés…

En dépit des qualités de l'avis proprement dit, le vote final qui le conclut rend difficile de voir dans l'adjonction de ce CEES le grand progrès attendu dans l'expertise des risques et le modèle à suivre que vante la France à Bruxelles. Plus profondément, bien que le texte de l'avis s'en défende, les positions prises par nombre de membres sont sans ambiguïté : ils conçoivent le CEES comme un lieu de pilotage de la politique agricole du pays et de promotion d'un type d'agriculture donné, et pas seulement comme une instance d'expertise devant faire des recommandations sur la gestion de risques pour l'environnement et la santé. En d'autres termes, la manière dont est composée le CEES ne pouvait que conduire cette instance à détourner le mandat qui lui a été confié.

1. Plusieurs affirmations sont manifestement contradictoires avec l'évaluation des risques menée par le CS, après celles des autres instances scientifiques saisies du même problème.

LE PRINCIPE DE PRÉCAUTION ET LES PGM AU NIVEAU INTERNATIONAL : L'AMBIVALENCE ENTRE COORDINATION ET SOUVERAINETÉ

Tant l'histoire que la philosophie politique ont noué des liens étroits entre les idées de sécurité collective, de souveraineté politique et de légitimité d'un État démocratique. C'est ainsi que le principe de précaution s'est trouvé écartelé entre deux de ses éléments constitutifs : d'un côté les problèmes internationaux ou planétaires d'environnement, son champ d'origine, le tiraient du côté d'un renforcement de la coordination et de la régulation internationales du fait de la nature de biens publics « régionaux » – par exemple pour la protection de la mer du Nord ou de la Méditerranée – ou planétaires – le climat – des ressources et biens environnementaux menacés. De l'autre côté, s'inscrivant dans la zone d'influence de l'idée de sécurité, le principe de précaution était intégré en pratique au bloc de souveraineté des États-nations et servait à étayer des mesures unilatérales ou dérogeant aux règles communes au nom d'un impératif de sécurité, suscitant par contrecoup toutes sortes de suspicions sur la signification davantage protectionniste ou opportuniste que protectrice des mesures prises dans ces conditions.

Les textes internationaux adoptés depuis une quinzaine d'années dans le champ de l'environnement portent la trace de cette ambivalence. D'un côté le principe de précaution a été mobilisé, certes sous la forme juridiquement atténuée d'une « approche de précaution » sans portée juridique contraignante, pour impulser d'importants progrès dans la coopération internationale. Évoquons ici les textes adoptés à l'occasion du Sommet de la Terre à Rio de Janeiro en juin 1992, notamment la Convention sur le climat et celle sur la biodiversité. D'autres pourraient être citées. De l'autre côté il a servi à suspendre les effets de règles internationales auparavant acceptées, en particulier celles qui régissent les échanges commerciaux, comme par exemple dans le conflit sur le bœuf élevé aux hormones de croissance. Dans ces cas, il a été utilisé comme le moyen de justifier des mesures unilatérales prises de façon souveraine en fonction d'une évaluation unilatérale des risques. Sans surprise, de telles démarches unilatérales ont déclenché des contentieux soumis aux juridictions compétentes.

L'ambivalence est portée à son paroxysme avec le protocole de Cartagena sur la prévention des risques biotechnologiques[1]. Son apport

1. Ce protocole n'a cependant pas été reconnu par les États-Unis et d'autres pays.

principal a été de mettre en place un régime d'autorisation préalable au bénéfice des États importateurs potentiels pour toute importation d'organismes vivants modifiés et de reconnaître le droit de ces États de refuser une importation en alléguant de risques possibles, même lorsque ces derniers ne sont pas encore confirmés par les études scientifiques disponibles. La diplomatie française a d'ailleurs beaucoup investi pour obtenir ce résultat présenté comme une reconnaissance du principe de précaution. Cela confirme l'association étroite établie spontanément par les gouvernements nationaux entre principe de précaution et réaffirmation d'un principe de souveraineté nationale, alors même que la visée de l'action organisée par la Convention sur la biodiversité est de protéger un patrimoine commun de l'humanité. Renvoyer la question à l'appréciation souveraine de chaque État serait-il donc le meilleur moyen imaginable pour assurer la préservation de la biodiversité mondiale et gérer les risques auxquels elle est exposée? Cette disposition n'est-elle pas plutôt la concession, au sein même des règles du commerce international, d'un espace politique réservé à l'affirmation de préférences collectives nationales[1] et à une gestion politique des opinions publiques? Cependant, pour accroître la capacité collective à régler les problèmes de biodiversité de la planète, le renforcement de la coordination internationale est un point de passage obligé. Il s'agit en particulier d'organiser des transferts de savoir-faire et des transferts financiers permettant aux populations locales de diverses régions du monde d'acquérir les moyens techniques et financiers permettant de faire de la conservation des ressources génétiques in situ une option économiquement viable pour elles. Ce renforcement aussi est demandé par la diplomatie française, qui s'est faite le promoteur du projet de création d'une Organisation mondiale de l'environnement dotée de moyens juridictionnels de même niveau que ceux dont dispose l'OMC. Or l'aboutissement de ce projet supposerait l'acceptation de nouvelles limites au principe de souveraineté nationale…

Cette situation marquée par des impulsions contradictoires a jusqu'à présent fait obstacle à l'adoption du principe de précaution comme norme contraignante du droit international : la Commission européenne voulait voir dans le principe de précaution un principe coutumier de ce droit mais a rencontré le refus de la plupart des autres pays. L'édification d'un ordre

1. Sur la question épineuse de la reconnaissance des préférences collectives par le régime du commerce international, voir Lamy (2004), Charnowitz (2005) et Godard (2009b).

environnemental mondial reposant sur des valeurs et des règles communes s'en trouve compromise.

Si l'on se tourne à présent vers les relations entre l'Union européenne et ses États-membres on discerne une tension analogue mais dans une structure à l'équilibre différent : le niveau d'intégration acquis par l'Union européenne est beaucoup plus élevé que celui qu'on peut observer au niveau mondial dans le cadre des Nations unies. De plus le principe de précaution est devenu une norme du droit communautaire avant d'être intégré en droit interne français et dans celui d'autres États membres. Et pourtant ! Depuis dix années la controverse sur les OGM a pris la forme de conflits larvés entre plusieurs États membres, dont en particulier l'Autriche, et la Commission. La gestion des risques environnementaux et les inquiétudes des consommateurs sont au cœur de tous ces conflits. Le principe de précaution sert à un État-membre d'outil pour prendre des mesures unilatérales dérogatoires aux règles européennes, mesures à la légalité incertaine.

S'agissant de la France, le maintien, âprement combattu de différents côtés, de l'article 5 du projet de Charte de l'environnement dans le texte approuvé par le Congrès avait clairement une dimension de positionnement dans le jeu européen et international, sans se réduire à cette dimension. La députée Nathalie Kosciusko-Morizet, rapporteure du projet de loi constitutionnelle à l'Assemblée nationale, l'avait souligné : la constitutionnalisation du principe de précaution devait assurer la prééminence de la conception retenue dans l'ordre juridique français sur les interprétations divergentes qui pourraient être éventuellement données par des instances communautaires ou internationales.

En effet, du point de vue de la conception de l'articulation entre droit interne et droit communautaire portée par les plus hautes instances juridiques françaises, les Traités internationaux n'ont de préséance absolue que sur les lois ordinaires. Elles n'en ont pas sur le texte constitutionnel dans ce qu'il a d'essentiel et de spécifique (voir l'encadré 5). C'est ce que rappelait le Président du Conseil constitutionnel, Pierre Mazeaud, le 3 janvier 2005 lors de ses vœux au président de la République : « le droit européen, si loin qu'aillent sa primauté et son immédiateté, ne peut remettre en cause ce qui est expressément inscrit dans nos textes constitutionnels et qui nous est propre ». Ce jugement avait d'ailleurs été porté après que fut minutieusement étudié le statut du projet de Constitution européenne, alors encore sur le chemin de la ratification : en dépit de son titre, ce texte avait aux yeux du Conseil constitutionnel le même statut que d'autres traités internationaux, ce qui permettait de préserver la hiérarchie classique des normes juridiques.

Encadré 5

La hiérarchie des normes entre le droit interne et le droit communautaire

Le problème de la hiérarchie des normes entre droit français et droit communautaire est presque aussi ancien que la construction européenne. Depuis un arrêt de 1964, la Cour de justice des Communautés européennes répète de façon régulière que la transposition du droit communautaire est obligatoire et que les États membres ne peuvent lui opposer leurs normes internes, y compris constitutionnelles. Les autorités juridiques françaises ont cependant maintenu une réserve de constitutionnalité. Ainsi en avait par exemple jugé le Conseil d'État en 1998 sur la base de l'article 55 de la Constitution : « la suprématie conférée aux engagements internationaux ne s'applique pas, dans l'ordre interne, aux dispositions de nature constitutionnelle ». Plus récemment, le 10 juin 2004, le Conseil constitutionnel a rappelé que c'est la Constitution qui donne sa force aux traités européens et au droit dérivé et que la place des textes constitutionnels au sommet de l'ordre juridique, qui avait été réaffirmée au cours de la période récente tant par le Conseil d'État que par la Cour de cassation, n'était pas contestée. Il soulignait à cette occasion qu'une « disposition expresse contraire de la Constitution » pouvait, le cas échéant, faire obstacle à la transposition de dispositions inconditionnelles d'une directive européenne. Et le Conseil constitutionnel de préciser : une disposition expresse est une norme propre à la France, sans équivalent dans le « catalogue communautaire des droits fondamentaux et principes généraux du droit » dont le respect est assuré par le juge communautaire. Cette notion recouvre ce qui est spécifique à l'ordre et aux traditions juridiques françaises. Des exemples sont cités : le principe d'égal accès aux emplois publics (art. 6 de la Déclaration de 1789), la laïcité (art. 1 de la Constitution de 1958) ou la parité (art. 3). Le Conseil constitutionnel a considéré que le projet de « Constitution européenne » ne changeait pas, malgré les apparences, cet état des choses [1].

À nouveau nous voyons le principe de précaution abordé comme un moyen de réaffirmer et préserver une souveraineté nationale à l'encontre d'une intégration dans un espace de règles de niveau supérieur : aucun traité européen n'apportant de définition du principe de précaution ni ne prévoyant ce qui devait être fait en application de ce principe, le texte constitutionnel français est plus spécifique que la norme communautaire. Reste naturellement aux autorités françaises à montrer autant d'empresse-

1. Sur tous ces points voir Chamussy (2005) et Godard (2006). Voir également l'interprétation de cette situation particulière de double hiérarchie inversée comme celle d'une « hiérarchie enchevêtrée » en théorie de systèmes (Godard, 2009a).

ment à respecter la lettre et l'esprit de l'article 5 de la Charte qu'à se prémunir contre des dérives potentielles du droit communautaire[1].

QUELLES COMPÉTENCES DES RÉGIONS DANS L'APPLICATION DU PRINCIPE DE PRÉCAUTION AUX PGM?

Comme le note la Résolution du Sommet de Nice (décembre 2000) sur le principe de précaution, la mobilisation de ce dernier doit s'inscrire dans la perspective d'un développement durable. Par ailleurs l'article 5 de la Charte de l'environnement attribue aux autorités publiques le soin de veiller, dans leurs domaines d'attributions, à la mise en place d'une évaluation des risques et à l'adoption de mesures provisoires et proportionnées visant à parer à la réalisation des dommages. Tels sont les deux repères à partir desquels il est pertinent de réfléchir aux rôles des autorités régionales.

Régions et autorités publiques : un état des lieux

La Charte de l'environnement définit les obligations de premier rang des autorités publiques : l'obligation de veiller à… La catégorie d'« autorités publiques » n'est pas vraiment un concept du droit administratif français. Elle embrasse de façon large les administrations d'État, les collectivités territoriales et tout organe recevant la charge d'un intérêt public et pouvant exercer un pouvoir réglementaire et de police. Les conseils régionaux entrent sans conteste dans la catégorie des autorités publiques et sont donc destinataires, dans leurs domaines d'attributions, des obligations constitutionnelles générales résultant de l'article 5.

Reste à déterminer lesquelles de leurs attributions peuvent être concernées. Depuis les lois de décentralisation Deferre de 1982-1983, « Le Conseil régional a compétence pour promouvoir le développement économique, social, sanitaire, culturel et scientifique de la région et l'aménagement de son territoire et pour assurer la préservation de son identité, dans le respect de l'intégrité, de l'autonomie et des attributions des départements et

1. Un accord se fait assez largement pour dire qu'étant surtout de nature procédurale, le principe de précaution a besoin d'une organisation définie pour sa mise en œuvre, faute de quoi il se dénature en slogan ou en joker pour une gestion politique opportuniste (Birraux et Étienne, 2009 ; Godard, 2010).

des communes » (art. L. 4221.1 du Code des Collectivités Territoriales). En revanche la loi 2004-809 du 13 août 2004 relative aux libertés et responsabilités locales précise ainsi les prérogatives du Préfet de région : « Il met en œuvre la politique de l'État dans la région en matière d'aménagement du territoire et de développement économique, de développement rural, d'environnement et de développement durable, de culture, d'emploi, de logement, de rénovation urbaine, de santé publique sous réserve des compétences de l'agence régionale de l'hospitalisation, ainsi que les politiques communautaires qui relèvent de la compétence de l'État. Les préfets de département prennent des décisions conformes aux orientations fixées par le préfet de région dans ces domaines et lui en rendent compte ». (art. 21-1 – I). Et lorsque cette même loi précise les possibilités d'intervention des Régions dans le domaine de l'environnement ou le domaine sanitaire, c'est pour reconnaître ce rôle dans le domaine des équipements de transports (voirie) et des équipements hospitaliers. Les régions n'ont pas de compétences dans les matières dites régaliennes : justice, ordre public, libertés publiques, état des personnes, notamment. Les régions peuvent intervenir comme opérateurs délégués de l'État dans certains domaines liés à l'équipement, l'enseignement et la formation, ou pour la préparation d'un schéma expérimental de développement économique. Ceci suppose alors l'établissement d'une convention explicite entre l'État et les Conseils régionaux concernés.

Les Conseils régionaux peuvent néanmoins intervenir dans le domaine des actions incitatives de recherche scientifique et technique. À ce titre elles peuvent concourir au développement des connaissances dans le domaine du génie génétique ou sur les effets de différentes applications biologiques. Cependant elles ne sont pas habilitées à développer leurs propres instances d'expertise scientifique pour leur faire jouer un rôle dans la régulation de la diffusion des produits du génie génétique, puisque l'expertise en question est régie à la fois par les directives et règlements européens et par la loi française, qui organise une procédure nationale. Dans la loi sur les OGM adoptée en juin 2008, l'expertise de toute question relative aux OGM est attribuée au Haut Conseil des biotechnologies et à l'AFSSA. Ces instances doivent assurer « une expertise collective menée selon des principes de compétence, pluralité, transparence et impartialité ». À cet effet elles appuient leurs évaluations sur les résultats de tests et d'études menées par des laboratoires agréés par les pouvoirs publics.

Ce tableau des attributions actuelles des régions ne laisse guère de place pour une intervention directe dans la gestion des risques hypothétiques ou avérés des PGM. La seule chose que puisse faire concrètement un conseil régional, c'est de ne pas distribuer d'aides à ce type de production dans le cadre de ses actions en faveur du développement agricole territorial. Cela demeure formellement étranger au principe de précaution.

De ce point de vue l'article 2 de la *Charte des régions et des autorités locales d'Europe sur la coexistence entre les OGM et les cultures traditionnelles et biologiques* (2005)[1] est en opposition avec le droit interne et le droit européen, en déclarant le droit des régions d'assurer une protection anti-OGM sur l'ensemble du territoire régional. Cela a d'ailleurs été reconnu par le débat parlementaire suscité par le projet de loi sur les OGM. Le pas admissible fait dans cette direction, outre l'amendement Chassaigne déjà commenté, est l'article L. 335-1 qui dispose que « Les parcs nationaux et les parcs naturels régionaux peuvent, avec l'accord unanime des exploitants agricoles concernés, exclure la culture d'organismes génétiquement modifiés sur tout ou partie de leur territoire, sous réserve que cette possibilité soit prévue par leur charte ». Ce texte limite la mesure au seul périmètre des parcs et à une démarche volontaire de tous les exploitants de ce périmètre. De même ne peut-on véritablement accorder de portée juridique à la revendication d'un droit à l'autodétermination des territoires pour le choix d'un type de développement agricole, contrairement au vœu formulé en 2005 par le président de la Région Limousin, Jean-Paul Denanot.

Il reste que, comme le Conseil d'État (CE, 2010) vient de le reconnaître aux Conseils généraux pour les départements, les Conseils régionaux auraient le droit de délibérer sur les conséquences du développement de cultures de PGM sur leur territoire puisque cette éventualité affecterait nécessairement le développement économique régional. Mais les recommandations éventuelles sur lesquelles ces délibérations déboucheraient ne sauraient avoir de force prescriptive.

Dans quelles directions l'état des lieux retracé devrait-il, le cas échéant, évoluer? Je propose d'explorer cette question à partir du repère du développement durable (Godard, 2007a).

1. Cette Charte a été adoptée en 2005 à Florence par une vingtaine de régions européennes, dont la Bretagne, le Limousin, l'Aquitaine, l'Île de France et la région Poitou-Charentes. Son article 2 pose l'engagement de : « promouvoir l'application au niveau régional de plans spécifiques et/ou normes techniques, avec la possibilité de prévoir une protection des OGM pour les cultures traditionnelles et biologiques sur des zones étendues ainsi que sur l'ensemble du territoire régional ».

Développement régional et développement durable

Partons de la caractérisation bien connue du développement durable par le rapport Brundtland : « le développement durable est un développement qui satisfait les besoins du présent sans compromettre la capacité des générations futures à satisfaire les leurs ». Cette formule affirme d'abord le principe d'un refus de toute dictature temporelle : refus de la dictature du présent, mais refus symétrique de la dictature du futur; il s'agit bien de satisfaire les besoins du présent, mais sans compromettre les capacités des générations futures. Comme le soulignent les conceptions économiques du développement durable, ces capacités sont distribuées sur trois composantes principales : le capital productif (outil de production, infrastructures), le capital humain (connaissances, compétences) et le capital naturel (matières premières, ressources naturelles, systèmes produisant des services écologiques). Le souci pour la préservation des capacités des générations futures doit se faire vivace sur ces trois composantes sans se restreindre à l'une (capital productif) ou l'autre (capital naturel).

Ensuite l'approche du rapport Brundtland introduit une asymétrie intéressante entre présent et futur. Pour le présent, il s'agit de satisfaire des besoins; pour le futur, la référence n'est pas constituée des besoins, mais des capacités. Cette formulation reconnaît à la fois l'incertitude de l'avenir et l'autonomie de principe des générations futures pour déterminer leurs propres besoins et les satisfaire en fonction de leurs capacités. Il y a là une rupture par rapport à une démarche intellectuelle selon laquelle la responsabilité envers le long terme devrait reposer sur une planification analogue à celle qui est engagée par les organisations à court et moyen terme. La responsabilité des générations présentes n'est pas de substituer leurs propres jugements ou préférences à ceux des générations futures mais de préserver autant que faire se peut les capacités de ces générations futures à exercer leurs propres préférences en leur transmettant un patrimoine divers de ressources, d'institutions et de capacités techniques qui leur permettra de développer leurs propres projets de vie.

Cette transmission doit naturellement tenir compte des limites de ressources et des possibilités qui sont ouvertes aux générations présentes. Les raisonnements à promouvoir concernent l'identification des composantes du patrimoine que ces dernières doivent et souhaitent léguer; ils s'appuient sur des approches séquentielles des décisions à prendre, étapes par étapes, sans prétendre, par exemple, optimiser la croissance à long terme sur un siècle ou deux (Hourcade, 1997). Sur des grandes questions comme le climat et la biodiversité, il s'agit de s'accorder sur ce que les générations actuelles vont faire dans les 20 à 40 ans qui viennent et sur les conditions qu'il leur paraît acceptable de léguer en fin de période aux générations suivantes.

Malgré tout, cette caractérisation ramassée est essentiellement temporelle. Le caractère soutenable du développement doit être également apprécié en considérant la structuration territoriale des sociétés humaines et de l'organisation écologique, en phase avec la réflexion sur la finalité du développement comme liberté proposée par Amartya Sen (2000). Avec ses agencements locaux et régionaux, le territoire apporte les dimensions concrètes des ressources, des capacités, des espaces d'activités, des liens communautaires et des projets de vie. D'où la proposition complémentaire suivante : « satisfaire les besoins locaux sans compromettre la capacité des entités territoriales de rang supérieur à assurer leur propre viabilité ». De ce point de vue territorial, prévaut également un principe de non-dictature : ni règne sans partage du local et de l'esprit de clocher, avec son enfermement communautariste, ni écrasement des territoires sous l'emprise de logiques centralisatrices ou de grands mouvements internationaux. Ainsi enrichi, le développement durable conduit à privilégier une problématique formulée en termes de différenciation et d'articulation des espaces de développement (Godard, 1982 ; Godard *et alii*, 1985).

Ce complément territorial de la définition temporelle du développement durable appelle toutefois une réserve : tout espace local n'est pas forcément viable, que ce soit au sens géographique, écologique ou économique ou en termes d'établissements humains. Une société est aussi faite de mobilité dans l'espace ; il en résulte des phénomènes conjoints de polarisation des activités et de désaffection voire d'abandon de certains espaces. À cet égard, il n'y a pas lieu, au nom du développement durable, de faire de l'acharnement thérapeutique concernant la viabilité des espaces les plus difficiles du point de vue des conditions environnementales, de l'accès aux ressources ou de l'articulation aux processus économiques. Certains problèmes trouvent finalement leur solution dans le déplacement des populations. L'absence de viabilité propre à certains espaces à certains moments historiques ne met pas en péril le développement durable à l'échelle de la planète.

La notion d'espace de développement est à la fois sociale et géographique. Elle désigne l'espace social et physique dans lequel un projet de développement peut être formulé car cet espace intègre un ensemble équilibré de contraintes et de ressources tel que le projet en question puisse être viable et mené à bonne fin. À cet égard un espace de développement doit pouvoir être considéré comme à la fois un espace de problème et un espace de solution : espace de problème, car la définition de cet espace doit être telle qu'elle permette la prise de conscience des problèmes posés par le réel ; espace de solution, car les contours de l'espace doivent être tels que ce dernier abrite des ressources suffisantes en nombre et en variété et accessibles aux acteurs pour pouvoir résoudre les problèmes repérés. Il est des espaces marchands et des espaces non marchands. Même à l'intérieur de l'univers marchand, il existe différentes formes de compromis entre la logique de marché et d'autres formes sociales de légitimité : la tradition, la logique industrielle, la logique civique, etc. pour me référer à des catégories bien connues (Boltanski et Thévenot, 1991).

Pour conquérir une autonomie de développement vis-à-vis des lois d'airain de la concurrence mondialisée, les acteurs collectifs du développement doivent apprendre à jouer de manière subtile de cette pluralité d'espaces de développement, à laquelle est attachée une certaine autonomie de projet et de régulation, et de l'opacité relative qu'elle permet d'établir au regard de l'extérieur. De même chaque acteur individuel, chaque entité économique doit apprendre à jouer de la pluralité des espaces de développement dans lequel il inscrit ses actions. C'est ainsi qu'il atteindra un état de résilience de sa position économique.

Il en va de même pour le développement saisi au niveau régional. Si développement régional il doit y avoir, c'est en assumant ce rôle d'émergence de logiques économiques et sociales autonomes trouvant leur assise dans une densité d'interactions entre les projets et les activités inscrits dans le territoire régional et dans une intégration des dimensions marchandes et non marchandes, économiques et sociales de ces activités. De ce point de vue, il y a une convergence entre la recherche d'un développement durable pour un pays comme la France ou pour l'entité européenne, et l'émergence de régions qui ne soient pas seulement des entités administratives ou politiques mais également des entités économiques et sociales intégrant le système des activités de leur territoire.

Équilibrer la contrepartie cachée de l'autonomie

Cette convergence conduit néanmoins à soulever différentes questions. Les premières portent sur les liens entre les projets et le territoire, sur la place donnée à la mobilisation de ressources locales et sur la contribution des projets proposés à leur renouvellement et à leur préservation. Il s'agit là de tester la viabilité interne du développement régional. D'autres questions portent sur le rapport de la région avec le reste du monde : autres régions, l'entité France, l'entité européenne, etc. Or ce que nous savons de la théorie des systèmes auto-organisateurs est que toute logique de constitution d'une entité autonome définit certes un espace d'auto-reproduction mais en même temps un espace d'externalisation[1] active et d'exploitation prédatrice de l'environnement de ce système (Godard, 2009c). Aussi, plus les régions tendront à être autonomes dans leur fonctionnement économique, plus elles parviendront à donner une expression politique à cette autonomie acquise, plus elles seront enclines à externaliser de façon active des dimensions importantes pour la viabilité soit des espaces infra-régionaux soit des espaces supra-régionaux. Cette tendance pourra être d'autant plus prégnante que les régions sont mises en concurrence pour leur développement dans le contexte d'un affaiblissement ou d'un désengagement relatif des États, ce qui tend à placer directement les régions face à l'Europe et à la mondialisation.

Du point de vue du développement durable, la conclusion est simple. Plus les espaces régionaux et locaux de développement sont en mesure de faire preuve d'autonomie, plus s'affirmera le besoin que les entités de niveau territorial supérieur manifestent leurs propres contraintes, exigences et projets au moyen d'incitations puissantes, par exemple pour faire valoir des exigences de solidarité étendue et faire reconnaître leurs propres priorités sur le terrain de l'équité sociale, de la promotion de biens collectifs comme la connaissance scientifique et l'innovation technologique, mais aussi de la prévention et de la gestion des risques collectifs sanitaires ou environnementaux. L'intégration du développement durable entre les différentes échelles sera donc *a priori* tendue, sinon fortement conflictuelle. Elle mettra en jeu des logiques autonomes distinctes et c'est ce conflit de logiques qui gagnerait à être institutionnellement organisé afin de le contenir, de le policer et de lui trouver, par l'innovation, des issues permettant à chacun d'avancer dans la réalisation de ses projets.

Dans une perspective de ce type, une décentralisation qui se ferait dans le vide des repères donnés par l'État central ou par la gouvernance européenne, qui s'appuierait en quelque sorte sur l'affaissement des instances territoriales supérieures, pourrait bien mener au pire de la balkanisation. Le développement durable à l'échelle régionale ne saurait donc se concevoir autrement que comme une articulation d'espaces de développement qui

1. La notion d'externalisation employée ici désigne le processus actif par lequel un système rejette la prise en charge régulière de la reproduction de telle ou telle composante de son fonctionnement. La composante externalisée participe alors de l'environnement de ce système, cet extérieur tenu pour un donné que le système contribue néanmoins à façonner indirectement par son action et auquel il doit s'adapter pour survivre et se développer.

assure la rencontre et l'harmonisation des logiques descendante et ascendante. Le principe de subsidiarité ne doit pas devenir l'alibi d'un NIMBY généralisé.

Le bon niveau de décision finale dépend de l'espace des conséquences

Comment organiser la prise en charge institutionnelle de projets affectant le développement durable territorial ? Voici un repère simple. Que les décisions finales soient prises au niveau auquel se déploie la majeure partie de leurs conséquences. Par exemple, lorsqu'il s'agit de discuter de l'implantation d'une centrale nucléaire, l'espace de déploiement des conséquences effectives et potentielles de cette centrale n'est pas seulement la commune sur le territoire de laquelle elle est implantée. Il serait inacceptable du point de vue de l'efficacité et de la logique de la décision collective que l'on remette à une délibération communale le soin d'apprécier si oui ou non un site de stockage des déchets nucléaires profond doit être aménagé ou pas sur son territoire; cela ne serait pas non plus un progrès pour la démocratie. Cela ne veut pas dire que les responsables de la décision doivent ignorer le point de vue de ladite commune, mais qu'une discussion doit être organisée au bon niveau territorial sur cette décision en prenant en compte la pluralité des points de vue représentés et associés aux différentes échelles territoriales concernées. Une fois cette discussion menée et les arguments explorés jusqu'au bout, ce n'est pas porter atteinte à la démocratie si la décision finale diffère de celle souhaitée par les élus territoriaux.

Ainsi l'engagement d'essais d'OGM en plein champ qui auraient une finalité de recherche sur les possibles incidences écologiques et respecteraient les exigences du principe de précaution ne peut pas relever de la décision de la commune d'accueil, ni même d'un conseil régional, puisque la portée de telles recherches pour le développement des connaissances se situent au moins à une échelle nationale et généralement aussi européenne. Cela ne veut pas dire qu'il ne faut pas associer les collectivités territoriales à la préparation et à la mise en œuvre des choix ; cela veut dire que la décision *in fine* ne peut pas leur appartenir. En revanche si des études ont pour but d'éclairer une démarche de planification territoriale locale ou régionale de façon à organiser au mieux la coexistence de différentes activités, l'intervention des instances locales ou régionales retrouve toute sa légitimité. Si l'opportunité des recherches à visée nationale ou européenne n'est pas du ressort des institutions locales et régionales, ces dernières peuvent avoir un point de vue à faire valoir s'agissant de régler leur insertion dans le territoire.

De cela devrait résulter pour ces institutions locales et régionales un droit à participer à la délibération [1], mais aussi un droit à la réparation en cas de réalisation de dommages identifiés. En revanche, en l'état du droit français qui a opté pour la non-indemnisation des servitudes publiques, il n'y a pas de base juridique pour que les collectivités régionales soient compensées pour les servitudes d'intérêt collectif qui leur seraient imposées au titre de la recherche biotechnologique menée sur leur territoire.

S'agissant de cultures commerciales, c'est le principe de liberté d'établissement et d'entreprise qui constitue, dans ce domaine comme dans d'autres, la première référence mais, comme toute liberté, elle fait l'objet d'un encadrement et d'une organisation, afin de ne pas nuire aux droits d'autrui et aux objectifs poursuivis par la collectivité nationale et donnant lieu à des politiques publiques. Les activités industrielles sont ainsi soumises au régime des installations classées : elles doivent faire l'objet d'un arrêté d'autorisation délivré au cas par cas par l'autorité préfectorale. Le principe de liberté de mise en culture d'une plante dûment inscrite au catalogue des plantes cultivées sur le sol national au terme d'une procédure nationale et européenne d'autorisation est une règle du droit européen qui s'impose au droit interne. Cependant cette liberté devra tenir compte des dispositions territoriales introduites par la loi sur les OGM de 2008. *A priori* les différents types de culture : OGM, paysanne, raisonnée, bio et intensive ont, en l'état des techniques, vocation à innover et à prendre part à la transformation de l'agriculture pour parvenir à terme à une agriculture 100% durable [2].

Naturellement la loi française a dû se rendre compatible avec les formulations de la directive européenne 2001/18/CE qu'il s'agissait précisément de transposer en droit interne. Toutefois différents États membres convergent avec la France pour demander une évolution du dispositif européen de régulation de la dissémination des PGM dans le sens d'une

1. L'article L. 533-9 de la loi 2008-595 sur les OGM indique : « L'État assure une information et une participation du public précoces et effectives avant de prendre des décisions autorisant ou non la dissémination volontaire dans l'environnement et la mise sur le marché d'organismes génétiquement modifiés ». Cette ouverture sur l'information et la participation s'impose tout particulièrement en direction des collectivités territoriales.

2. Le rapport du Groupe 4 du Grenelle de l'environnement (2007) affirme « qu'il est indispensable d'engager un mouvement de transformation en profondeur de l'ensemble de l'agriculture » et qu'il convient « d'aller vers 100 % d'agriculture durable à terme ».

plus grande reconnaissance du principe de subsidiarité, tant pour l'expertise que pour la gestion des mises en culture, et d'une meilleure prise en compte des particularités écologiques et sociales de chaque région. Dans ce cadre, une certaine latitude, encadrée de façon précise, devrait être laissée aux régions pour organiser des régimes de coexistence qui tiennent compte des priorités stratégiques du développement régional de façon à permettre à la région « d'assurer la préservation de son identité » comme le dit la loi de décentralisation de 1982.

La culture de PGM a été et demeure une véritable et difficile épreuve pour le principe de précaution. S'il est encore trop tôt pour en tirer des conclusions définitives, la co-évolution entre le type d'innovation technique que représentent les PGM et son mode de régulation sociale (Vanloqueren, 2007) a débouché au bout de 25 ans sur un malaise qui ne s'est pas atténué, mais amplifié avec le temps. De cette situation il faut tirer quelques leçons.

La plus éclatante est que la première législation prenant à bras le corps le contrôle d'un type d'innovation technologique avant toute réalisation d'un dommage a été incapable de préserver un modèle de régulation pacifiée visant à encadrer, mais pas entraver (Roy, 2001), la diffusion de cette innovation. À comparer cette situation avec celle des États-Unis, il est tentant de considérer que c'est précisément le choix d'adopter cette législation spécifique, stigmatisant une technique parmi d'autres et semblant incarner le principe de précaution avant l'heure, qui a déclenché le processus aboutissant à son échec social et pratique. N'offrait-on pas une cible de choix bien identifiée au combat des ONG en faisant valoir une source nouvelle et particulièrement inquiétante de danger, en présentant une victime émissaire capable de drainer sur elle en les symbolisant toutes les frustrations, rancœurs, inquiétudes de la « société du risque » (Beck, 2001)? Dans une société inquiète, les mesures spécifiques prises pour réguler un risque ont pour premier effet de donner une réalité psychosociale aux risques en question[1], alors même qu'il ne s'agit encore que d'hypothèses non confirmées mais non invalidées.

1. C'est ainsi que les « faucheurs d'OGM » demandaient récemment la relaxe devant les tribunaux, prenant appui sur les mesures d'interdiction du Mon810 et sur la loi sur les OGM de 2008 pour attester de la réalité de l'existence de risques graves pour l'environnement et la santé et du bien-fondé de leurs actions.

La deuxième leçon à retirer est que dans plusieurs pays européens, et plus particulièrement en France, pourtant la patrie de Descartes, la volonté de donner une assise plus large au raisonnable que la seule démarche scientifique de l'analyse de risques qui, reposant sur un cadre probabiliste, voit vite son élan brisé par les contingences de l'incertitude scientifique, a remplacé la délibération sereine et bien organisée qui était espérée par une gestion politique opportuniste des différentes formes d'activisme contestataire du développement technologique et plus largement, d'une opinion publique qui prête l'oreille à ces derniers tant qu'elle ne voit pas à quels avantages il lui faut renoncer à cette occasion. Au lieu de compléter l'analyse scientifique des hypothèses de risque et d'organiser un véritable dialogue science-société, la régulation politique qui s'est mise en place a semble-t-il eu pour souci principal de se dégager des contraintes de cette expertise scientifique en l'instrumentalisant sans vergogne, tantôt en déformant ses conclusions, tantôt en la dénonçant pour étroitesse, incompétence ou connivence avec des « intérêts ». Au projet initial « encadrer sans entraver le développement du génie génétique appliqué à l'agriculture », les responsables politiques en sont venus à substituer la mobilisation de la thématique des risques au service d'un autre projet inavoué « entraver par tous les moyens les OGM en se servant de la thématique des risques », la problématique de la coexistence des différents types de culture n'étant qu'un leurre lancé pour sauver la cohérence idéologique des gouvernants sur le thème plus général du progrès technique salvateur et de la compétitivité internationale du pays.

De tout côté la thématique des risques et davantage encore celle des risques « incertains », « potentiels », « suspectés » qui relèvent du principe de précaution, sont devenues le prétexte d'actions ayant d'autres visées que la prévention avisée de ces risques, qu'il s'agisse du combat militant contre les grands monopoles internationaux coupables de s'approprier le vivant en le transformant ou de la mise en œuvre d'un compromis politique d'un ministère avec sa clientèle traditionnelle : « on vous abandonne les OGM, mais vous ne pourrez pas toucher au nucléaire ». Telle est sans doute la raison pour laquelle le gouvernement français s'est montré si complaisant envers les activistes et ONG ayant pris les OGM pour cible.

La troisième leçon est que le monde judiciaire s'est imposé comme une partie prenante active du contrôle social de cette technologie, comme d'autres, telle la téléphonie mobile. Ignorant systématiquement les torts important faits aux chercheurs et établissements de recherche investis dans les biotechnologies, les décisions de justice, qu'elles condamnent à des peines avec sursis ou qu'elles prononcent des relaxes, se sont montrées elles aussi particulièrement complaisantes avec les démarches des activistes ayant franchi la ligne jaune de l'illégalité manifeste. Ce faisant, la justice n'a pas protégé le monde de la recherche contre la remise en cause de ses priorités stratégiques et contre le gaspillage de moyens humains et matériels imposés par une poignée d'activistes prétendant incarner la société civile, mais a de fait, de façon stupéfiante, consacré la prise de pouvoir pratique de ces derniers sur les orientations de recherche du pays. Certains observateurs qui trouvent leur plus grande jouissance dans le spectacle des conflits tiennent cette évolution pour un progrès de la démocratie.

C'est ainsi que soumis à l'épreuve des OGM, le principe de précaution se trouve désormais écartelé comme jamais. D'un côté, au fil des années, une doctrine s'est constituée, enrichie, affermie et stabilisée en vue d'une compréhension et d'une mise en œuvre raisonnable de ce principe. Les repères en ont été rappelés ici : prise en charge précoce, importance de l'évaluation scientifique des hypothèses de dangers et de risques, recherche de la proportionnalité des mesures, nécessité de la cohérence, processus continu d'apprentissage, y compris à travers l'engagement prudent dans les activités « à risque », et révision périodique des dispositifs. De l'autre côté, on trouve une pratique du principe de précaution qui en fait le joker des convenances politiques du moment dans le face à face entre gouvernants et opinion que mettent en scène les médias qui aiment tant se mettre en position d'arbitre au-dessus de la mêlée après avoir soufflé sur les braises de la zizanie.

Contentons-nous de faire le point, non sur les usages du principe de précaution, mais sur les acquis de sa doctrine. Dans le champ de l'environnement et de la santé publique, nombre d'écrits sur le principe de précaution depuis la petite trentaine d'années où ce principe a émergé comme norme politique puis juridique, convergent vers l'idée d'une action précoce contre le dommage naissant, mais aussi parfois contre la possibilité même qu'un dommage ultérieur surgisse. Vouloir une prévention précoce semble d'autant plus juste que l'analyse rétrospective de grands risques qui se sont réalisés durant le XXe siècle montre comment, dans la plupart de ces cas, la gestion des responsables, qu'il s'agisse des entreprises ou des autorités publiques, a été marquée, non par la précocité de la prise en charge, mais bien par le caractère excessivement tardif et timoré des actions de prévention engagées, rendant coupable cet attentisme (Gee, 2002).

En dépit du poids de cette expérience, faut-il donner au principe de précaution la mission, face à la découverte du mal en germe, de vouloir aussitôt l'éradiquer ? En fait le bien fondé d'une injonction d'éradication précoce de tout risque de dommage à l'environnement et à la santé publique n'est pas établi comme maxime générale. Cette injonction est même aporétique, comme l'a montré l'étude des préconisations de Hans Jonas. Dégagée de son contexte religieux, la parabole évangélique du « bon grain et de l'ivraie » est là comme un appel au sursaut de réflexion, envoyé de loin, avant que nos gouvernants ne se précipitent dans une action, certes peut-être parfois bien intentionnée, mais sans doute prématurée, ou excessive, ou les deux à la fois. La découverte du mal possible n'exige pas automatiquement l'action immédiate visant à le neutraliser, car ce serait aussi prendre le risque de tuer le bien ou d'enfermer les hommes dans la médiocrité de la stagnation, si ce n'est dans un mal bien plus grand. Il est des circonstances où l'intrication du mal et du bien est telle que l'action doit se faire patiente et attendre son heure, celle où elle pourra neutraliser le mal sans perdre le bien, nous dit la parabole, sans que ce modèle de l'attente ne puisse prétendre incarner de façon générique les exigences du principe de précaution.

La prévention raisonnée des risques ne vise pas à bloquer l'initiative et à accumuler les interdits. Dans l'immense majorité des cas, elle doit rester compatible avec un engagement prudent dans des activités suspectées de créer des risques sanitaires ou environnementaux, même lorsque ces derniers sont mal connus. Cependant cette saisie précoce qui ne refuse pas l'engagement dans le risque a une quadruple contrepartie. D'abord, cet engagement doit se faire avec prudence et être accompagné d'un suivi vigilant du développement des activités et techniques concernées, afin de repérer au plus vite l'amorce des phénomènes dommageables ou de mieux saisir les voies par lesquelles les risques pourraient apparaître. Ensuite les gestionnaires ne doivent pas se complaire dans l'incertitude scientifique initiale. La saisie précoce des hypothèses de risque doit s'articuler à une recherche scientifique et à une observation empirique organisées de façon spécifique pour réduire et éventuellement éliminer cette incertitude. La démarche de prévention raisonnée des risques se distingue en cela de l'instrumentalisation de l'incertitude scientifique au service d'intérêts d'acteurs ou de diverses causes, instrumentalisation qui ne vise généralement qu'à entretenir une incertitude qui constitue un si beau motif rhétorique. Il convient également d'inscrire la prévention précoce des risques technologiques dans une perspective adaptative de révision périodique des mesures prises en fonction des nouvelles informations provenant de retours d'expérience, de dispositifs de veille ou de programmes de recherche. Enfin, la plus grande attention doit être portée au front de la recherche et pas seulement aux résultats reconnus, afin de permettre à la prévention des risques de se projeter au-delà des savoirs constitués, de prendre en compte les nouvelles hypothèses de recherche non encore confirmées et d'alimenter une démarche de prospective des effets du développement technologique. Seule cette projection dans l'avenir est susceptible de permettre aux gestionnaires des risques de ne pas se retrouver piégés par des effets longuement différés et de mettre en place des mesures de prévention sans attendre le début de la réalisation des dommages. Toutefois cette ouverture sur la science en train de se faire ne peut pas se confondre avec la prise au sérieux et la validation systématique de toutes les recherches hasardeuses et mal menées qui font valoir des artefacts...

Éloigné tout à la fois du catastrophisme et de la désinvolture, ce modèle intermédiaire de gestion des risques qu'est le principe de précaution semble de nature à apporter une réponse proportionnée aux défis que présentent les risques des nouvelles techniques. Récusant l'opposition abrupte entre une éradication précoce tous azimuts et paralysante et une action sélective à maturité attendant que soient réunies les conditions propices à l'exercice complet des analyses de risques et du calcul rationnel, mais souvent impuissante car tardive, il suppose l'instauration d'une prévention des risques qui accompagne de façon continue et adaptative l'essor technologique à ses différentes étapes, sans s'interdire, de façon exceptionnelle, d'interrompre de manière ferme certaines voies de développement au vu des menaces qu'elles présentent et du caractère non praticable de toute autre option de contrôle. Tel n'est pas le cas, de façon générique, de la transgenèse.

Olivier GODARD

ANNEXE
LA PARABOLE DU BON GRAIN ET DE L'IVRAIE
(*Matthieu*, Versets 13.24 à 13.30)

Il leur proposa une autre parabole, et il dit : Le royaume des cieux est semblable à un homme qui a semé une bonne semence dans son champ. Mais, pendant que les gens dormaient, son ennemi vint, sema de l'ivraie parmi le blé, et s'en alla. Lorsque l'herbe eut poussé et donné du fruit, l'ivraie parut aussi. Les serviteurs du maître de la maison vinrent lui dire : Seigneur, n'as-tu pas semé une bonne semence dans ton champ ? D'où vient donc qu'il y a de l'ivraie ? Il leur répondit : C'est un ennemi qui a fait cela. Et les serviteurs lui dirent : Veux-tu que nous allions l'arracher ? Non, dit-il, de peur qu'en arrachant l'ivraie, vous ne déraciniez en même temps le blé. Laissez croître ensemble l'un et l'autre jusqu'à la moisson, et, à l'époque de la moisson, je dirai aux moissonneurs : Arrachez d'abord l'ivraie, et liez-la en gerbes pour la brûler, mais amassez le blé dans mon grenier.

L'ANALYSE ÉCONOMIQUE À L'ÉPREUVE DU PRINCIPE DE PRÉCAUTION

Le principe de précaution (PP) est de nature juridique et philosophique. En tant que tel, il promeut l'instauration de responsabilités, de droits et de devoirs nouveaux pour les citoyens, les personnalités juridiques et les décideurs publics. Les sciences sociales sont convoquées afin de définir les éléments permettant d'exprimer ce principe sous forme de lois et de pratiques effectives.

La présente note propose une analyse du PP du point de vue économique : nous y soulignons dans une première section les difficultés que soulèvent son interprétation et ses applications. Les sections 2 et 3 offrent un ensemble de définitions argumentées et articulées des principaux concepts et outils forgés par la théorie économique afin d'analyser le risque et de prendre des décisions face aux risques. Elles présentent en particulier la manière dont les premiers outils de gestion de ce qui ne s'appelait pas encore « risque » ont émergé.

La section 4 met en perspective les défis posés aux sciences économiques et de gestion pour analyser, gérer et évaluer les risques et leurs développements récents afin de prendre en compte des situations de plus en plus complexes. Nous y discutons en particulier la validité des hypothèses standard de la théorie économique dans un contexte de précaution afin de l'interroger, dans la section 6, dans sa capacité à donner une valeur monétaire à des « objets » non marchands. L'articulation entre PP et équité intra et inter générationnelle de la répartition des ressources est aussi discutée dans cette dernière partie.

ÉMERGENCE DU PRINCIPE DE PRÉCAUTION ET PROBLÉMATIQUE ÉCONOMIQUE

Indices d'une rupture

Le PP est l'expression d'une rupture culturelle apparaissant à la fin du XXe siècle avec, notamment, le philosophe allemand Hans Jonas (1979). Ce principe formalise la prise de conscience d'un développement extraordinaire des connaissances scientifiques et de leurs applications techniques, dont résulte en partie une croissance démographique et économique jamais connue. L'être humain se trouve pour la première fois doté d'un pouvoir tel qu'il peut compromettre la vie (ou la qualité de vie) présente et future, voire l'existence de la Terre elle-même. Dans cette situation, le PP dessine les contours de nouvelles responsabilités humaines.

La compréhension des phénomènes physiques et biologiques est arrivée à un stade inimaginable un siècle auparavant, mais elle montre ses limites depuis la dernière moitié du XXe siècle. Après avoir entraîné le public à placer une confiance aveugle dans les sciences, elle impose une attitude plus modeste vis-à-vis de l'expertise et une évolution de la culture scientiste que l'on peut qualifier de post moderniste avec les sociologues (Giddens, 1990). La rapidité des évolutions scientifiques, techniques et sociétales, incite à se poser de manière nouvelle la question du futur, c'est-à-dire du risque et du temps, en particulier dans leurs évaluations économiques.

Le temps et le risque

Nous y reviendrons par la suite, mais soulignons dès l'abord que la notion de risque, qui est fondamentalement économique, n'est apparue qu'au XIIe siècle et celle d'incertitude au XIVe. Auparavant, les religions donnaient une certitude. Elles permirent avec l'aide de systèmes politiques et juridiques qui reposaient dessus, de « prendre des risques » au sens actuel du terme, en particulier d'emprunter et de prêter à un taux qu'on appelle de nos jours : « sans risque ». Ce taux, non usuraire, est l'expression économique d'une mesure du temps dans laquelle l'incertitude concernant les défauts de remboursement est exclue. Avec la notion de risque (contrats dont les remboursements dépendent d'événements futurs incertains) a été introduite une autre dimension du futur : l'incertitude concernant les événements, défavorables ou favorables, dont dépend la réalisation des objectifs poursuivis. La prime de risque a pu être introduite. Elle s'ajoute au prix du temps dans les emprunts, sans que l'on puisse accuser les prêteurs de « faire un pari » sur la volonté du (ou des) dieu(x). Ainsi sont apparus les premiers contrats financiers risqués en Occident.

Après la finance, la science a pu se dégager des certitudes de la religion en s'attaquant à la compréhension des phénomènes physiques. S'est alors construite une nouvelle forme de certitude : la certitude scientifique. Cette dernière, avec les avancées rapides des sciences et des technologies qui en ont découlé a pu donner l'illusion que l'on pourrait éliminer le risque, notamment par des mesures de prévention. De ce fait, on a pu donner au début du XXe siècle le nom de risque à des situations particulières : celles dans lesquelles on connaissait les probabilités (ou fréquences) des événements incertains. Les autres situations étant qualifiées d'incertaines (Knight, 1921).

Les nouveaux risques ?

L'émergence du PP coïncide avec la prise de conscience que toute situation n'est pas réductible à un risque probabilisable, que les phénomènes décrivant les aléas peuvent être controversés et que, malgré les avancées de la science, une meilleure connaissance ne sera pas disponible dans un avenir proche. L'incertitude scientifique, qui disqualifie les techniques fondées sur des mesures de probabilités, caractérise ces situations. Ces dernières exigent cependant le plus souvent, que des décisions soient prises, d'autant plus qu'elles émergent dans un contexte où les conséquences futures sont non seulement incertaines, mais concernent un avenir parfois (très) lointain et possèdent souvent une dimension publique pouvant être internationale.

Ces situations « de risques » qualifiés parfois de « nouveaux » dans le sens où ils ne se prêtent pas aisément aux techniques de gestion éprouvées, concernent non seulement les humains eux-mêmes, mais aussi la Nature, voire l'avenir de la planète. Les conséquences des décisions prises ne sont pas aisément mesurables en termes monétaires, ce qui est pourtant nécessaire si on veut comparer les coûts de mise en place de ces techniques de gestion, aux bénéfices que l'on attend d'elles.

Les évaluations, la théorie économique et les développements récents

Nous présentons dans cet article les éléments de l'assurance et de la finance qui forment la partie de l'économie et de la gestion spécialisée dans la gestion des risques. Bien entendu, ces techniques, bien qu'en développement continuel, ne sont pas nécessairement adaptées à la gestion de nouveaux risques. La théorie économique ouvre néanmoins des voies d'analyse des décisions dans l'incertain. Nous en présenterons les aspects utiles à l'évaluation des nouveaux risques. Par ailleurs, la théorie s'est attaquée depuis la fin du XXe siècle au problème de l'évaluation de biens de consommation, privée ou publique, qui ne sont pas échangeables et pour lesquels on ne dispose pas de prix. Ces biens dits non marchands, concernent notamment l'environnement naturel, la biodiversité, la santé etc.

La démarche proposée

Le recours au PP se justifie lorsque l'on est en présence de risques controversés dont la réalisation génère des conséquences pouvant survenir à des dates futures lointaines et possédant une forte dimension collective.

Le PP cherche à guider la décision publique concernant des mesures (de précaution) prises, à temps, par la puissance publique face à des incertitudes scientifiques mais dans des limites de coûts socialement acceptables. La complexité de cet ensemble d'attributs relatifs au PP interpelle l'économie et la gestion de multiples façons. Afin d'en structurer l'approche, nous adoptons alors les points de vue suivants :

1) Nous considérons l'application du PP sous l'angle de la décision publique.

2) Les conséquences de cette politique publique sont décrites en termes de risque controversé (sans probabilités connues, voire, sans une liste exhaustive des conséquences). De plus, la réalisation du risque affecte plusieurs individus, non seulement ceux qui sont présents simultanément mais aussi ceux des générations futures y compris lointaines.

3) Le caractère controversé et collectif des risques nécessitant le recours au PP, amène à décrire les conséquences de la réalisation de ce risque sous la forme de scénarios. Les conséquences à venir des décisions prises peuvent être décrites grâce à une démarche prospective dans laquelle le temps et sa mesure économique tiennent une place importante.

4) Les risques auxquels font face nos sociétés sont alors évalués à travers des scénarios qui permettent de les décrire ainsi que les ensembles de conséquences qui leur sont contingents. Les méthodes que les sciences de l'économie et de la gestion ont forgées (notamment depuis la dernière moitié du XXe siècle) permettent de proposer une évaluation monétaire d'un nombre toujours plus grand de risques, de biens et services et plus généralement de biens publics et de biens à caractère non marchands.

La mise en place d'une telle démarche nécessite que soit clarifié un certain nombre de concepts, dont celui de prix, qui peuvent avoir des acceptions différentes dans le langage courant et dans d'autres sciences sociales.

Dans la section suivante, nous précisons le point de vue des économistes sur un certain nombre de notions afin d'éclairer l'utilisation que nous en faisons. Puis, dans la section 3, nous présentons les deux institutions historiques de l'industrie du risque que sont l'assurance et la finance. Nous insistons ensuite sur les concepts fondamentaux à la valorisation des risques que sont l'aversion vis-à-vis du risque ou de l'accroissement de risque, ainsi que la notion d'équivalent certain.

La section 4 débat du caractère « nouveau » des risques et montre que les théories et outils « anciens », proprement adaptés et développés, peuvent aider l'économiste/gestionnaire à dépasser les difficultés auxquelles il fait face lorsqu'il cherche à donner une évaluation monétaire aidant à l'application du PP. La cinquième section et les suivantes présentent les développements récents de l'Analyse Coûts Bénéfices qui généralisent les principes de cette méthode traditionnelle d'évaluation des politiques publiques et permettent de la rendre pertinente face à des contextes justifiant le recours au PP, notamment en prenant en compte les questions d'équité intra et intergénérationnelle.

CHAUSSE-TRAPES SÉMANTIQUES

Dans le langage courant, le terme de « risque » désigne le fait de courir un danger. Par ailleurs « prendre un risque » consiste à courir un danger potentiel dans l'espoir d'un bénéfice vraisemblable. Il y a donc deux aspects contradictoires à concilier que l'économie prend en compte et compare à travers la mesure et l'estimation monétaire de « variations de bien-être » qui recouvrent des aspects psychologiques, sociaux, politiques et financiers.

Conséquences, scénarios et risques

Il est possible d'associer à la réalisation d'un risque des conséquences qui modifient positivement ou négativement le bien-être d'un individu ou d'un ensemble d'individus. La connaissance et le recensement de ces conséquences dépendent crucialement des informations dont le décideur dispose au moment où se met en place l'analyse. Il est cependant possible, à une date donnée, d'envisager plusieurs hypothèses et ainsi de définir des scénarios. Ils sont caractérisés par la réalisation d'un ensemble particulier de conséquences (positives ou négatives) distribuées dans le temps en fonction de la réalisation d'événements et des décisions prises. Ces enchaînements de conséquences peuvent être représentés à l'aide d'« arbres de décision ». Chaque branche d'un tel arbre décrit un scénario particulier tel qu'il peut être envisagé à ce point de l'analyse. Le risque auquel le décideur fait face est alors représenté par cet ensemble de scénarios où se combinent décisions et événements incertains.

Coûts – bénéfices – dommages et investissement

En économie, les variations négatives de bien-être sont assimilées à des coûts. Cette notion recouvre les pertes, les dommages, les versements monétaires effectués. Les variations positives sont assimilées à des bénéfices et recouvrent les gains, les avantages, les coûts évités, les versements monétaires reçus.

Dans la vaste catégorie d'effets perçus comme des coûts car associés au fait que les individus ou la société qui les supportent sont amputés de quelque chose, une distinction essentielle doit être faite. En effet, la prise de décision d'initier un projet consiste à procéder à un ou des versements monétaires qui représentent des coûts initiaux. Ces coûts initiaux sont des investissements dont on attend des bénéfices. C'est l'acceptation de supporter ces coûts initiaux qui constitue ce que l'on entend de façon assez consensuelle par « décision économique ». Ces coûts initiaux sont acceptés par l'investisseur qui les met en regard d'une liste de bénéfices potentiels présents et futurs. La nature économique de ces coûts est celle d'un investissement dans un projet susceptible de générer des bénéfices, elle est ainsi considérablement différente de la nature économique d'une perte ou d'un dommage du fait de la réalisation d'un événement défavorable. Ainsi dans ce qui suit, nous distinguerons, chaque fois que cela sera nécessaire, les coûts ayant la nature d'un investissement initial des autres types de coûts.

Investissement et coût (socialement) acceptable

Faire un investissement, c'est donc prendre un risque auquel il est possible d'associer des pertes et des bénéfices sous forme monétaire. Cette formalisation des risques correspond à ce que l'on appelle un actif financier. Faire un investissement c'est accepter de se séparer de quelque chose à une date donnée (le plus souvent une somme monétaire pour les économistes) en espérant des bénéfices futurs, la plupart du temps incertains. Faire un don, au contraire, consiste à investir sans attendre de bénéfices futurs. Pour les décisions publiques, l'arbitrage est le même. Ainsi, grâce aux méthodes que nous présentons par la suite il sera possible de donner un sens précis en économie à ce que l'on entend par : des politiques publiques dont le coût est considéré comme « socialement acceptable ».

Évaluation monétaire comme indicateur d'efficacité économique

Dans les différents énoncés du principe de précaution, il est explicitement fait référence à la nécessité de mettre en place une approche d'évaluation économique. On trouve exprimée cette exigence sous diverses formes telles que : impacts sur croissance, coûts économiquement, socialement ou collectivement acceptables, soutenables ou encore durables. La démarche d'évaluation monétaire des conséquences, des scénarios et enfin des risques dans une unité commune, la monnaie, rend alors possible leur comparaison et/ou leur agrégation. Cette vision correspond de façon assez consensuelle à ce que l'on attend d'une évaluation économique.

Les situations dans lesquelles le décideur a recours au PP recouvrent le plus souvent des dimensions écologiques, sociales, psychologiques. Deux difficultés évidentes doivent être surmontées pour traiter de risques écologiques, sociaux ou psychologiques. La première vient de ce que leurs conséquences s'expriment le plus souvent en termes « physiques » et non en terme monétaire : nombre de cas lors d'une pandémie, nombre de vies sauvées par l'usage unique de seringues, hauteur d'eau dans le cas des inondations ou des variations de température de l'atmosphère terrestre. Il est possible de quantifier ces conséquences par la mise en place de protocoles scientifiques appropriés même dans des situations d'incertitude scientifique. Le seconde difficulté vient de la perception de ces conséquences et du risque qui peut les engendrer, perception qui dépend des individus et des sociétés concernées. Il s'agit alors de disposer de méthodes pertinentes d'évaluation monétaire de ces conséquences. La mesure des risques par le prix de contrats qui les couvrent nécessite de construire de tels contrats, ce qui se fait le plus souvent en recourrant à des données passées, données nécessairement extrapolées s'agissant de nouveaux risques. Avant de parler de contrats de couverture, il est nécessaire que les risques soient représentés de manière justifiée par des contrats financiers. Il faut, pour cela, exprimer en termes monétaires les conséquences de tels risques afin que les contrats qui les représentent aient eux-mêmes une expression financière et puisse entrer dans les domaines de gestion des risques que sont la finance et l'assurance.

À ce stade, il peut être utile de rappeler les propriétés que les économistes attribuent à l'évaluation monétaire et aux prix. La théorie économique nous enseigne que, idéalement, les prix que l'on observe sur un marché et dont la détermination repose sur les comportements d'individus indépendants mus par leur intérêt propre et mis en concurrence régulée, s'interprètent comme l'expression monétaire de la valeur sociale des biens échangés. Dans un cadre de décision publique, l'évaluation monétaire des conséquences d'une politique permet alors de statuer sur l'efficacité économique de mesures de prévoyance, de prévention ou de précaution pour lesquelles les montants d'investissements requis (cette forme particulière des coûts) peuvent être comparés aux prix d'instruments de couverture des risques qui existent ou peuvent être développés sur les marchés de l'assurance ou de la finance. Il est vrai que ces résultats en terme d'allocation efficace ne sont vraiment garantis que dans une configuration particulière de l'économie, celle de la mythique concurrence pure et parfaite. Il peut aussi être objecté que les actifs financiers ne reflètent la valeur de ces instruments que pour une fraction particulière de la société : celle des acteurs économiques qui ont accès aux marchés financiers.

Cependant, malgré ces imperfections, la monnaie et l'expression de la valeur sous une forme monétaire sont des références communes dans un monde où les échanges de biens et de services passent de plus en plus par « le marché ». L'expression de la valeur des biens et services sous une forme monétaire est donc un instrument familier, connu et manipulé par chacun. Grâce aux apports récents de la théorie économique[1], l'évaluation monétaire, bien qu'approximative dans de nombreux cas, est devenu accessible à des catégories toujours plus larges de conséquences, permettant leur intégration dans l'analyse économique.

La vie n'a pas de prix

Ces méthodes d'évaluation monétaire permettent donc d'associer une valeur à n'importe quelle conséquence, y compris dans des situations qui sembleraient exclure toutes possibilités d'arbitrage, individuel et collectif, entre monnaie et bien (vie humaine, intégrité biologique dans le cadre des OGM, biodiversité, ...). La remise en cause d'une référence à une appréciation purement monétaire des conséquences de la réalisation des risques, en particulier lorsque celles-ci concernent des domaines que les individus n'ont pas l'habitude de considérer sous un angle marchand s'appuie souvent sur des arguments moraux dont celui consistant à s'opposer à une marchandisation croissante, réelle ou fantasmée, de la société dans laquelle nous vivons. Ainsi, les arguments moraux contre le recours à l'évaluation monétaire, du type : « la vie n'a pas de prix », « il vaut mieux ne rien faire plutôt que de prendre un risque dont on ne connaît pas suffisamment les effets », « la Nature est bonne et l'Homme est un prédateur, etc. », sont en

1. Ces méthodes sont présentées dans la section « Évaluation monétaire ».

contradiction avec les faits. Par exemple, le sauvetage de personnes ensevelies, d'équipages marins en perdition, de niches écologiques, ont des coûts faciles à constater. En déduire un prix pour la vie humaine, ou celle d'autres espèces n'est pas aisé pour autant, mais accepter de subir des coûts sans contrepartie comparable, consiste à sacrifier, au profit discutable de la cible choisie, d'autres devoirs de préservation (pour rester dans le domaine moral). L'affirmation selon laquelle les phénomènes naturels seraient moins dangereux que ceux qui sont d'origine humaine se fonde sur des exemples dans lesquels les phénomènes en cause paraissent être devenus incontrôlables. Cette affirmation est contredite par autant de contre-exemples dans lesquels ces processus réputés incontrôlables résultent d'une exploitation malhonnête (parfois illégale) de phénomènes qui auraient pu, et sans doute dû, être contrôlés, notamment : l'amiante, les transfusions sanguines ou l'utilisation d'espèces modifiées. Dans le cas des OGM, si leur diffusion incontrôlée et la désinformation organisée par certains de leurs promoteurs suscitent des inquiétudes justifiées, leur étude et leurs utilisations sont motivées par des considérations humanitaires (nutrition, éviter les pesticides, etc.) aisément opposables (voir Godard, 2008 et Kast, 2008, par exemple).

THÉORIE ÉCONOMIQUE ET OUTILS DE GESTION DU RISQUE UNE BRÈVE MISE EN PERSPECTIVE

Dès l'origine de la notion de risque (XIIe siècle), une partie des institutions financières jusque là concernée par les prêts sans risque, a développé des activités financières risquées qui devaient donner lieu à des spécialisations en finance et en assurance. Ces deux spécialités n'ont été confiées à des institutions distinctes que bien plus tard et il est notable de remarquer que, depuis la fin du XXe siècle, elles sont à nouveau réunies au sein des mêmes établissements. Ce rapprochement correspond à l'émergence du PP. En effet, ce principe est censé cerner un comportement face à l'apparition de « nouveaux risques » pour lesquels la société, les sciences et les décideurs publics ne sont guidés ni par le principe de responsabilité individuelle, ni par celui de prévention pour les risques collectifs provoqués par des phénomènes scientifiquement connus (Ewald, 1996). En fait, aucun de ces risques, qu'il s'agisse d'endémies ou de catastrophes environnementales, en passant par les nouvelles technologies n'est particulièrement nouveau. Ce qui est nouveau est de les prendre en compte et, en l'occurrence, en compte monétaire !

L'étymologie même du mot «risque» nous renvoie à une notion monétaire puisque ce concept a eu pour but de libérer les financiers d'une contrainte qui les empêchait de proposer un service monétaire. Risque, signifie étymologiquement[1] (*rhizikon*) «image d'un écueil», ce qui, en termes maritimes, désigne le fait qu'une cargaison puisse être perdue. Cette image, mise sous la forme d'un contrat financier, a permis de libérer le commerce maritime du «risque» de perdre le capital investi dans une cargaison, quitte à payer pour ce service une prime (ex-ante) ou une compensation (ex-post) aux financiers qui assuraient ou prêtaient à terme le montant investi. La raison pour laquelle ce risque ne pouvait pas être couvert avant l'émergence de cette notion et des contrats qu'elle a permis de signer est que, depuis les débuts de l'histoire humaine[2] jusqu'alors, les financiers ne proposaient que des prêts (dits à présent «sans risque») et que les religions du Livre proscrivent le taux usuraire. Ce dernier, en effet, provenait soit d'un pouvoir du prêteur sur l'emprunteur (pouvoir dû à l'asymétrie d'information: raison politique de justice sociale) soit du fait que l'un des deux tirât profit de la volonté divine (alors associée aux événements défavorables ou favorables: raison religieuse). La notion de risque a permis de séparer deux choses: le prix du temps (d'un contrat à terme donné) et le prix du (service de couverture du) risque[3]. En effet, une prime de risque, ajoutée au taux d'emprunt à terme donné, amène ce taux à un niveau usuraire si on ne peut définir le service propre auquel elle correspond. Les premiers contrats, d'ailleurs, n'utilisaient pas de prime à proprement parler afin d'éviter cette accusation, ils étaient complexes et ressemblaient aux contrats d'actifs dérivés que proposent aujourd'hui les banques et les assurances[4].

L'assurance s'est développée sous sa forme actuelle à partir du XVIIIe siècle, après que la théorie des probabilités, les premières lois des grands nombres et l'usage des statistiques aient été développées, alors que la finance existe depuis le début de l'histoire et le XIIe siècle pour les contrats

1. Comme toute étymologie, celle-ci est discutable, mais elle présente l'avantage d'être pédagogique !

2. C'est-à-dire les premiers documents écrits sur tablettes d'argile à Sumer (Irak et Iran actuels).

3. L'Islam a résisté à ces définitions et pour rester dans le cadre de la charia, ces contrats sont alors rémunérés sous forme de charges à condition qu'ils ne couvrent pas, en principe, de spéculation purement monétaire.

4. Voir Briys et de Varenne (2000) pour des détails de l'histoire et des développements des risques.

risqués. De fait, avec l'émergence de la notion de risque, des contrats de partage des risques (ancêtres des actions de sociétés) et de couverture (ancêtres des contrats d'assurance et des contrats dérivés actuels) ont été établis, développés, puis échangés. Les marchés d'échanges se sont développés localement mais n'ont connu la liquidité qui fait leur efficacité qu'au XIXe siècle pendant lequel leur regroupement, leur régulation et la facilité des échanges virtuels a pu se développer.

Il n'existe évidemment pas de marchés pour des risques nouveaux. C'est ce qui justifie que l'on cherche, en l'absence de marché organisé, à construire des marchés hypothétiques dans l'espoir d'y observer des grandeurs monétaires ayant les propriétés économiques d'un prix concurrentiel.

Assurance

L'assurance propose des contrats risqués (aux résultats contingents à des événements aléatoires) à des individus qui les utilisent pour couvrir les risques auxquels ils font face. Ces risques sont particuliers, leurs conséquences sont toutes négatives, au mieux nulles. Personne ne supporterait de tels risques si les pratiques d'entraides n'étaient justifiées par la théorie des probabilités et la statistique qui ont permis à des institutions de vendre de tels contrats sans faire systématiquement faillite. L'assurance utilise pour cela deux principes : celui de mutualisation qui consiste à faire partager les risques individuels mis en commun par les individus et celui de la loi des grands nombres : un (ensemble de) théorème(s) mathématique(s) montrant que la somme de variables (ici les dommages) aléatoires indépendantes (le portefeuille d'une société d'assurance dont les risques assurés ne sont pas corrélés) tend vers sa valeur moyenne. Ainsi, lorsqu'une société d'assurance propose des contrats à un grand nombre d'individus qui courent des risques indépendants, son portefeuille n'est (presque) pas risqué. Il lui est alors aisé de calculer les primes à faire payer sur des contrats mutualisés, de sorte que leur somme couvre les dommages assurés [1] (et les frais de gestion, voire, des profits grâce à l'ajout d'un taux de charge). Tout se passe donc comme si les assurés avaient de l'aversion pour le risque alors que l'assureur n'en a pas ou en a moins. De toute façon, si l'assureur gère bien son portefeuille en respectant les deux principes de mutualisation et de grands

1. Le contrat ne porte pas sur le risque individuel mais sur la part qui lui est attribuée par la mutualisation.

nombres de contrats indépendants les uns des autres, son portefeuille de risques n'en présente pas !

Les sociétés d'assurance (mutualistes, c'est à dire sans vocation à faire des profits, ou non) ont fonctionné en couvrant les dommages par des placements sans risque jusqu'à la moitié du XXᵉ siècle. Poussées par la concurrence et/ou la demande des mutualistes, ces sociétés ont souscrit des contrats qui ne respectaient plus la loi des grands nombres. Énonçons les principales raisons de cette évolution :

– des primes fixées à un niveau trop peu élevé afin de faire face à la concurrence ;

– une tendance à monopoliser les assurés par région (pour des raisons de marketing), ce qui rend les risques corrélés en cas d'aléas naturels (incendies de forêt, tempêtes, inondations, notamment) ;

– des effets catastrophiques, qu'ils aient des causes naturelles ou industrielles et, de manière plus générale, des « nouveaux risques », ceux même qui ont suscité l'émergence du principe de précaution. Par définition, ces risques ne sont pas assurables (on ne sait généralement attribuer sans controverse, des probabilités aux effets), de plus, ils échappent parfois aux restrictions (écrites en tout petit !) des polices d'assurance parce qu'ils n'ont pas été prévus.

Ainsi, les portefeuilles des sociétés d'assurance sont devenus de plus en plus risqués et leur gestion classique n'a plus suffi à couvrir les risques de dommages. Afin d'y parvenir, les assurances se réassurent et les sociétés de réassurance jouent le rôle d'assureur classique en mutualisant les risques des sociétés d'assurance. Quant à eux, les réassureurs couvrent leurs risques rémanents en ayant recours à la diversification financière et aux nouveaux instruments de gestion des risques développés par la finance. Le mélange des deux genres : assurance et finance est alors évident, les modifications des régulations sur les banques et les assurances à la fin du XXᵉ siècle en ont pris acte : les assureurs proposent dorénavant des placements financiers et les banques offrent des contrats d'assurance.

Finance

La finance, quant à elle, s'adresse à des risques qui ne sont pas probabilisables *a priori* sans controverse : les analystes ont des avis divergents en général. Une action de société, notamment une société innovante, est un contrat qui donne droit à une proportion des bénéfices futurs (dividendes, prix de revente) d'une entreprise dont on ne peut pas estimer statistiquement les probabilités de succès faute de données. Les prêts à terme sont des contrats stipulant les modalités de remboursements du capital investi, leurs prix tiennent compte du temps d'immobilisation du capital et du risque présenté par l'emprunteur (risque de défaut, notamment) et l'évolution des prix à terme. Lorsque les contrats sont échangeables, leurs rendements tiennent compte à la fois des dividendes versés, ou des remboursements à termes fixés d'avance, et de la différence entre le capital investi et le prix de revente du contrat. Cependant, les controverses sur les rendements sont artificiellement levées depuis la création et le développement au XIXe siècle de marchés organisés et régulés d'échanges de contrats financiers. Ces marchés et leur fluidité ont permis d'établir des statistiques des prix (et/ou des rendements) des contrats échangés. Grâce au recueil de ces données, il est possible d'estimer les paramètres des distributions de probabilités des rendements des contrats échangés (ou de leurs prix futurs). Insistons toutefois sur le fait que les probabilités ainsi obtenues ne portent pas sur les événements auxquels les contrats sont contingents (qui restent controversés), mais sur leurs prix (ou leurs rendements) qui sont acceptables dans la mesure où les hypothèses qui ont permis de les calculées sont vérifiées (régularité, stabilité stochastique, indépendance des rendements instantanés, etc.).

Une théorie des marchés financiers a ainsi pu être développée à partir du modèle de Markowitz (1952) dans lequel les prix (ou rendements) sont représentés à l'aide de couples moyenne-variance, estimés à partir des statistiques de marché. Elle se fonde sur le concept très général selon lequel les investisseurs sont supposés préférer une espérance de gains plus grande pour une même variabilité, censée mesurer le risque. Un modèle d'équilibre des marchés financiers a été obtenu : le Capital Asset Pricing Model (Sharpe, 1964, Lintner, 1965 et Mossin, 1966). Ce modèle a permis de forger de nouveaux concepts et de proposer des mesures, tels ceux de diversification (des investissements) et de prime de risque de marché. Des méthodes et des instruments de gestion des risques ont ainsi pu être développés à partir de cette théorie.

Plus généralement, l'identification de processus de rendements des actifs a permis de développer une série de modèles d'évaluation (Black et Scholes, 1973 et Merton, 1973). Ils sont fondés sur le principe de (non) arbitrage (si les prix sont à l'équilibre) et ont ouvert la voie au développement de nouveaux instruments financiers. Ces instruments, souvent appelés « actifs dérivés » ont permis la création d'une ingénierie financière particulièrement utile aux sociétés d'assurance et de réassurance; nous y reviendrons dans la section suivante.

Décision économique dans un univers incertain : les outils de l'analyse

La théorie de la décision et en particulier la théorie de l'utilité espérée ont forgé un certain nombre d'outils permettant d'exprimer de manière simple certains concepts qui forment dorénavant la culture économique des décisions dans l'incertain (les risques que l'on prend). Ces concepts ont été utilisés et développés, tant dans la théorie de l'assurance (Borch, 1963) que dans la théorie des marchés financiers (Mossin, 1966). Les développements de ces deux théories et l'exposé de nouveaux concepts (prudence, sensibilité etc.) se trouveront dans l'ouvrage de Gollier (2001). Par ailleurs, elles ne contredisent pas, si elles en montrent plus souvent les limites qu'elles n'en justifient les arguments, des pratiques et des instruments développés par l'industrie des risques que forment l'assurance et la finance.

La théorie de la décision permet de justifier la représentation des préférences d'un individu (investisseur, assureur, décideur public) à l'aide d'une fonction particulière que l'on appelle « utilité ». Cette fonction est telle qu'un risque considéré comme préféré à un autre aura une utilité plus grande. Elle intègre les cas dans lesquels les distributions de probabilités sur les conséquences sont connues, ainsi que celui où ces distributions sur les conséquences sont incertaines mais mesurées subjectivement par le décideur. Le critère représentant le comportement du décideur, face à des choix portant sur des distributions de probabilité objectives (connues) ou subjectives, prend alors la forme de l'espérance mathématique de son utilité sur les conséquences certaines : théorie de l'Utilité Espérée due à von Neumann et Morgenstern (1944) pour le cas de probabilités connues et à de Finetti (1930) et Savage (1954) dans le cas où les probabilités sont subjectives. Les axiomes sur lesquels repose cette théorie étant souvent violés dans les expériences, ils ont été affaiblis pour tenir compte des comportements observés et la théorie a été généralisée. Le critère est alors obtenu par une intégrale plus générale (non linéaire) ou par le minimum d'une famille d'espérances mathématiques, ou encore par combinaison de telles intégrales (Quiggin, 1982, Schmeidler, 1989, Gilboa et Schmeidler, 1989, Tversky et Kahneman, 1992).

Cette théorie s'inscrit dans un modèle fondamentalement statique : le futur est vu dans sa globalité par l'individu, elle s'étend à l'aide d'artifices qui en réduisent la portée à des cas dynamiques (axiome de réduction des loteries). Ces analyses sont essentiellement locales (petits risques autour d'une conséquence moyenne) et dépendent des propriétés (difficiles à vérifier même au niveau d'un individu) de la fonction d'utilité sur les conséquences certaines.

Malgré leurs limites, ces théories ont permis de définir de manière précise un certain nombre de concepts fondamentaux et des mesures économiques (individuelles) du temps (facteurs d'actualisation), de l'incertitude (mesures, objectives ou subjectives) et des risques (valeurs actualisées du critère).

L'aversion pour le risque est caractérisée par la différence qu'un décideur (individuel, éventuellement représentant une collectivité) est prêt à payer pour passer d'une situation aléatoire, risquée, à une situation sans risque qu'il considère comme préférable. Ainsi, il est possible qu'un individu puisse associer à chacune des situations risquées auxquelles il fait face, une somme monétaire certaine appelée « équivalent certain ». La différence entre la valeur moyenne (espérance mathématique) des gains et pertes attendues et leur équivalent certain est la « prime de risque », somme que l'individu acceptera de payer pour ne pas avoir à affronter le risque (de perdre, mais de gagner aussi).

La limite première de ces concepts vient du fait qu'il n'existe pas, en pratique, de situation sans risque : ce n'est pas parce que je suis assuré d'être remboursé si ma maison brûle que je ne fais pas face à d'autres risques qui peuvent primer ou atténuer ma perception du risque d'incendie. Le problème posé par cette limite est connu dans la littérature sous le nom de risques rémanents (*background risk problem*, Eeckhoudt et Hammitt, 2001 et 2004). L'analyse de l'attitude d'un individu par rapport à l'ensemble des risques qu'il court nécessite d'avoir recours à des outils statistiques plus sophistiqués permettant sous certaines conditions de comparer les risques entre eux. C'est ainsi qu'ont été proposées des mesures « d'accroissement de risques » ainsi que diverses formes d'expression de l'aversion pour ces « accroissements de risques » qui s'expriment dans les théories généralisant la théorie de l'utilité espérée (Chateauneuf, Cohen, Melijsson, 1997). Il en existe différentes versions qui sont adaptées à différentes situations, notamment : aversion pour les accroissements de risques faible, forte, monotone, à gauche (dans la fonction de répartition des probabilités, c'est-à-dire aversion pour les pertes, quels que soient les gains possibles). Ces notions peuvent être exprimées de manière simple en termes d'une mesure du risque de pertes : La *Value at Risk* ou VaR (à ne pas confondre avec la variance souvent notée var) qui est recommandée par le Comité de Bâle (2004) pour réguler les risques de portefeuille des institutions financières.

À RISQUES NOUVEAUX, PRINCIPES NOUVEAUX ?

Nous l'avons souligné depuis le début de cet article, les risques nouveaux ne le sont pas vraiment, si ce n'est dans deux acceptions particulières.

– Ils peuvent être provoqués par des phénomènes nouveaux, jusque là inconnus, ceci nous privant d'études statistiques comme de théorie scientifique établie permettant de les décrire. On est alors confronté à des risques dont on ne connaît pas les probabilités d'occurrence ou bien ces dernières sont controversées.

– Ils résultent parfois de modifications récentes concernant les effets de phénomènes connus (catastrophes naturelles ou industrielles), notamment du fait de l'accroissement ou de la concentration de populations et de la prise en compte, nouvelle, d'impacts écologiques et sanitaires, pour ne citer que ces deux là.

Dans tous les cas, la difficulté principale qui est rencontrée pour décider face à ces risques, ou les évaluer, est celle de la valorisation monétaire des dommages possibles, difficulté qui persisterait y compris si ces dommages étaient certains.

Concernant la première dimension, le manque d'une mesure des événements conduisant à des risques, il est essentiel de souligner à nouveau la distinction entre les situations dite de « risque », avec probabilités connues et les situations dites d'« incertitude » où elles ne le sont pas. Concernant la seconde dimension mentionnée, est soulevée ici la question de savoir pourquoi il faudrait évaluer monétairement des risques dont certains effets ne sont clairement pas de nature marchande ? Mais comment faire autrement si l'on veut justifier les dépenses faites au présent pour prévenir, atténuer ou pouvoir compenser les effets de ces risques futurs ?

Le PP est invoqué, justement, afin de guider l'élaboration de normes juridiques, civiques et économiques permettant de gérer ces nouveaux risques. Ses différentes formulations font apparaître des dichotomies dans l'approche de ces risques. Nous les reprenons dans les sous-sections qui suivent, nous y abordons les difficultés rencontrées par les économistes et gestionnaires lorsqu'il s'agit d'étendre les théories justifiant les pratiques d'évaluation ou d'inventer de nouveaux instruments de gestion permettant de le faire et qui soient utilisables pour gérer ces risques particuliers.

Risque et incertitude

Face à un phénomène nouveau, prenons pour exemples l'apparition d'une endémie inconnue ou une innovation technologique, des difficultés considérables sont rencontrées pour évaluer l'occurrence et même pour établir un recensement exhaustif des événements favorables ou non. À supposer qu'une liste de conséquences puisse être établie de manière consensuelle, leurs probabilités seront mal ou pas du tout connues : nous faisons face à une situation d'incertitude non probabilisée, voire, à une situation d'incertitude non mesurable[1].

Le PP fait allusion à ce type de situations sous des expressions comme : incertitude scientifique, dommages pouvant être graves et/ou irréversibles, etc. Il n'incite pas moins à ne pas tarder à prendre des décisions (avec précaution) et ce à un coût socialement acceptable.

Les évolutions de la théorie de la décision vont dans le sens de pouvoir tenir compte de ce type d'incertitude « totale » ou très « large ». L'idée repose sur le fait que la prudence (avant même de parler de précaution) incite à tenir compte de tous les avis, quitte à les pondérer en fonction de leur significativité au niveau social. Ainsi, une liste des conséquences considérées comme possibles pourra être établie (à un moment donné et sachant qu'elle n'est pas nécessairement pertinente ni exhaustive). En se restreignant, il sera possible de donner à cette liste une structure d'espace mesurable sur lequel des distributions de probabilités pourront être définies (par les experts, ou être révélées par les individus concernés dans une enquête). Un critère permettant d'ordonner les décisions, ou de les évaluer, sera alors déduit de l'ensemble de ces distributions de probabilités subjectives. On se tournera généralement vers la valeur maximale des critères individuels, ou bien la valeur minimale, ou encore une moyenne pondérée des deux. La théorie de la décision ayant développé des théories concernant de tels super critères, nous avons à disposition une série de méthodes d'analyse de risques dont les conséquences sont incertaines (ambiguës). On obtient alors un critère qui correspond à un équivalent certain, plus ou moins représentatif du montant monétaire qu'une collectivité est prête à payer (ou à recevoir) pour éviter ou pour prendre le risque.

1. L'incertitude est non mesurable si on ne sait pas définir les événements de manière à ce qu'ils vérifient un certain nombre de propriétés mathématiques (former une algèbre de Boole, ou une sigma-algèbre).

Temps, dynamique des décisions et actualisation

Le temps intervient dans l'analyse des nouveaux risques sous deux aspects souvent négligés hors du contexte de précaution.

– Le PP fait allusion à la nécessité de prendre « sans délais » des mesures, mais sans se priver de prendre en compte de futures évolutions des connaissances. De même, le concept de dommages irréversibles incite à prendre toute la mesure du temps. Certaines versions du PP mentionnent aussi l'importance que peuvent avoir des conséquences qui n'apparaîtraient qu'à de très longs termes, termes trop éloignés pour que les évaluations économiques du temps (taux d'intérêts à dix ou trente ans, propensions à consommer, etc.) restent pertinentes. En effet, ces évaluations ne tiennent pas compte des préférences, inconnues, des générations futures qui sont concernées par les conséquences à long terme.

– La gestion des « nouveaux » risques se fait de manière dynamique, c'est-à-dire qu'elle intègre la possibilité d'arrivées d'informations futures qui modifieront les décisions précédentes : les décisions sont des stratégies dans lesquelles sont prévues les options de choix futurs ouvertes par l'arrivée d'informations nouvelles. Afin de définir les stratégies, il importe d'avoir une représentation du temps (temps continu ou temps discret, mais alors avec quels termes et quelles fréquences ?).

Le premier aspect (sans délais) met en porte-à-faux l'interprétation abusive du PP qui incite à repousser toute décision jusqu'à ce que les connaissances aient évolué de manière satisfaisante. Outre le fait que « satisfaisante » est difficile à définir, notons que repousser une décision (d'investissement, par exemple) est une décision stratégique, elle doit donc être évaluée afin de pouvoir la comparer à d'autres qu'il est opportun d'analyser aussi. La première difficulté rencontrée en évaluant une décision repoussée à une date indéterminée vient de ce que le « prix du temps », à ce terme, importe significativement. En effet, la somme qui n'est pas investie peut être placée à terme(s), ici variables, de manière à pouvoir la comparer à celle qu'une autre décision nécessiterait. Les économistes soulignent alors l'importance des coûts d'opportunités de tels investissements.

La dynamique des décisions dépendant d'informations dont ne connaît pas la portée ni la date d'apparition requiert des hypothèses (notamment si elle influe sur les comportements économiques de générations futures) qui ne peuvent être multipliées que jusqu'à un certain point pour rester dans le domaine du traitable. Plusieurs modèles définissant des critères tenant compte de prix du temps différents dans l'avenir proche et le futur lointain sont disponibles, chacun présentant des limites d'application qu'il convient de respecter. Tous ces modèles supposent que le temps est mesuré par des facteurs d'escompte appliqués à une évaluation additive : les conséquences (monétaires) de chaque terme sont actualisées et additionnées[1]. Un tel critère nécessite une hypothèse sur le comportement vis-à-vis du temps qui est aussi contestable que celle faite par la théorie de l'utilité espérée sur le comportement vis-à-vis de l'incertitude. Des extensions de la théorie aux cas d'ambiguïté sur la mesure du temps ont été proposées (Gilboa, 1989). Pour appliquer le PP, une certaine cohérence dynamique doit être respectée : la prise en compte d'arrivées d'informations futures (et donc des évaluations futures) doit être compatible avec le critère présent. Le respect de cette cohérence, et donc du PP, imposent des règles de révision des mesures en fonction des informations, tant sur l'incertitude que sur le temps (Kast et Lapied, 2004, 2006).

Mesures, individuelles ou collectives, des risques ?

Les deux sous-sections précédentes font référence aux extensions de la théorie de la décision individuelle. Son application aux cas de décisions collectives suppose que la collectivité concernée se comporte comme un individu « composite » dont les actions demeurent observables. Cette hypothèse n'est pas compatible avec la représentation des comportements individuels comme le montrent les nombreux théorèmes d'impossibilité d'agrégation des préférences à la suite de celui de Arrow (1950). De plus, l'argument selon lequel on peut observer les décisions d'une collectivité donnée comme on peut le faire de celles d'un individu se heurte aux difficultés de mise en place de protocoles d'expériences pertinents et de représentativité des individus constituant les échantillons étudiés afin de tester les axiomes de la théorie.

Il est toutefois possible de dépasser ces limites si l'on peut se référer à un marché sur lequel des actifs risqués définis par les processus de leurs paiements (ou de leurs taux de rendements) futurs sont échangés. L'observation et l'analyse des prix d'équilibre sur ce marché permettent d'en déduire une aversion pour le risque « moyenne » (parmi d'autres caractéristiques) que reflètent le prix des risques (prix des actifs dont on a déduit les prix à terme sans risque). À partir de ces caractéristiques, on propose un critère qui représenterait le comportement d'un individu « moyen »,

1. Cette démarche permet de calculer la Valeur Actualisée Nette, critère de décision attaché à l'Analyse Coût Bénéfice ; voir encadré 2.

représentatif du marché. Ce critère permet d'évaluer un actif risqué quelconque et de calculer le prix qu'il aurait s'il était échangé sur ce marché. Ce prix, respectant le principe d'arbitrage (à l'équilibre), est celui que proposerait l'individu représentatif du marché. Cette approche qui s'est révélée fructueuse, tant que le plan théorique que dans ses applications, est appelée théorie des investissements « réels », ou encore des « options réelles » (Dixit et Pendyck, 1994, Trigeorgis, 1996). Elle a permis d'évaluer de nouveaux risques (monétaires) et de construire des instruments de gestion des risques (extensions des « actifs dérivés » existants déjà). Les valeurs de ces contrats instrumentaux sont collectives dans le sens où elles reposent sur des prix résultants d'échanges sur des marchés (existants ou hypothétiques), ces derniers étant considérés par les économistes comme l'institution majeure de coordination des comportements individuels. Certes, il peut s'agir d'une collectivité restreinte ici aux investisseurs dans de tels actifs, ce qui récuse, pour certains critiques voyant d'un mauvais œil la référence d'inspiration libérale aux marchés financiers, leur représentativité de la société dans son ensemble. En effet, de tels investisseurs (institutions financières) ne sont représentatifs de la société dans laquelle ils agissent, que dans la mesure où leurs offres et demandes pour ces actifs (donc leurs prix) – résultant de celles des sociétés d'assurance, de réassurance et les banques, de même que de celles de certains entrepreneurs (compagnies productrices d'énergie, de construction, États) – reflètent une collectivité élargie concernée par ces évaluations. Cet élargissement, pour répondre en partie aux critiques, peut ou pourrait couvrir l'ensemble de la société, si ses différentes attitudes face aux risques « nouveaux » voulaient bien s'exprimer en intervenant sur les marchés. Les fonds de placement éthiques donnent l'exemple. Bien entendu, il est nécessaire de veiller à ce que les marchés soient suffisamment régulés et encadrés pour que les hypothèses, sous-jacentes à l'efficacité sociale des prix que ces marchés doivent faire apparaître, soient vérifiées. Les dérives dans la titrisation et l'évaluation de contrats dont les risques sont cachés par des montages financiers savants et peu honnêtes, sont courantes faute de sérieux des agences de notation et de rigueur des régulateurs. La crise que ces dérives ont engendrée en 2008, pointe du doigt la fragilité d'une référence sans précaution à des prix qui sont aisément manipulables. Elle donne raison, ex-post, aux critiques de ces approches théoriques et de la référence aux marchés financiers, bien que leurs raisons soient biaisées : les marchés financiers ne sont fiables, en effet, que dans la mesure où ils sont régulés de manière à se rapprocher aux mieux des hypothèses sur lesquelles s'est développée la théorie. La crise de 2008 a montré les défauts des régulations existantes, défauts sans doute encouragés par des décideurs publics plus soucieux de favoriser leurs propres intérêts sous le couvert d'une idéologie libérale du laisser-faire, que de jouer le rôle de régulateurs impartiaux attendu par leurs électeurs (ou sujets).

Nature des conséquences et observabilité des comportements

Pour l'économie, l'une des difficultés majeures à dépasser est l'absence de marché, car dans ce cas, il n'existe pas d'indicateur monétaire observable (de prix) reflétant la valeur des biens. C'est la situation dans laquelle nous nous trouvons lorsque les conséquences de la réalisation des risques nouveaux sont non marchandes.

Cependant, cette situation ne se limite pas aux risques justifiant le recours au PP. En effet, cette absence de marché et donc d'indicateur monétaire socialement accepté et observable par tous, touche des catégories de « produits » qui nous semblent pourtant spontanément faire partie de l'économie de marché. Mais certaines caractéristiques de ces produits provoquent leur exclusion du marché. Il peut s'agir de la nature du produit (le déplaisir de devoir renoncer à une activité récréative si l'eau est polluée); du fait que ces produits ne soient disponibles que dans le futur ou s'il se réalise un événement particulier (forte croissance ou au contraire dépression, inondation, tremblement de terre ou dissémination dans le milieu naturel d'un gêne modifié, ...). Force est alors de constater qu'il n'existe en définitive que peu de produits (peu de conséquences) pour lesquels il soit possible d'échanger sur un marché organisé des contrats stipulant tout ou partie de ces caractéristiques. Lorsque ces contrats existent, les événements ou les dates « couvertes » sont limitées. Parmi les biens disposant de tels marchés, on peut citer certaines matières premières (pétrole, minerai, ...), certains produits agricoles (blé...) et bien sûr la monnaie à travers les marchés financiers.

Cependant, malgré l'étendue des situations dans lesquelles il serait possible d'utiliser le qualificatif de « non marchand », nous adoptons l'acception habituelle de ce terme et le réserverons pour désigner la nature des conséquences de la réalisation d'un risque et non leurs dates ou conditions de réalisation.

La théorie économique a forgé au cours des dernières décennies des méthodes d'évaluation monétaire de biens de nature non-marchande. Il est pertinent de les mobiliser afin de construire une valeur monétaire des conséquences de la réalisation des « nouveaux » risques. La prochaine section présente les développements récents de l'utilisation de l'Analyse Coûts Bénéfices. Ils permettent d'étendre les principes de cette méthode traditionnelle d'évaluation des politiques publiques (voir encadré n° 2) afin de conserver la pertinence de son utilisation dans des contextes justifiant le recours au PP. Les questions d'équité intra et inter générationnelle de l'allocation des ressources que l'utilisation de ce critère de décision recommande de retenir sont au centre des travaux développés depuis les années 2000.

ÉVALUATION MONÉTAIRE

Il est possible d'associer à la réalisation d'un risque, même controversé, des conséquences, permettant de construire des scénarios dont la réalisation modifie le bien être des individus d'une collectivité donnée. Les méthodes d'évaluation économique, développées depuis une cinquantaine d'années, permettent d'associer une valeur monétaire à chacune des conséquences; l'Analyse Coûts Bénéfices peut ensuite être mobilisée afin de construire une valeur monétaire des scénarios, combinant des conséquences de nature différentes, sous la forme d'une Valeur Actualisée Nette (VAN) ou de son espérance si l'occurrence des conséquences est probabilisable (Treich, 2005).

Dans cette section nous discuterons d'abord la pertinence d'utiliser l'ACB lorsqu'il s'agit d'évaluer des décisions concernant des risques relevant du PP. Puis nous présenterons, très succinctement, les méthodes d'évaluation des conséquences couramment utilisées[1]. En dernier lieu, nous nous interrogeons sur les limites de ces analyses et montrons comment les travaux récents en économie qui abordent les questions d'équité et non uniquement d'efficacité permettent d'appréhender les questions soulevées par les « risques nouveaux » à défaut de pouvoir toujours les dépasser.

Les principes de l'Analyse Coût Bénéfice sont-ils compatibles avec le principe de précaution?

Selon Koop *et alii* (1997) « L'Analyse Coût Bénéfice est une technique destinée à améliorer la qualité des décisions publiques, en utilisant comme

1. L'encadré 1 offre une présentation plus développée de l'ACB.

métrique une mesure monétaire de la variation agrégée des bien-être individuels [...] associée à la politique concernée »[1]. Cette définition permet de rapprocher PP et ACB, puisque le recours au PP relève de la décision publique. Par améliorer, on peut entendre ici que l'ACB est une méthode d'aide à la décision publique qui permet d'analyser et de justifier, sur la base d'arguments de nature économique, le choix d'une politique publique au détriment d'autres politiques possibles que des principes moraux ou stratégiques auraient tendance à privilégier.

L'ACB est aussi l'approche recommandée explicitement dans de nombreux textes[2] législatifs soucieux d'une part de la prise en compte, lors de la décision publique, de l'ensemble des impacts d'une politique et, d'autre part, de la reconnaissance que nombre d'entre eux ne sont pas spontanément valorisés par le marché. Les décideurs publics sont donc, *a priori*, familiers d'une telle démarche en dehors du PP.

L'ACB se présente comme une des méthodes majeures d'aide à la décision publique. Elle permet de disposer d'un cadre d'analyse, qui peut être jugé restrictif, mais qui autorise que soit donné un contenu précis à la question qui se pose aux décideurs publics lorsqu'ils doivent prendre une décision : est-ce que la société sera « mieux » après avoir pris cette décision qu'avant? Le « mieux » est ici défini comme le propose la théorie économique en terme d'amélioration du bien-être, ce que l'on nomme efficacité économique.

L'ACB repose sur le principe de compensation proposé par Kaldor-Hicks. Ce principe permet de desserrer l'étau forgé par Pareto qui définit l'efficacité économique comme des situations dans lesquelles il est impossible d'augmenter le bien être d'un individu sans diminuer celui d'un autre. Au contraire, le principe de compensation de Kaldor Hicks permet à de telles situations d'être choisies collectivement à la condition que ceux qui engrangent les bénéfices puissent, *potentiellement*, compenser les pertes de bien-être de ceux qui subissent les coûts. À partir du moment où la décision prise conduit à une augmentation du bien être collectif, sans tenir compte de la nouvelle répartition entre les individus que cette décision engendre, une telle compensation est, potentiellement, possible. L'ACB nous dit qu'elle est socialement désirable. Essentiellement, l'ACB permet

1. Nous traduisons.

2. La Directive Cadre sur l'Eau (DCE, 2000), recommande l'utilisation de l'ACB afin de procéder à l'évaluation économique des mesures nécessaires à l'atteinte du « bon état écologique en 2015 ».

de dégager des éléments de proportionnalité entre les bénéfices (bénéfices directs ou coûts évités) et les coûts (qui comprennent ici les investissements initiaux et les coûts « au fil de l'eau ») associés à des décisions publiques y compris le Statu Quo.

S'il était possible de se limiter à des scénarios dans lesquels les conséquences des décisions étaient certaines, alors la valeur d'un scénario pourrait être calculée comme la différence entre l'ensemble des bénéfices actualisés et l'ensemble des coûts actualisés, c'est-à-dire la Valeur Actualisée Nette (VAN). L'actualisation est nécessaire puisque les conséquences sont étalées dans le temps mais elle suppose que l'on en connaît une mesure, celle donnée par des taux d'intérêts. Lorsque l'on considère des scénarios dans lesquels les conséquences des décisions sont aléatoires, c'est-à-dire lorsque l'on connaît la distribution de probabilité des conséquences, on est ramené au cas précédent en calculant la valeur d'une décision à l'aide d'un critère qui intègre l'incertitude sur les valeurs des conséquences possibles : par exemple l'utilité espérée d'une décision.

Dans le cadre des risques associés au PP, les conséquences sont incertaines sans être aléatoires (on ne connaît pas la distribution de probabilités des conséquences, ou bien cette distribution est controversée, ou encore elle n'a pas de sens). Le processus de décisions, une fois toutes les conséquences valorisées à l'aide d'une méthode d'évaluation pertinente est alors assimilable à un actif financier dont les paiements seraient les valeurs des conséquences futures. Un tel actif peut éventuellement être valorisé par réplication par un portefeuille d'actifs négociés, ou par des méthodes d'optimisation comme on en a développées en théorie des investissements (ou des « options ») « réels ».

Malgré les difficultés de mise en œuvre (Treich, 2008), l'ACB offre un critère de choix simple entre des scénarios alternatifs y compris dans le cadre du PP : « la Valeur Actualisée Nette » (VAN) de la décision retenue doit être supérieure à celle des décisions rejetées. La prise de cette décision est alors justifiée au moins du point de vue de l'économie. La VAN offre ainsi une mesure monétaire de la variation de bien être collectif consécutive à la décision. Le critère sur lequel repose l'ACB est certes moins contraignant que son cousin théorique d'optimum parétien. Il ne se fixe pas moins comme objectif, la seule l'efficacité économique.

Une étape fondamentale de l'ACB est donc la monétarisation des conséquences des décisions, décrites par les scénarios qui pourraient se dérouler.

La monétarisation les conséquences

Si l'on accepte de chercher à exprimer en termes monétaires les conséquences de la réalisation des risques, la démarche standard permettant de déterminer cette valeur comporte deux étapes. La première consiste à identifier la nature des conséquences afin de réaliser, dans une seconde étape, l'évaluation monétaire à proprement parler en mobilisant la démarche la plus pertinente. Ainsi, la nature des conséquences associées à la réalisation des scénarios guide le choix des méthodes d'évaluation.

Selon la nature des conséquences estimées, une méthode d'évaluation monétaire est choisie au sein de deux familles de méthodes : les méthodes de préférences révélées et les méthodes de préférences déclarées. Les premières se caractérisent par l'existence d'un marché sur lequel peuvent s'exprimer, directement ou indirectement, les préférences pour un bien ou un service. Si le bien est marchand, les préférences pour ce bien sont révélées sur le marché du bien. Si le bien est non marchand, il peut exister un ou plusieurs marchés sur lesquels la valeur monétaire de ce bien non marchand sera révélée indirectement. C'est pour cela que l'on parle aussi de méthodes indirectes de révélation des préférences. Mais face aux risques concernés par le PP, il est souvent impossible de trouver de tels marchés qui valoriseraient par exemple, même indirectement, les conséquences de l'utilisation des OGM, des variations climatiques ou des pertes de biodiversité.

Ces difficultés incitent à mobiliser d'autres méthodes reposant sur la construction de marchés hypothétiques, c'est-à-dire la construction d'un protocole particulier permettant aux individus d'exprimer directement leur CAP (Consentement À Payer). Ces méthodes sont appelées méthodes de préférences déclarées car elles nécessitent d'interroger directement les individus sur leur CAP au moyen d'un questionnaire. La plus connue, car la seule disponible jusqu'à une date récente, est la méthode d'évaluation contingente[1].

Il n'est pas question ici de discuter les avantages et limites de chacune des méthodes disponibles, dont le fameux biais hypothétique (Ami *et alii*, 2008a) attaché aux méthodes de préférences déclarées.

1. L'encadré 1 décrit de façon plus détaillée cette démarche maintenant considérée comme standard en économie.

Les difficultés liées à la monétarisation des conséquences dans le cadre du principe de précaution

Comme le soulignent Zerbe et Bellas (2006) il est difficile, voire, impossible, de garantir que les évaluations monétaires effectuées en utilisant les méthodes d'évaluation présentées dans la section précédente aient les propriétés d'un prix de marché qui justifient leur utilisation au nom de l'efficacité économique. Choisir de mesurer les comportements des individus en terme de CAP et de CAR, c'est accepter sans les discuter deux hypothèses standard mais fortement critiquées de la théorie économique. La première considère que les individus sont toujours capables de réaliser des arbitrages entre les biens et la monnaie; la seconde considère que l'intérêt personnel est l'unique moteur de la décision individuelle.

Ces positions sont-elles tenables dans des contextes où pourrait être mobilisé le PP? De nombreuses réticences ont été exprimées concernant la pertinence d'étendre l'ACB aux domaines d'intervention concernés par l'application du PP.

Considérons la première hypothèse. Face à un certain nombre de décisions, (consommation courante de biens privés par exemple) il est possible de considérer que les individus procèdent à des arbitrages entre les situations comme le prône la théorie économique. Dans d'autres cas ces individus peuvent exprimer, par exemple, des classements dits lexicaux [1], qui hiérarchisent les biens eux-mêmes en excluant les arbitrages. De telles préférences sont incompatibles avec les principes de l'ACB et la théorie économique standard en général. Atkinson *et alii* (2000), trouvent qu'environ 20% des personnes interrogées lors de leur enquête, donnent un classement lexical. Cette proportion est courante et ne peut être négligée. De tels individus peuvent exprimer des valeurs monétaires mais elles n'ont pas la nature d'un CAP ou d'un CAR. Il est donc théoriquement impossible d'agréger des valeurs, dont l'interprétation économique diffère, au sein d'une ACB.

Exprimer un classement qui hiérarchise des biens et non des situations entre lesquelles il est possible d'arbitrer peut être une façon pour un individu d'exprimer des préférences en tenant compte non pas uniquement des critères économiques mais de critères que nous qualifierons ici de

1. Les individus prennent leur décision en privilégiant un élément particulier, un bien particulier dans l'ensemble de ceux qui leur sont proposés. Par exemple leur revenu au dépend de l'environnement (ou le contraire). Ils ne réalisent pas d'arbitrage entre ces deux biens.

moraux. Orr (2007) et Suggen (2005) offrent des pistes de réflexion intéressantes afin de comprendre l'apparition au cours d'une enquête d'évaluation contingente ou d'expérience de laboratoire de comportements considérés comme incompatibles avec la théorie économique standard. Ils proposent alors d'étudier la possibilité d'exprimer un comportement qu'ils qualifient de citoyen par opposition au comportement de consommateur décrit par la théorie économique standard. On rejoint la discussion de la seconde hypothèse, celle considérant que les préférences des individus sont strictement égoïstes et que les questions d'équité peuvent être négligées au profit des questions d'efficacité.

Actualisation et équité à l'épreuve du principe de précaution

Le principe d'actualisation des coûts et des bénéfices utilisé par le calcul économique développé selon les principes de l'ACB, est certainement celui qui a ouvert le plus de débats. Le PP pose-t-il des questions nouvelles dans le domaine du choix de ce qu'il est convenu d'appeler le « taux social d'actualisation » dans la mesure où il s'applique à une décision publique? Comment le choix de ce taux soulève-t-il les questions liées à l'équité de la répartition des coûts et des bénéfices dans une démarche qui repose sur un critère d'efficacité économique? En effet, ce dernier semble négliger l'impact de la répartition des bénéfices et des coûts sur l'acceptabilité sociale de cette politique et donc la possibilité qu'elle soit effectivement mise en œuvre.

Rapidement résumée, la difficulté soulevée par le choix du taux social d'actualisation est la suivante : dès que le taux d'actualisation est positif, les bénéfices qui apparaissent dans le futur voient leur valeur diminuer par rapport aux coûts et plus particulièrement aux investissements initiaux supportés immédiatement qui sont mécaniquement majorés par le calcul. Le choix du taux d'actualisation pose donc la question de l'arbitrage entre bénéfices et coûts d'investissements présents d'une part et bénéfices et coûts futurs d'autre part. Un taux social d'actualisation positif revient donc à considérer que le bien-être des générations futures compte moins que celui des décideurs présents, au sens littéral du terme. Quels sont alors les arguments avancés afin de justifier que ce taux soit positif? Que deviennent ces arguments dans le cadre du PP?

De façon claire, la décision publique de mettre en place (ou non) des mesures justifiées par le recours au PP génère des scénarios dans desquels la répartition des richesses entre des individus d'une même génération mais aussi entre individus de générations différentes peut fortement être modifiée. Sont alors posées les questions d'équité intra générationnelles et inter générationnelles qu'il semble difficile de discuter dans le cadre défini par l'ACB, qui se préoccupe bien de « la taille du gâteau » qui doit être la plus grande possible (efficacité économique) et non de la « répartition de ces parts » (équité, justice sociale). Cette dernière question n'est cependant pas absente des réflexions économiques. Les travaux récents distinguent deux questions, inter et intra générationnelles, ce qui conduit à deux types de modèles.

– Les premiers discutent du choix du taux social d'actualisation des bénéfices B et coûts futurs C, la valeur de ρ dans la formule (A1) et permet d'aborder les questions d'équité inter générationnelle :

$$VAN = \sum_{t=0}^{T} B_t(1+\rho)^{-t} - \sum_{t=0}^{T} C_t(1+\rho)^{-t}. \qquad \text{A1}$$

Ici les bénéfices et les coûts calculés à une date t donnée ne distinguent pas les individus ou les groupes sociaux à cette date. Tout se passe comme si la société pouvait être vue comme un seul individu dit représentatif avec toutes les difficultés bien connues associées à cette démarche (Arrow, 1950).

– Les seconds au contraire cherchent à étudier l'impact de la répartition de ces bénéfices et coûts entre les différents groupes sociaux ou individus au sein d'une même génération. La VAN (A1) prend alors la nature d'un bénéfice net à une date donnée, bénéfice net qui peut alors varier selon la valeur de coefficients de pondération attribués aux différents groupes sociaux concernés. Le bénéfice net (BN) s'écrit alors :

$$BN = \sum_{i=1}^{N} \alpha_i B_i - \sum_{i=1}^{N} \alpha_i C_i. \qquad \text{A2}$$

Lors d'une ACB standard tout se passe comme si les coefficients de pondération α_i étaient tous identiques et égaux à un. Ainsi dans (A1), cela revient à supposer qu'à chaque date t, le bénéfice B_t est égal à la somme des bénéfices individuels (et que le coût C_t est égal à la somme des coûts individuels, investissements inclus). Cela revient à traiter tous les individus ou groupes sociaux de façon identique. L'ACB standard revient alors à supposer que la répartition des impacts de la politique publique étudiée est sans effet sur le niveau de bien être global de la société concernée[1].

1. Remarquons que ces différentes écritures ne distinguent pas les investissements initiaux et les autres formes de coûts qui jouent pourtant des rôles économiques différents.

Sur un plan théorique, les travaux concernant le choix du taux d'actualisation (A1) ont été développés dans le champ de l'économie du risque et de l'incertitude dans les travaux se rattachant essentiellement aux domaines de la finance et de l'assurance alors que le débat autour de l'équité intra générationnelle (A2) s'est plutôt développé dans le domaine de l'économie publique qui implique souvent de recourir à l'utilisation d'une fonction d'utilité sociale.

Équité inter générationnelle, taux d'actualisation et principe de précaution

Il n'est pas surprenant que le choix du taux social d'actualisation soit l'enjeux du débat autour des résultats du rapport Stern en 2006, évaluant les conséquences économiques du changement climatique (Stern, 2006, Nordhaus, 2007a, 2007b, Weitzman, 2007, Arrow, 2007). En effet, il s'agit de justifier le choix d'un taux d'actualisation, sachant que dès que ce dernier est positif, il réduit mécaniquement le bien-être des générations futures. Arrow a posé le cadre du débat dès 1995. Le taux d'actualisation social est en fait la somme de deux composantes : la première se rapporte à ce qu'il est convenu d'appeler « un taux de préférence pure pour le présent », la seconde un effet richesse reposant sur deux hypothèses économiques standard : 1) les générations futures seront mieux dotées que les générations présentes ce qui peut être mesuré en terme de taux de croissance du revenu ; 2) l'utilité marginale du revenu est décroissante ce qui revient à dire que l'utilité d'un euro supplémentaire pour les riches est inférieure à l'utilité d'un euro supplémentaire pour les pauvres. Dans cette perspective, le paramètre clé du modèle est l'élasticité de l'utilité marginale du revenu [1].

Dans le cadre des risques concernés par le PP, ne peut-il pas exister de scénarios dans lesquelles les richesses disponibles de l'humanité seraient réduites ? N'est-ce pas en particulier pour répondre à ce souci que le PP a été proposé ? Dans ce cas, il pourrait être justifié d'utiliser un taux d'actualisation social négatif.

1. Les résultats présentés ici sont ceux obtenus dans le cadre d'un modèle de comportement économique particulier celui d'une utilité dite isoélastique. Ce modèle à l'avantage de permettre d'obtenir des résultats analytiques ce qui est beaucoup plus difficile dans un modèle plus général. Le lecteur intéressé par les détails de ce modèle peut consulter les références citées dans le texte.

Équité intra générationnelle, fonction d'utilité sociale et principe de précaution

L'approche en termes d'équité d'une décision publique soulève des difficultés différentes de l'approche en terme d'efficacité même si, comme nous le verrons, les économistes proposent en fin de compte des démarches assez semblables. À la différence de l'efficacité économique, définie sans ambiguïté (apparente), il est possible de mobiliser différents concepts d'équité, souvent issus des différentes sciences sociales et humaines. Le plus souvent, les débats autour de l'équité se transforment en étude des inégalités avec la question évidente de la nature des inégalités. Il semble en effet clair que les inégalités, et de façon générale, les débats autour de l'équité ont des natures multidimensionnelles. L'économie, de façon attendue, tranche ce débat en faveur de critères strictement économiques comme le revenu (voire, le patrimoine). Ces variables sont d'une part réputées être observables, ce qui n'est pas le cas de bon nombre d'éléments pourtant fondamentaux dans le détermination du bien être des individus et d'autre part réputées conditionner de façon essentielle l'accès à l'ensemble des autres biens et services, biens de consommations évidemment mais aussi santé, éducation et qualité de l'environnement auxquels peuvent avoir accès les individus ou groupes sociaux. Ainsi, l'économiste va traduire une fois encore la difficulté à laquelle il fait face, ici l'analyse en terme d'équité d'une décision publique, en une analyse de la quantité de monnaie disponible pour les individus ou les groupes sociaux concernés.

Malheureusement et contrairement à l'efficacité économique, il n'existe pas de théorie générale en matière de justice (re)distributive. Dans des cadres spécifiques, il est parfois possible de recourir à un principe dont le respect semble acquis auprès de tous. Nous pensons bien évidement aux politiques publiques de lutte contre la pollution pour lesquelles l'application du fameux principe du pollueur payeur semble acquise du moins au niveau des intentions politiques affichées. Rappelons ici tout de même que ce principe n'est en rien un principe d'efficacité économique car cette dernière peut être atteinte en faisant payer les pollués. Le principe du pollueur payeur est considéré, de façon assez consensuelle, comme la position « la plus juste » (moralement) afin de répondre à la question de savoir qui doit supporter les coûts d'une pollution.

Dans ce cadre du PP, pourquoi semble-t-il difficile d'éviter la question de l'équité ? L'énoncé du principe fait explicitement référence à des coûts socialement acceptables. Une vision étroite de cette exigence serait de ne regarder que l'efficacité de l'allocation des ressources. Cependant, le caractère socialement acceptable de la répartition des coûts et non uniquement le niveau des coûts doit être étudié. La question de la répartition des avantages et des nuisances qu'une politique publique, et tout particulièrement dans le cas de risques justifiant le recours au PP, peut fortement influencer l'acceptabilité sociale de cette politique et donc l'accueil que l'opinion publique lui réserve.

Là encore nous pouvons nous appuyer sur les travaux réalisés dans le cadre de l'évaluation des dommages liés aux variations climatiques. Leurs résultats montrent que la répartition des coûts et des bénéfices entre différents pays et non pas seulement leur mesure en termes monétaires, a un impact sur l'ampleur de la variation de bien-être agrégé (Pearce, 2003). La répartition est discutée à l'aide de coefficients des pondérations, les α_i de la formule (A2). Mais contrairement au concept de « réparation efficace des ressources », la question relative à la définition d'une répartition équitable reste entière. Il n'est ainsi pas possible de proposer des valeurs, pour ces coefficients qui fixent l'importance accordée à chaque population dans la détermination du bien-être agrégé, qui soient acceptées par tous sans discussion.

Face à cette difficulté, un certain nombre de résultats théoriques, dont la présentation dépasse le cadre de cet article, peuvent être obtenus dans le cadre d'un modèle mathématique particulier au sein duquel l'élasticité de l'utilité marginale du revenu joue à nouveau un rôle essentiel. En effet, ce paramètre peut dans ce cadre particulier être interprété comme le « degré d'aversion de la société vis-à-vis des inégalités » (Pearce *et alii*, 2006). La construction de cette mesure « d'aversion de la société vis-à-vis des inégalités » n'est d'ailleurs pas sans rappeler celle du « degré d'aversion au risque » présentée dans les sections précédentes[1].

Sur le plan de l'aide à la décision publique, la question fondamentale qui se pose concerne les ordres de grandeurs probables de ce paramètre d'élasticité ou de façon équivalente des coefficients de pondération. Comment estimer ces paramètres fondamentaux pour une collectivité donnée ?

Atkinson *et alii* (2000) proposent d'utiliser les méthodes de préférences déclarées. Les préférences en matière d'équité des populations peuvent faire l'objet d'une enquête directe auprès des citoyens. Un scénario hypothétique permet ici de rendre observables, non plus les CAP afin de disposer d'un bien mais plutôt les préférences en matière de répartition des coûts et des bénéfices des politiques publiques concernées. Dans le

1. Ces résultats peuvent être trouvés chez Pearce (2003).

contexte de la pollution atmosphérique, Atkinson *et alii* demandent aux individus interrogés de désigner qui selon eux devraient prioritairement financer la politique de réduction de cette pollution. Leur questionnaire permet d'abord de classer les habitants de la ville concernée (Lisbonne) selon trois critères : être à l'origine (ou non) de la pollution, le bénéfice individuel associé de la politique, la capacité à payer. Les résultats confirment l'adhésion des individus interrogés au principe du pollueur payeur. Mais les personnes interrogées expriment aussi leurs préférences pour un système dans lequel les groupes sociaux disposant d'un haut revenu et tirant des bénéfices importants de la politique mise en place contribuent de façon plus importante que les groupes sociaux à bas revenus et tirant peu de bénéfices de la politique. On retrouve ici deux grands principes concurrents de répartition : d'une part « à chacun selon ses besoins (ou ses impacts) », et, d'autre part « à chacun selon ses moyens ».

Toujours dans le cadre de la pollution atmosphérique, Ami *et alii* (2008b) proposent au cours d'une enquête d'évaluation contingente de classer trois types de répartition : une répartition égalitaire entre tous les individus, une répartition dans laquelle ceux qui polluent le plus sont aussi ceux qui payent le plus, en l'occurrence une répartition où les industriels payent le plus. Les réponses obtenues confirment la référence au principe du pollueur payeur mais permettent aussi de déceler d'éventuels comportements stratégiques en comparant les réponses obtenues à ces questions à celles obtenues dans une autre partie du questionnaire où il était demandé aux individus interrogés s'ils estimaient polluer plus, moins, de façon identique que le reste de la population.

L'intérêt de solliciter ces méthodes de préférences déclarées dans des travaux concernant l'équité vient de ce que les avantages et les biais sont maintenant bien connus.

Le principe de précaution oppose t-il calcul économique et participation citoyenne ?

L'ACB est souvent critiquée car considérée comme dire d'experts (les économistes) et donc s'opposant ou du moins difficilement compatible avec une démarche reposant sur la participation et la concertation (Larrère et Larrère, 2000). Afin de satisfaire ce type de démarche, les travaux des sociologues, Callon *et alii* (2001) proposent de recourir à des formes de démocratie participative qu'ils nomment « forums hybrides ». De tels forums ont été organisés en France en 1998 lors du débat sur les OGM sous le nom de « conférences citoyennes ». Selon ces auteurs, il ne faut pas enfermer les débats dans l'univers des spécialistes, mais au contraire utiliser tous les savoirs et écouter tous les discours qu'ils soient scientifiques ou profanes. Les auteurs opposent ainsi les procédures de concertation qui génèrent « des actions mesurées » aux « décisions tranchées » construites par les spécialistes telles que celles s'appuyant sur l'ACB.

Mais l'ACB et de manière générale l'analyse économique et le calcul économique ne sont qu'un éclairage particulier, économique, porté sur la décision publique. L'ACB n'est qu'un outil d'aide à la décision et non une règle incontournable de décision publique. L'ACB permet de classer des décisions publiques dans un ordre particulier, celui défini par un critère reposant sur l'efficacité économique. Les arguments économiques qui peuvent être avancés lors d'une ACB à travers une interrogation portant sur la proportionnalité des coûts et des bénéfices, n'exonèrent pas les autorités publiques de leurs responsabilités politiques. Ainsi, l'analyse économique ne dispense pas de la prise de décision qui demeure politique.

La précaution invite à définir de nouveaux rapports entre sciences – quelles soient « dures » ou « sociales » – et politique.

Quel bilan peut-t-on essayer de tirer bien modestement de cette diversité de points de vue et quel peut être dans ce contexte de débats la position de l'économie et de l'évaluation monétaire ?

La présence du temps et surtout de l'incertitude soulèvent d'incontestables difficultés pour l'analyse économique. Ces difficultés sont exacerbées lorsque cette analyse économique concerne des décisions ayant une forte dimension collective. Dans ce dernier cas, il est classique de recourir à l'ACB qui propose d'évaluer monétairement les politiques publiques, qui correspond, traditionnellement, à ce à quoi l'on s'attend, lorsque l'on à recours à une évaluation économique.

Même si les critiques adressées à l'évaluation monétaire et à l'analyse économique sont pertinentes, soulignons que ces dernières ne sont que des approches particulières, le point de vue de l'économiste, qui analyse la décision publique avec les outils qui lui sont propres. L'ACB particulièrement, n'est qu'un outil d'aide à la décision. Elle permet d'organiser, voire, de construire des arguments économiques afin d'éclairer la décision publique, mais elle ne dispense pas de la prise de décision qui demeure politique même si elle a pu intégrer des arguments d'équité au sein d'une même génération ou entre les générations.

Il peut, de plus, exister des synergies entre les différentes méthodes d'évaluation économique, dont l'ACB, et les conférences citoyennes, dont le décideur public aurait tort de se priver. Les conférences citoyennes peuvent être le lieu où certains individus se familiarisent avec une situation singulière et peuvent envisager de la considérer ou non sous un angle marchand. Cette étape peut alors être intégrée par les économistes d'une manière enrichissant la mise en place des méthodes de préférences déclarées. Ces dernières peuvent ainsi devenir des outils d'expression individuelle du choix des politiques publiques, voire, un outil de démocratie participative surtout lorsqu'on adjoint un ensemble de questions touchant, au sens large, aux problèmes de répartition.

Les préférences, en matière de répartition, des individus interrogés peuvent refléter comme le soutient la théorie économique standard des préoccupations purement individualistes et égoïstes, mais aussi être motivées par des formes plus ou moins fortes d'altruisme et ces comportements qui seraient qualifiés de « citoyens » par Orr (2008) et Suggen (2005). C'est ce que laisse aussi supposer les résultats de Ami *et alii* (2008a, 2008b) qui d'une part marquent l'absence en moyenne de comportements stratégiques et d'autre part montrent que les individus modifient leur CAP selon le contexte dans lequel ils sont placés : un marché où ils pourraient se comporter comme des consommateurs ou des élections où ils pourraient se comporter comme des citoyens.

Ainsi, loin de restreindre les débats suscités lors de la prise de décision dans une situation conflictuelle ou du moins controversée telle que celles justifiant le recours au PP, il peut être avancé que l'ACB et les méthodes d'évaluation monétaire qui ont été élaborées par les économistes depuis une cinquantaine d'années, peuvent au contraire susciter un enrichissement du débat public, possiblement organisé sous forme de conférences citoyennes comme dans le cas des OGM. Réciproquement, les conférences citoyennes qui reposent sur la concertation entre toutes les parties prenantes sont un enrichissement considérable dans la connaissance non seulement de l'existence de certaines valeurs associées à un scénario particulier mais aussi dans l'établissement d'une hiérarchie entre les valeurs, voire les scénarios envisagés. Elles peuvent modifier tant quantitativement que qualitativement les scénarios retenus lors des évaluations dans le cadre d'une ACB.

ANNEXES

Encadré 1
Valeur économique totale et méthodes d'évaluation économique

Valeur économique totale

La nature des conséquences que l'on cherche à évaluer guide le choix de la méthode d'évaluation utilisée. Ce choix peut être présenté à l'aide d'une triple typologie dont l'utilisation aboutit à distinguer les différentes valeurs pouvant être attribuées à un bien ou service par un individu. Les valeurs sont ainsi classées selon 1) leur nature, marchande ou non marchande, 2) le fait qu'elles relèvent de l'usage que l'individu peut en avoir ou au contraire du non usage, 3) la date d'apparition des conséquences (présentes ou futures).

Le graphique 1 offre une vue synthétique de ces différentes valeurs, qu'un individu peut attribuer à un bien ou un service. La valeur que la société associe à ce bien ou ce service est calculée en agrégeant les valeurs individuelles, c'est en ce sens qu'elle peut être qualifiée de « sociale ».

Distinction entre valeurs d'usage et valeurs de non usage.

On entend par « usages », les utilisations immédiates directes ou indirectes, avec ou sans prélèvement, du bien ou du service que l'on cherche à évaluer. La valeur d'option quant à elle, est la valeur qu'un individu place sur l'usage potentiel du bien. Il s'agit donc d'un usage futur et incertain pour l'individu. Il peut exister un autre type d'incertitude mais qui concerne cette fois l'offre du bien. L'individu envisage de consommer le bien dans le futur mais il n'est pas sûr que le bien sera toujours disponible. La valeur qu'il associe au bien est liée au motif de préserver l'offre du bien. On parle alors plutôt de valeur de quasi-option. Cette valeur prend en compte le caractère (plus ou moins) irréversible de l'éventuelle disparition du bien.

Les valeurs de non usage sont associées au bien par un individu en dehors de tout usage personnel qu'il peut ou pourrait en faire. Les valeurs de legs concernent l'utilisation que pourront avoir les générations futures du bien ou du service en question. Les valeurs dites d'existence peuvent se décliner de plusieurs façons. L'idée principale est que l'individu qui exprime cette valeur n'a pas l'usage du bien ou du service en question ni dans le présent ni dans le futur. Si d'autres individus peuvent avoir l'usage du bien, on parlera alors de motif de bienveillance car cette valeur reflète le désir de la part de l'individu de conserver une ressource environnementale pour un usage potentiel pour autrui, sinon on parle de valeur intrinsèque.

Graphique 1.
Décomposition de la valeur sociale ou valeur économique totale
(adapté de Patrick Point, 1998)

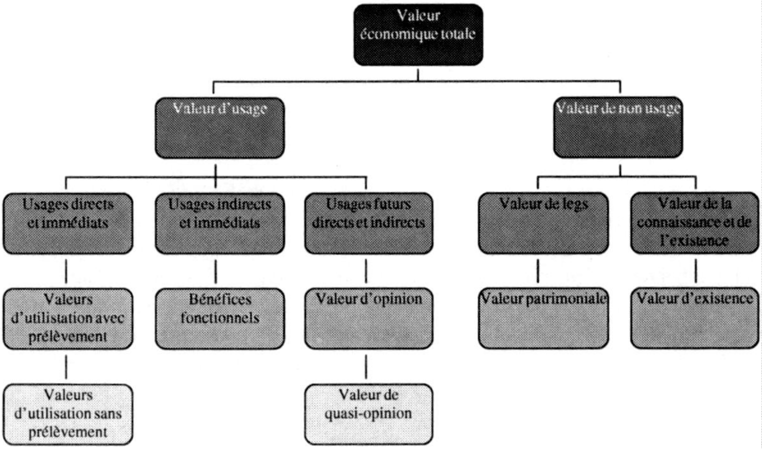

Méthodes d'évaluation monétaire

La théorie économique a développé ces dernières décennies des méthodes originales afin d'associer des valeurs monétaires aux biens qu'ils soient marchands ou non marchands. Concernant les biens non marchands, le point central de ces méthodes d'évaluation est de chercher à faire émerger un lieu où s'expriment les préférences des agents et les arbitrages qu'ils sont prêts à faire entre monnaie et biens non marchands. Les différentes méthodes existantes peuvent être classées selon le lieu utilisé afin d'associer au bien non marchand une valeur monétaire. Le graphique 2 propose une typologie de ces différentes méthodes.

Deux types de méthodes doivent être distinguées : les méthodes de préférences révélées et les méthodes de préférences déclarées.

Les méthodes de préférences révélées se caractérisent par l'existence d'un marché sur lequel peuvent s'exprimer directement ou indirectement les préférences pour un bien. On parle aussi dans ce cas de méthodes indirectes.

Les méthodes de préférences déclarées, quant à elles, reposent sur la construction d'un lieu hypothétique (un marché hypothétique) qui permettra d'observer directement les CAP individuels pour ce bien. On parle aussi dans ce cas de méthodes directes.

Graphique 2.
Organigramme des différentes méthodes d'évaluation monétaire des biens et services

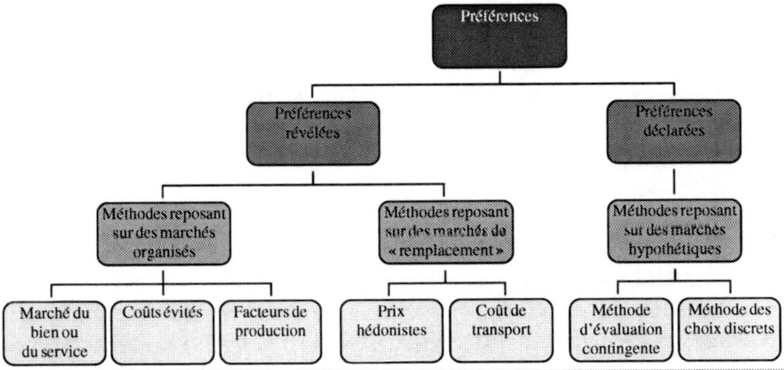

Encadré 2
L'Analyse Coût Bénéfice (ACB) et Consentement A Payer (CAP)

Rappelons de façon simple et certainement quelque peu caricaturale, le cadre de l'Analyse Coût Bénéfice (ACB). L'ACB est une méthode d'évaluation des politiques publiques. L'ACB propose un cadre formel grâce auquel peut être d'appréhendé le bien être économique global d'une société ou du moins ses variations. Si l'on convient de mesurer le bien-être économique en terme de surplus, comme la différence entre les bénéfices et les coûts et si l'on considère une politique publique dont la mise en œuvre modifie (positivement ou négativement) le bien-être des individus de la collectivité concernée, alors l'ACB permet de mesurer la variation de bien-être de cette collectivité.

Des décisions publiques fondées du le critère de compensation de Kaldor-Hicks

Le critère de décision est alors simple : si la variation de bien-être collectif est positive, la politique doit être mise en place ; si la variation est négative, cette politique doit être abandonnée. Ces variations de bien-être se mesurent en terme Valeur Nette Actualisée (VAN) qui est définie de la façon suivante :

$$VAN = \sum_{t=0}^{T} B_t(1+\rho)^{-t} - \sum_{t=0}^{T} C_t(1+\rho)^{-t} \qquad \text{(A1)}$$

où $t=0$, désigne la date d'entrée en vigueur de la politique publique concernée ; $t=T$ est la date de la fin des impacts de cette politique ; B_t désigne l'ensemble des bénéfices individuels de la politique publique à la date t; C_t désigne l'ensemble des coûts individuels liés à la politique publique à la date t; ρ désigne le taux d'actualisation qui permet d'exprimer la valeur des euros futurs en terme de valeur présente. La VAN repose sur le critère de compensation de Kaldor-Hicks (Jones, 2005). Une VAN positive peut s'interpréter comme une amélioration parétienne, c'est-à-dire qu'en termes de bien être, la société dans son ensemble générera une quantité plus importante de bien être après l'adoption de la politique qu'avant son adoption. Les « gagnants » peuvent *potentiellement* compenser les « perdants ».

Des mesures homogènes de bien-être grâce aux CAP (et au CAR) exprimés en monnaie

Comme le souligne Zerbe et Bellas (2006), la cohérence de la démarche développée par l'ACB afin de parvenir à la construction d'une mesure homogène de bien-être collectif, exige que les bénéfices individuels soient mesurés en termes de Consentement-A-Payer (CAP) et les coûts individuels en termes de Consentement-A-Recevoir (CAR).

La façon la plus classique de définir le CAP est la suivante[1] : $U(R, x)= U(R-CAP, x+\Delta x)$ où $U(R, x)$ représente l'utilité d'un l'individu donné. Elle est supposée croissante en chacun de ses arguments ; R est le revenu de l'individu, x est la quantité (ou la qualité) initiale d'un bien marchand ou non marchand X, $x+\Delta x$ sa quantité (ou la qualité) finale du bien. Le CAP est défini comme la quantité maximale de monnaie à laquelle l'individu est prêt à renoncer afin d'acquérir Δx unités supplémentaires du bien (achat de Δx unités de bien X) tout en maintenant son niveau d'utilité initial constant. Le CAP est ici une mesure du surplus compensateur face à une amélioration de la quantité ou la qualité du bien ou service que l'on évalue.

Dominique AMI
Robert KAST

1. Bonnieux et Desaigues (1998) discutent les différentes définitions du CAP et du CAR selon que l'on s'intéresse à l'acquisition ou au renoncement d'un bien ou d'un service et selon que l'on se réfère à l'utilité avant de d'acquérir ou de renoncer au bien (surplus équivalent) ou après l'avoir acquis ou y avoir renoncé (surplus compensateur).

PRINCIPE DE PRÉCAUTION ET OGM : UN REGARD D'ÉCONOMISTE SUR LE RÔLE RESPECTIF DES DIFFÉRENTS ÉCHELONS PUBLICS

Tel que formulé dans l'article 15 de la déclaration rédigée à l'issue la Conférence des Nations Unies sur l'Environnement et le Développement (aussi appelé Sommet de la Terre) qui se déroula en juin 1992 à Rio de Janeiro, le principe de précaution stipule que « quand il existe des craintes d'atteintes sérieuses et irréversibles à l'environnement, l'absence de certitude scientifique ne doit pas servir d'argument pour reporter des mesures de prévention à un coût raisonnable »[1]. Cette définition comporte trois éléments clés qui doivent servir de guide pour sa mise en œuvre : la notion d'absence/présence de certitude scientifique, la notion d'irréversibilité et, finalement, la notion de coût raisonnable. Le développement de la culture d'Organismes Génétiquement Modifiés entre parfaitement dans la définition du principe de précaution et constitue presque un cas d'école. De possibles atteintes irréversibles à l'environnement sont pointées du doigt; elles prennent notamment la forme d'un risque de dissémination irréversible. Le débat scientifique quand à la réalité de ce risque et/ou aux possibilités de le maîtriser comporte suffisamment de controverses pour que l'incertitude scientifique demeure. Toutefois, la connaissance scientifique évolue et affecte de ce fait la nature plus ou moins raisonnable du coût induit par un moratoire sur la mise en culture d'Organismes Génétiquement Modifiés (OGM).

1. « Where there are threats of serious and irreversible damage, lack of full scientific certainty shall not be used as a reason for postponing cost-effective measures to prevent environmental degradation ».

La notion même de coût raisonnable appelle un regard d'économiste sur le principe de précaution. On attend plus précisément de l'économiste qu'il fixe le curseur entre ce qui serait raisonnable et ce qui ne le serait pas, c'est à dire qu'il évalue les gains et les pertes, les mette en balance et quantifie le niveau d'incertitude scientifique en deçà et au-delà duquel il faudrait respectivement autoriser et interdire la culture d'OGM. Ce besoin de quantification passe inévitablement par le recours aux probabilités, ne serait-ce qu'aux probabilités subjectives à défaut d'être objectives, écartant du même coup une analyse en termes d'incertitude radicale. C'est cette démarche qu'ont suivi des auteurs comme Kelly et Kolstad (1999) ou encore Gollier Jullien et Treich (2000) pour ne citer que les travaux les moins incontournables de la recherche économique en lien avec le principe de précaution. L'analyse proposée ici ne fait pas exception. Elle prend notamment appui sur un travail plus théorique (Baudry, 2008) proposant le recours à une version Bayésienne de la théorie des options réelles pour définir ce qu'est un niveau de coût raisonnable quand la connaissance scientifique relative aux conséquences potentiellement irréversibles d'une décision évolue au cours du temps[1]. Aucun de ces travaux n'aborde toutefois la question de la production des connaissances scientifiques. De même, ils présupposent que la décision est centralisée dans les mains d'un décideur public unique et n'aborde pas la question des échelons publics pertinents et encore moins celle d'une décentralisation de la décision vers les agents privés. Les faits montrent pourtant que de multiples échelons publics tentent de se saisir du principe de précaution pour agir. Ainsi, l'Union Européenne est à l'origine d'une directive transposée (ou à transposer pour les États membres ne l'ayant pas encore fait) en droit national sur l'application du principe de précaution aux OGM[2]. Pourtant, considérée comme

1. L'approche Bayésienne des options réelles trouve sont origine dans les travaux précurseurs de Arrow et Fisher (1974) ainsi que Henry (1974). Bien que largement antérieurs à l'énoncé du principe de précaution, c'est bien souvent à ces deux articles qu'il est fait référence pour signaler les premiers travaux dans la littérature économique permettant de l'aborder.

2. Directive 2001/18/CE du Parlement européen et du Conseil, du 12 mars 2001, relative à la dissémination volontaire d'organismes génétiquement modifiés dans l'environnement et abrogeant le directive 90/220/CEE du Conseil. Elle est introduite de la manière suivante : « Conformément au principe de précaution et au vu des risques pour l'environnement et la santé humaine que peut entraîner la dissémination d'organismes génétiquement modifiés (OGM), la présente directive vise à renforcer le cadre législatif relatif à la dissémination volontaire et à la mise sur le marché des OGM. En particulier, la directive améliore l'efficacité et la transparence de la procédure d'autorisation de dissémination volontaire et de mise sur le

insuffisante par certains États membres, elle a fait l'objet de dépôts de clauses de sauvegarde de leur part. L'échelon local peut également être impliqué même si sa compétence semble plus discutée. Le 10 aout 2001 le Tribunal Administratif de Rennes a par exemple rejeté l'argumentation du maire de Chasnet sur Illet en vue de s'opposer à une expérimentation autorisée par le Ministère de l'Agriculture. En revanche, le 27 mars 2003, le Tribunal Administratif de Limoges a admis la validité d'un arrêté du maire de Coing interdisant des cultures OGM et fondé sur leur incompatibilité avec le cahier des charges de l'agriculture biologique. Il semble ressortir de la jurisprudence en la matière que les maires disposent d'un certain pouvoir d'interdiction dès lors qu'il ne s'agit pas d'expérimentation et que l'interdiction est justifiée par des considérations locales particulières et n'est donc pas d'ordre général.

Ce travail a pour objectif d'apporter un éclairage sur la question de la production de l'information pertinente et, par suite, de l'échelon public adéquat pour la prise de décision. Il s'inscrit dans la lignée des travaux économiques cités plus haut mais privilégie une discussion littéraire à l'approche généralement très formalisée de ces derniers. Afin de rester précis et explicite, l'accent est mis sur un aspect particulier du problème posé par la culture d'OGM. Cet aspect, considéré comme un des plus illustratifs pour discuter de la répartition des tâches au sein de la hiérarchie des pouvoirs publics, est présenté de manière détaillée dans la seconde section. La troisième section est consacrée à une discussion du rôle central joué par l'information dans le débat sur le principe de précaution et sa mise en œuvre. Les principes de base de la règle de décision à mettre en œuvre y sont également introduits. La quatrième section traite explicitement du choix de l'échelon public pertinent pour produire l'information et prendre la décision. Une attention particulière est portée dans ce but à la décomposition en plusieurs étapes du processus de décision. Elle conduit à une répartition particulière des rôles et des responsabilités entre, d'une part, l'échelon national voire supranational et, d'autre part, l'échelon local.

marché des OGM, met en place une méthode commune d'évaluation des risques et un mécanisme de sauvegarde, et rend obligatoire la consultation du public et l'étiquetage des OGM » (http://europa.eu/scadplus/leg/fr/lvb/l28130.htm).

LE CADRE D'ANALYSE

Les questions soulevées par la culture de plants transgéniques sont diverses et susceptibles d'appeler des réponses différentes quant à l'organisation du processus de décision entre les différents échelons de pouvoirs publics. Le choix a donc été fait ici de se concentrer, à titre illustratif, sur un aspect en particulier. Il convient donc dans un premier temps de bien circonscrire l'aspect du problème qui est traité puis, dans un second temps, d'en proposer un énoncé qui soit suffisamment simple pour faciliter la démonstration sans pour autant nuire à la portée de l'exemple.

La nature du problème

L'analyse est volontairement restreinte ici à un des problèmes posés par la culture des OGM qui se prête le mieux à la quantification des coûts potentiels qui seront à mettre en balance avec les avantages. Il s'agit du problème posé par les risques de dissémination irréversible des plants OGM[1]. Il y a dissémination irréversible dès lors que les plants OGM se diffusent contre la volonté humaine et deviennent une espèce invasive contribuant à la régression, voire la disparition, des autres espèces ou variétés. La dissémination irréversible se traduit donc par une perte au moins partielle de biodiversité sur un territoire donné.

Il est fondamental pour la suite de pouvoir clairement identifier le coût, ou tout au moins une borne minimale du coût, induit par la perte de biodiversité consécutive à la dissémination irréversible des plants OGM. Le coût le plus immédiat est celui subi par les agriculteurs produisant sous le label biologique, désignés plus succinctement sous le vocable « agriculteurs bios » dans la suite[2]. En effet, le label biologique est incompatible avec la présence d'OGM dans la limite d'un seuil de 0.8% qui, bien que faible,

1. Comme le souligne M. Setbon dans *Les Echos* du 13 avril 2008 (« Le rejet des OGM est risqué »), dès lors que la nocivité potentielle des OGM pour la santé humaine ou animale ou encore pour l'environnement n'est pas retenue comme hypothèse de travail, le terme « dissémination » est plus adéquat que celui de « contamination ». En effet, pour qu'il y ait « contamination » il faut que le plant OGM soit nocif même lorsqu'il est produit volontairement par un agriculteur, ce que ne sous entend pas le terme « dissémination ».

2. On désignera inversement par le vocable « agriculteurs OGM » ceux qui utilisent volontairement des plants OGM.

reste supérieur au seuil de détection technique de l'ordre de 0.1%[1]. Cette règle répond en partie à une demande des consommateurs en faveur d'une différentiation des produits alimentaires; certains consommateurs étant disposés à payer plus cher pour des produits offrant des garanties quant à l'absence de produits phytosanitaires et d'OGM. La différentiation des produits est donc aussi un moyen pour les producteurs d'extraire une plus grande valeur des produits vendus et de mieux couvrir leurs coûts de production. Le coût subi par un agriculteur bio en cas de dissémination de plants OGM sur ses champs peut donc être évalué au minimum par la différence de prix entre les produits vendus sous le label bio et les mêmes produits vendus sans label. Certes, en s'appuyant sur cette définition du coût, les pouvoirs publics ne mettront en œuvre qu'une règle d'application *a minima* du principe de précaution. L'avantage de cette règle sera toutefois de reposer sur une mesure objective du coût. Il est intéressant de noter que la loi OGM adoptée par le parlement français le 22 Mai 2008 reconnait « la liberté de consommer et produire avec ou sans OGM ». Pourraient donc être aussi concernés comme victimes de la dissémination de plants OGM des agriculteurs produisant sous le Label Rouge ou bénéficiant d'Appellation d'Origine Contrôlée, sous réserve d'intégrer dans les chartes correspondantes l'exclusion des OGM. Il est également important de souligner que la pertinence de cette mesure objective du coût fondée sur des différences de prix de vente vaut, qu'il y ait ou non des preuves scientifiques de la nuisance en termes de santé ou de bien être de la consommation de produits contenant des OGM. Seule compte la perception qu'ont les consommateurs de cette nuisance. Ce n'est donc pas à ce stade qu'intervient l'incertitude scientifique.

Les dangers potentiels pointés du doigt par les détracteurs de la culture des OGM vont bien au-delà du simple risque de dissémination irréversible des plants OGM. Un danger souvent cité dans le cas de la large diffusion en Argentine du soja *RR* (pour *Round UP Ready*) de *Monsanto*, génétiquement modifié pour être résistant au désherbant *Roundup*, est que l'usage intensif et répété du *Roundup* qui accompagne *de facto* sa culture ne conduise à une disparition de toute autre forme de vie végétale puis animale, donc à une stérilisation des sols. En pure théorie, ce danger ne relève pas du champ de la décision publique car les conséquences nuisibles

1. Le seuil exact conduisant à définir un produit alimentaire « OGM » ou « non OGM » fait l'objet de vifs débats. Notons que l'Union Européenne retient pour sa part un seuil encore plus permissif de 0.9%.

concernent l'utilisateur même des semences OGM. Autrement dit, et contrairement au problème de la dissémination, la stérilisation des sols n'est pas une conséquence de la décision d'un premier agent économique sur un second agent qui ne résulterait pas d'un libre consentement ou d'une libre négociation. Dans le langage économique, le danger de stérilisation ne relève pas d'un problème d'effet nuisible externe au processus marchand mais est au contraire théoriquement parfaitement internalisé par celui qui recoure aux OGM et est donc censé prendre sa décision en conséquence. Seuls doivent entrer en considération dans la décision publique, et donc dans la suite de l'analyse menée ici, des coûts qui ne seraient pas directement internalisés par les agriculteurs adoptant les OGM dans leur décision.

Identification des scénarios

Ce n'est pas la dissémination des OGM en tant que telle qui pose problème mais sa nature potentiellement irréversible et non pas seulement ponctuelle. Cette distinction est lourde de conséquences pour la décision publique.

Une dissémination ponctuelle correspond à l'observation à un instant donné du temps de plants OGM à des endroits où ils n'ont pas explicitement et volontairement été introduits sans pour autant que ces plants aient la capacité à se reproduire et se diffuser sans intervention humaine. Une telle dissémination induit un coût, notamment si elle a lieu sur les champs d'un agriculteur bio. L'incapacité des plants à se reproduire et à se diffuser naturellement par la suite ne rend toutefois pas le coût récurrent à l'avenir. Cette propriété est importante car elle ne nécessite pas d'aborder la question d'autorisation des cultures OGM et la question de l'étendue de ces cultures dans une perspective dynamique. Il suffit en effet de mettre en balance, pour une année donnée, les avantages retirés par les agriculteurs OGM et la meilleure prévision possible des coûts que pourraient subir les agriculteurs bios compte tenu du risque de dissémination pour déterminer lequel de ces deux éléments est plus élevé que l'autre et prendre la décision en conséquence. En fonction de l'évolution des demandes respectives de produits OGM et de produits bios, donc des niveaux de gain et de coût attendus, l'autorisation peut être accordée sans obérer les possibilités de revenir sur celle-ci par la suite. Une simple analyse coûts-bénéfices, année par année, suffit donc à guider la décision publique en cas de dissémination ponctuelle. Le cadre juridique existant peut même suffire à une bonne gestion du risque de dissémination, sans nécessiter le recours à une politique publique spécifique. Une règle de responsabilité civile sans faute peut par exemple suffire pour que les agriculteurs OGM internalisent correctement dans leurs décisions les risques qu'ils font subir aux agriculteurs bios. En effet, une telle règle contraint l'agriculteur OGM à dédommager l'agriculteur bio *ex post* si le risque se réalise et le force donc *ex ante* à anticiper la réalisation du risque lors de sa décision de mise en culture. Autrement dit, une règle de responsabilité sans faute suffit pour que l'agriculteur OGM effectue de lui-même l'analyse coûts-bénéfices requise et prenne sa décision de mise culture en conséquence. La limite traditionnellement évoquée quant à l'efficacité réelle d'une telle règle de responsabilité est le risque d'insolvabilité : si le coût total subi par les agriculteurs bios en cas de réalisation du risque excède la capacité de dédommagement de l'agriculteur OGM, alors celui-ci n'intègre *ex ante* que le risque de sa propre faillite et surexpose donc les agriculteurs bios au risque de dissémination par rapport à ce qui est collectivement souhaitable. On peut y ajouter une autre limite relative à une information défaillante de la part des agriculteurs OGM. En effet, la règle de responsabilité sans faute ne conduit l'agriculteur OGM à correctement internaliser le risque subi par les agriculteurs bios qu'à condition qu'il dispose d'une parfaite information quant au risque de dissémination et au coût associé. Or cette information présente certaines des caractéristiques d'un bien public de sorte que, quand de plus elle est couteuse, sa production par les seuls agents privés peut s'avérer sous optimale. Cette limite se retrouve également dans le cas de la décentralisation de la décision optimale pour une dissémination irréversible. Elle fera donc l'objet d'une discussion plus approfondie par la suite.

À l'inverse, une dissémination irréversible signifie que, outre l'observation de plants OGM à des endroits où ils n'ont pas explicitement et volontairement été introduits, ces plants s'avèrent de plus avoir la capacité de se reproduire et de se diffuser naturellement. Le coût subi par les agriculteurs bios devient alors récurrent dans le temps puisqu'ils perdent définitivement le supplément de valeur associé à une vente de leurs produits sous le label bio, même si tout nouvel ensemencement de plants OGM est immédiatement interdit. La nature irréversible de la dissémination n'est pas nécessairement observée dès la première mise en culture de plants OGM, voire même dès la première observation de cas de dissémination. En effet, l'irréversibilité peut résulter de conditions météorologiques ou d'écosystèmes particuliers. Des plants OGM peuvent, par exemple, s'avérer invasifs uniquement si, dans la flore ou la faune environnantes, une espèce ou une variété est à un moment donné affaiblie pour des raisons indépendantes de la présence des plants OGM. Autrement dit, l'irréversibilité est supposée être accidentelle au sens où elle n'a rien de systématique mais résulte de la conjonction d'aléas incontrôlables. Dans ce contexte, il n'est pas impossible qu'après une période de culture des OGM sans dissémination ou, au pire, avec seulement des cas de dissémination ponctuelle, une dissémination irréversible se produise. L'irréversibilité ne rend pas nécessairement caduque une analyse coûts-bénéfices pour la décision de mise en culture des OGM. Plus particulièrement, si l'état des connaissances quant au risque d'irréversibilité est figé, l'irréversibilité nécessite juste de raisonner sur des flux actualisés de gains et de coûts étalés dans le temps pour effectuer l'analyse coûts-bénéfices et non plus sur des gains et des coûts ponctuels. C'est en fait la conjonction, d'une part, d'une possible irréversibilité de la dissémination et, d'autre part, d'un état évolutif des connaissances relatives au risque d'irréversibilité qui remet en cause l'emploi d'une simple analyse coûts-bénéfices comme outil d'aide à la décision. En effet, quand ces deux éléments sont réunis, l'arbitrage ne porte plus sur l'autorisation définitive ou l'interdiction définitive de culture des OGM mais sur l'autorisation définitive ou l'interdiction temporaire de ce type de culture, sous la forme d'un moratoire, le temps que l'état des connaissances s'améliore. Se pose alors la question de la durée optimale de ce moratoire qui ne peut être traitée par une simple analyse coûts-bénéfices et nécessite un outil d'aide à la décision plus élaboré, l'analyse en termes d'option réelle.

L'analyse en termes d'options réelles requiert que deux scénarios au moins soient identifiés. Il est plus particulièrement commode pour positionner le débat sur les OGM de considérer que le premier scénario envisagé est celui d'une dissémination sans risque d'irréversibilité tandis que le second scénario est celui d'une dissémination avec un risque non nul d'irréversibilité. Pour ce second scénario, on suppose que l'ensemble des coûts inhérents à la culture des OGM l'emporte sur les gains de sorte que la culture des OGM n'est pas souhaitable [1]. Dans ce qui suit, le premier scénario sera désigné comme étant le scénario optimiste et le second comme étant le scénario pessimiste. L'état des connaissances est représenté par une croyance quand au scénario correct, cette croyance étant révisée en fonction de l'arrivée d'informations nouvelles. La nature de l'information change avec la phase de décision qui est considérée. Plus exactement, on distinguera dans ce qui suit deux phases. La première phase est une phase

1. Sinon, l'autorisation de mise en culture serait souhaitable quel que soit le scénario et le problème perdrait son sens.

dite exploratoire. Elle se déroule avant que la première autorisation de mise en culture n'ait été faite, de sorte que l'information acquise ne peut qu'être issue de travaux de recherche scientifiques quant au scénario le plus vraisemblable. La seconde phase est une phase dite opérationnelle au sens où des cultures OGM sont effectuées par les agriculteurs. Même si la collecte d'information à partir de travaux expérimentaux effectués en laboratoire est toujours envisageable, on considèrera que la source majeure d'information est l'observation sur le terrain. Quelle que soit la phase considérée, le traitement de l'arrivée d'information appelle des commentaires.

LE RÔLE CENTRAL DE L'INFORMATION

L'introduction de deux scénarios possibles quant aux risques de dissémination irréversible auquel expose la culture de plants OGM suffit à traduire l'incertitude scientifique. Il reste néanmoins à préciser de quelle manière aborder cette incertitude et à expliciter le lien entre son évolution et l'acquisition d'information. Partant de là, les principes de base de la prise de décision qui sous tendent, du point de vue de l'économiste, la mise en œuvre du principe de précaution peuvent être présentés.

Approche scientifique versus approche partisane dans la formation des croyances

Pour des raisons qui seront explicitées par la suite, il est plus facile d'aborder dans un premier temps le traitement de l'information en se limitant à la phase exploratoire. Durant cette phase, confrontés aux deux scénarios envisagés, les scientifiques sont à même de réaliser un certain nombre de travaux de recherche. Ceux-ci cherchent à tester l'hypothèse d'un risque de dissémination irréversible (scénario pessimiste) contre l'hypothèse d'un risque de dissémination exclusivement ponctuel (scénario optimiste). Pour ne pas causer eux-mêmes une dissémination au caractère irréversible, ces travaux se limitent à des recherches théoriques ou appliquées en univers contrôlé[1]. Le croisement entre le résultat d'une recherche scientifique et la réalité non observée met en évidence trois situations possibles illustrées par le tableau 1, inspiré de Dorman (2005). La première situation est celle où la conclusion est correcte. Cela arrive soit

1. Par exemple des cultures sous serre.

quand le travail scientifique conclut en faveur du scenario pessimiste et la réalité correspond à ce scénario, soit quand le travail scientifique conclut en faveur du scenario optimiste et la réalité correspond à ce scénario. La seconde situation est celle où le travail scientifique conclut en faveur du scénario optimiste alors que la réalité correspond au scénario pessimiste. En théorie statistique, cette conclusion erronée est qualifiée d'erreur de première espèce par opposition à l'erreur de seconde espèce qui survient dans la troisième situation, celle où le travail scientifique conclut en faveur du scénario pessimiste alors que la réalité correspond au scénario optimiste.

Tableau 1
Les différentes erreurs de conclusion d'un travail scientifique

		Réalité	
		Scénario pessimiste (risque d'irréversibilité)	Scénario optimiste (pas de risque d'irréversibilité)
Résultat de la recherche scientifique	Risque d'irréversibilité	Pas d'erreur	Erreur de seconde espèce
	Pas de risque d'irréversibilité	Erreur de première espèce	Pas d'erreur

Les erreurs de première et seconde espèces résultent notamment des aléas qui séparent tout travail théorique, en univers contrôlé, de la réalité[1]. De l'idée que se font les scientifiques de ces aléas il est possible de dériver la probabilité de l'erreur de première espèce conditionnellement au fait que la réalité correspond au scénario pessimiste ainsi que, parallèlement, la probabilité de l'erreur de seconde espèce conditionnellement au fait que la réalité correspond au scénario optimiste. La qualité d'un travail scientifique peut se juger à l'aune de ces deux probabilités d'erreur. En principe, un travail scientifique de qualité suffisante garantit que la probabilité d'une erreur de première (respectivement seconde) espèce sachant que le scénario correct est le scénario pessimiste (respectivement optimiste) est inférieure à la probabilité de ne pas faire d'erreur[2]. Il est remarquable que, dans le débat entre « antis » et « pros » OGM, les positions se polarisent sur la minimisation d'un des types d'erreur sans accorder d'importance à l'autre.

1. L'erreur de première espèce tient à ce que le fait de ne pas observer l'irréversibilité n'est pas une preuve formelle de son impossibilité. L'erreur de seconde espèce sera plutôt associée à des fautes de manipulation ou de protocole dans les expériences.

2. Ces deux probabilités ne sont toutefois pas nécessairement identiques.

Ainsi, les opposants aux OGM mettent l'accent sur l'erreur de première espèce en stigmatisant les dangers d'un développement de leur culture qui sous-estimerait les risques de dissémination irréversible. Les tenants des OGM insistent pour leur part couramment sur l'erreur de seconde espèce en soulignant les dangers de freiner une innovation sur la base de la surestimation des risques qu'elle peut présenter. Cette divergence de point de vue se comprend aisément en revenant au tableau 1.

Les positions des opposants et des tenants des OGM résultent d'une lecture en colonne du tableau 1, c'est-à-dire d'un *a priori* marqué sur ce qu'est la réalité. Pour les opposants inconditionnels aux OGM, la réalité est nécessairement celle d'un risque d'irréversibilité. Autrement dit, ils ne considèrent que le scénario pessimiste de la première colonne et leur croyance est figée sur ce scénario. Pour les tenants inconditionnels des OGM, la réalité est au contraire celle de l'absence de risque d'irréversibilité. Ils ne considèrent donc que le scénario optimiste de la seconde colonne et leur croyance reste figée sur le scénario correspondant. Une approche scientifique ne doit pas partir d'un tel *a priori* mais considérer à l'origine que, en l'absence d'information autre que l'existence des deux scénarios, chaque scénario a autant de chance d'être vrai que l'autre. Ce traitement originellement égal des deux scénarios se justifie par un principe d'impartialité[1]. C'est seulement *a posteriori*, en fonction du résultat du travail scientifique et des probabilités d'erreur de première et seconde espèce conditionnellement au type de scénario considéré, que les croyances vont accorder plus de poids à l'un ou à l'autre des scénarios. Ces nouvelles croyances, représentées par des probabilités subjectives accordées à chaque scénario, vont servir de point de départ dans le cas où une autre recherche est effectuée, ce qui conduit à une nouvelle révision. L'existence d'un risque d'erreur de première et seconde espèces empêche toutefois la certitude d'émerger. Autrement dit, il demeurera toujours une croyance, au moins infime, que chaque scénario est possible. Les révisions successives des croyances se font sur la base d'un théorème bien connu des statisticiens, le théorème de Bayes. Ce théorème est aussi parfois désigné sous le nom de théorème de probabilité des causes. En effet, il revient à une lecture en ligne du tableau 1, c'est-à-dire à identifier la cause (le scénario réel) la plus probable en fonction de ce qui est observé (la conclusion du test) et de la connaissance des probabilités associées au deux types d'erreurs possibles.

1. On peut en fait avoir une justification théorique de ce choix sur la base de la maximisation du critère d'incertitude de Blackwell.

La formation des croyances telle qu'elle est décrite ci-dessus caractérise la phase exploratoire. Dans la phase opérationnelle, la différence provient essentiellement de ce que l'observation d'un cas de dissémination sur le terrain constitue une preuve intangible de la réalité du scénario pessimiste. Autrement dit, quand l'information est issue de l'expérience de terrain et non plus de l'expérience en laboratoire, le risque d'erreur de première espèce peut disparaître et la connaissance quant au vrai scénario devenir parfaite.

Principes de base de la prise de décision

Afin de bien mettre en évidence le principe de traitement optimal de l'arrivée d'information, il est plus simple de supposer en première analyse que la décision relative à la mise en culture et à l'étendue des cultures de plants OGM est entièrement entre les mains d'un décideur public. L'étude des possibilités de décentralisation de la décision vers les acteurs privés ou à des échelons publics différents est réservée pour la suite. Le décideur public considéré pour l'instant est supposé agir en mettant en balance les gains et les pertes de tous les agents économiques impliqués par la décision [1]. Il est donc supposé agir en internalisant toutes les conséquences, positives aussi bien que négatives, associées à la décision. Cette mise en balance passe par une analyse en termes d'options réelles, popularisée par l'ouvrage de Dixit et Pindyck (1994) [2]. Le principe général de cette analyse est d'abord présenté avant de préciser sa mise en œuvre dans le problème traité ici.

Dans tout problème d'option réelle, on considère un projet aux conséquences irréversibles mais dont l'évaluation monétaire change au cours du temps en fonction de l'arrivée d'informations nouvelles. À tout instant du temps, le décideur est confronté à l'alternative suivante : soit réaliser immédiatement le projet, soit le reporter. Reporter le projet présente l'avantage d'acquérir de nouvelles informations par rapport à une réalisation immédiate. Ces nouvelles informations peuvent notamment conduire à une révision à la baisse de l'évaluation monétaire suffisamment forte pour que le projet s'avère dorénavant n'être plus rentable et ne soit donc pas réalisé. Si, à l'inverse, les nouvelles informations conduisent à une révision à la hausse de l'évaluation monétaire, alors le projet sera

1. C'est l'hypothèse dite « du planificateur bienveillant » en analyse économique.

2. Le lecteur intéressé en trouvera également une présentation résumée dans Bourdieu Cœuré et Sédillot (1997).

considéré comme encore plus rentable qu'initialement anticipé. L'asymétrie de traitement entre une révision à la baisse ou à la hausse de l'évaluation monétaire du projet génère un gain par rapport à la réalisation immédiate du projet. Mais un coût est également associé au report du projet. En effet, compte tenu de la préférence qu'ont les agents économiques pour le présent, un gain futur subit une décote par rapport au même gain perçu immédiatement. Le taux d'intérêt est précisément la contrepartie à verser à un agent économique pour qu'il accepte de renoncer à un Euro temporairement. Si un Euro dans le présent est considéré comme équivalent à un Euro augmenté des intérêts (c'est-à-dire un Euro multiplié par un plus le taux d'intérêt) dans un an, alors inversement un Euro dans un an sera considéré comme équivalent à un Euro divisé par un plus le taux d'intérêt. C'est le principe de l'actualisation des sommes monétaires perçues dans le futur qui revient à les amoindrir avant de les comparer aux sommes monétaires perçues dans le présent. L'actualisation des gains retirés du report d'un projet constitue donc le coût de ce report. Pour que le report, et l'acquisition supplémentaire d'information qui en résulte, soient préférables à la réalisation immédiate du projet il faut donc que les gains associés à l'acquisition d'information supplémentaire l'emportent sur les coûts associés au report du fait de l'actualisation. Techniquement, le calcul de la valeur critique de l'évaluation monétaire du projet au-delà de laquelle sa réalisation immédiate est souhaitable se fait de la même manière que le calcul, en finance, du seuil optimal de la valeur de l'actif sous jacent au delà duquel une option d'achat doit être exercée[1]. C'est en référence à cette similarité avec l'analyse de la règle d'exercice optimal d'une option financière qu'on parle d'option réelle.

L'application de l'analyse en termes d'options réelles à la question des OGM procède à rebours, c'est-à-dire consiste à examiner d'abord la décision relative à l'étendue des cultures OGM durant la phase opérationnelle pour ensuite remonter à la décision préalable relative au passage de la phase exploratoire à la phase opérationnelle. Pour analyser la décision d'extension des cultures durant la phase opérationnelle il est nécessaire de préciser un certain nombre d'hypothèses quant à l'hétérogénéité des demandes de mise en culture. On suppose plus particulièrement qu'il existe une liste

1. En finance, l'évolution de la valeur du sous jacent n'obéit toutefois généralement pas à une logique de révision Bayésienne des croyances mais correspond plutôt à un processus Markovien. Voir Baudry (2008) pour une étude du cas où l'évaluation monétaire du projet change au cours du temps du fait d'une révision Bayésienne des croyances.

d'agriculteurs candidats à l'utilisation d'OGM. Ces candidats se différencient par leur localisation sur le territoire et, entre autres, par la distance les séparant des exploitations d'agriculteurs bios dans leur voisinage et le nombre de ces exploitations [1]. Il en résulte que les gains bruts retirés par un agriculteur OGM de l'emploi de ce type de plants mais aussi les coûts que cela induit dépendent de chaque candidat. Par suite, pour des croyances données à un instant du temps, donc un état des connaissances donné, l'anticipation des gains nets des coûts effectuée par les pouvoirs publics va différer d'un candidat à l'autre. Pour chaque candidat, on peut calculer la valeur critique de la croyance associée au scénario optimiste telle que le gain net espéré est juste positif [2]. On peut alors classer les candidats selon l'ordre croissant de cette valeur critique. La phase opérationnelle consistera alors en une séquence d'autorisations de mise en culture allant du premier candidat au dernier, sous réserve qu'un cas de dissémination irréversible ne soit pas observé au préalable. On peut montrer que le rythme des autorisations dépendra directement des probabilités caractérisant les erreurs de première et seconde espèces. Chaque décision de cette séquence est analysable à l'aide de la théorie des options réelles. La particularité de la phase opérationnelle est double. Tout d'abord, comme cela a déjà été souligné, les nouvelles autorisations doivent être stoppées et les anciennes supprimées dès qu'un cas d'irréversibilité est constaté afin de limiter l'extension des dommages [3]. Ensuite, toute nouvelle autorisation de mise en culture accélère le processus d'acquisition d'information puisqu'elle offre un nouveau terrain d'observation. Cette accélération se fait en faveur du scénario optimiste tant qu'aucun cas d'irréversibilité n'est observé. On s'attend donc à ce que la phase opérationnelle se caractérise par un nombre de mises en culture croissant de façon exponentielle. Durant la phase exploratoire, la valeur monétaire à prendre en considération est la valeur anticipée, compte tenu des croyances du moment, de la séquence optimale des mises en culture caractérisant la phase opérationnelle. Ce n'est que lorsque suffisamment de travaux scientifiques ont conclu en faveur du scénario optimiste plutôt que du scénario pessimiste et que donc la croyance en faveur du scénario optimiste est suffisamment forte que le passage de la

1. Nous retenons donc implicitement l'hypothèse que le risque de dissémination dépend de la distance. Il dépend en fait également de l'orientation par rapport aux vents dominants.

2. La croyance associée au scénario pessimiste se déduit directement en prenant la différence à un de la croyance associée au scénario optimiste.

3. Rappelons que les dommages sont supposés l'emporter sur les gains quand le scénario correct est le scénario pessimiste.

phase exploratoire à la phase opérationnelle doit être décidé. À nouveau, le calcul du seuil critique de croyance au-delà duquel le passage doit se faire se calcule en recourant à une analyse en termes d'option réelle.

QUELLE DÉCISION PUBLIQUE ET À QUEL ÉCHELON

Selon l'approche développée jusqu'ici, le recours à la représentation des croyances sous forme de probabilités subjectives et, par suite, l'analyse en termes d'options réelles permet à une autorité publique nationale de définir la quantité optimale d'information requise à chaque étape du processus de décision. Les possibilités de déléguer certaines décisions à des échelons publics locaux, voire de mettre en œuvre des mécanismes d'internalisation des décisions optimales par les agents privés, dépendent étroitement de la capacité qu'ont ceux-ci à produire par eux-mêmes l'information pertinente[1]. La nature de l'information selon la phase du processus de décision qu'on considère, plus spécifiquement son caractère plus ou moins crédible, conditionne fortement les possibilités de décentralisation de la décision et le rôle des différents échelons publics. Pour le mettre en évidence, il est commode de reprendre le raisonnement à rebours de la section précédente en commençant par la phase opérationnelle puis en remontant à la phase exploratoire.

La décision publique en phase opérationnelle

L'information à produire ou à collecter pour la prise de décision durant la phase opérationnelle est de trois types. Il y a tout d'abord une information relative au recensement des cas de dissémination irréversible de plants OGM. Il y a ensuite une information scientifique relative aux conditions favorisant la dissémination des OGM. Enfin, il y a une information relative au contexte de chaque demande de mise en culture d'OGM.

La collecte de l'information relative au recensement des cas de dissémination irréversible de plants OGM s'inscrit *a priori* dans le champ des compétences déjà existantes en matière de litige pour pollution. En

1. Notons que c'est sur l'argument de l'impossibilité de calcul d'une probabilité objective de réalisation du risque que s'appuie le refus des sociétés d'assurance de couvrir le risque de dissémination (*Les Échos* du 7 avril 2008). À l'inverse les risques météorologiques ou les risques phytosanitaires peuvent être couverts car des séries de données statistiques suffisamment longues sont disponibles pour permettre la mesure objective du risque.

effet, qu'il soit de nature irréversible ou non, un cas de dissémination de plants OGM est une nuisance non librement consentie de la part, au minimum, des agriculteurs bios qui en subissent les conséquences. Il est dans l'intérêt des agriculteurs bios de demander alors la mise en œuvre du principe pollueur-payeur, de sorte que les cas de dissémination vont être nécessairement inventoriés sans qu'une démarche spécifique soit à mettre en œuvre de la part des pouvoirs publics[1]. Dans la procédure judiciaire qui va ainsi s'engager, deux questions clés seront posées : celle de l'origine des plants OGM et celle de la nature irréversible ou non de la dissémination. Les experts mobilisés dans le cadre de la procédure judiciaire sont à même de répondre à la seconde question, ce qui conditionnera le montant des dédommagements à verser. Ils s'appuieront pour cela sur la connaissance scientifique cumulée au niveau national, voire international. Celle-ci est non rivale au sens où l'usage fait par l'un n'empêche en rien l'usage par un autre. Elle doit également être non excludable au sens où il serait sous optimal de restreindre l'accès des agents économiques à cette information. Dans ces conditions, la connaissance scientifique a toutes les caractéristiques d'un bien public au moins national, si ce n'est international, et sa production doit donc être assurée par le plus haut des échelons possibles dans la hiérarchie des pouvoirs publics[2]. L'identification de l'origine des plants OGM dans un cas de dissémination semble en revanche nécessiter des moyens informationnels nouveaux. En effet, cette identification nécessite au minimum que soit tenu un inventaire des parcelles agricoles mises en cultures OGM afin que puissent être facilement repérées les parcelles les plus probablement responsables de la dissémination. Une procédure d'enregistrement sur la base du volontariat n'est pas suffisante puisque la finalité même de cet enregistrement incite les exploitants à ne pas se déclarer. Il est donc indispensable que la culture des OGM soit soumise à autorisation publique et qu'un contrôle visant à repérer les parcelles illégalement cultivées en OGM soit mis en place ainsi qu'un mécanisme de sanctions.

L'autorisation administrative de mise en culture des OGM répond donc à deux objectifs. Celui, évoqué à la section précédente, d'une gestion optimale de la prise de risque face aux incertitudes entourant les OGM et celui, nouvellement mis en évidence ici, de la mise en œuvre efficace du principe pollueur-payeur en cas de dissémination irréversible ou non. Quel

1. Tout au plus faut-il s'assurer qu'un fichier centralise bien les plaintes.

2. Ce point sera repris plus en détail un peu plus loin.

échelon public est le plus adéquat pour délivrer cette autorisation administrative? L'inventaire des parcelles OGM et le contrôle quant à l'absence de mises en cultures illégales doit en principe tirer parti d'économies d'échelle dans cette activité. La numérisation de cette information doit par exemple faciliter la procédure d'enregistrement, ainsi que l'accès à l'information, mais induit des coûts fixes liés au développement de l'outil générateurs d'économies d'échelle. On peut imaginer par exemple que cet inventaire soit centralisé au niveau européen, voire géré en parallèle avec le système permettant l'allocation des primes à l'hectare selon les cultures dans le cadre de la Politique Agricole Commune[1]. La gestion optimale de l'incertitude afférente au risque de dissémination irréversible appelle en revanche de mettre en balance des avantages et des coûts dépendant fortement du contexte. Si la production de connaissances scientifiques relatives aux conditions météorologiques (sens et force du vent...) et agronomiques (déphasage des périodes de pollinisation afin de limiter le croisement spontané entre plants OGM et plants non OGM...) facilitant ou au contraire limitant la dissémination relève de la production d'un bien public national ou international, la mise en pratique sur le terrain nécessite en revanche une bonne prise en compte de tous les particularismes locaux. L'échelon public pertinent pour délivrer l'autorisation administrative paraît donc être celui dont l'étendue géographique est au plus proche de l'étendue de la zone soumise au risque de dissémination, donc probablement l'échelon communal ou départemental. Ce principe répondrait également à la nécessité d'un contrôle efficace sur l'exercice même de l'autorisation administrative. En effet, si les enjeux sont essentiellement locaux, les acteurs locaux seront sensibles au bon exercice de l'autorisation de mise en cultures et, en cas de défaillance, seront prompts à sanctionner politiquement (c'est-à-dire par le vote) des décideurs publics locaux défaillants. À l'inverse, si l'autorisation administrative était délivrée à un échelon dont l'aire géographique dépasse largement celle de la zone soumise à risque, il y aurait dilution des enjeux et par suite un moindre contrôle sur les décideurs publics[2].

1. Il est prévu pour l'instant en France une déclaration auprès de la préfecture qui procède à l'inscription sur un registre national, accessible par internet et indiquant la nature des cultures et la localisation des parcelles.

2. L'analyse sous entend clairement qu'il y a des comportements opportunistes de la part des décideurs publics à tous les échelons. La nature de ces comportements n'est pas détaillée ici, elle relève de l'analyse économique des choix publics plus connue sous le terme anglo-saxon de *Public Choice* dont Mueller (2003) propose l'une des synthèses les plus connues.

Une bonne part de l'analyse précédente présuppose que la décision est concentrée dans les mains des pouvoirs publics, éventuellement à divers échelons. Dans la mesure où elles constituent un moyen souvent moins coûteux de prendre les décisions collectivement optimales, il est intéressant de se pencher également sur les méthodes de décentralisation de la décision. En matière de risque de pollution, le mécanisme juridique de la responsabilité civile est souvent mis en avant comme un moyen plus ou moins efficace de faire internaliser les risques de pollution par les pollueurs potentiels[1]. Deux limites à ce mécanisme ont déjà été évoquées. La première limite est celle de l'insolvabilité de l'agriculteur OGM dont les parcelles sont à l'origine de la dissémination. L'insolvabilité paraît d'autant plus probable que la dissémination est irréversible car, dans cette éventualité, les dommages générés sont perpétuels et appellent donc un montant de dédommagement important. La seconde limite, spécifique au problème de dissémination des OGM, est celle de la production de l'information nécessaire à une bonne gestion de l'incertitude quant au risque d'irréversibilité de la dissémination. L'information évoquée pour la prise de décision en phase opérationnelle a en majeure partie les caractéristiques d'un bien public et ne serait par conséquent pas produite de manière efficace par les agents privés[2]. Il n'en reste pas moins que les pouvoirs publics disposent de moyens pour transmettre des signaux pertinents aux agents privés et les inciter à prendre les décisions collectivement optimales. Un mécanisme intéressant dans le cas des cultures OGM est sans doute celui de l'obligation comptable d'effectuer des provisions pour risque de la part des agriculteurs OGM, le montant des provisions étant défini par les autorités administratives. Ce mécanisme offre l'intérêt de répondre simultanément aux deux limites mentionnées ci-dessus pour la règle de responsabilité civile. Tout d'abord, les provisions sont fixées au cas par cas par les pouvoirs publics en fonction de l'information qu'ils produisent eux-mêmes. Le problème de sous production de cette information est donc écarté. Ensuite, les provisions sont à effectuer dès qu'il y a mise en culture de plants OGM, et même en l'absence de dissémination ponctuelle ou irréversible, ce qui

1. La loi OGM du 22 mai 2008 introduit en fait une responsabilité spécifique visant à ce que soient automatiquement réparés les dommages économiques causés par un agriculteur OGM sur d'autres agriculteurs. Cette responsabilité complète les autres règles de responsabilité mais ne s'y substitue pas. Elle est valable en dépit de l'obtention d'une autorisation de mise en culture auprès de l'administration.

2. Un résultat bien connu de l'économie publique (voir par exemple Salanié, 1998) est que la production d'un bien public par des agents privés mène à une sous production du bien.

contribue à en augmenter le coût d'adoption pour l'agriculteur OGM qui internalise donc correctement le risque qu'il fait subir à autrui. En procédant directement à une incitation financière *ex ante*, le mécanisme de provisions évite donc le problème de sous incitation posé par l'insolvabilité *ex post* avec le mécanisme de responsabilité sans faute. Il est important de noter que, dans l'esprit et les objectifs, un tel mécanisme de provisions ne correspond pas au fonds d'indemnisation envisagé actuellement en France[1]. En effet, les sommes monétaires correspondant aux provisions n'abondent pas un fonds collectif mais restent comptablement positionnées chez l'agriculteur OGM. De même, le but premier des provisions n'est pas d'indemniser en cas de dissémination (bien qu'elles permettent incidemment de le faire, au moins en partie) mais de créer une incitation financière en direction de l'agriculteur OGM. Il est à noter que la nécessité de tenir compte des spécificités locales dans la décision de mise en culture d'OGM plaide pour la mise en place d'incitations financières, ou plus exactement de désincitations financières, portant sur les agriculteurs OGM plutôt que sur les semenciers. Toutefois, le surenchérissement du recours aux cultures OGM induit pour les agriculteurs OGM est à même de réduire la demande de semences OGM à prix inchangés. Selon le mécanisme bien connu de l'incidence fiscale (Salanié, 2002), la charge financière se répartit alors *in fine* entre agriculteurs OGM (les demandeurs) et semenciers (les offreurs) de la même manière que si les semenciers était directement soumis à l'obligation de constituer des provisions pour risque en lieu et place des agriculteurs OGM.

La décision publique en phase exploratoire

L'information à produire durant la phase exploratoire est d'ordre exclusivement scientifique. Si l'intervention publique dans la production de ce type d'information est un fait avéré, il convient d'en préciser les raisons et d'en examiner l'incidence dans le cadre de la phase exploratoire préalable à l'autorisation de mise en culture de plants OGM.

La connaissance scientifique présente l'une des caractéristiques définissant les biens publics, celle de non rivalité. La non rivalité signifie que l'usage du bien par un agent n'altère pas les possibilités d'usage par les

1. Voir *Les Échos* du 3 mars 2007 (« Les agriculteurs devront souscrire une garantie financière pour cultiver des OGM ») et *Les Échos* du 31 janvier 2008 (« OGM : un fonds privé à l'étude pour les cas de contamination »).

autres agents. Pour qu'un bien soit effectivement considéré comme bien public, il faut de plus qu'il n'y ait pas de possibilité d'exclure certains agents économiques de son usage. Cette dernière propriété est parfois désignée par le terme de non excludabilité. La connaissance scientifique ne présente pas spontanément la propriété de non excludabilité. La connaissance scientifique produite par le laboratoire de recherche d'un semencier envisageant de commercialiser des semences OGM peut, par exemple, ne pas être diffusée ou encore n'être diffusée que sous certaines conditions, notamment sous réserve qu'elle ne nuise pas aux intérêts privés du semencier. Dès lors, la connaissance scientifique est un bien excludable. La particularité de la connaissance scientifique est que la possibilité d'exclusion dans le cas d'une production privée entre en conflit avec la non rivalité dans les usages du fait de la nature cumulative de la production des connaissances. On produit en effet de nouvelles connaissances à partir des anciennes et, à effort donné de recherche et développement, la production de nouvelles connaissances par un agent sera d'autant plus élevée que celui-ci dispose d'un libre accès aux connaissances déjà produites par d'autres. Permettre le libre accès aux connaissances produites prive toutefois l'agent à l'origine d'une connaissance nouvelle des gains qu'il pourrait en retirer, ce qui constitue une perte d'incitation à la production de connaissances. La réponse retenue pour régler ce conflit consiste en la mise en œuvre de droits de propriété intellectuelle, notamment les brevets qui sont des droits d'exclusivité temporaire sur les exploitations industrielles et commerciales des innovations issues d'une nouvelle connaissance. La propriété intellectuelle n'est toutefois pas une réponse satisfaisante au problème de dissémination potentiellement irréversible des OGM. En effet, si elle permet bien d'internaliser les gains générés par l'innovation, elle ne conduit pas pour autant à internaliser les coûts sociaux potentiels. De plus, elle n'incite en rien les agents à l'origine de l'innovation à révéler les risques inhérents à celle-ci. On imagine mal un semencier déposer un brevet sur une méthode OGM en précisant spontanément les risques auxquels elle expose la collectivité. Dans le cas des OGM, l'information privée produite par les semenciers manque donc inévitablement de crédibilité. Or la crédibilité de l'information est indispensable pour que cette dernière soit effectivement prise en compte par l'ensemble des agents dans la formation de leurs croyances, notamment par les autorités publiques locales si elles délivrent directement les autorisations de mise en culture ou par les agriculteurs OGM si un mécanisme de provisions est mis en place pour leur faire internaliser les risques de dissémination. Mis en parallèle avec les économies d'échelle qu'il peut y avoir dans la production de connaissances scientifiques (une même recherche effectuée dans plusieurs laboratoires différents peut impliquer des coûts fixes redondants), le besoin de crédibilité de l'information sur les risques de dissémination irréversible implique que cette information doit être produite sous le contrôle direct des pouvoirs publics à l'échelon le plus haut possible[1].

Menée dans le cadre précis du risque de dissémination irréversible de champs non OGM par des plants OGM, l'analyse économique de l'application du principe de précaution permet de mettre en évidence une répartition relativement précise des tâches, et par suite des responsabilités, entre échelons publics. Ainsi, devrait incomber aux autorités nationales ou supranationales la production des connaissances scientifiques nécessaires, en dépit de l'incertitude intrinsèque qui les entoure, à la mise en œuvre du principe de précaution. La justification de cette attribution est la nature de bien public pur que revêtent ces connaissances. Les autorités nationales pourraient alors être attaquées pour défaillance dans la prise en compte d'alertes émises par les scientifiques et pour défaillance dans la diffusion de ces connaissances. Devrait en revanche incomber aux autorités locales l'autorisation au cas par cas de mise en culture de plants OGM, compte tenu de l'information produite et diffusée par l'échelon national. La justification de cette attribution de compétence est que les autorités locales sont les plus à même d'évaluer les coûts et avantages très dépendants du contexte local, autrement dit la nature essentiellement locale de l'externalité que constitue une dissémination de plants OGM. Les autorités locales pourraient ainsi se trouver attaquées pour défaillance dans la prise en compte des spécificités d'un territoire. L'identification des responsabilités respectives des différents échelons devrait autoriser un meilleur contrôle démocratique des administrés sur la décision et, par conséquent, une meilleure mise en œuvre du principe de précaution.

Marc BAUDRY

1. C'est-à-dire actuellement à l'échelon européen, qui est le seul échelon supra national disposant réellement d'un pouvoir décisionnaire.

REGARD CRITIQUE SUR LES FONDEMENTS JURIDIQUES DU PRINCIPE DE PRÉCAUTION : LE CAS DES OGM

Les organismes génétiquement modifiés (OGM) sont des « plantes, animaux, microorganismes dont le patrimoine génétique a été volontairement modifié par le transfert d'un ou plusieurs gènes extérieurs leur apportant une caractéristique nouvelle à l'aide des techniques de génie génétique »[1]. Ils relèvent de la catégorie du vivant à l'exclusion des êtres humains[2]. Le code de l'environnement en donne la définition juridique suivante[3] : « organismes dont le matériel génétique a été modifié autrement que par multiplication ou recombinaison naturelles ». Ces organismes disposent donc, comme tous les autres, d'un patrimoine génétique (ou génome). Ils s'en différencient pourtant de manière significative dans la mesure où ce génome a fait l'objet de manipulations particulières au moyen de techniques dites de transfert de gènes ou encore transgénèse[4]. Ces

1. *Rapport d'information déposé par la Délégation de l'Assemblée nationale pour l'Union européenne, sur la dissémination volontaire des OGM dans l'environnement*, par M.-H. Aubert, 6 juillet 2000, p. 13.

2. Directive 2001/18/CE du Parlement européen et du Conseil du 12 mars 2001 relative à la dissémination volontaire d'organismes génétiquement modifiés dans l'environnement (art. 2).

3. Article L. 531-1 du code de l'environnement tel que modifié par la loi n° 2008-595 du 25 juin 2008 relative aux organismes génétiquement modifiés. Le même article précise qu'est considéré comme un organisme « toute entité biologique non cellulaire, cellulaire ou multicellulaire, capable de se reproduire ou de transférer du matériel génétique ; cette définition englobe les micro-organismes, y compris les virus, les viroïdes et les cultures de cellules végétales et animales ».

4. Le transgène est la séquence isolée d'un gène qui est transférée d'un organisme à un autre pour le modifier.

techniques sont apparues dans les années 1970. Elles ont été rendues possibles par les progrès spectaculaires de la biotechnologie[1]. Appliquées à l'origine aux cellules bactériennes, elles ont été étendues par la suite « aux végétaux au début des années 1980, puis aux animaux »[2]. Il en existe désormais plusieurs[3] : la recombinaison de l'acide désoxyribonucléique qui implique la formation de nouvelles combinaisons de matériel génétique par l'insertion de molécules d'acide nucléique produit hors de l'organisme lui-même, l'incorporation directe dans un organisme de matériel héréditaire préparé à l'extérieur de celui-ci, par micro-injection, macro-injection ou microencapsulation, ou encore la fusion cellulaire aboutissant à des cellules vivantes présentant de nouvelles combinaisons de matériel génétique héréditaire.

Les OGM semblent donc pensés et réalisés à partir d'une méthode raisonnée, *a priori* moins aléatoire que la sélection génétique classique, laquelle repose (sauf chez certains microorganismes) sur la reproduction sexuée destinée à assurer un tri des individus répondant le mieux aux besoins humains ainsi qu'à une éventuelle exploitation directe. Cette méthode a pourtant suscité d'emblée de très nombreuses interrogations à propos, essentiellement, de la maîtrise des conséquences du transfert de gènes. Ces interrogations sont de deux ordres. Les premières concernent le danger de telles manipulations génétiques. Les OGM présentent-ils un risque ? Comment le qualifier ? Comment le prendre en compte ? Comment y faire face ? La perception de la dangerosité des OGM, au cours du temps notamment, ou encore le risque qui leur est associé ne font pas, loin de là, l'unanimité. Dès lors, faut-il développer ces organismes ou à l'inverse s'interdire d'aller dans cette voie ? Face au danger, qui reste très largement hypothétique, la prudence recommande-t-elle d'attendre d'être mieux informé avant d'agir ou, faut-il au contraire le faire pour obtenir les informations manquantes ? Dans ce cas, quelles modalités d'action choisir ? Ces questions d'ordre pratique soulèvent à l'évidence bien des difficultés. Mais

1. L'OCDE a donné en 2005 la définition suivante de la biotechnologie : « L'application de la science et de la technologie à des organismes vivants, de même qu'à ses composantes, produits et modélisations, pour modifier des matériaux vivants ou non-vivants aux fins de la production de connaissances, de biens et de services ». Le commentaire d'accompagnement évoque une définition « délibérément large ». Les OGM correspondent à la seule partie de la définition concernant les « matériaux vivants ».

2. Avis n° 17 du Conseil national de l'alimentation (CNA) adopté lors de la séance plénière du 17 juin 1997.

3. Article D. 531-1 du code de l'environnement.

d'autres de nature éthique se posent également. A-t-on le droit de manipuler ainsi le vivant? Jusqu'où l'homme peut-il aller dans ce domaine? Existe-t-il des barrières morales infranchissables? La « possibilité d'une transformation de la condition humaine par les technologies »[1] est-elle envisageable? acceptable? Il faut insister sur le fait que ce type de questionnement ne relève plus aujourd'hui de la pure spéculation. Une première plante transgénique a pu en effet être produite expérimentalement, dès 1997, avec un gène d'origine humaine[2].

C'est précisément pour prendre en compte des interrogations de cette nature et mettre en place un mode d'action clair que le principe de précaution a été pensé et énoncé à la fin les années 1980[3]. Ce principe a été construit spécialement pour les situations de risque « marquées par deux caractéristiques principales : un contexte d'incertitude scientifique et l'éventualité de dommages graves et irréversibles »[4]. Le principe de précaution ainsi conçu présente plusieurs particularités. Il a vocation universelle. On le trouve dans tous les ordres juridiques que ce soit en droit international, communautaire ou en droit interne. C'est aussi un principe textuel. Il se présente sous la forme d'un énoncé qui en précise les conditions d'emploi et de mise en œuvre. La difficulté tient cependant au fait qu'il a été l'objet de plusieurs formulations, certes proches les unes des autres, mais cependant distinctes. Le principe de précaution, principe textuel à vocation universelle, n'existe donc pas sous la forme d'un énoncé unique qui serait universellement accepté ce qui le rend particulièrement difficile à appréhender.

En droit international[5], le principe de précaution a été formalisé dans la déclaration finale du Sommet de la Terre de Rio de Janeiro de 1992 dont il

1. D. Bourg et A. Papaux, « Des limites du principe de précaution... », art. cit.

2. *OGM et agriculture : options pour l'action publique*, Commissariat général du plan, Rapport du groupe présidé par B. Chevassus-au-Louis – Septembre 2001.

3. Son origine est vraisemblablement plus ancienne. Certains la rattachent au *Vorsorgeprinzip* allemand des années 1960. On peut cependant considérer que le principe actuel a commencé à être formalisé au cours des années 1980 avec, par exemple, la *Charte mondiale de la Nature* adoptée par l'Assemblée générale des Nations Unies en 1982 (plus particulièrement § 11) ou le rapport Bruntland de 1987 sur le développement durable intitulé « Notre avenir à tous » (et notamment son annexe 1).

4. Avis adopté par le Conseil économique et social au cours de sa séance du 7 juillet 1999, p. II-153;

5. Cette présentation des différentes formulations du principe de précaution est évidemment loin d'être exhaustive. D'autres énoncés existent. La convention de Paris sur la protection du milieu marin de l'Atlantique du Nord-Est (OSPAR) de 1992 ou encore le

constitue le principe 15 : « Pour protéger l'environnement, des mesures de précaution doivent être largement appliquées par les États selon leurs capacités. En cas de risque de dommages graves ou irréversibles, l'absence de certitude scientifique absolue ne doit pas servir de prétexte pour remettre à plus tard l'adoption de mesures effectives visant à prévenir la dégradation de l'environnement »[1]. Il s'agit là du premier énoncé complet du principe de précaution. La formulation reste pourtant limitée. Elle ne concerne que les atteintes à l'environnement lui-même et sa présence dans une simple « déclaration » prise à l'issue d'une conférence internationale ne lui donne aucune force réellement contraignante.

Le principe de précaution apparaît à peu près à la même époque en droit communautaire. Il est introduit, sans toutefois être défini, dans le traité de Rome par le traité de Maastricht du 7 février 1992, dans l'article 130 R qui deviendra par la suite l'article 174. Avec la récente mise en application du traité de Lisbonne sur le fonctionnement de l'Union européenne, l'article 174 devient l'article 191 sans autre modification significative. Le principe de précaution est placé au niveau des principes fondateurs de la politique de la l'Union européenne dans le domaine de l'environnement[2]. Cette notion doit être entendue ici au sens large incluant les effets sur la santé humaine ainsi qu'il ressort d'une résolution du Conseil[3] en 2000, lors du sommet de Nice, qui « considère qu'il y a lieu de recourir au principe de précaution dès lors que la possibilité d'effets nocifs sur la santé ou l'environnement est identifiée et qu'une évaluation scientifique préliminaire sur la base des données disponibles, ne permet pas de conclure avec certitude sur le niveau

protocole d'Izmir de 1996 sur les mouvements transfrontières de déchets dangereux en mer Méditerranée complétant la convention de Barcelone de 1976 proposent leur propre formulation. On trouve le principe dans certains accords internationaux comme celui de l'OMC sur les mesures sanitaires et phytosanitaires (Accord SPS). Il figure également dans le Protocole de Cartagena de 2000 sur la prévention des risques biotechnologiques relatif à la convention sur la diversité biologique qui traite spécifiquement de la question des OGM.

1. À noter que la version anglaise de la déclaration de Rio ne fait pas référence à des « mesures de précaution » comme la version française mais à une « approche de précaution » : « In order to protect the environment, the precautionary approach shall be widely applied by States according to their capabilities ».

2. *Traité de Lisbonne*, article 191 : « [...] 2. La politique de l'Union dans le domaine de l'environnement vise un niveau de protection élevé, en tenant compte de la diversité des situations dans les différentes régions de l'Union. Elle est fondée sur les principes de précaution et d'action préventive, sur le principe de correction, par priorité à la source, des atteintes à l'environnement et sur le principe pollueur-payeur ».

3. Annexe III aux conclusions de la présidence – Nice, les 7, 8 et 9 décembre 2000.

de risque ». Dans une communication précédente du 2 février 2000 de la Commission[1], dont le Conseil a dit partager « les grandes orientations », il était précisé (point 5.1) que « le recours au principe de précaution n'intervient que dans une hypothèse de risque potentiel, même si ce risque ne peut être entièrement démontré, son ampleur quantifiée ou ses effets déterminés en raison de l'insuffisance ou du caractère non concluant des données scientifiques ». Les mesures à prendre en droit communautaire sont donc très largement fonction du seuil d'acceptabilité sociale du risque en question.

Le principe de précaution fait son apparition en droit interne trois ans après la signature du Traité de Maastricht, avec la loi Barnier[2] de 1995. L'article 1er de cette loi, désormais codifié à l'article L. 110-1 du code de l'environnement, en donne la définition suivante : « Le principe de précaution, selon lequel l'absence de certitudes, compte tenu des connaissances scientifiques et techniques du moment, ne doit pas retarder l'adoption de mesures effectives et proportionnées visant à prévenir un risque de dommages graves et irréversibles à l'environnement à un coût économiquement acceptable ». À cette formulation législative, est venue s'adjoindre avec la loi Bachelot[3] de 2005 qui a complété la Constitution par une Charte de l'environnement, un nouvel énoncé de nature constitutionnelle. On le trouve à l'article 5 de la Charte : « Lorsque la réalisation d'un dommage, bien qu'incertaine en l'état des connaissances scientifiques, pourrait affecter de manière grave et irréversible l'environnement, les autorités publiques veillent, par application du principe de précaution et dans leurs domaines d'attributions, à la mise en œuvre de procédures d'évaluation des risques et à l'adoption de mesures provisoires et proportionnées afin de parer à la réalisation du dommage ». La loi Barnier comme la loi Bachelot traitent essentiellement des dommages possibles à l'environnement.

Pensé spécifiquement pour gérer les situations incertaines et à risque, le principe de précaution appliqué aux OGM aurait dû faciliter avec le temps l'apparition de solutions raisonnables. Force est de constater qu'il n'en est rien. La controverse sur la dangerosité des organismes génétiquement modifiés (OGM) oppose depuis maintenant plus de vingt ans, de manière

1. Communication de la Commission (COM(2000) 1 final) du 2 février 2000 sur le recours au principe de précaution.

2. Loi du 2 février 1995 relative au renforcement de la protection de l'environnement.

3. Loi constitutionnelle n° 2005-205 du 1er mars 2005 relative à la Charte de l'environnement.

quasi frontale, partisans et détracteurs de ces organismes. Pour l'essentiel, les premiers estiment que les OGM ne sont qu'une étape dans une évolution à la fois scientifique et technique de plus long terme qui doit conduire l'homme à toujours mieux maîtriser la Nature[1]. Si danger il y a, il ne peut être que provisoire et seules de nouvelles connaissances permettront d'y faire face. Les seconds posent, au contraire, comme postulat que la Nature est intangible, pour ne pas dire sacrée, et que toute action de l'homme pour la modifier ne peut aboutir qu'à des catastrophes annoncées[2]. Comment expliquer ce blocage? Comment justifier qu'aucun progrès réellement significatif n'ait été enregistré dans ce domaine? Que les oppositions entre partisans et détracteurs soient toujours aussi fortes? S'interroger sur les raisons de cette situation revient en fait à questionner le principe de précaution lui-même. Dès lors qu'il a été pensé pour s'appliquer à des risques potentiels, ce qui semble être le cas des OGM, les problèmes rencontrés dans ce domaine doivent dans doute être vus comme une illustration, en quelque sorte « grandeur nature », des difficultés rencontrées dans l'application du principe aujourd'hui.

Ceci constituera l'objet principal de notre réflexion et nous amènera à nous interroger sur la pertinence du principe de précaution. Nous poserons également la question de sa correcte adéquation avec la fin ultime visée. Pour cela, nous nous situerons résolument dans la chronologie de l'application du principe en tentant d'identifier à chaque étape les incertitudes ou les ambiguïtés lorsqu'elles existent. Nous serons ainsi conduits à examiner successivement son mécanisme de mise en œuvre qui apparaît peu précis puis son mode opératoire, très souvent contesté, pour la simple raison qu'il est sans doute contestable.

UN MÉCANISME DE MISE EN ŒUVRE PEU PRÉCIS

Le principe de précaution est un principe d'action. Il implique une manière d'agir. Mais comment définir la précaution? Elle peut être prise,

1. R. Descartes, *Discours de la méthode* (1637) : « Il est possible de parvenir à des connaissances qui soient fort utiles à la vie [...], nous les pourrions employer en même façon à tous les usages auxquels ils sont propres, et ainsi nous rendre comme maîtres et possesseurs de la Nature ».

2. H. Jonas, *Le principe responsabilité*, *op. cit.*, Préface : « La thèse liminaire de ce livre est que la promesse de la technique moderne s'est inversée en menace, ou bien que celle-ci s'est indissolublement alliée à celle-là ».

nous dit Marceau Long, « dans son acception la plus banale, forme affinée de la prudence – agir en fonction des données de l'expérience acquise, du bon sens et de la raison – comme dans l'acception la plus philosophique : s'astreindre à une action ou s'y refuser en raison de l'incertitude au sujet du risque possible »[1]. Quelle que soit cependant l'acception retenue, langage courant, approche philosophique voire juridique, elle se ramène toujours à une forme de prudence accrue. On n'agit pas toutefois par précaution sans raison particulière. Il n'y a, en effet, le plus souvent, aucune raison de prendre des mesures exceptionnelles de prudence. Il faut donc qu'un risque particulier existe pour justifier une telle attitude.

S'agissant des OGM, la première démarche, en terme de précaution, doit donc conduire à vérifier la réalité des risques associés. Cette présence, lorsqu'elle est avérée, n'en reste pas moins insuffisante. Tous les risques ne nécessitent pas en effet l'application de mesures de précaution. Seuls imposent d'y avoir recours ceux dont les conséquences peuvent être estimées graves, voire irréversibles, c'est-à-dire en réalité, ceux considérés comme les plus dangereux. La difficulté consiste alors à identifier ces risques en particulier et à les distinguer des autres. Ainsi, pour en revenir aux OGM, s'il est effectivement démontré en première analyse qu'ils présentent des risques, devront-ils pour autant être considérés comme dangereux ? Tenter de trouver une réponse à cette question nécessite de se référer au principe lui-même. C'est en effet une des spécificités du principe de précaution que de proposer, dans son propre énoncé, plusieurs critères utiles pour évaluer et caractériser le risque et donc justifier, en pratique, de son utilisation.

Le mécanisme de mise en œuvre du principe de précaution comporte ainsi deux étapes distinctes et successives : la détermination du risque puis sa caractérisation. La première consiste à établir la réalité du risque. La seconde a pour objet de préciser si le risque ainsi identifié justifie ou non le recours au principe de précaution. En pratique, ces deux étapes restent toujours difficiles à franchir. La notion de risque, qui est au cœur de l'ensemble du dispositif, reste des plus complexes, extrêmement difficile à mobiliser. Sa caractérisation utilise des critères fournis par le principe lui-même mais elle est rendue très délicate par l'existence des différents énoncés du principe. Les conditions de mise en œuvre du principe de précaution apparaissent donc au final peu précises résultant le plus souvent

1. M. Long, Préface au livre *Le principe de précaution dans la conduite des affaires humaines*, Paris, INRA, 1997, p. 13.

plus d'un forçage intellectuel, d'un choix prudentiel *a priori* ou encore d'une simple hypothèse, que d'une déduction logique tirée d'une analyse préalable.

La détermination du risque

La notion de risque est consubstantielle au principe de précaution. Elle n'en reste pas moins complexe et même quelquefois confuse. Il est donc nécessaire de la cerner pour tenter d'en proposer, sinon une définition générale, du moins un mode de détermination qui puisse être ensuite appliqué de façon plus précise comme en matière d'OGM.

Une notion floue

Le risque est toujours associé à un événement hypothétique dont il prend les caractéristiques supposées. Il est par nature multiforme ce qui rend extrêmement difficile toute définition positive. Pour tourner cette difficulté, certains auteurs ont essayé de le faire apparaître en quelque sorte en creux, par ce qu'il n'est pas. Ainsi, « un risque n'est pas un aléa » [1]. Il est en général admis qu'un aléa est un événement imprévisible non connoté par un jugement de valeur. On peut donc en déduire que le risque n'est jamais complètement imprévisible et peut comporter en lui-même une part de subjectivité. Par ailleurs, « le risque doit être distingué du danger » [2]. Le danger est considéré comme ce qui menace ou compromet la sûreté, l'existence d'une personne ou d'une chose. La menace sera d'autant plus grande pour la personne que l'exposition au danger sera forte. Si le risque n'est pas le danger, il n'en est pas pour autant totalement distinct. Nous posons comme définition que le risque est le danger mais tel qu'il est perçu par la personne sur qui pèse cette menace. Cette perception peut, dans certains cas, modifier considérablement le mode et le degré d'exposition au danger. C'est en sens qu'il faut comprendre, selon nous, la formule selon laquelle le risque serait un « danger éventuel plus ou moins prévisible » [3]. Il n'y a donc pas de risque sans danger mais encore faut-il que la personne ait connaissance de ce danger et, sans doute aussi, qu'elle en prenne réellement conscience afin de l'anticiper.

1. Ph. Kourilsky et G. Viney, « Le principe de précaution », rapport au Premier ministre, 15 octobre 1999, p. 10.

2. Ph. Kourilsky et G. Viney, « Le principe de précaution », art. cit., p. 10.

3. Voir par exemple *Dictionnaire Robert* ou encore *Trésor de la Langue française* du CNRS qui précise que ce danger est « inhérent à une situation ou à une activité ».

Le risque naît véritablement de la tension de ces deux éléments : le danger, d'un côté, et sa perception, de l'autre. Il en possède nécessairement les deux dimensions. Il est le danger en tant qu'élément objectif, évaluable, éventuellement quantifiable (différent de l'aléa par son caractère en partie prévisible). Le risque est alors « le produit d'une dangerosité par une probabilité »[1] selon la « formule classique »[2] mais il ne peut être que cela. Il dépend aussi de l'appréciation par la personne du danger. C'est l'élément subjectif. « En soi, rien n'est un risque, il n'y a pas de risque dans la réalité. Inversement, tout peut être un risque, tout dépend de la façon dont on analyse le danger, considère l'événement »[3]. L'événement dangereux peut échapper totalement à la volonté de la personne. C'est le cas des risques naturels ou de certains risques sanitaires. Il peut être, au contraire, la conséquence de l'activité humaine. Le risque est dit alors anthropique, économique ou financier, technologique ou encore industriel. Dans tous les cas, la prise en compte de l'événement, qu'il soit extérieur ou non, ne dépend que des personnes en cause. On peut donc considérer, selon notre propre définition, le risque comme la subjectivisation d'un danger objectif.

La différence entre le danger et le risque, ou encore entre un risque qui serait objectif et un autre perçu, a été critiquée par certains sociologues des risques qui considèrent que le danger lui-même n'est au final qu'une représentation sociale[4]. Elle n'en a pas moins son utilité pour comprendre le mécanisme du risque. Ainsi, des conduites dites à risque de certaines personnes qui vont jusqu'à nier l'évidence en dépit de toutes les informations objectivement vérifiables mises à leur disposition. Ou à l'inverse, de la très grande difficulté d'apporter les preuves de l'absence d'un danger lorsque les personnes concernées restent intimement persuadées de son existence. La conception que chacun se fait du danger brouille, quelquefois à l'infini, la compréhension que l'on peut avoir du risque. En cas de controverse, comme pour les OGM par exemple, les positions peuvent devenir absolument irréductibles. La situation peut être encore plus compliquée en cas d'approximations, volontaires ou non. « Une confusion s'installe dans l'esprit des consommateurs : OGM, clonage, ESB sont assimilés.

1. *Rapport de l'office des choix technologiques sur l'utilisation des organismes génétiquement modifiés*, 1998, par J.-Y. Le Déaut.

2. *Le principe de précaution*, UNESCO-COMEST, Mars 2005, p. 28.

3. F. Ewald, *Histoire de l'État providence*, Paris, Le livre de poche, 1998, p. 135.

4. D. Le Breton, *La sociologie du risque*, Paris, Seuil, 1995, p. 31 : « Les formes de dangers ainsi pointées renvoient en profondeur aux modes de vie, aux valeurs collectives, elles reflètent une morale en acte, une vision du monde ».

Sous l'emprise d'une peur où l'aspect irrationnel prédomine, les OGM, puisqu'ils ne sont pas naturels, deviennent nécessairement dangereux »[1]. La tentation pour tourner cette difficulté est alors de rabattre la notion de risque sur celle de danger. L'appréciation personnelle est laissée de côté pour s'en tenir aux seuls éléments objectifs. On fait « comme si » la caractérisation du risque pouvait se ramener à la seule évaluation préalable du danger. La directive 2001/18/CE du Parlement européen et du Conseil du 12 mars 2001 précitée propose ainsi dans son annexe II consacrée aux principes applicables à l'évaluation des risques pour l'environnement de distinguer le « danger » défini comme la capacité d'un organisme à nuire à la santé humaine ou à l'environnement ou à provoquer des effets négatifs pour la santé humaine ou l'environnement et le « risque » en tant que combinaison de l'ampleur des conséquences d'un danger, s'il se produit, et de la probabilité que ces conséquences se produisent. Mais, ne pas vouloir tenir compte de la perception du risque c'est en définitive faire prévaloir une conception rationalisante sur une autre qui serait plus psychologique. Le dialogue devient alors impossible entre ceux qui n'avancent que des arguments « scientifiques » (dans l'optique du seul danger) et les autres, qui voudraient être « rassurés » (dans une logique de risque), et qui, d'une certaine manière, pressentent ou peut-être préjugent qu'ils ne pourront jamais l'être.

Il est à noter que la distinction du danger et du risque présente une certaine pertinence en droit. Le Conseil d'État a eu l'occasion de préciser en 2007 qu'un produit, pourtant non dangereux par lui-même, pouvait faire courir des risques à son utilisateur. Dans un arrêt Société PPN SA[2], la Haute juridiction administrative a dû en effet se prononcer sur la demande d'annulation d'un arrêté du 24 février 2006 du ministre de l'économie, des finances et de l'industrie qui suspendait pour un an la mise sur le marché d'une boisson dénommée Security Feel Better commercialisée par la société PPN SA et réputée diminuer le degré d'imprégnation alcoolique du consommateur. Le Conseil d'État a d'abord établi la non-dangerosité du produit en s'appuyant sur un avis de l'Agence française de sécurité sanitaire des aliments. Il a ensuite relevé que la présentation trompeuse qui en était faite, les différentes allégations en cause, « étaient de nature à induire

1. Conseil économique et social, *Rapport présenté au nom de la section des activités productives, de la recherche et de la technologie et de la section de l'agriculture et de l'alimentation*, par Ph. Rouvillois et G. Le Fur, 1999.

2. Conseil d'État, 7 février 2007, Société PPN SA, n° 292615.

chez le consommateur une incertitude sur son taux réel d'alcoolémie, un sentiment de fausse sécurité et, de ce fait, un comportement dangereux et qu'en conséquence, le maintien sur le marché de ce produit constituait un danger grave et immédiat pour la santé et la sécurité des personnes ». Le produit n'est pas dangereux par lui-même. Ce sont, en réalité, les conditions de son utilisation qui peuvent être à l'origine du danger. C'est donc bien la perception de ce danger par le consommateur, c'est-à-dire le risque encouru, qui peut être faussée par la présentation officielle du produit en cause. Dans ce cas particulier, « eu égard aux risques que pouvait dès lors entraîner pour les consommateurs une telle présentation », le ministre de l'économie, des finances et de l'industrie n'avait pas fait une appréciation manifestement inexacte de la « gravité du danger présenté par sa commercialisation » compte tenu des mesures de précaution à prendre en matière de protection de la santé publique. En d'autres termes, bien que le produit n'ait pas été dangereux par lui-même, sa perception par le public pouvait créer véritablement le danger justifiant ainsi son interdiction[1].

Le risque OGM

Nous avons posé comme postulat que la notion de risque était consubstantielle au principe de précaution. Nous pouvons en déduire que la présence d'au moins un risque constitue la condition nécessaire à son application. À ce stade, celui de la détermination, peu importe la réalité du danger sous-jacent, l'idée n'étant pas de se substituer aux spécialistes de la question pour en déterminer la nature exacte. La caractérisation du risque relève de l'étape suivante. Seul nous importe ici le constat de son existence c'est-à-dire conformément à notre définition, celui de la perception d'un danger. Mais comment établir l'existence de risques en matière d'OGM ? Une méthode simple est de se référer aux très nombreux documents officiels, rapports ou avis, publiés depuis la fin des années 1990. Tous ces documents n'exposent pas, en effet, le point de vue d'un seul spécialiste ou une controverse particulière entre experts mais présentent, bien au contraire, de manière assez exhaustive l'état des connaissances générales sur le problème à un moment donné. Leur lecture fait ressortir plusieurs risques.

1. Le Conseil d'État annule cependant l'arrêté du ministre de l'économie, des finances et de l'industrie en date du 24 février 2006 suspendant pour une durée d'un an la mise sur le marché à titre gratuit ou onéreux de la boisson Security Feel Better considérant cette « mesure excessive et disproportionnée », point sur lequel nous reviendrons dans la seconde partie de ce travail.

Certains sont datés. Ainsi, des risques associés aux premiers OGM qui tenaient pour une grande part aux méthodes d'ingénierie génétique utilisées à l'époque. Ces OGM contenaient en effet des gènes dits « marqueurs » pour trier les cellules transformées par rapport à celles où la transgénèse n'avait pas correctement abouti. Or, certains d'entre eux étaient des gènes de résistance à un antibiotique comme l'ampicilline ou la kanamycine, de façon à ne conserver, à un certain stade opératoire, que les seules cellules survivant à l'application de l'antibiotique considéré, c'est-à-dire celles où la transgénèse avait réussi. Le danger était alors celui du passage du gène de résistance des antibiotiques vers des bactéries du sol ou vers des bactéries présentes dans le tube digestif, favorisant le développement de souches bactériennes résistantes aux antibiotiques. L'arrivée d'OGM de seconde génération ne comportant pas ce type de gènes marqueurs devrait faire disparaître ce risque particulier[1]. D'autres OGM contenaient également des séquences virales soit pour augmenter l'expression du transgène, soit pour leur permettre de résister aux virus. Le risque d'apparition de nouveaux agents pathogènes par « recombinaison entre le transgène et des virus co-infectants, pouvant ainsi induire l'apparition de nouveaux virus ou l'augmentation de la virulence de virus existants »[2] ne pouvait être écarté. Là encore, ceci pourrait disparaître avec la fin de l'incorporation de telles séquences.

D'autres risques ne concernent pas directement l'application du principe de précaution comme par exemple le risque économique. Dans ce domaine, le danger est celui d'une emprise croissante du secteur industriel sur le secteur agricole rendu nécessaire par la « lourdeur des investissements en jeu »[3]. Une nouvelle logique se mettrait alors en place, celle de l'investissement productif, au détriment de celle de l'exploitant agricole. Le rythme des saisons et leurs aléas climatiques qui sont les compagnons naturels de l'agriculteur ne peuvent plus convenir au capitaine d'industrie qui va chercher à réduire par tous les moyens possibles l'incertitude de son cycle de production. Cette logique industrielle conduit également à voir dans les OGM une nouvelle filière d'innovation. La brevetabilité du vivant

1. La directive 2001/18/CE du Parlement européen et du Conseil du 12 mars 2001 impose dans son article 4.2 cette disparition au 31 décembre 2004. Toutefois Y. Chupeau et P.-H. Gouyon estiment dans un article paru dans *La Recherche* de janvier 2004 que cette nouvelle génération pourrait ne pas être disponible avant dix ou quinze ans.

2. *Rapport de l'office des choix technologiques*, *op. cit.*, 1998.

3. Délégation de l'Assemblée nationale pour l'Union européenne, *Rapport de l'office des choix technologiques*, 6 juillet 2000.

devient un véritable enjeu et fait désormais partie intégrante de la stratégie de recherche des entreprises avec le risque de voir se fermer l'accès aux ressources génétiques et à leur utilisation.

Au-delà de ces risques que l'on qualifier de spécifiques, deux autres sont susceptibles de nécessiter l'application du principe de précaution en matière d'OGM : le risque environnemental mais aussi le risque sanitaire[1].

Le risque environnemental s'impose avec évidence. Il concerne principalement les flux de gènes vers d'autres organismes, l'apparition de résistances possibles et les risques d'invasion, l'impact sur la biodiversité et le devenir des résidus de plantes transgéniques. Ainsi, la culture de plantes transgéniques pourrait entraîner la possibilité de diffusion des gènes modifiés à des variétés non modifiées de la même espèce ou à des espèces apparentées. Dans la nature, ces flux de gènes sont fréquents. Ils peuvent théoriquement s'opérer par flux de pollen entre OGM et apparentées sauvages (on cite le cas du colza et de la betterave) ou, de façon plus rare, par transferts de gènes entre plantes transgéniques et microorganismes du sol. Certaines plantes sont génétiquement modifiées pour se protéger de leur prédateurs. Elles peuvent alors provoquer l'apparition de résistances nouvelles chez derniers. Cette question concerne notamment le maïs Bt de Novartis auto-résistant à la pyrale. De façon plus générale, la question de l'impact des OGM sur la biodiversité est posée et les réponses ne sont pas unanimes. Certains pensent que la diffusion des biotechnologies pourraient renforcer la tendance de l'agriculture à l'appauvrissement de la diversité génétique, par la possibilité de conférer un même gène à de nombreuses espèces. D'autres considèrent, au contraire, cette crainte d'une réduction de la biodiversité « pour le moins paradoxale »[2] puisque la transgénèse serait par définition créatrice de biodiversité. Enfin, l'éventualité de l'impact des OGM sur l'environnement sub-terrestre également appelé rhizosphère soulève également de très nombreuses interrogations même si aucune observation de ce type n'a jamais été faite pour l'instant en milieu naturel. La condition de la présence du risque serait déjà donc remplie si l'on devait s'en tenir aux seuls aspects environnementaux.

Les OGM présenteraient également une deuxième forme de risque importante : le risque sanitaire selon la possible toxicité ou l'éventuelle

1. Pour la commodité de l'exposé, on rattachera ici les risques nutritionnel et alimentaire au risque sanitaire.

2. L.-M. Houdebine, *Les biotechnologies animales, nécessité ou révolution inutile ?*, Paris, Éditions France Agricole, 1998.

allergénicité de l'organisme en question. Le risque toxique est en fait une notion complexe caractérisée par ses effets. Une substance est considérée comme toxique « par les troubles provoqués sur l'organisme quand elle y pénètre à doses élevées ou à faibles doses plusieurs fois répétées »[1]. L'autre risque, le risque allergique, peut avoir pour cause l'introduction d'un gène provoquant la synthèse de protéines allergéniques pour certaines personnes.

Sans qu'il soit besoin d'aller plus loin, on peut donc considérer que les OGM présentent incontestablement des risques (environnementaux ou sanitaires) ce qui est, on le répète, la condition première pour la mise en œuvre du principe de précaution. La directive 2001/18/CE du Parlement européen et du Conseil du 12 mars 2001 précitée en apporte une confirmation. Elle détaille dans son annexe II les effets négatifs qui « peuvent » se produire, tels que : la propagation des OGM dans l'environnement, le transfert du matériel génétique inséré à d'autres organismes ou au même organisme, qu'il soit génétiquement modifié ou non, l'instabilité phénotypique et génétique, les interactions avec d'autres organismes, ou encore les modifications de la gestion, y compris, le cas échéant, des pratiques agricoles. Il semble donc acquis que les OGM sont risqués. Sont-ils dangereux pour autant ? Autrement dit, comment caractériser ces risques ?

La caractérisation du risque

L'application du principe de précaution ne nécessite pas seulement la présence d'un risque, encore faut-il que les conséquences estimées de celui-ci soient potentiellement très graves. Le risque étant identifié, il faut donc pouvoir en déterminer le caractère réellement dangereux. Le principe de précaution propose normalement pour cela plusieurs critères de caractérisation mais ceux-ci peuvent varier d'un énoncé à l'autre. Dans ces conditions, la caractérisation du risque des OGM n'apparaît pas des plus objectives. C'est la première difficulté sur laquelle achoppe toute tentative de rapprochement entre partisans et détracteurs de ces organismes. Il nous semble extrêmement délicat, sans *a priori* idéologique, d'opter pour une position plutôt que pour une autre. La lecture des documents officiels, il est vrai, laisse plutôt entendre que les OGM ne peuvent en aucune manière conduire à des dommages graves voire irréversibles. Nous poserons malgré tout l'hypothèse inverse. Nous choisirons de les assimiler à des « nouveaux risques », selon l'appellation actuelle, de manière à pouvoir étudier les

1. *Rapport de l'office des choix technologiques*, *op. cit.*, 1998.

conditions dans lesquelles le principe de précaution peut, alors, leur être appliqué ce qui reste l'objet principal de ce travail. Il ne faut pas se méprendre sur ce choix ni en tirer des conséquences hâtives. Il ne fait que refléter une prise de position intellectuelle, une exigence méthodologique, face à un objet assez malaisé à définir. L'objectif est de mener à son terme, au moins sur le plan théorique, la réflexion entreprise sur le principe de précaution appliqué aux OGM. Or, pour y arriver, nous ne pouvons faire autrement que postuler la dangerosité de ces organismes.

Gravité et irréversibilité

Les différents énoncés du principe de précaution proposent des formulations à la fois proches et différentes pour qualifier le risque à l'origine du recours au principe de précaution. Deux critères sont plus particulièrement mis en avant : celui de gravité et celui d'irréversibilité. L'emploi de ces critères, leur mise en relation, leur place respective dans l'évaluation du risque, soulèvent toutefois plusieurs interrogations.

La Déclaration de Rio évoque, par exemple, « le risque de dommages graves ou irréversibles » à l'environnement. Ces deux qualités apparaissent logiquement graduées, l'irréversibilité étant une forme de gravité extrême telle qu'aucun retour en arrière n'est plus possible. La conjonction « ou »[1] laisse pourtant penser que l'on peut choisir entre gravité et irréversibilité. Faut-il alors considérer la seule gravité du risque ou attendre qu'il devienne irréversible ? La réponse est évidemment qu'il faut intervenir dès que le risque est grave. La référence à l'irréversibilité vient ici souligner, comme par un effet dramatique, ce qui se passerait si on ne le faisait pas plus avant. L'irréversibilité ne paraît donc pas devoir être ici considérée comme une condition supplémentaire de la gravité mais comme son évolution possible et non souhaitée.

Le droit communautaire des Traités, on l'a vu, ne définit pas le principe de précaution. La résolution précitée du Conseil de décembre 2000 indique que le recours au principe doit avoir lieu dès que des effets nocifs sur la santé ou l'environnement ont pu être identifiés. Un effet nocif est sans aucun doute un effet grave. Est-ce pour autant un effet irréversible ? Il semble que non. La communication de la Commission de février 2000 également précitée en indiquant de son côté qu'il convient d'y avoir recours lorsqu'il y a« des motifs raisonnables de s'inquiéter que les effets

1. La version anglaise confirme l'emploi de cette conjonction : « Where there are threats of serious or irreversible damage… ».

potentiellement dangereux sur l'environnement et la santé humaine, animale ou végétale soient incompatibles avec le niveau choisi de protection », semble aller dans ce sens. Il faut en effet rappeler que l'article 191 établit dans son paragraphe 2 que « la politique de l'Union dans le domaine de l'environnement vise un niveau de protection élevé » et que, de même, l'article 168 retient un « niveau élevé de protection de la santé humaine »[1]. Si le niveau de protection choisi est élevé, alors le seuil de risque doit être corrélativement faible. On peut donc en déduire que la prise en compte du risque en droit communautaire est sans doute plus élevée qu'en droit international car tout risque tendant à devenir grave (et non pas déjà grave) pourrait mettre en cause l'objectif affirmé de protection élevée de l'environnement et de la santé humaine. Le fait qu'aucune condition d'irréversibilité ne soit exigée semble confirmer cette analyse.

La situation en droit interne est rendue complexe par l'existence de deux formulations, l'une législative dans le code de l'environnement, l'autre dans la Charte de l'environnement adossée à la Constitution. Les deux énoncés utilisent cependant des rédactions identiques en matière de caractérisation des risques. Ils font tous les deux référence, comme en écho à la Déclaration de Rio, à un risque d'atteinte « grave et irréversible » à l'environnement. Toutefois, à la différence du texte onusien, la conjonction utilisée ici n'est pas le « ou » mais le « et » ce qui en rend plus difficile la compréhension. Dans la Déclaration de Rio, on pouvait accepter une gradation et envisager que l'intervention du principe de précaution se fasse dès un certain seuil de gravité sous peine d'irréversibilité. Dans la version française de la Charte de l'environnement tout comme dans le Code de l'environnement, une lecture textuelle nous conduit à penser que seule une gravité telle que les effets du risque deviendraient alors irréversibles doit être retenue. *A contrario*, des atteintes graves sans être irréversibles pourraient-elles être acceptées ? Si cette interprétation devait être retenue, il s'agirait bien évidemment d'une attitude moins protectrice de l'environnement en droit interne qu'en droit international et donc, *a fortiori*, en droit communautaire.

La situation est donc plus que contrastée entre le droit international, le droit communautaire et le droit interne et encore, faut-il rappeler, que la

1. L'article 152 du *Traité de Rome* est devenu l'article 168 du *Traité de Lisbonne* qui l'a complété et actualisé. Cet article énonce dans son premier paragraphe 1 : « Un niveau élevé de protection de la santé humaine est assuré dans la définition et la mise en œuvre de toutes les politiques et actions de l'Union ».

présentation retenue est volontairement incomplète. Nous avons vu que d'autres formulations existent notamment dans plusieurs conventions ou traités internationaux dont on sait, que régulièrement ratifiés, ils acquièrent une force supérieure à celle des lois internes. Plusieurs de ces conventions ou traités ont été signés par la France dont le Protocole de Cartagena du 29 janvier 2000 sur la prévention des risques biotechnologiques plus spécifiquement consacré au problème des OGM.

Le Protocole de Cartagena complète la convention sur la diversité biologique de Rio de Janeiro du 5 juin 1992. Il a pour objectif de contribuer à assurer un degré adéquat de protection pour le transfert, la manipulation et l'utilisation de ces organismes définis dans la convention comme des organismes vivants modifiés (OVM [1]) qui peuvent avoir des effets défavorables sur la conservation et l'utilisation durable de la diversité biologique compte tenu des risques pour la santé humaine. Le Protocole met plus spécialement l'accent sur les mouvements de ces OVM entre États. Chaque Partie doit prendre toutes les mesures juridiques, administratives et autres, nécessaires et appropriées, pour s'acquitter de ses obligations. Pour cela, elle a le droit de soumettre l'OVM à une évaluation des risques avant de prendre une décision concernant son importation. Celle-ci doit être réalisée conformément aux méthodes scientifiques éprouvées [2]. Le Protocole fait expressément référence « à l'approche de précaution consacrée par le Principe 15 de la Déclaration de Rio sur l'environnement » qui change par là-même de nature et devient une obligation pour les différentes Parties. L'article 10, paragraphe 6, concernant la procédure de décision mais également l'article 11, paragraphe 8, dans le cas d'organismes vivants modifiés destinés à être utilisés directement pour l'alimentation humaine ou animale, ou à être transformés en proposent la formulation suivante : « L'absence de certitude scientifique due à l'insuffisance des informations et connaissances scientifiques pertinentes concernant l'étendue des effets défavorables potentiels d'un organisme vivant modifié sur la conservation et l'utilisation durable de la diversité biologique dans la Partie importatrice, compte tenu également des risques pour la santé humaine, n'empêche pas cette Partie de prendre comme il convient une décision concernant l'importation de

1. Article 3 du Protocole : « Organisme vivant modifié » s'entend de tout organisme vivant possédant une combinaison de matériel génétique inédite obtenue par recours à la biotechnologie moderne.

2. L'annexe III du Protocole consacrée à l'évaluation détaille l'objectif, les principes généraux, les méthodes et les points à examiner.

l'organisme vivant modifié». Le Protocole de Cartagena retient donc une formulation différente de celles évoquées précédemment. Le contexte reste celui de l'absence de certitude scientifique mais l'éventualité du dommage se ramène aux «effets défavorables potentiels» de l'OGM sur la diversité biologique et sur la santé humaine. La Partie concernée ne doit pas être empêchée pour autant de prendre une décision concernant l'importation de l'OGM sur son territoire. L'obligation est ici beaucoup plus précise ce qui paraît cohérent avec l'objet très spécifique du Protocole.

En résumé, les critères de caractérisation qui devraient nous permettre d'évaluer le risque apparaissent subtilement différents d'un énoncé à l'autre. Dans un cas, les dommages envisagés doivent être «graves ou irréversibles», dans un autre «graves et irréversibles», sans que l'on sache exactement si ces variations de rédaction emportent des conséquences normatives ou non. Il est vrai que la première formulation se trouve dans un acte dont la force contraignante est faible (sauf à être incorporé dans une convention particulière) alors que les autres s'imposent du fait de leur présence en droit interne constitutionnel ou législatif. Mais qu'en est-il, par exemple, «des effets défavorables potentiels d'un organisme vivant modifié sur la conservation et l'utilisation durable de la diversité biologique dans la Partie importatrice»? S'agissant d'une obligation figurant dans une convention internationale régulièrement ratifiée cette norme a sans aucun doute valeur supérieure à la loi mais pas à la Constitution. Ces «effets défavorables potentiels» devraient donc être, en bonne logique, également «graves et irréversibles» pour justifier du recours au principe de précaution. Or, les considérants du Protocole faisant référence à l'approche de précaution de la déclaration de Rio qui prévoit des« graves ou irréversibles», cette approche pourrait être contestée. Chaque Partie au Protocole pourrait ainsi l'appliquer de bonne foi en faisant référence à des seuils de déclenchement du principe différents. Le problème se pose d'une manière plus complexe encore avec le droit communautaire qui recommande de prendre en compte les «effets potentiellement dangereux sur l'environnement et la santé humaine, animale ou végétale [...] incompatibles avec le niveau choisi de protection». Là encore, ces «effets potentiellement dangereux» devraient être également «graves et irréversibles» mais l'articulation des normes de droit interne et communautaire est confuse.

Dans son article[1] intitulé « Le principe constitutionnel de précaution en France », Olivier Godard évoque à ce sujet la théorie de la « boucle étrange » ou de la « hiérarchie enchevêtrée » constituée par un double mouvement d'extériorisation d'abord par une autorité initiale vers une autre qu'elle crée, puis de retour, vers la première, pour appliquer les instructions reçues de la nouvelle structure. « Lorsqu'elle est constitutive d'un processus d'auto-organisation d'un système ou d'un ordre, une telle structure rend illusoire toute tentative de fixer définitivement une hiérarchie ». Chaque structure, que ce soit l'initiale ou la nouvelle, comprend l'autre comme un élément d'elle-même. Comment articuler alors le droit communautaire qui fixe un « niveau de protection élevé », donc un risque faible, avec le droit interne qui exige un dommage irréversible, susceptible donc d'accepter un risque sans doute plus élevé ? La convergence entre les deux ne pourrait se réaliser que si la condition d'irréversibilité était entendue comme un prolongement de celle de gravité et non comme une condition supplémentaire ce que donne pourtant à penser la rédaction actuelle du principe de précaution tant dans la Charte que dans le code de l'environnement.

L'hypothèse de la dangerosité des OGM

Si les OGM semblent effectivement présenter des risques, il apparaît en revanche beaucoup plus compliqué d'aller plus avant afin de caractériser les dommages qui peuvent leur être réellement associés. Deux critères, la gravité et l'irréversibilité du dommage sont proposés par le principe de précaution mais ils peuvent, on l'a vu, s'agencer de manières différentes suivant que le second apparaît comme une condition supplémentaire ou non du premier. Cette situation est à l'évidence génératrice d'incertitude. En l'absence d'un énoncé unique, la mise en cohérence des énoncés existants du principe impose de les replacer dans la hiérarchie des normes. Pourtant, même cette démarche n'est pas sans soulever d'autres interrogations. On a vu que la déclaration de Rio pouvait avoir ou ne pas avoir de force contraignante selon qu'elle était incorporée ou non à un traité ou à une convention internationale régulièrement ratifiée. Dans le cas où le traité y fait référence, comme avec le Protocole de Cartagena, il est vraisemblable toutefois que son effet ne soit pas direct. Qu'en est-il de la même conven-

1. O. Godard, « Le principe constitutionnel de précaution en France, la souveraineté réaffirmée », dans *Les Petites affiches*, n° 16, 22 janvier 2009, *La Constitution économique de l'État. L'ordre constitutionnel économique 1958-2008*, p. 43 *sq.*

tion lorsqu'elle est également signée par l'Union européenne et intégrée au droit communautaire ? Que devient alors la norme constitutionnelle ? Doit-elle se plier aux exigences de la construction communautaire? Ou, selon une conception plus classique, doit-elle continuer à faire barrage à celles qui lui sont contraires ? Les questions sont nombreuses, les réponses peu évidentes. On conçoit dans ces conditions que la tentation soit grande pour des personnes engagées dans la lutte pour ou contre les OGM d'aller à l'essentiel et de justifier leur position par leurs propres engagements. Le discours militant s'embarrasse rarement de subtilités et si le droit ne fait pas l'effort de proposer une démarche cohérente, les prises de position des uns et des autres ne peuvent que se rigidifier à partir d'arguments d'autorité non démontrables mais aussi non négociables.

Nous nous garderons donc de trancher ce débat que même les plus éminents spécialistes ont du mal à éclairer. Nous avons montré, si l'on veut bien accorder quelque crédit aux documents officiels, que les OGM s'accompagnent effectivement de risques. Nous ferons donc simplement l'hypothèse que ces risques peuvent causer des dommages graves et même très graves justifiant la mise en application du principe de précaution. Cette hypothèse ne s'impose pourtant pas à la lecture des documents en question[1]. Elle n'est pas plus évidente lorsqu'on s'essaie à la lecture de certains articles consacrés aux OGM. Prenons un exemple récent tiré du journal Le Monde du mois de mai 2009 sur les effets sanitaires de ceux-ci[2]. L'article démarre par ce constat assez surprenant : « Il faudrait tout oublier. Des affirmations définitives sur la toxicité ou l'innocuité des organismes génétiquement modifiés (OGM), il ne faudrait rien retenir – ou vraiment pas grand-chose ». La cause de cette situation serait à rechercher dans « des pratiques statistiques contestables et à des protocoles expérimentaux trop peu ambitieux ». Difficile dans ces conditions de procéder à des évaluations qui ne portent pas à contestation. Nous laisserons aux statisticiens et aux biologistes la responsabilité de revenir à des pratiques expérimentales

1. Il faut toutefois signaler que dans son considérant (4) la directive 2001/18/CE du Parlement et du Conseil du 12 mars 2001 précitée affirme sans autre forme de démonstration que « les organismes vivants disséminés dans l'environnement, en grande ou en petite quantité, à des fins expérimentales ou en tant que produits commerciaux, peuvent se reproduire dans l'environnement et franchir les frontières nationales, affectant ainsi d'autres États membres. Une telle dissémination peut produire des effets irréversibles sur l'environnement ».

2. Le Monde du 13 mai 2009 : « Selon un mathématicien, la fiabilité statistique des études portant sur les effets sanitaires des OGM est insignifiante ». Le mathématicien en question est Marc Lavielle. Il est membre du nouveau Haut Conseil des biotechnologies installé la veille.

moins sujettes à critique. Seul nous intéresse ici, le processus de décision intégrant l'application du principe de précaution. Notre réflexion porte, on le rappelle, sur sa pertinence et sur son efficience. Notons simplement au passage que si l'information sur les pratiques statistiques était confirmée, c'est toute la phase d'évaluation de la dangerosité des OGM qui devrait être remise à plat. Ce qui signifierait que l'incertitude initiale concernant les OGM, loin d'avoir été levée, aurait tout au contraire probablement été renforcée par l'application, certes contestable mais bien réelle, du principe de précaution. C'est dans ce contexte qu'il faut comprendre l'hypothèse que nous formulons. Elle ne préjuge pas de la réalité du danger des OGM. Elle nous est tout simplement nécessaire pour examiner le mode opératoire proposé dans un second temps par le principe lui-même.

Il faut rajouter que ce problème n'est pas spécifique aux OGM. La plupart des risques produits par la société technicienne sont aujourd'hui dans ce cas. Comment évaluer *a priori* le risque sanitaire lié à l'usage des téléphones portables ? Comment prendre en compte l'impact à venir du clonage animal ? Comment déterminer à long terme le rejet de gaz à effet de serre dans l'atmosphère ? Etc. La difficulté propre à ces « nouveaux risques »[1] est de les appréhender alors même qu'ils ne peuvent pas être complètement prévus. Leur plus grande imprévisibilité les différencient des risques traditionnels. Ils sont également l'objet de controverses nombreuses et réitérées. L'utilisation de la science qui avait permis de faire avancer les connaissances sur les risques traditionnels n'est plus désormais d'un grand secours car les scientifiques eux-mêmes apparaissent divisés. Ces nouveaux risques sont aussi potentiellement dangereux. Dès lors, les mesures de prévention traditionnelles apparaissent inadaptées. À nouveaux risques, nouvelles formes d'action. Il faut pouvoir anticiper beaucoup plus en amont les conséquences éventuelles de ces risques, prendre en compte des risques qui ne sont pas encore connus mais seulement « pressentis »[2]. La réalisation de ces nouveaux risques est toujours possible mais jamais démontrable sauf à en apporter la preuve concrète (par l'exemple). Dans la mesure, où elle pourrait déboucher sur des dommages extrêmement graves, il faut impérativement l'éviter. D'où un mode opératoire proposé par le principe de précaution théoriquement adapté à ces nouvelles conditions de mise en œuvre. L'interrogation porte sur son efficience.

1. *Traité des nouveaux risques*, Paris, Folio, 2002.

2. N. De Sadeleer : « Essai sur la genèse du droit de l'environnement : l'exemple du droit communautaire », Paris, Ministère de l'environnement, 1996, p. 76.

UN MODE OPÉRATOIRE CONTESTABLE

Le principe de précaution est, doit-on le rappeler, avant tout un principe d'action. Il consiste, lorsque les conditions exigées pour son application sont remplies, à prendre des « mesures » et donc à agir. La difficulté va consister, une nouvelle fois, à tenir compte des différents énoncés du principe de précaution.

Tous les acteurs sont concernés. La déclaration de Rio est explicite sur ce point. Elle renvoie aux États le soin d'appliquer les mesures de précaution « selon leurs capacités ». Il s'agit là d'une approche tout à fait classique en droit international selon laquelle les États restent les acteurs majeurs et les premiers responsables de l'application sur leur territoire des décisions prises en commun. Les différences significatives de moyens que les pays développés peuvent mobiliser par rapport à ceux des pays en voie de développement expliquent, à défaut de pouvoir le justifier, que ces derniers ne soient engagés que « sous réserve ». Le droit communautaire dont la visée est plus opérationnelle ne s'adresse pas aux seuls États mais à tous les « décideurs » sans distinguer entre les personnes privées et publiques. Il est vrai que la situation des États membres à l'intérieur de l'Union est plus homogène que dans le reste de la communauté internationale. Enfin, en droit interne, la loi s'impose à tous, acteurs privés ou publics, alors que la Charte de l'environnement ne concerne que les seules « autorités publiques » selon leurs compétences. Dans certains cas, la chaîne de responsabilités pourra devenir assez complexe mettant en jeu des personnes privées, entreprises ou agriculteurs par exemple, et des personnes publiques en fonction de leurs attributions respectives.

Les mesures à prendre doivent être « effectives ». La déclaration de Rio évoque ainsi la nécessité de « mesures effectives visant à protéger la dégradation de l'environnement ». Une mesure effective est au sens propre du terme une mesure « qui se traduit par un effet, par des actes réels ». Il ne s'agit pas obligatoirement d'une action au sens positif du terme. Une abstention d'agir peut être considérée comme une mesure effective dès lors qu'elle produit des effets concrets favorables à l'environnement. Il faut signaler à ce stade une nouvelle ambiguïté de rédaction entre les versions française et anglaise de cette déclaration[1]. L'expression utilisée dans la

1. *Cf.* p. 226, note 3.

version anglaise est en effet celle de « cost-effective measures » [1] en référence à une forme particulière d'analyse économique qui cherche à comparer les coûts et les effets des actions à entreprendre. Dans cette optique, le problème n'est plus alors de prendre des mesures seulement « effectives » mais de le faire « à un coût économiquement réalisable », le plus souvent, en se conformant à une exigence légale.

En droit communautaire, les mesures de précaution doivent également être effectives. Un simple « engagement à prendre des mesures » ne satisfait pas cette exigence [2]. Ces mesures doivent en outre respecter plusieurs conditions décrites page 3 de la communication précitée la Commission du 2 février 2000 [3]. La mise en œuvre du principe y apparaît beaucoup plus encadrée que dans la déclaration de Rio ce qui se justifie vraisemblablement par le caractère opérationnel d'une telle communication. De plus, l'approche communautaire du principe de précaution s'inscrit dans une construction juridique par nature beaucoup plus complexe. Elle doit tenir compte d'autres principes comme celui de proportionnalité, de cohérence ou encore de non discrimination. L'approche communautaire se veut également « cost effective » au sens de la déclaration de Rio. Les mesures prises doivent « être basées sur un examen des avantages et des charges potentiels » incluant une analyse éventuelle de rentabilité économique. L'Union européenne reste marquée dans tous les cas par son origine. L'exigence environnementale n'existe pas en soi. Elle doit toujours être conciliée avec d'autres contraintes dont celles nées de la mise en place du marché commun en terme de concurrence ou de non discrimination.

1. Le texte anglais est le suivant : « Where there are threats of serious or irreversible damage, lack of full scientific certainty shall not be used as a reason for postponing cost-effective measures to prevent environmental degradation ».

2. CJCE, 15 juillet 2004, *Commission des Communautés européennes c/ Royaume-Uni de Grande-Bretagne et d'Irlande du Nord*, affaire C-424/02.

3. Les mesures à prendre doivent :

– être proportionnées au niveau de protection recherché ;

– ne pas introduire de discrimination dans leur application ;

– être cohérentes avec des mesures similaires déjà adoptées ;

– être basées sur un examen des avantages et des charges potentiels de l'action ou de l'absence d'action (y compris, le cas échéant et dans la mesure du possible, une analyse de rentabilité économique) ;

– être réexaminées à la lumière des nouvelles données scientifiques ;

– être capables d'attribuer la responsabilité de produire les preuves scientifiques nécessaires pour permettre une évaluation plus complète du risque.

En droit interne, la mise en œuvre du principe de précaution doit conduire selon le code de l'environnement à des « mesures effectives et proportionnées visant à prévenir un risque de dommages graves et irréversibles à l'environnement à un coût économiquement acceptable ». L'utilisation en droit français de l'expression « mesures effectives » (que l'on peut rattacher au principe 15 de la déclaration de Rio) est ainsi complétée par une référence à la notion de « coût économiquement acceptable » qui n'est sans doute pas une traduction heureuse pour « cost-effective » mais qui y renvoie incontestablement. Le principe de réalité s'impose au principe de précaution. Les mesures de précaution ne doivent pas être prises pour elles-mêmes mais en tenant compte du contexte économique et donc de leur coût. La Charte de l'environnement est de son côté beaucoup plus lapidaire sur cet aspect des choses. Elle mentionne « l'adoption de mesures provisoires et proportionnées afin de parer à la réalisation du dommage ». Il est vrai qu'elle ne s'adresse qu'aux autorités publiques chacune « dans leurs domaines d'attributions » comme il a été dit précédemment. L'absence de référence au coût économique des mesures envisagées ne doit pas cependant laisser penser que les autorités publiques devraient mettre en œuvre systématiquement des mesures de précaution sans tenir compte de leur impact économique ou social. Ces autorités sont également dans l'obligation d'arbitrer entre les différentes mesures à prendre compte tenu des moyens à leur disposition. Il semble donc bien que les exigences de l'analyse coût-efficacité formulée dans la déclaration de Rio soient reprises, en pratique, aussi bien par le droit communautaire que par le droit interne, de manière explicite dans sa formulation législative et implicite dans la Charte de l'environnement.

Ces mesures, en plus d'être effectives, doivent toujours présenter un caractère provisoire et proportionné. Le principe de précaution parce qu'il s'applique en situation d'incertitude ne fige jamais l'avenir. Provisoires, ces mesures ne devraient durer que le temps de faire disparaître cette incertitude. Proportionnées, elles ne devraient jamais dépasser ce qui est considéré comme nécessaire pour éviter précisément au risque de se réaliser. Mais une mesure ne peut être réellement provisoire que si un terme raisonnable du processus est envisagé à court ou moyen terme. De même, elle ne sera proportionnée qu'en fonction d'un objectif lui aussi raisonnablement établi justifiant de son application pendant la durée de ce processus. Si aucun terme n'a été fixé ou ne semble pouvoir être atteint et en l'absence d'objectif raisonnable, l'application du principe de précaution ne peut conduire qu'à une plus grande incertitude concernant ces mesures.

Des mesures provisoires destinées à durer

Le principe de précaution impose de prendre des mesures pour parer à la réalisation d'un dommage pendant une période provisoire (qui ne peut donc en principe se prolonger). La durée de telles mesures ne peut jamais être établie *a priori*. Est provisoire, par définition, une mesure non définitive ou, comme le dit le Petit Robert, une mesure « qui se fait en attendant autre chose, qui est destinée à être remplacée ». Ce caractère provisoire pose cependant problème lorsque de telles mesures sont reconduites (quelquefois à plusieurs reprises) sur des durées qui peuvent être au final très longues ou encore lorsque aucune autre mesure ne vient les remplacer. À quel moment, dans ces conditions, la mesure temporaire ne l'est-elle plus ? Le droit communautaire apporte un élément de réponse à cette question. Dans sa communication du 2 février 2000, la Commission précise en effet que le caractère provisoire doit être lié à l'évolution des connaissances scientifiques plutôt qu'à un facteur temps. Les mesures ne doivent donc être prises que dans l'attente de données scientifiques plus approfondies. Pourtant, même dans ce cas, la mesure pourrait durer, et quelquefois même se prolonger, générant une réelle incertitude.

Mais peut-être ne faut-il pas s'en tenir à cette première approche et distinguer parmi les mesures celles qui s'inscrivent dans un processus global de celles qui ne sont mises en œuvre que de manière ponctuelle ? En matière d'OGM, il existe aujourd'hui une approche raisonnée que la dernière loi de 2008 relative à ces organismes est encore venue préciser[1]. La réglementation fait la distinction entre le transport, l'utilisation confinée et la dissémination volontaire de ces OGM dont leur mise sur le marché. Nous ne traiterons pour l'essentiel que du problème de la dissémination qui apparaît comme le plus significatif au regard de l'application du principe de précaution. Les dispositions, sur ce point, de la loi de 2008 ont été intégrées au code de l'environnement[2]. Elles comprennent la possibilité de mesures provisoires. Par exemple, lorsque l'autorité administrative dispose d'informations sur des éléments nouveaux susceptibles d'avoir des conséquences significatives du point de vue des risques pour la santé publique et l'environnement dans le cas de dissémination volontaire à toute autre fin que la mise sur le marché, elle peut exiger du bénéficiaire de

1. Loi n° 2008-595 du 25 juin 2008.

2. Plus particulièrement dans le chapitre III sur la dissémination volontaires d'OGM du Titre III traitant des OGM du Livre V consacré à la prévention des pollutions, des risques et des nuisances du code de l'environnement.

l'autorisation qu'il modifie les conditions de la dissémination volontaire, qu'il la suspende ou qu'il y mette fin[1].

Cette situation donne le sentiment que le processus peut être maîtrisé de bout en bout principalement parce que le pouvoir de décision se trouve être concentré pour l'essentiel entre les mains de l'autorité administrative. Ce sentiment de sécurité est en grande partie illusoire. Une décision administrative doit avoir été expliquée, et surtout comprise, et peut-être encore plus acceptée par les personnes concernées, pour pouvoir être appliquée correctement. En matière d'OGM, le public est certes associé en plusieurs occasions au processus de décision[2]. Ainsi, l'exploitant doit-il mettre à disposition de celui-ci un dossier d'information pour toute demande d'agrément d'utilisation confinée d'OGM au moment de la première utilisation de tels organismes dans une installation[3]. Ou encore, lorsqu'une autorisation de dissémination volontaire a été accordée et que l'autorité administrative vient à disposer d'éléments nouveaux concernant les risques de l'opération, elle doit les rendre accessibles[4]. Mais cette association a souvent été considérée jusqu'à présent comme formelle[5]. Les intérêts particuliers ou locaux qui peuvent être directement concernés par l'implantation sur leur territoire des cultures OGM, estiment, à tort ou à raison, ne pas pouvoir faire entendre leurs arguments. Il sont très souvent tentés dans ces conditions de remettre en cause le processus tout entier considérant ne pas pouvoir peser réellement sur lui au cours de son exécution. À défaut de pouvoir modifier utilement et au bon moment la mise en œuvre du principe de précaution, ils sont ainsi conduits à prendre très fréquemment une position de « tout ou rien » rendant tout dialogue impossible avec l'autorité administrative.

1. Art. R. 533-16 du code de l'environnement.

2. La France est par ailleurs signataire de la convention d'Aarhus du 25 juin 1998 sur l'accès à l'information, la participation du public au processus décisionnel et l'accès à la justice en matière d'environnement qu'elle a ratifiée et intégrée dans son ordre juridique interne.

3. Art. L. 532-4 du code de l'environnement.

4. Art. L. 533-3-1 du code de l'environnement.

5. Cette situation pourrait cependant changer avec l'introduction le code de l'environnement d'un nouvel article L. 533-9 selon lequel « l''État assure une information et une participation du public précoces et effectives avant de prendre des décisions autorisant ou non la dissémination volontaire dans l'environnement et la mise sur le marché d'OGM ». L'effectivité semble gagner l'ensemble du processus décisionnel.

Un dispositif de décision très encadré

Le dispositif de décision mis en place en matière de dissémination volontaire d'OGM dans l'environnement repose sur un cadre réglementaire communautaire et national.

En droit communautaire, le texte de référence a longtemps été la directive 90/220/CEE du Conseil du 23 avril 1990 relative à la dissémination volontaire d'organismes génétiquement modifiés dans l'environnement. Elle est remplacée depuis le 17 octobre 2002 par la directive 2001/18/CE du 12 mars 2001 prise en co-décision par le Parlement européen et le Conseil. Le considérant (5) de cette nouvelle directive précise qu'« il a été tenu compte du principe de précaution lors de la rédaction de la présente directive et il devra en être tenu compte lors de sa mise en œuvre ». Le mécanisme retenu repose d'une part, sur la délivrance d'une autorisation préalable et de l'autre sur une procédure de coordination.

Une autorité compétente est désignée dans chaque État membre. Toute demande de dissémination volontaire doit lui être notifiée, accompagnée d'un dossier technique comprenant l'évaluation des risques pour l'environnement et pour la santé humaine de l'OGM en question. La réglementation communautaire distingue deux types de procédure. La première est considérée comme « standard ». Elle repose sur la constitution d'un dossier technique adressé à l'autorité compétente de l'État membre sur le territoire duquel la dissémination doit avoir lieu. L'autorité compétente envoie une synthèse de chaque notification reçue à la Commission. Celle-ci les transmet aux autres États membres et met en place un système d'échange des informations contenues dans les notifications. Chaque État peut alors faire connaître ses observations. Au final, la décision est prise par l'autorité compétente de l'État membre qui en informe la Commission, et le cas échéant, précise les raisons motivant le rejet d'une notification. La seconde procédure est dite « différenciée ». Elle ne concerne que des OGM répondant à des critères précis (donnés en annexe V de la directive) et pour lesquels une expérience de dissémination existe déjà de manière suffisante. L'autorité compétente de l'État membre concerné transmet une demande de proposition motivée à la Commission pour l'application de procédures différenciées à ces types d'OGM. La décision finale est prise par l'autorité compétente. Une procédure communautaire est prévue en cas d'objection soulevée et maintenue au cours de l'une ou l'autre de ces procédures par une autorité compétente d'un autre État membre. C'est alors à la Commission de prendre une décision favorable ou défavorable à la demande après avis d'un comité de réglementation prévu à l'article 30 de la directive de 2001[1]. Lorsque la décision est favorable, l'autorité compétente de l'État membre donne son autorisation. La décision d'autoriser ou non une dissémination concerne donc essentiellement les autorités compétentes dans chaque État membre et la Commission. Les États membres ont cependant l'obligation de rendre accessibles au public les informations sur toutes les disséminations d'OGM effectuées sur leur territoire.

La procédure est légèrement différente en matière de mise sur le marché de produits OGM. Les États membres ne peuvent en principe interdire, restreindre ou empêcher la mise sur le marché d'OGM, en tant que produits ou éléments de produits, conformes aux exigences fixées par la directive de 2001. Une notification doit être adressée par le demandeur à l'autorité compétente de l'État membre sur le territoire duquel la mise sur le marché de l'OGM est prévue. L'autorité compétente en transmet une copie à la Commission qui la fait parvenir aux autorités compétentes des autres États membres. Elle examine si la notification est conforme aux exigences de la directive. Elle établit à cette fin un rapport d'évaluation et le transmet au notifiant. Ce rapport doit indiquer si l'OGM peut ou non être mis sur le marché. Lorsque l'autorité compétente qui a élaboré le rapport décide, en l'absence d'objection motivée d'un État membre ou de la Commission, que le produit peut être mis sur le marché, elle donne son autorisation par écrit pour cette mise sur le marché. Elle la transmet au notifiant et en informe les autres États membres et la Commission. L'autorisation est accordée pour une durée maximale de dix ans. En cas d'objection, la procédure communautaire à suivre est identique à celle prévue pour la dissémination volontaire. Lorsqu'une décision favorable est prise, levant ainsi la ou les objections, l'autorité compétente donne son autorisation dans les mêmes conditions que précédemment. La même procédure est utilisée pour le renouvellement d'une autorisation déjà accordée.

Une clause dite de « sauvegarde » a été prévue par la directive pour permettre à un État membre qui dispose d'informations nouvelles intervenues après qu'a été donnée l'autorisation de dissémination ou de mise sur le marché, de limiter ou interdire l'utilisation ou la vente (ou les deux) d'un OGM sur son territoire. Ces informations nouvelles doivent affecter l'évaluation initiale des risques pour l'environnement ou la santé humaine.

1. Il s'agit d'un comité de réglementation composé des représentants des États membres et présidé par le représentant de la Commission prévu par l'article 5 de la décision 1999/468/CE du Conseil du 28 juin 1999 fixant les modalités de l'exercice des compétences d'exécution conférées à la Commission.

L'État membre informe immédiatement la Commission et les autres États membres de sa décision. Il doit la motiver. Il indique notamment si les conditions de l'autorisation doivent être modifiées et comment ou s'il convient de mettre fin à l'autorisation. Dans un délai relativement court fixé à soixante jours, la Commission prend une décision après avis du comité prévu à l'article 30 précité.

L'organisation communautaire en matière d'OGM apparaît donc très encadrée, à la fois centralisée et coordonnée. Elle repose sur un dispositif qui paraît à première vue très équilibré. L'information est d'abord centralisée au niveau de chaque État pour être ensuite mise en réseau entre tous les États membres qui peuvent ainsi faire connaître leur point de vue. La Commission assure un rôle classique de coordination si nécessaire. À y regarder de plus près, on s'aperçoit cependant que le dispositif mis en place est en réalité dissymétrique très nettement à l'avantage de la Commission. Les autorités nationales compétentes ne peuvent en effet agir que dans les limites de la directive. L'article 4 relatif aux obligations générales le précise expressément : « Les États membres désignent la ou les autorités compétentes chargées d'appliquer les exigences de la présente directive ». À l'inverse, la Commission est sollicitée dans certaines situations plus complexes comme dans le cadre de la procédure différenciée ou en cas d'objections. Tout se passe donc comme nous si avions, d'un côté, une autorité compétente à la compétence liée et, de l'autre, la Commission, disposant d'une certaine compétence discrétionnaire. Ce dispositif va naturellement peser sur le mode d'organisation à l'intérieur de chacun des États membres.

La réglementation interne relative aux OGM consiste en une transposition de la réglementation communautaire. Elle ne peut donc, par principe, se trouver en contradiction avec cette dernière. Les principales dispositions se trouvent au Titre III du Livre V du code de l'environnement. Le principe posé par le nouvel article L. 531-2-1 est que « les OGM ne peuvent être cultivés, commercialisés ou utilisés que dans le respect de l'environnement et de la santé publique, des structures agricoles, des écosystèmes locaux et des filières de production et commerciales qualifiées "sans organismes génétiquement modifiés", et en toute transparence »[1]. Les décisions d'autorisation concernant ces organismes ne peuvent intervenir qu'après une évaluation préalable indépendante et transparente des risques pour l'environnement et la santé publique. Cette évaluation est désormais assu-

1. Cet article est issu de la loi n° 2008-595 du 25 juin 2008 précitée.

rée par un Haut Conseil des biotechnologies [1]. Le code distingue, comme en droit communautaire, l'utilisation confinée de micro-organismes génétiquement modifiés et leur dissémination en faisant, là encore, la différence selon qu'il s'agit d'une dissémination volontaire ou d'une mise sur le marché.

Le principe retenu en matière de dissémination volontaire ou de mise sur le marché est le même : une autorisation préalable doit être donnée par l'autorité administrative avant toute utilisation ou dissémination. Elle est délivrée après avis du Haut Conseil des biotechnologies qui examine les risques que peut présenter la dissémination pour l'environnement et la santé publique. Lorsque l'autorité administrative dispose de nouveaux éléments d'information susceptibles de modifier l'évaluation initiale des risques tant pour l'environnement que pour la santé publique, que ces éléments soient devenus disponibles ou en cas de modification, intentionnelle ou non, de la dissémination volontaire, elle sollicite une nouvelle évaluation du Haut Conseil des biotechnologies. Au vu de celle-ci, elle peut exiger du bénéficiaire de l'autorisation qu'il modifie les conditions de la dissémination volontaire, qu'il la suspende ou qu'il y mette fin.

La mise sur le marché est également précédée d'une autorisation préalable délivrée par l'autorité administrative, après examen des risques qu'elle présente pour la santé publique ou pour l'environnement et après avis du Haut Conseil des biotechnologies. Le titulaire d'une autorisation est soumis à une obligation de surveillance. Compte tenu des rapports qu'il lui transmet, l'autorité administrative compétente peut adapter le plan de surveillance après la première période de surveillance ou, lorsque l'autorisation a été délivrée dans un autre État membre, demander son adaptation. La loi du 25 juin 2008 a transposé en droit interne l'obligation de mettre fin à la mise sur le marché de produits composés en tout ou partie d'organismes génétiquement modifiés qui contiennent des gènes codant des facteurs de résistance aux antibiotiques utilisés pour des traitements médicaux ou vétérinaires imposée par la directive de 2001 [2] ce qui devrait, à terme, permettre de supprimer un des risques identifiés des OGM. Les autorisations de mise sur le marché délivrées par les autres États membres de l'Union européenne ou l'autorité communautaire compétente en application de la réglementation communautaire valent autorisation en France.

1. Art. L. 531-3 *sq.* du code de l'environnement.

2. *Cf.* p. 234, note 3.

Tel est, à grands traits, le dispositif mis sur pied pour gérer de manière coordonnée les questions relatives aux OGM tant au niveau communautaire que national. Ce dispositif qui se veut en théorie révisable et donc adaptable en permanence, s'avère en pratique fort difficile à faire évoluer essentiellement parce qu'il se présente comme une totalité. Les conditions d'équilibre semblent trop contraignantes pour qu'il soit envisageable de le remettre en cause même en partie y compris aux marges une fois cet équilibre atteint. Olivier Godard en propose une illustration saisissante avec l'histoire du MON 810[1].

Le MON 810 est un maïs génétiquement modifié produit par la firme Monsanto. La plante a été modifiée afin de lui permettre de produire directement une bactérie communément appelée Bt[2] lui assurant de lutter efficacement contre des insectes prédateurs comme la pyrale ou la noctuelle. L'intérêt de cette bactérie est évidemment de limiter le recours à l'épandage d'autres produits nocifs comme les insecticides chimiques. L'auteur indique que son utilisation est « tellement répandue qu'elle est aussi utilisée en agriculture biologique ». Il s'interroge donc sur le rejet qu'elle provoque et ce, même si la Bt OGM diffère très légèrement de la Bt naturelle.

Le MON 810 a été autorisé par une décision 98/294/CE de la Commission du 22 avril 1998[3] dans le cadre de la procédure communautaire permettant aux autorités compétentes d'un État membre de donner leur consentement pour la mise sur le marché de produits consistant en des OGM, ou en contenant. La procédure avait été initiée par la France. Un premier avis favorable avait en effet été donné dès 1996 par la Commission de génie biomoléculaire[4] à la dissémination commerciale de ce maïs. La France avait alors saisi les autorités communautaires dans le cadre de l'application de la directive 90/220/CEE en vigueur à l'époque. Des objec-

1. O. Godard, « Le principe de précaution… », art. cit., p. 33 : Les avatars du MON 810 sur le territoire français.

2. Il s'agit de la bactérie Bacillus thuringiensis découverte en 1911. Elle a été utilisée très largement comme insecticide depuis les années 1950. C'est aujourd'hui le premier agent de lutte biologique contre les ravageurs des cultures.

3. Décision 98/294/CE de la Commission du 22 avril 1998 concernant la mise sur le marché de maïs génétiquement modifié (Zea mays L. lignée MON 810), conformément à la directive 90/220/CEE du Conseil.

4. La Commission d'étude de la dissémination des produits issus du génie biomoléculaire (ou Commission de génie biomoléculaire) était l'une des deux commissions avec la Commission de génie génétique qui devaient donner obligatoirement un avis avant tout projet concernant les OGM. Ces deux commissions sont désormais remplacées par le Haut Conseil des biotechnologies.

tions ayant été formulées par d'autres autorités compétentes, la Commission avait été amenée à trancher et à prendre la décision d'autorisation précitée en la motivant par l'absence d'« incidence négative sur la santé humaine ou sur l'environnement ». Au vu de cette décision, la France avait alors donné à son tour son consentement écrit par un arrêté du 3 août 1998 [1]. La suite est décrite par Olivier Godard dans son article.

En avril 2007, le gouvernement fédéral allemand, alerté par Greenpeace, décidait de prendre un arrêté conditionnant la vente des semences MON 810 à la présentation d'un plan de surveillance des conséquences environnementales. Le mois suivant, la Commission de génie biomoléculaire française était saisie d'une nouvelle demande d'avis de la part du ministère de l'agriculture sur un rapport de Greenpeace faisant état des résultats d'une étude réalisée en 2006 sur des échantillons de feuilles de maïs MON 810 cultivées en Allemagne. La Commission a rendu son avis en juin de la même année. Elle n'a constaté aucun élément nouveau de nature à remettre en cause l'évaluation environnementale initiale du MON 810. Il n'y avait donc aucune raison ni scientifique ni juridique de revenir sur l'autorisation de mise sur le marché. C'est alors que le problème a changé de nature. Un nouveau processus de concertation a en été effet proposé, en France, au moment de la campagne politique pour les élections présidentielles de 2007 sous la forme de ce qu'il est désormais convenu d'appeler le « Grenelle de l'environnement ». C'est dans ce contexte qu'une nouvelle suspension de l'autorisation donnée au MON 810 a été demandée dans l'attente du vote de la prochaine loi sur les OGM. Le 5 décembre 2007, un Comité de préfiguration d'une nouvelle Haut Autorité sur les OGM a été institué par décret [2]. Le même jour un arrêté a été publié suspendant la cession et l'utilisation des semences de MON 810 dans l'attente de la loi relative aux OGM [3] avec comme date limite celle du 9 février 2008 au plus tard. Le 9 janvier 2008, soit un mois avant cette échéance, le président du Haut Comité a fait part au Ministre de l'environnement de « doutes sérieux » justifiant selon lui le recours à la clause de

1. Arrêté du 3 août 1998 portant consentement écrit, au titre de l'article 13, § 4, de la directive 90/220/CEE du 23 avril 1990, des décisions 98/293/CE et 98/294/CE du 22 avril 1998 concernant la mise sur le marché de maïs génétiquement modifiés (Zea mays L. T25 et MON 810).

2. Décret n° 2007-1710 du 5 décembre 2007 instituant un comité de préfiguration d'une haute autorité sur les organismes génétiquement modifiés.

3. Arrêté du 5 décembre 2007 suspendant la cession et l'utilisation des semences de maïs MON810.

sauvegarde communautaire par la France et donc la prolongation de la suspension de mise sur le marché du MON 810.

La réflexion d'Olivier Godard porte sur le processus suivi. Il estime que deux questions sont posées par ces événements. Le comité de préfiguration a-t-il été composé, a-t-il pu travailler, a-t-il pu communiquer selon les règles aujourd'hui communément admises pour juger crédible une instance d'expertise? L'avis rendu constitue-t-il une base adéquate et suffisante pour appliquer le principe de précaution en respectant les repères donnés par le texte constitutionnel et la doctrine européenne? Sa réponse est deux fois négative. Il considère notamment qu'il n'était pas possible pour les autorités françaises d'invoquer le principe de précaution car le Comité de préfiguration aurait dû caractériser préalablement les dangers et les dommages encourus pour l'environnement et évaluer les risques en référence à la perspective de dommages graves et irréversibles à cet environnement. Or, rien de tout cela n'a été établi dans l'avis rendu le 9 janvier 2008. « Au total, cette expertise tronquée et inaboutie, menée dans la précipitation sous forte pression politique, puisque de l'aveu des responsables gouvernementaux il s'agissait de tenir les engagements pris lors du Grenelle de l'environnement, ne satisfait pas aux conditions définies par le texte constitutionnel et par la doctrine européenne sur le principe de précaution »[1]. L'affaire du MON 810 serait donc révélatrice d'un dysfonctionnement sérieux de la prise de décision en matière d'OGM malgré le dispositif élaboré qui a été mis en place.

Le syndrome du « tout ou rien »

Nous ne reviendrons pas sur les conclusions d'Olivier Godard que nous partageons pour l'essentiel. L'histoire du MON 810 souligne toute la difficulté de rechercher un consensus lorsque la demande faite aux scientifiques est d'emblée instrumentalisée par le politique. Elle nous paraît également exemplaire de ce que nous avons identifié comme une position de « tout ou rien ». Nous ne voyons en effet à aucun moment du processus apparaître de situations intermédiaires entre ce qui a été l'autorisation initiale accordée en 1998 en France à la commercialisation du MON 810 et sa suspension en 2008. C'est normalement l'utilité des mesures provisoires que de pouvoir modifier temporairement un processus lorsque des « doutes sérieux » peuvent apparaître. Tout s'est passé en réalité dans cette histoire comme si l'autorité administrative compétente ne pouvait qu'accorder ou refuser

1. O. Godard, « Le principe de précaution... », art. cit., p. 39.

l'autorisation de commercialisation de la plante transgénique. Or, si le code de l'environnement prévoit bien la possibilité d'interdire, à titre provisoire, l'utilisation ou la vente d'un OGM sur le territoire français lorsqu'il présente un risque pour l'environnement ou la santé publique, il permet également de les « limiter »[1].

Le dispositif de décision permanent mis en place en matière d'OGM est sans doute cohérent mais il reste refermé sur lui-même. De ce point de vue, il peut être qualifié de technocratique. Il ne permet pas, par exemple, une expression sereine des intérêts locaux directement concernés. Or, ce sont essentiellement les autorités locales, le maire en particulier, mais aussi les particuliers, les agriculteurs, leurs voisins, ... qui sont les plus touchés par ces questions d'OGM à titre personnel ou regroupés en association de défense de leurs intérêts collectifs.

Le maire est sans doute l'autorité publique locale la plus directement concernée par ces question d'OGM. Il est au cœur de la vie locale. Il lui appartient d'arbitrer au plus près entre des intérêts qui peuvent, quelquefois, être contradictoires. Il dispose du pouvoir de police administrative générale dans sa commune en application du code général des collectivités territoriales. À ce titre, il concourt « à l'exercice des missions de sécurité publique et de prévention de la délinquance »[2]. Ses attributions concernent principalement l'ordre public. La police municipale a en effet pour objet d'assurer le bon ordre, la sûreté, la sécurité et la salubrité publiques[3]. En qualité d'autorité de police, il est chargé sous le contrôle administratif du représentant de l'État dans le département de la police municipale, de la police rurale et de l'exécution des actes de l'autorité supérieure qui y sont relatifs. Il a donc la responsabilité de faire appliquer sur son territoire les décisions prises en matière d'OGM par le ministre de l'agriculture.

Il s'agit là de la théorie classique du concours des pouvoirs de police entre police générale et police spéciale. La jurisprudence du Conseil d'État sur ce point est constante. L'exercice d'un pouvoir de police spéciale par une autorité supérieure ne fait pas obstacle, en principe, à l'exercice du pouvoir de police générale du maire, « lorsque des circonstances locales justifient qu'une mesure plus restrictive que celle qui vaut sur le plan national soit prise »[4]. Ces circonstances sont toutefois très strictes.

1. Art. L. 533-8 du code de l'environnement.

2. Art. L. 2211-1 du code général des collectivités territoriales.

3. Art. L. 2212-2 du code général des collectivités territoriales.

4. Conseil d'État, 18 décembre 1959, Société Les films Lutétia avec les conclusions du commissaire du gouvernement M. Mayras.

En outre, dans les cas où l'autorité supérieure investie du pouvoir de police spéciale prend nécessairement en compte, comme c'est le cas ici, dans le cadre de l'instruction administrative des demandes dont elle est saisie, les situations de risque susceptibles d'être engendrées par des circonstances locales particulières, la jurisprudence subordonne l'intervention de l'autorité locale investie du pouvoir de police générale à une condition supplémentaire : celle d'un péril imminent. Le maire peut alors prescrire l'exécution de mesures de sûreté particulières[1]. Le risque doit cependant être en rapport direct avec les OGM ainsi que le rappelle le commissaire du Gouvernement, Jean-Christophe Truilhé, dans ses conclusions dans l'affaire Préfet de la Haute-Garonne c/Commune de Bax du 19 septembre 2006 jugée par le Tribunal administratif de Toulouse, c'est-à-dire sanitaire ou environnemental[2]. Dès lors, un maire ne peut faire valoir d'autres risques, tels ceux tenant à l'ordre public[3] ou de nature économique, par exemple, pour des agriculteurs de sa commune engagés dans la production biologique[4], pour justifier d'un péril imminent. Il ne lui est donc pas possible de prendre des mesures provisoires tenant compte de la situation locale qui permettraient sans doute une adaptation au plus près de l'autorisation prise par le ministre de l'agriculture. Si l'on y regarde de plus près, cela revient à interdire à une autorité qui dispose de moyens locaux d'intervention d'anticiper un risque qui concerne directement son territoire et à ne l'autoriser à intervenir que quand celui-ci est sur le point de se réaliser.

1. Art. L. 2212-4 du code général des collectivités territoriales.

2. « Compte tenu de la nature de police régissant la mise sur le marché des semences composées d'OGM, il nous paraît exclu qu'un péril imminent autre que sanitaire ou environnemental puisse être utilement invoqué par le maire en matière de cultures de telles semences ayant fait l'objet d'une autorisation de mise sur le marché ».

3. Tribunal administratif de Toulouse, 19 septembre 2006, Préfet de la Haute-Garonne c/Commune de Bax.

4. Cour Administrative d'Appel de Bordeaux, 15 mai 2007, Commune de Mouchan : « Considérant qu'il ressort des pièces du dossier que, pour décider, par son arrêté du 2 novembre 2003, d'interdire pour un an les essais en plein champ de plantes génétiquement modifiées dans un rayon de trois kilomètres autour des parcelles exploitées par trois producteurs pratiquant une agriculture biologique, le maire de Mouchan s'est fondé sur le risque économique que ces essais constitueraient pour trois agriculteurs de la commune pratiquant ce type d'agriculture… ; que, dans ces conditions, le maire de la commune de Mouchan n'a pu légalement interdire les essais en plein champ de plantes génétiquement modifiées sur une partie du territoire de la commune ; qu'en édictant une telle interdiction, il a excédé les pouvoirs de police qu'il tient du code général des collectivités territoriales ».

Les autres autorités publiques locales ne disposent pas de plus de pouvoir en la matière que le maire. En 2005, le Conseil général du Gers a souhaité organiser une consultation des électeurs de son département afin d'interdire toute culture d'organismes génétiquement modifiés en plein champ, sur le territoire du département du Gers, « dans l'attente d'éléments de preuve scientifiquement établis, attestant de l'innocuité de ces cultures ». Saisie de la légalité d'une telle consultation, la Cour administrative d'appel de Bordeaux a rappelé dans un premier temps qu'elle était relative à une mesure de police relevant du pouvoir de police spéciale de l'État, en application des articles L. 533-2 et suivants du code de l'environnement mais aussi du pouvoir de police générale du maire, en application des articles L. 2212-2 et suivants du code général des collectivités territoriales. Elle en a donc logiquement conclu que le département n'était pas compétent « alors même que ces cultures sont susceptibles d'avoir des effets environnementaux et économiques sur l'ensemble de son territoire »[1]. En l'espèce, la position de la Cour administrative d'appel de Bordeaux portait sur un projet d'interdiction des OGM dans un département mais elle aurait sans doute été identique si le projet n'avait comporté que des mesures d'adaptation. S'il paraît tout à fait compréhensible qu'un département ne soit pas compétent pour « interdire » une mesure par ailleurs autorisée par le ministre, on peut se demander, là encore, pourquoi des mesures d'adaptation voire de limitation ne pourraient pas être prises au plan local pour tenir compte de circonstances particulières.

En vérité, la seule véritable compétence reconnue aux autorités publiques locales est celle de formuler des vœux sur des sujets les concernant directement. C'est ce qu'a reconnu le tribunal administratif de Nîmes dans une affaire récente du 5 décembre 2008, Préfet de Vaucluse c/Commune de Le Thor. Le problème posé était celui de la légalité d'une délibération par laquelle le conseil municipal de Le Thor avait « invité » l'État à prendre en compte l'intérêt de la santé publique et de l'environnement lorsqu'il autorise les cultures de plein champ d'OGM. Le Préfet du Vaucluse qui avait déféré cette délibération au tribunal l'estimait pourtant irrégulière au motif que « le conseil municipal est radicalement incompétent pour prendre une mesure d'interdiction, la loi ayant confié la police spéciale en matière d'autorisation de dissémination volontaire des OGM au seul ministre de l'agriculture ». Le tribunal ne l'a pas suivi dans cette argumentation. Il a considéré que l'assemblée délibérante de la commune

1. Cour administrative d'appel de Bordeaux, 15 mai 2007, Département du Gers.

de Le Thor s'était seulement bornée à rendre publique une position de principe sur la question de la culture des OGM sans édicter réellement d'interdiction. La motivation du jugement souligne toutefois que la commune de Le Thor était essentiellement à vocation agricole et qu'en conséquence la question relative à la culture des OGM sur son territoire n'était pas étrangère à l'intérêt public local au sens de l'article L. 2121-29 du code général des collectivités territoriales. Mais alors, pourquoi ces autorités publiques locales ne pourraient-elles pas au nom de ce même intérêt public local prendre, éventuellement en collaboration avec les services de l'État, des mesures provisoires sur leur territoire ?

Le rôle reconnu aux particuliers, à titre personnel ou regroupés en association, semble tout aussi réduit que le pouvoir reconnu aux collectivités territoriales. En 2005, le ministre de l'agriculture avait décidé d'accorder une autorisation à la société Meristem Therapeutics afin de procéder à une opération de dissémination volontaire dans l'environnement de maïs génétiquement modifié dans le cadre d'un programme expérimental d'un an en vue de produire une lipase gastrique de chien[1]. Des associations se sont inquiétées des conséquences de cette autorisation et ont saisi le juge administratif aux fins d'annulation considérant que le principe de précaution n'avait pas été respecté[2]. Dans sa décision, le juge ne donne pas suite aux arguments avancés par les requérants. Selon lui, aucun fait ou aucune donnée scientifique nouvelle et incontestable de nature à remettre en cause, au regard du principe de précaution, l'avis favorable de la Commission du génie biomoléculaire n'ont pu être établis. Il n'a pas non plus estimé comme démontré un danger potentiel clairement identifié menaçant les individus, les animaux ou les cultures ou un risque avéré de pollution génétique des cultures existantes par les OGM utilisés par la société Meristem Therapeutics. Limitant son contrôle à l'erreur manifeste d'appréciation, il en a précisé utilement les contours à cette occasion : « dans une telle occurrence, le juge doit être amené à constater que l'incertitude scientifique entourant, en l'état actuel des connaissances humaines, la culture de tels organismes et leurs effets sur l'environnement ne peut légitimer, dans le cadre d'un contrôle restreint à l'erreur manifeste, une annulation juridictionnelle que dans l'hypothèse où les avis des instances

1. La lipase est une enzyme présente dans le suc gastrique active dans la digestion des corps gras.

2. Tribunal administratif de Clermont-Ferrand, 4 mai 2006, Association Comité de recherche et d'information sur le génie génétique e.a.

compétentes émis dans le cadre de l'instruction du dossier technique sont défavorables ou n'ont pas été recueillis par l'autorité administrative ou bien encore lorsqu'il est fait état d'éléments objectifs et probants, scientifiquement vérifiés et susceptibles de remettre en cause l'absence de risques avancée par l'auteur de la décision attaquée pour la santé humaine ou animale ou l'environnement». Commentant ce jugement, Marie Magdeleine Chapuis et Benjamin Blanchet font le constat suivant : « Même si cela doit attrister les tenants de la lutte anti-OGM, le juge administratif, à l'instar sans doute de son homologue judiciaire – ne dispose pas des armes nécessaires lui permettant d'arbitrer des débats scientifiques de très haut niveau, se renouvelant sans cesse et traduisant l'incertitude rebelle entourant encore aujourd'hui la matière OGM »[1].

Nous sommes là au cœur de la contradiction du « tout ou rien ». Le dispositif de décision mis en place par les réglementations communautaires et nationales trouve en effet son point d'équilibre quelque part entre la Commission européenne et les autorités nationales compétentes à charge pour ces dernières de faire appliquer dans leurs États membres respectifs les décisions qui sont prises. Ce point d'équilibre est lointain. Il ne reflète bien souvent qu'une série d'arbitrages mettant en jeu des intérêts économiques. Or, l'application de la décision se fait toujours sur un territoire particulier au plus près des autorités locales et des populations résidentes. Si ces dernières ne peuvent, d'une manière ou d'une autre, influer sur la décision, elles chercheront un moyen pour la remettre en cause. Dans un premier temps, cette contestation se fera de manière légale devant le juge. Mais, celui-ci ne peut que constater une situation juridique. Il l'avoue lui-même, il n'est ni compétent ni armé pour trancher ce type de questions de société particulièrement délicates et controversées. Il s'en remet donc aux avis formulées par les instances compétentes qui sont précisément celles sur lesquelles le ministre s'est appuyé pour prendre sa décision. Pourtant, on l'a vu dans l'affaire du MON 810, les avis rendus par les instances d'évaluation ne sont pas exemptes d'arrières pensées politiques ou autres. La boucle se referme ainsi sur elle-même en verrouillant le dispositif. En l'absence d'autres moyens de réformation possibles, la voie est ouverte pour d'autres modes de contestation.

1. M.M. Chapuis et B. Blanchet, AJDA, 2006-40,27 novembre 2006, p. 2232.

Des mesures proportionnées de façon approximative

Le principe de précaution n'impose pas seulement que les mesures soient provisoires, elles doivent également être proportionnées. Retenons tout d'abord que le terme employé est « proportionnées » et non « proportionnelles ». Est proportionnée d'après le dictionnaire Robert, une mesure qui se trouve dans une proportion convenable, normale avec quelque chose. Les mesures proportionnelles constituent un cas particulier. Ce sont, toujours d'après le Robert, des grandeurs qui sont, ou dont les mesures sont, et restent dans des rapports égaux (formant une proportion). Une mesure proportionnée peut être proportionnelle. L'inverse n'est pas vrai. Toutes ces mesures relèvent en droit de l'application d'un principe bien connu : celui de proportionnalité.

La notion de proportionnalité est en réalité extrêmement complexe et sujette à de nombreuses interprétations. Elle est essentiellement relative. Elle présuppose la fin poursuivie et change avec elle. Ainsi, il n'est pas neutre de choisir, par exemple, l'option « risque zéro » ou au contraire d'accepter une part de risque en cherchant à la cantonner dans des limites raisonnables. Dans le même temps, si la décision finale renvoie le plus souvent à une alternative du type « tout ou rien », est-il vraiment pertinent de s'interroger sur le contenu de certaines mesures? sur leur caractère proportionné ? C'est sans doute prendre le problème par le mauvais bout. C'est ne pas tenir compte que le principe de précaution pêche précisément par sa finalité et qu'il faut en conséquence le repositionner différemment. Autrement dit, ne pas vouloir mettre en œuvre de manière provisoire des mesures que l'on voudrait proportionnées mais avoir réfléchi préalablement à des mesures proportionnées que l'on pourra ensuite mettre en œuvre de manière provisoire. Ceci revient à énoncer que l'évaluation du risque, qui est à l'origine de la mise en œuvre principe de précaution, devrait toujours être accompagnée d'une réflexion sur les moyens pour y faire face, y compris et peut-être surtout provisoires, de telle manière que la prise de risque ne conduise plus à ces situations dans lesquelles partisans et détracteurs d'un projet s'opposent sans aucun dialogue possible. Il faut bien convenir que ceci n'a rien d'évident.

Une notion relative

Le principe de proportionnalité existe en droit international comme en droit communautaire et en droit interne. Le principe de précaution y fait référence notamment en matière d'OGM.

Le principe de proportionnalité est bien connu en droit international où l'on a longtemps cherché à l'appliquer aux lois de la guerre. Ainsi la convention concernant les lois et coutumes de la guerre sur terre, signée à La Haye le 18 octobre 1907, affirmait-elle dans l'article de 22 de son annexe que « les belligérants n'ont pas un droit illimité quant au choix des moyens de nuire à l'ennemi » et dans son article 23 qu'il était notamment interdit « d'employer des armes, des projectiles ou des matières propres à causer des maux superflus ». Plus d'un siècle après, le problème de la proportionnalité se pose toujours dans les mêmes termes lorsqu'un conflit armé éclate : « Tout lecteur, même le moins averti, saisira à quel point la question de la proportionnalité constitue un élément pertinent du débat sur la licéité de l'action offensive menée par Israël au Liban au cours de l'été 2006 » [1]. Le débat est toujours le même. Les armes employées ne sont licites qu'au regard du but poursuivi. Toute la difficulté étant alors de savoir si leur emploi a été correctement gradué ou non.

La guerre n'est plus, fort heureusement aujourd'hui, le seul mode de règlement des conflits internationaux. La communauté internationale s'est organisée et des systèmes de sanctions, notamment économiques, ont été mis en place. La Charte des Nations Unies comprend un chapitre VII consacré à l'action en cas de menace contre la paix, de rupture de la paix et d'acte d'agression. Son objet n'est plus d'organiser les règles d'un conflit armé mais de tenter de l'anticiper ou à défaut d'y mettre fin. Si le Conseil de sécurité constate l'existence d'une menace contre la paix, d'une rupture de la paix ou d'un acte d'agression, il fait des recommandations ou décide quelles mesures seront prises. Celles-ci sont précisées à l'article 41 de la charte : elles « peuvent comprendre l'interruption complète ou partielle des relations économiques et des communications ferroviaires, maritimes, aériennes, postales, télégraphiques, radioélectriques et des autres moyens de communication, ainsi que la rupture des relations diplomatiques ». L'exécution de ces sanctions n'implique pas pour autant que les États peuvent prendre des contre-mesures dérogatoires au droit, bien au contraire. Elles devront respecter plusieurs conditions dont celle de la proportionnalité. « Accepté depuis longue date en doctrine et dans la pratique, le principe de proportionnalité en tant que condition de fond de la licéité de contre-mesures ne fait plus de doute aujourd'hui » [2]. Il a, par

1. E. Cannizzaro, « Contextualisation de la proportionnalité : *jus ad bellum* et *jus in bello* dans la guerre du Liban », *Revue internationale de la Croix-Rouge*, vol. 88, sélection française, 2006.

2. L.-A. Sicilianos, *Les sanctions économiques en droit international*, Centre d'étude et de recherche de droit international et de relations internationales, Académie de droit international de La Haye, 2000, p. 73.

exemple, fait l'objet d'une formulation positive par la Cour internationale de justice dans l'affaire des Activités militaires et paramilitaires au Nicaragua et contre celui-ci lorsque la Cour a déclaré que les contre-mesures « doivent être proportionnées aux dommages subis compte tenu des droits en cause »[1] ce qui en souligne d'autant la nature très relative.

Le principe de proportionnalité s'impose également en matière de commerce international. Les différents accords tel que celui sur les textiles et les vêtements (Accord ATV) pris dans le cadre de l'Organisation mondiale du commerce (OMC) y font référence expressément. Ainsi dans une affaire en date du 8 octobre 2001, « États Unis – Mesure de sauvegarde transitoire appliquée aux fils de coton peignés en provenance du Pakistan », l'organe d'appel de l'OMC rappelle que « les règles du droit international général sur la responsabilité des États, [...] exigent que les contre-mesures prises à la suite du manquement des États à leurs obligations internationales soient proportionnelles au préjudice subi ». Cette position est conforme avec l'article 51 des projets d'articles de la Commission du droit international sur la responsabilité de l'État libellé de la manière suivante : « Proportionnalité : Les contre mesures doivent être proportionnelles au préjudice subi, compte tenu de la gravité du fait internationalement illicite et des droits en cause ».

Le principe de proportionnalité constitue un principe général du droit communautaire. Il trouve son fondement juridique dans plusieurs articles du Traité de Lisbonne. Ainsi l'article 5 du traité sur l'Union européenne qui définit les limites des compétences de la l'Union par rapport à celles de États membres. Dans les domaines qui ne relèvent pas de sa compétence exclusive, l'Union ne doit intervenir que « si, et dans la mesure où, les objectifs de l'action envisagée ne peuvent pas être atteints de manière suffisante par les États membres, tant au niveau central qu'au niveau régional et local, mais peuvent l'être mieux, en raison des dimensions ou des effets de l'action envisagée, au niveau de l'Union ». C'est la subsidiarité. Toutefois, « le contenu et la forme de l'action de l'Union n'excèdent pas ce qui est nécessaire pour atteindre les objectifs des traités ». Elle doit être proportionnée à ces objectifs. Ou encore l'article 36 du traité sur le fonctionnement de l'Union européenne qui permet de déroger à l'interdiction de principe sur les restrictions quantitatives à l'importation et à l'exportation pour « des raisons de moralité publique, d'ordre public, de sécurité publique, de protection de la santé et de la vie des personnes et des animaux

1. CIJ recueil 1986, § 249.

ou de préservation des végétaux, de protection des trésors nationaux ayant une valeur artistique, historique ou archéologique ou de protection de la propriété industrielle et commerciale ». Les exceptions au Traité ne peuvent toutefois excéder ce qui est nécessaire pour atteindre le but recherché. Elles ne doivent constituer « ni un moyen de discrimination arbitraire ni une restriction déguisée dans le commerce des États membres ». Là encore, la conception relativiste l'emporte.

En droit interne, le droit constitutionnel, ne mentionne pas expressément le principe de proportionnalité. La Charte de l'environnement y fait toutefois référence de manière indirecte dans son article 6 selon lequel « les politiques publiques doivent promouvoir un développement durable. À cet effet, elles concilient la protection et la mise en valeur de l'environnement, le développement économique et le progrès social ». L'objectif de développement durable porte en lui-même la nécessité de concilier deux objectifs quelquefois opposés : celui de la prise en compte de l'environnement en vue de sa protection et de sa mise en valeur mais aussi celui du développement économique et du progrès social. Seules des mesures proportionnées, prises dans le cadre de politiques publiques adaptées, peuvent permettre d'atteindre cet objectif et de répondre par là même aux exigences de l'article 1er de ladite Charte selon lequel « chacun a le droit de vivre dans un environnement équilibré et respectueux de la santé ».

Le principe de proportionnalité est également mentionné à de nombreuses reprises dans les différents codes. Le code de la consommation, par exemple, dispose dans son article L. 221-5 que « en cas de danger grave ou immédiat, le ministre chargé de la consommation et le ou les ministres intéressés peuvent suspendre, par arrêté conjoint, pour une durée n'excédant pas un an, la fabrication, l'exportation, la mise sur le marché à titre gratuit ou onéreux d'un produit et faire procéder à son retrait en tous lieux où il se trouve ou à sa destruction lorsque celle-ci constitue le seul moyen de faire cesser le danger… ». L'article L. 221-9 du même code prévoit que « les mesures décidées en vertu des articles L. 221-2 à L. 221-8 doivent être proportionnées au danger présenté par les produits et les services ». En application de ces dispositions, le ministre de l'agriculture et de la pêche a suspendu, par arrêté du 6 avril 1999, la mise sur le marché de poissons d'eau douce originaires d'Ouganda, du Kenya et de Tanzanie, et ordonné leur destruction par incinération. Dans cette affaire, le Syndicat national du commerce extérieur des produits congelés et surgelés a contesté la légalité de l'arrêté et demandé son annulation. La requête a été rejetée par le Conseil d'État le 29 décembre 1999. La Haute juridiction administrative a estimé que la traçabilité du produit ne pouvait pas être assurée dès lors

« que l'administration était en possession d'informations selon lesquelles la consommation de perches du Nil, pêchées dans le lac Victoria et contenant des pesticides, avait entraîné 87 intoxications en Ouganda, dont 12 mortelles » et, qu'en conséquence la suspension de la mise sur le marché de poissons d'eau douce originaires d'Ouganda, du Kenya et de Tanzanie, puis leur destruction par incinération ne constituaient pas « eu égard aux mesures de précaution qui s'imposent en matière de santé publique, [...] une mesure excessive et disproportionnée au regard des risques pour la santé que présentaient les produits en cause ». Dans ce cas particulier, le danger présenté par le produit étant très grave voire irréversible, une interdiction pure et simple de commercialisation accompagnée d'une obligation de destruction des stocks existant ont pu apparaître manifestement comme « proportionnées » à ce danger.

Il n'en va pas toujours ainsi. Très souvent, l'« évidence » de la proportionnalité n'apparaît que de manière rétrospective. La difficulté étant toujours de définir préalablement l'objectif à atteindre, cette condition le rend particulièrement délicat à mettre en œuvre. Tout l'enjeu en matière de proportionnalité est alors d'arriver à articuler correctement le principe avec la plausibilité de l'hypothèse de risque retenue[1].

Des mesures difficiles à appliquer

Nous avons dit que le principe de précaution renvoyait au principe de proportionnalité en imposant de prendre des mesures proportionnées. Il faut toutefois nuancer cette affirmation et la préciser.

La déclaration de Rio n'y fait aucunement référence, en tout cas, de manière directe. Elle évoque des « mesures de précaution [qui] doivent être largement appliquées ». Elle mentionne la nécessité d'adopter sans retard des « mesures effectives visant à prévenir la dégradation de l'environnement ». Peut-être pourrait-on tirer de cette dernière obligation l'idée que des mesures qui visent à prévenir la dégradation de l'environnement sont par nature proportionnées ? La conclusion serait logique. Elle n'en relèverait pas moins de l'illusion rétrospective précédemment évoquée.

Le Protocole de Cartagena précité du 29 janvier 2000 sur la prévention des risques biotechnologiques a pour objectif d'assurer « un degré adéquat de protection » pour le transfert, la manipulation et l'utilisation sans danger

1. O. Godard, Cl. Henrry, P. Lagadec et E. Michel-Kerjean, *Traité des nouveaux risques*, *op. cit.* Voir plus particulièrement le chapitre III de la première partie intitulé « Une précaution proportionnée ».

des organismes vivants modifiés résultant de la biotechnologie moderne qui peuvent avoir des effets défavorables sur la conservation et l'utilisation durable de la diversité biologique. Il impose à chacune des Parties, dans son article 2, de prendre les mesures juridiques, administratives et autres « nécessaires et appropriées » pour s'acquitter de ses obligations. Elles doivent ainsi veiller à ce que la mise au point, la manipulation, le transport, l'utilisation, le transfert et la libération de tout organisme vivant modifié se fassent de manière à prévenir ou à réduire les risques pour la diversité biologique, en tenant compte également des risques pour la santé humaine. Elles peuvent prendre des mesures plus rigoureuses mais celles-ci doivent être compatibles avec l'objectif et les dispositions du protocole en d'autres termes elles doivent rester proportionnées à cet objectif. Le Protocole prévoit, en outre, des mesures d'urgence en cas de mouvements transfrontières non intentionnels. Là encore les mesures à prendre par les Parties doivent être appropriées de façon à notifier aux États effectivement touchés ou pouvant l'être tout incident dont elles ont connaissance qui relève de leurs compétences et qui a pour résultat une libération entraînant ou pouvant entraîner un mouvement transfrontière non intentionnel d'un organisme vivant modifié susceptible d'avoir des effets défavorables importants sur la conservation et l'utilisation durable de la diversité biologique.

En droit communautaire, la communication de la Commission du 2 février 2000 mentionne clairement et à plusieurs reprises le principe de proportionnalité. La proportionnalité est même la première condition que doit remplir toute mesure provisoire. Le texte de la Commission dit précisément : « Si une action est jugée nécessaire, les mesures basées sur le principe de précaution devraient notamment : être proportionnées au niveau de protection recherché ... ». La démarche proposée est donc la suivante. Il s'agit dans un premier temps de déterminer le niveau de protection voulu[1] puis, dans un second temps, d'établir les mesures envisagées qui doivent permettre d'atteindre le niveau de protection approprié. La notion de proportionnalité dépend donc ici du choix de protection arrêté. Elle doit donc être entendue de manière relative. Les mesures envisagées ne sont jamais proportionnées que par rapport au but à atteindre. « De ce fait, les décideurs sont confrontés à un dilemme permanent, celui d'établir un équilibre entre

1. La Commission précise qu'à l'instar des autres Membres de l'OMC, l'Union dispose du droit d'établir le niveau de protection, notamment en matière d'environnement et de santé humaine, animale ou végétale, qu'elle estime approprié. On a vu que le Traité de Lisbonne retenait un niveau de protection élevé.

les libertés et les droits des personnes, des secteurs d'activité et des organisations, d'une part, et la nécessité de réduire le risque d'effets négatifs sur l'environnement et la santé humaine, animale ou végétale, d'autre part »[1]. Toute la difficulté consiste par conséquent, à trouver l'équilibre adéquat permettant de prendre des décisions proportionnées, non discriminatoires, transparentes et cohérentes. Cette approche a été confirmée par la résolution du Conseil européen de Nice de décembre 2000 figurant en annexes aux conclusions de la Présidence : « les mesures prises doivent respecter le principe de proportionnalité en tenant compte des risques à court et à long terme et en visant le niveau élevé de protection recherché »[2].

En droit interne, tant la loi Barnier que la loi Bachelot parlent de « mesures effectives et proportionnées », la première pour « prévenir un risque de dommages graves et irréversibles à l'environnement à un coût économiquement acceptable », la seconde afin « de parer à la réalisation du dommage ». Si l'on retient l'approche relativiste qui consiste à définir le contenu de la mesure par rapport au but à atteindre, l'obligation législative semble de ce point de vue assez différente de celle imposée par la Charte de l'environnement. Dans le premier cas, la mesure doit d'abord permettre de prévenir la survenue du dommage. Elle vise à éviter qu'il se réalise. Dans le second, il s'agir de parer à cette réalisation. La loi qui s'impose aux personnes publiques et privées leur fait donc obligation commune d'anticiper tout risque de dommages graves et irréversibles. Les autorités publiques se voient en outre contraintes par le texte constitutionnel de mettre en œuvre des mesures pour se protéger contre sa concrétisation possible.

Le « relativisme » apparaît sans aucun doute comme une caractéristique du principe de proportionnalité tant en droit international, communautaire ou interne. Il rend très difficile concrètement la mise en œuvre de mesures proportionnées tant les objectifs à partir desquels ces mesures sont définies peuvent différer d'un ordre juridique à un autre.

L'objet principal de notre réflexion portait sur la pertinence du principe de précaution et sur son efficience. Est-il réellement adapté aux exigences de la prise en compte des risques de dommages graves et irréversibles pour

1. Communication de la Commission du 2 février 200, *op. cit.*, p. 2.

2. Résolution sur le principe de précaution, Annexes aux conclusions de la présidence, *op. cit.*, § 17.

lesquels il a été pensé ? L'analyse de ses fondements juridiques fait ressortir clairement de nombreuses faiblesses. Tout d'abord, le principe de précaution repose sur un mécanisme de mise en œuvre peu précis dû en grande partie à la difficulté d'identifier le risque mais surtout de le qualifier. La raison, on l'a vu, tient à l'extrême complexité de cette notion mais ce n'est sans doute pas la seule. La formulation, ou plus exactement les formulations différentes du principe, viennent ici compliquer inutilement les choses. Le mode opératoire du principe de précaution s'avère également problématique. Ainsi, en matière d'OGM, l'organisation centralisée de la prise de décision conduit à figer les situations existantes et à rendre très difficile toute adaptation des mesures déjà prises. L'exigence de mise en œuvre de mesures proportionnées soulève tout autant de difficultés. Comment proportionner correctement des moyens lorsque l'objectif est mal identifié ou encore lorsque des objectifs différents ne permettent pas d'identifier clairement le but à atteindre ? Ainsi, et de manière paradoxale, le principe de précaution peut conduire parfois à rajouter de l'incertitude à un processus pourtant destiné à la réduire.

Faut-il pour autant le condamner? Nous ne le pensons pas. Les situations de risque que nous connaissons aujourd'hui n'ont plus rien de commun avec celles qui ont pu apparaître dans le passé. Les « nouveaux risques » sont potentiellement beaucoup plus dangereux et nécessitent des modes d'intervention adaptés. Mais il faut sans doute simplifier le principe lui-même et en faciliter l'emploi pour le rendre plus opérationnel. Une grande partie de l'incertitude initiale serait levée si une formulation claire, communément admise, pouvait être arrêtée. Il serait bon qu'existât à ce stade, un continuum logique entre les engagements internationaux, les obligations communautaires et les décisions nationales. La notion d'irréversibilité, notamment, devrait être mieux précisée par rapport à celle de gravité. L'application du principe serait également facilitée si des objectifs intermédiaires clairs et réalisables pouvaient être fixés, accompagnés de propositions sur les moyens à mettre en œuvre pour y parvenir. Ces objectifs ne devraient plus être décidés dans le cadre d'une organisation centralisée, éloignée des préoccupations de ceux qui seront confrontés à leur mise en œuvre. La simple participation du public au processus de décision ne suffit plus. Il faut que les autorités locales et les populations soient assurées de pouvoir intervenir au cours du processus d'exécution lui-même et pas seulement en cas de péril imminent. Bien sûr, ce type d'organisation est compliqué à mettre en place et peut conduire à des comportements de type « nimby »[1]. C'est probablement le prix à payer pour éviter que les problèmes, qui de toute façon sont déjà présents, se transforment en affrontements, comme dans le cas des OGM, ou se prolongent indéfiniment sans perspective de solutions.

Bernard TOURRÈS

1. Nimby provient de l'anglais « not in my back yard » et désigne l'attitude de ceux qui pour éviter des problèmes dans leur environnement proche cherchent à les déplacer ailleurs.

REGARDS CROISÉS SUR LE PRINCIPE DE PRÉCAUTION*

1) Le principe de précaution est indéniablement dans l'air du temps. Au cœur des différentes affaires qui ont défrayé la chronique ces dernières années (organismes génétiquement modifiés, dioxine, encéphalite spongiforme bovine, ...), il est souvent invoqué pour inciter les opérateurs économiques ou les autorités publiques à plus de prudence dans leurs choix économiques et sociaux.

Expression d'une philosophie de l'agir précoce, le principe de précaution impose d'intervenir avant d'avoir l'ensemble des preuves scientifiques pour fonder en raison une décision adéquate. Invitant à la prise en compte de l'incertitude scientifique inhérente aux progrès techniques, il s'accorde parfaitement avec la mentalité sécuritaire qui fait la caractéristique de notre temps. Telle est vraisemblablement la source de son succès.

Si c'est le droit de l'environnement qui lui a incontestablement conféré ses lettres de noblesse, le principe de précaution trouve maintenant une promesse d'expansion dans le droit de la consommation et de la santé, et s'insinue peu à peu dans le droit de la responsabilité.

C'est précisément sous ce dernier aspect que nous voudrions l'aborder. Notre propos ne consistera donc pas à décrire ici la genèse, le contenu normatif ni la force obligatoire du principe de précaution[1], mais plutôt à

* La présente contribution est la version légèrement remaniée d'un article paru sous le même titre dans un numéro spécial de la revue belge *Aménagement et Environnement*. L'auteur remercie les Éditions Kluwer de lui avoir permis de le publier également en France.

1. Sur cette question, en particulier, N. De Sadeleer, *Les principes du pollueur payeur, de prévention et de précaution. Essai sur la genèse et la portée juridique de quelques principes du droit de l'environnement*, Bruxelles, Bruylant-AUF, 1999, p. 136 *sq.*; Ph. Kourilsky et

examiner les relations plus ou moins étroites qu'il pourrait entretenir avec le droit de la responsabilité civile.

Sur cette question, les auteurs divergent considérablement. Certains estiment que cette parenté est étroite et que le principe de précaution pourrait avoir une influence déterminante sur l'évolution des règles de responsabilité civile[1], d'autres sont plus nuancés, voire sceptiques[2]. Nous faisons partie de cette deuxième catégorie.

Dans ce bref point de vue, nous voudrions en effet démontrer que le principe de précaution n'est pas, au départ, conçu comme une règle de responsabilité et qu'il ne contient dès lors aucune orientation précise pour l'avenir de la matière, même s'il n'est pas dépourvu d'influence sur la mise en œuvre des règles qui constituent actuellement le droit de la responsabilité.

LE PRINCIPE DE PRÉCAUTION N'EST PAS CONÇU COMME UNE RÈGLE DE RESPONSABILITÉ

2) Comme notre propos ne consiste pas à définir positivement le principe de précaution, on se contentera d'en décrire brièvement la portée au départ de l'une ou l'autre tentative normative ou doctrinale. Il n'existe d'ailleurs pas d'unanimité en doctrine sur ses conditions d'application, ce qui démontre que le concept est évolutif et que son contenu pourrait varier en fonction du contexte dans lequel il est appelé à s'appliquer (environnement, consommation, santé, ...).

3) Dans leur rapport adressé à Lionel Jospin, alors premier ministre, Philippe Kourilsky et Geneviève Viney proposent la définition suivante : « Le principe de précaution définit l'attitude que doit observer toute

G. Viney, *Rapport au Premier ministre*, Paris, Odile Jacob, 2000, surtout p. 119-151 ; M. Boutonnet et A. Guegan, « Historique du principe de précaution, annexe 1 », dans le *Rapport au Premier ministre*, *op. cit.*, p. 253 ; M. Boutonnet, *Le principe de précaution en droit de la responsabilité civile*, Bibl. droit privé, t. 444, Paris, L.G.D.J., 2005, p. 42 *sq.*

1. L. Baghestani-Perrey, « Le principe de précaution : nouveau principe fondamental régissant les rapports entre le droit et la science », *Dall.*, 1999, Chron., p. 457 ; G.J. Martin, « Précaution et évolution du droit », *Dall.*, 1995, Chron., p. 299 ; R.O. Dalcq, « À propos du principe de précaution », *R.G.A.R.*, 2000, n° 13229 ; C. Thibierge, « Libre propos sur le droit de la responsabilité », *Rev. trim. dr. civ.*, 1999, p. 561.

2. N. De Sadeleer, *Les principes du pollueur payeur*, *op. cit.*, p. 211 *sq.* ; Ph Kourilsky et G. Viney, *Rapport au Premier ministre*, *op. cit.*, p. 166 *sq.* ; J.P. Desideri, « La précaution en droit privé », *Dall.*, 2000, Chron., p. 238 ; O. Godard, « Repères », *Esprit*, juin 1996, p. 189.

personne qui prend une décision concernant une activité dont on peut raisonnablement supposer qu'elle comporte un danger grave pour la santé ou la sécurité des générations actuelles ou futures, ou pour l'environnement. Il s'impose spécialement aux pouvoirs publics qui doivent faire prévaloir les impératifs de santé et de sécurité sur la liberté des échanges entre particuliers et entre États. Il commande de prendre toutes les dispositions permettant pour un coût économiquement et socialement supportable, de détecter et d'évaluer le risque, de le réduire à un niveau acceptable et, si possible, de l'éliminer, d'en informer les personnes concernées et recueillir leurs suggestions sur les mesures envisagées pour le traiter. Ce dispositif de précaution doit être proportionné à l'ampleur du risque et peut être à tout moment révisé »[1].

La déclaration du 13 juin 1992 sur l'environnement et le développement faite à la suite de la Conférence de Rio de Janeiro énonce, quant à elle, au titre du quinzième principe que « pour protéger l'environnement, des mesures de précaution doivent être largement appliquées par les États selon leur capacité. En cas de risque de dommages graves ou irréversibles, l'absence de certitude scientifique absolue ne doit pas servir de prétexte pour remettre à plus tard l'adoption de mesures effectives visant à prévenir la dégradation de l'environnement ».

La loi française du 2 février 1995 relative au renforcement de la protection de l'environnement fait, elle aussi, référence au principe de précaution, principe selon lequel : « l'absence de certitude, compte tenu des connaissances scientifiques et techniques du moment, ne doit pas retarder l'adoption de mesures effectives et proportionnées visant à prévenir un risque de dommages graves et irréversibles à l'environnement à un coût économique acceptable »[2]

4) La lecture de ces définitions, la première surtout dont on peut regretter le caractère peu synthétique, fait clairement apparaître que le principe de précaution n'est pas conçu principalement comme une règle juridique de responsabilité, mais comme une méthode de gestion des risques dans un univers scientifique incertain[3].

1. Ph. Kourilsky et G. Viney, *Rapport au Premier ministre*, *op. cit.*, p. 215. Voir également, sur les caractéristiques du principe de précaution, M. Boutonnet, *Le principe de précaution en droit de la responsabilité civile*, *op. cit.*, p. 189, n° 378 *sq.*

2. Loi n° 95-101 du 2 février 1995, *J.O.*, 3 février 1995, p. 1840; *J.O.*, 21 février 1998, p. 2755; *Dall.*, 1995, Lég., p. 123.

3. N. De Sadeleer, *Les principes du pollueur payeur*, *op. cit.*, p. 182 et 191 qui souligne que le principe de précaution ne s'inscrit pas dans une logique de réparation mais de décision.

Étranger dans un premier temps à une logique de réparation des dommages, il invite à mettre en place, dans l'entreprise et l'administration, des procédures d'expertise, d'analyse et de gestion permettant de mieux cerner les dangers, même s'ils ne sont pas scientifiquement mesurables. En d'autres termes, la précaution restitue à la décision politique son autonomie par rapport à la preuve scientifique dont l'établissement prend généralement beaucoup de temps[1].

Il s'agit donc avant tout d'un principe procédural[2]. L'effet sans conteste bénéfique d'un tel principe est de conduire à une réflexion en profondeur sur les dispositifs de contrôle des risques collectifs et à une révision des procédures d'évaluation de ces mêmes risques en vue d'améliorer la communication, la transparence et l'efficacité de l'intervention des pouvoirs publics. C'est en cela qu'il contribue à la construction d'une démocratie environnementale, de la consommation et de la santé publique, le paradigme commun à ces trois secteurs étant la commune exposition aux risques inhérents aux avancées technologiques[3].

Observons d'ailleurs que l'apport majeur du rapport de M. Kourilsky et de Mme Viney consiste moins dans l'énoncé d'une règle nouvelle de responsabilité que dans l'énumération et la description de dix principes de procédure susceptibles d'encadrer la réflexion et l'action des acteurs économiques et des autorités publiques[4].

5) Plusieurs facteurs distinguent le principe de précaution tel qu'il vient d'être défini d'une règle de responsabilité civile. Tout d'abord, comme on vient de le voir, ce principe ne répond pas à une logique de réparation. Il appelle au contraire une éthique de l'anticipation en vue d'éviter que des dommages graves ou irréversibles soient causés à la santé ou à l'environnement, sans fournir de réponse claire quant à l'attribution de la charge d'indemnisation des victimes. Tout est là : la responsabilité civile enfermée dans l'idée de réparation ne se conçoit pas indépendamment d'un

Voir également M. Boutonnet, *Le principe de précaution en droit de la responsabilité civile*, *op. cit.*, p. 64, n° 104 *sq.*

1. M.-A. Hermitte, *Le sang et le droit. Essai sur la transfusion sanguine*, Paris, Seuil, 1996, p. 18.

2. P. Lascoumes, « La précaution, un nouveau standard de jugement », *Esprit*, Novembre 1997, p. 132.

3. Ph. Kourilsky et G. Viney, *Rapport au Premier ministre*, *op. cit.*, p. 115 et p. 212 ; M.-A. Hermitte et D. Dormont, « Propositions pour le principe de précaution à la lumière de l'affaire de la vache folle », publié dans *Rapport au Premier ministre*, *op. cit.*, Annexe 3, p. 353.

4. *Rapport au Premier ministre*, *op. cit.*, p. 56 *sq.*

dommage survenu. En cela, elle est une institution résolument tournée vers le passé[1].

Alors que le principe de précaution fournit des règles d'action *a priori*, c'est-à-dire avant la prise de décision, la responsabilité civile répartit les coûts économiques de réparation des dommages *a posteriori*, c'est-à-dire lorsque ceux-ci sont survenus[2]. Certes à ce moment il faudra bien rechercher le fait générateur de ces dommages et se replacer au moment de la prise de décision, mais le point de vue est alors tout différent. Il suffira de jeter un regard rétrospectif sur toutes les étapes qui ont conduit à la décision et sur le suivi du dispositif mis en place afin d'y découvrir éventuellement une négligence. Les certitudes absentes lors de la décision seront plus facilement trouvées après la survenance du dommage.

De plus, le principe de précaution s'inscrit dans une perspective *dynamique* puisqu'il implique une gestion continue de l'incertitude scientifique en fonction du progrès des connaissances. La décision peut et doit être constamment revue et revisitée afin de l'adapter, voire la supprimer, lorsque l'évolution de la science permet d'écarter les hypothèses préalablement retenues.

Les règles de responsabilité civile s'inscrivent au contraire dans une perspective *statique* en ce sens que chaque acte ou chaque comportement qui pourrait engager la responsabilité est analysé ponctuellement à un moment donné du passé, dans le contexte qui était le sien à ce moment-là.

Enfin, le principe de précaution révèle avant tout la dimension *collective* des décisions prises par les opérateurs économiques ou des autorités publiques sur le long terme. L'idée est sans doute celle d'une responsabilité envers les générations futures, mais ce n'est pas cette responsabilité là que l'obligation de réparation permet de sanctionner.

La responsabilité juridique conçue sur un mode *individualiste*, comme une relation qui s'installe entre l'auteur du dommage et sa victime a, en effet, beaucoup de difficultés à intégrer le long terme et à saisir la dimension collective des décisions et des dommages qui peuvent s'ensuivre.

6) Les affaires où le principe de précaution a été évoqué dernièrement (dioxine, encéphalite spongiforme bovine, ...) ont toutes révélé la faiblesse, l'interdépendance et la complexité des filières économiques.

1. M. Boutonnet et A. Guegan, *Rapport au Premier ministre*, *op. cit.*, p. 272; N. De Sadeleer, *Les principes du pollueur payeur*, *op. cit.*, p. 211; P. Ricœur, « Le concept de responsabilité, essai d'analyse sémantique », *Esprit*, 1995.

2. L. Baghestani-Perrey, « Le principe de précaution : nouveau principe fondamental régissant les rapports entre le droit et la science », art. cit., p. 460.

Dans ces magmas organisationnels, les effets pathogènes se recyclent, s'amplifient et se disséminent à une vitesse record[1].

Plutôt que de régénérer la responsabilité civile, le principe de précaution souligne au contraire ses limites. Comme les systèmes de gestion complexes diluent les responsabilités individuelles, on voit mal comment ce principe pourrait insuffler une vigueur nouvelle aux règles actuelles.

La difficulté est plus profonde. Elle tient à la conception et à la nature même des régimes de responsabilité civile qui visent à imputer un dommage ou un ensemble de dommages à un agir humain. La responsabilité civile telle qu'elle est conçue par le Code civil ne saurait être ni collective ni prospective.

C'est pourquoi, le principe de précaution, loin d'être indissociable de la responsabilité civile, invite à trouver une solution en dehors d'elle et à réfléchir la réparation sur d'autres bases, de façon à laisser à celle-là le domaine qui lui revient. Lorsque les règles de responsabilité civile sont impuissantes, il faut songer à la mise en place de mécanismes différents fondés sur l'idée de solidarité ou de garantie[2].

7) Cette différence radicale d'approche explique pourquoi le principe de précaution ne saurait influencer les régimes de responsabilité dans leur conception actuelle. On entend par là qu'il n'emporte, implicitement ou explicitement, aucune préférence en faveur des régimes fondés sur la faute ou sur le risque.

Nous ne partageons donc pas l'opinion selon laquelle la percée du principe de précaution dans le droit de la responsabilité civile annoncerait un recul de la responsabilité à base de risque et un retour en force de la responsabilité fondée sur la faute[3].

Comme le principe de précaution énonce une norme d'extrême prudence face aux risques dont la probabilité n'est pas maîtrisable, il est normal qu'il s'intègre mieux et plus facilement dans un régime de responsabilité fondé sur la faute que dans un régime de responsabilité à base de risque[4]. À l'inverse, il est parfaitement normal que les responsabilités

1. En particulier, M.-A. Hermitte et D. Dormont, « Propositions pour le principe de précaution à la lumière de l'affaire de la vache folle », art. cit., p. 342 *sq.*

2. J.P. Desideri, « La précaution en droit privé », art. cit., p. 238.

3. G. Martin, « Précaution et évolution du droit », art. cit., *Dall.*, 1995, Chron., p. 299 ; M. Remond-Gouilloud, « Du risque à la faute », *Risques*, juillet/septembre 1992, p. 11 ; C. Lepage, « Que faut-il entendre par principe de précaution ? », *Gaz. Pal.*, 8-9 octobre 1999, p. 10-11 ; L. Baghestani-Perrey, « Le principe de précaution : nouveau principe fondamental régissant les rapports entre le droit et la science », art. cit., p. 461.

4. J.P. Desideri, « La précaution en droit privé », art. cit., p. 239.

objectives fondées sur les risques inhérents à une activité ne soient guère influencées par un principe qui tend à édicter des règles de bon comportement dans un univers scientifique incertain. La spécificité des systèmes fondés sur le risque est précisément d'écarter l'appréciation du comportement de l'auteur du dommage. Cela ne veut pas dire pour autant que ceux-ci seraient voués à disparaître. Puisque le principe de précaution ne se prononce pas sur les mérites respectifs de l'un des régimes par rapport à l'autre, il ne faut y voir l'expression d'aucune préférence.

Que ce principe soit neutre sur le plan de l'évolution des régimes de responsabilité ne signifie toutefois pas qu'il soit sans influence sur ceux-ci (II).

LE PRINCIPE DE PRÉCAUTION N'EST PAS SANS INFLUENCE SUR LES RÉGIMES DE RESPONSABILITÉ CIVILE

8) Pour le juriste, le principe de précaution marque l'introduction du concept d'indétermination dans l'application des règles juridiques. C'est pourquoi, il fait surtout sentir ses effets dans les branches du droit touchant à l'environnement, la consommation et la santé.

En droit communautaire, il devrait par exemple conduire à une appréciation plus souple des raisons liées à l'intérêt général susceptibles de justifier une entrave à la libre circulation des marchandises[1]. La légitimité de ces entraves ne devrait plus être subordonnée à une certitude scientifique absolue. Ce faisant, il pourrait remettre partiellement en cause l'idée de confiance légitime qui préside aux échanges intra-communautaires[2].

Le principe de précaution a aussi un rôle important à jouer en droit administratif dans le cadre du contentieux de la légalité. S'agissant d'apprécier la légalité interne d'une décision administrative d'autorisation ou d'interdiction (retrait de produits contaminés par la dioxine, autorisation d'importation d'OGM, ...), le principe de précaution y trouve même un lieu de prédilection. Par sa fonction même, le droit administratif est mieux outillé que le droit de la responsabilité civile pour contrôler une décision prise avant tout dommage, dans un contexte d'incertitude scientifique. Dans ce contentieux, le respect du principe de précaution tend à s'affirmer

1. N. De Sadeleer, *Les principes du pollueur payeur*, *op. cit.*, p. 145.

2. À cet égard, la *Communication de la Commission sur le recours au principe de précaution*, Bruxelles, 2 février 2000, COM (2000), I.

comme une condition de fond permettant de contrôler la légalité de l'acte administratif. La question que nous n'aborderons pas ici est de savoir si, dans ces conditions, la censure de l'administration doit ou non être limitée à l'erreur d'appréciation manifeste[1].

Pour les raisons déjà indiquées, l'influence du principe de précaution est plus diffuse et plus malaisée à définir dans le droit de la responsabilité civile qui reste enfermé dans l'idée de réparation d'un dommage déjà survenu. Si ce n'est pas la menace financière qu'il fait peser sur l'auteur du fait dommageable, le droit de la responsabilité n'est pas un outil très efficace de gestion des risques. Néanmoins, le recours à la précaution oblige à interroger le droit de la responsabilité civile sur la manière dont il appréhende l'incertitude scientifique. Cette question mérite d'être posée au regard tout d'abord des trois éléments constitutifs de la responsabilité pour faute (faute, lien causal, dommage) et au regard, ensuite, des responsabilités à base de risque.

Les responsabilités pour faute

La faute

9) Comme il impose un standard de comportement et appelle à une attitude raisonnable face à des risques non avérés, le principe de précaution s'inscrit aisément, presque de façon incolore et inodore, dans les critères traditionnels de la faute.

Sous cet aspect, le principe de précaution peut sans doute être à l'origine d'une rénovation du concept de faute dans les domaines où il est appelé à s'appliquer. Obligeant à prendre en compte les risques qui ne sont pas encore avérés, il impose une vigilance et une prudence accrues aux acteurs du marché et aux autorités publiques[2].

1. Sur les apports du principe de précaution au contentieux de la légalité, en particulier Ph. Kourilsky et G. Viney, *Rapport au Premier ministre*, *op. cit.*, p. 153 *sq.*; L. Baghestani-Perrey, « Le principe de précaution : nouveau principe fondamental régissant les rapports entre le droit et la science », art. cit., p. 460 ; N. De Sadeleer, *Les principes du pollueur payeur*, *op. cit.*, p. 202. Récemment, à propos des risques engendrés par les lignes à haute tension, C.E., 20 août 1999, *J.L.M.B.*, 2000, p. 664.

2. Ph. Kourilsky et G. Viney, *Rapport au Premier ministre*, *op. cit.*, p. 133, 186 et 211 ; ; N. De Sadeleer, *Les principes du pollueur payeur*, *op. cit.*, p. 212 ; L. Baghestani-Perrey, « Le principe de précaution : nouveau principe fondamental régissant les rapports entre le droit et la science », art. cit., p. 460-461 ; J.P. Desideri, « La précaution en droit privé », art. cit., p. 239, qui critique cette extension : « L'adaptation de la responsabilité civile à l'incertitude ne peut se faire alors qu'au prix d'une dénaturation de la notion même de responsabilité ». Voir

Le progrès est sensible dès lors qu'on était en droit d'estimer, avant l'éclosion du principe, que l'auteur d'un dommage ne commettait pas de faute s'il avait agi dans un contexte où l'état de la science ne lui permettait pas à coup sûr de prévoir les conséquences de son acte. Désormais, l'incertitude scientifique ne sera plus automatiquement élusive de faute. Encore faudra-t-il vérifier si l'auteur du fait dommageable a adopté une attitude de précaution, attitude qui s'imposerait maintenant à tout bon père de famille. Le devoir général de prudence s'en trouve ainsi élargi[1].

Pour le surplus, il faut reconnaître qu'en l'état actuel le principe de précaution n'offre pas de critères beaucoup plus précis que ceux qui servent à déterminer traditionnellement la faute civile. L'exigence de prévisibilité du dommage, élément constitutif de la faute lorsqu'elle trouve sa source dans la violation du devoir général de prudence, pourrait-elle faire obstacle à la reconnaissance d'une responsabilité alors que le principe de précaution suppose, quant à lui, que le risque de dommage ne puisse être mesuré ? Il semble que non dès lors que cette exigence se rapporte, selon la jurisprudence de la Cour de cassation belge, à la possibilité d'un dommage et non au dommage tel qu'il est survenu *in concreto*[2].

10) Pour apprécier la faute *ex post*, il conviendra aussi de se référer aux conditions de mise en œuvre du principe de précaution, mais ces conditions sont loin de faire l'unanimité[3]. Une attitude de précaution se justifie dans un contexte d'incertitude scientifique, mais il ne peut servir de prétexte à une obstruction systématique sur le fondement d'hypothèses farfelues. Un doute légitime partagé par une partie de la communauté scientifique doit au moins exister. Quelle est la limite entre certitude, doute légitime et ineptie ? Suffira-t-il de formuler une hypothèse et de la tenir pour vraie tant que le contraire n'a pas été démontré[4] ?

On dit aussi que la décision envisagée doit entraîner un risque de dommage grave et irréversible pour l'environnement ou pour la santé. Le dommage redouté – qu'il convient de distinguer du dommage survenu – doit-il être grave et irréversible ou simplement grave *et* irréversible ?

également M. Boutonnet, *Le principe de précaution en droit de la responsabilité civile*, *op. cit.*, p. 436, n° 884 *sq.*

1. En ce sens, N. De Sadeleer, *Les principes du pollueur payeur*, *op. cit.*, p. 212-213.

2. N. De Sadeleer, *Les principes du pollueur payeur*, *op. cit.*, p. 213-215.

3. M. Boutonnet et A. Guegan, *Rapport au Premier ministre*, *op. cit.*, p. 257.

4. Sur cette queston, N. De Sadeleer, *Les principes du pollueur payeur*, *op. cit.*, p. 171 *sq.* ; M.-A. Hermitte et D. Dormont, « Propositions pour le principe de précaution à la lumière de l'affaire de la vache folle », art. cit., p. 349.

L'urgence n'est-elle pas de nature à atténuer ces exigences? La gravité du dommage se réfère-t-elle exclusivement à un dommage collectif ou un dommage individuel peut-il, lui aussi, satisfaire cette condition? L'appréciation de la gravité du dommage ne sera-t-elle pas elle-même tributaire de l'incertitude scientifique qui marque le contexte dans lequel la décision doit être prise[1]?

Enfin, une application raisonnée du principe de précaution suppose une analyse du coût des mesures envisagées, coût qu'il convient de rapporter au bénéfice escompté. Ces mesures doivent donc respecter le principe de proportionnalité. Mais les coûts de ces mesures sont-ils exclusivement de nature économique, comme le laisse penser la loi Barnier pour le renforcement de la protection de l'environnement? Comment pourra-t-on procéder à une balance correcte entre les coûts et les bénéfices, alors que les dommages sont, par définition, non quantifiables au moment de la prise de décision[2]?

11) On s'aperçoit ainsi que les obligations qui reposent sur les autorités publiques, les opérateurs économiques ou les experts ont un contenu assez flou. Elles laissent en définitive au juge une marge d'appréciation aussi large que celle dont il dispose traditionnellement pour apprécier la faute. Confronté à des questions scientifiques complexes, il y a fort à parier que celui-ci se limitera à sanctionner les erreurs d'appréciation manifestes.

Du côté des décideurs, le risque existe que le principe de précaution soit utilisé défensivement pour justifier au nom de la santé publique, des mesures excessives et démagogiques prises dans l'urgence et la précipitation, qui se révéleraient à terme dommageables pour les opérateurs économiques.

12) La seule certitude sur le plan théorique est que l'intrusion du principe de précaution dans la conscience des juges conduira en principe à un élargissement du devoir général de prudence attendu de tous en vue de se prémunir des risques incertains. Au titre des causes de justification, il entraînera aussi une rigueur plus grande dans l'appréciation de l'erreur ou de l'ignorance invincible[3]. Un contexte d'incertitude scientifique relative

1. Sur ces questions, N. De Sadeleer, *Les principes du pollueur payeur*, *op. cit.*, p. 180 *sq.*

2. Sur le principe de proportionnalité et la précaution, Ph. Kourilsky et G. Viney, *Rapport au Premier ministre*, *op. cit.*, p. 149; L. Baghestani-Perrey, « Le principe de précaution: nouveau principe fondamental régissant les rapports entre le droit et la science », art. cit., p. 459; N. De Sadeleer, *Les principes du pollueur payeur*, *op. cit.*, p. 184.

3. Voir M. Boutonnet, *Le principe de précaution en droit de la responsabilité civile*, *op. cit.*, p. 478, n° 963 *sq.*

ne suffira plus à justifier un comportement dommageable, dès lors que celui-ci aurait pu être évité par une attitude de précaution, même dans l'hypothèse d'un risque non avéré. La référence classique pour les professionnels, aux données acquises de la science pourrait ainsi englober à l'avenir les hypothèses sérieuses même non démontrées, ce qui n'accroît pas la sécurité juridique[1].

Beaucoup pensent que le principe de précaution pourrait aussi justifier un renversement de la charge de la preuve en ce sens qu'il appartiendrait désormais à l'opérateur économique d'apporter la preuve de l'innocuité totale de son produit ou de l'activité projetée avant d'être autorisé à le commercialiser ou à l'exercer. Le doute scientifique se retournerait donc contre l'opérateur[2].

Notons cependant que ce renversement de la charge de la preuve est généralement préconisé dans le contexte du contentieux de la légalité à un moment où il s'agit d'interdire ou d'autoriser l'activité potentiellement dommageable, c'est-à-dire lorsque le dommage est seulement soupçonné.

Le même renversement est ensuite préconisé par extension lorsqu'il s'agit de démontrer la faute ou l'absence de faute une fois le dommage survenu. On ne voit cependant pas au nom de quoi il faudrait transposer en droit privé la logique proposée au juge administratif. Il nous semble que le déplacement de la charge de la preuve n'est pas ici commandé directement par le principe de précaution d'autant qu'il serait inconciliable avec le principe énoncé par l'article 1315, alinéa 1er, du Code civil. Son objet est en effet totalement différent puisqu'il s'agit de présumer systématiquement la faute de celui dont l'activité s'est révélée dommageable au profit des personnes préjudiciées.

En outre la même solution semble difficilement transposable aux autorités publiques. Dira-t-on que celles-ci doivent être présumées responsables des dommages liés à un excès ou à une absence de précaution ?

1. N. De Sadeleer, *Les principes du pollueur payeur*, *op. cit.*, p. 213 ; Ph. Kourilsky et G. Viney, *Rapport au Premier ministre*, *op. cit.*, p. 182 ; H. Cousy, « À propos de la notion de précaution », *Risques*, janvier/mars, 1995, p. 155.

2. Ph. Kourilsky et G. Viney, *Rapport au Premier ministre*, *op. cit.*, p. 139 et 182 ; N. De Sadeleer, *Les principes du pollueur payeur*, *op. cit.*, p. 191. La loi française du 20 décembre 1988 présume ainsi la responsabilité du promoteur d'une recherche biomédicale avec bénéfice individuel direct, sauf pour lui à prouver que le dommage n'est pas imputable à sa faute.

Même si une présomption de faute devait être mise à charge des créateurs de risque, ce ne serait sans doute pas directement au nom du principe de précaution mais en vertu d'une application normale de la théorie du risque dont l'un des effets est de renverser la charge de la preuve[1], ou encore en vertu d'un nouveau principe de répartition du poids de la preuve fondé non plus sur la position de demandeur ou de défendeur, mais sur l'aptitude à rapporter cette preuve[2].

L'évolution est claire dans le domaine des obligations d'information où la charge de la preuve repose sur le débiteur de l'obligation. Le même raisonnement pourrait justifier une solution comparable dans les domaines marqués par l'incertitude scientifique, mais ceci, à nouveau, ne nous semble pas être une conséquence nécessaire du principe de précaution.

La causalité

13) Le même glissement s'observe au sujet de la causalité et suscite la même critique. Le principe de précaution prend tout son sens dans un contexte d'indétermination où les causalités sont scientifiquement complexes et, elles-mêmes, incertaines.

À nouveau, lorsqu'il s'agit d'apprécier *a priori* la légalité d'une décision administrative, on comprend que le contrôle exercé doive tenir compte de l'incertitude scientifique et puisse se satisfaire d'hypothèses raisonnablement fondées.

En droit de la responsabilité civile, la perspective est différente. Il s'agit en effet, tout au moins dans un système de responsabilité fondé sur la faute, de rapporter un dommage à un comportement humain, afin de justifier l'obligation de réparation. C'est pourquoi la causalité en cette matière requiert un degré élevé de certitude.

Le jugement de causalité propre à la responsabilité civile recouvre en réalité deux aspects. Il y a d'abord une causalité proprement scientifique où il y a lieu de démêler les effets et les causes au sens matériel. Il y a ensuite une causalité « humaine » marquée par un jugement d'imputabilité.

La causalité scientifique n'est pas différente de celle dont il est question avec le principe de précaution. Sous ce premier aspect, une application bien comprise du principe de précaution pourrait assurément justifier un

1. Ph. Kourilsky et G. Viney, *Rapport au Premier ministre*, *op. cit.*, p. 182.

2. N. De Sadeleer, *Les principes du pollueur payeur*, *op. cit.*, p. 204.

assouplissement des exigences traditionnelles de la causalité au profit des victimes[1].

En vue d'intégrer le facteur d'incertitude, la causalité pourrait être considérée comme judiciairement établie en présence d'un faisceau d'indices. On en arriverait ainsi à une solution proche de celle retenue par la Convention de Lugano sur la responsabilité civile des dommages résultant de l'exercice d'activités dangereuses pour l'environnement, laquelle autorise le juge à tenir compte, pour apprécier la causalité entre une activité dangereuse pour l'environnement et un dommage, du risque accru de provoquer le dommage inhérent à l'activité dangereuse. En d'autres termes, l'obligation de réparation pourrait naître lorsque le dommage survenu *in concreto* est précisément de ceux que le risque lié à l'activité dangereuse laissait suspecter.

Lorsque la responsabilité est fondée sur la faute, au jugement de causalité, au sens qui vient d'être défini, se superpose un jugement d'imputabilité, davantage marqué par l'équité, qui consiste précisément à attribuer le dommage à un agent. Dans les affaires qui nous concernent, le dommage peut être très éloigné du fait générateur. Sur cette causalité là, le principe de précaution ne nous apprend rien.

14) Quoi qu'il en soit, il y a lieu de ne pas surestimer ici l'effet bénéfique du principe de précaution. S'agissant de justifier la réparation d'un dommage, la victime ne pourra échapper à l'obligation de démontrer l'existence du lien de causalité entre ce dommage et la décision reprochée.

Or, dans les domaines concernés par le principe de précaution, les causalités sont multiples et croisées. L'enchaînement des causes se produit sur le long terme, spécialement dans les secteurs de la santé et de l'environnement. Même assoupli, le lien causal sera souvent difficile sinon impossible à établir.

Si la faute imputée à l'administration consiste dans l'absence ou le retard d'une décision, comment la victime parviendra-t-elle à démontrer que si cette décision avait été prise à temps, le dommage invoqué ne se serait pas produit ?

Comment la victime atteinte d'un cancer ou de la maladie de Creuzfeld-Jacob pourra-t-elle convaincre le juge que ce cancer ou cette maladie est la conséquence de la viande de bœuf ou de la volaille contaminée qu'elle a consommée en 1999 ou avant ? Comment en outre identifier l'éleveur ou le

1. En ce sens, N. De Sadeleer, *Les principes du pollueur payeur*, *op. cit.*, p. 224. Voir également M. Boutonnet, *Le principe de précaution en droit de la responsabilité civile*, *op. cit.*, p. 556, n° 1122 *sq.*

distributeur d'où provient le produit consommé? La tâche paraît difficile sinon impossible[1].

15) L'on atteint ici la limite des systèmes de responsabilité conçus sur un mode individualiste. Ceux-ci ne peuvent appréhender correctement les dommages dont la dimension est collective. À ce niveau également, plutôt que de conduire à une analyse des mérites respectifs des régimes de responsabilités à base de faute ou à base de risque, le principe de précaution invite à rechercher d'autres voies d'indemnisation[2].

Ceci n'a pas échappé aux auteurs du rapport commandé par le Gouvernement français. Conscients des difficultés inhérentes à la mise en œuvre des règles de responsabilité civile, ceux-ci proposent de régler anticipativement avec l'opérateur économique la prise en charge des dommages par voie contractuelle[3].

Toutefois, compte tenu de l'incertitude qui marque l'ampleur des dommages redoutés, les termes de ces engagements contractuels risquent d'être extrêmement difficiles à mettre au point. C'est cependant du côté des mécanismes d'indemnisation fondés soit sur la garantie soit sur la solidarité collective ou sectorielle qu'il convient de chercher la solution.

Le dommage et sa réparation

16) La responsabilité civile est enfermée dans l'idée de réparation d'un dommage certain. À cela s'ajoute que le juge est tenu d'évaluer le dommage au moment de son jugement. Le dommage futur peut être réparé s'il est certain qu'il se produira dans l'avenir. À l'inverse, un dommage virtuel ou hypothétique ne peut donner lieu à réparation[4].

En réalité, le droit de la responsabilité civile permet seulement de prendre en compte les dommages futurs qui s'inscrivent dans le prolongement direct d'un état préjudiciable actuel. Pour les conséquences simplement éventuelles d'un état invalidant déjà acquis, il y a lieu de demander des réserves. Le droit de la responsabilité n'intègre donc pas facilement l'avenir et ses impondérables.

Comme l'écrit Nicolas de Saedeleer « exiger que le dommage soit certain, c'est réclamer qu'aucune incertitude ne subsiste sur son existence

1. À et égard, R.O. Dalcq, « À propos du principe de précaution », art. cit., *R.G.A.R.*, 2000, n° 13229.

2. J.P. Desideri, « La précaution en droit privé », art. cit., p. 241.

3. Ph. Kourilsky et G. Viney, *Rapport au Premier ministre*, *op. cit.*, p. 194.

4. Ph. Kourilsky et G. Viney, *Rapport au Premier ministre*, *op. cit.*, p. 179.

ou sur son évolution future alors que, dans la pratique, sa consistance et son étendue subissent constamment l'épreuve du doute scientifique »[1].

Le principe de précaution pourrait-il néanmoins justifier un allègement des conditions de réparation d'un dommage au regard du droit de la responsabilité civile? Il semble qu'on atteigne là, à nouveau, une limite inhérente à la nature même de la responsabilité. Celle-ci attend le dommage, mais ne permet pas, en principe, de l'anticiper.

Sans doute peut-on souhaiter que le législateur donne au juge civil des instruments qui lui permettent de prévenir la survenance du dommage par l'adoption de mesures conservatoires, comme le préconisent d'ailleurs G. Viney et Ph. Kourilsky, mais ces instruments sortent du domaine de la responsabilité civile proprement dit[2]. Les mesures qui seraient imposées pour éviter une menace grave de dommage ne peuvent y trouver un fondement.

Sous l'angle de la réparation, le principe de précaution ne saurait justifier l'indemnisation de dommages futurs simplement éventuels sous peine de dénaturer l'objet même de la responsabilité civile[3]. Tout au plus serait-il possible d'anticiper quelque peu la survenance du dommage en faisant porter la réparation, comme le suggère la Convention de Lugano en matière d'atteinte à l'environnement, sur le coût des mesures de prévention ou de remise en état qui ont été prises ou qui le seront[4]. L'on parvient ainsi à « monétariser » un dommage non encore survenu par le biais du remboursement des frais de prévention, qui constituent alors, par eux-mêmes, le dommage à réparer. À nouveau le progrès n'est pas énorme car l'emploi du futur indique qu'un degré de certitude suffisant doit exister quant aux mesures qui seront prises dans l'avenir.

Même ainsi comprise, cette mesure ne constituerait pas une innovation majeure, car le droit de la responsabilité civile permet déjà l'allocation d'une provision en vue de faire face à un dommage non immédiatement évaluable en argent.

1. N. De Sadeleer, *Les principes du pollueur payeur*, *op. cit.*, p. 219.

2. *Rapport au Premier ministre*, *op. cit.*, p. 228. Voir cependant M. Boutonnet, *Le principe de précaution en droit de la responsabilité civile*, *op. cit.*, p. 306, n° 635 *sq.*, pour qui le principe de précaution permettrait de fonder une action collective en responsabilité civile, tournée vers la prévention de certains dommages dans les domaines de la santé, de l'environnement et de la bioéthique.

3. N. De Sadeleer, *Les principes du pollueur payeur*, *op. cit.*, p. 219-220.

4. En ce sens, Ph. Kourilsky et G. Viney, *Rapport au Premier ministre*, *op. cit.*, p. 228.

Les responsabilités objectives à base de risque

17) Le principe de précaution n'annonce donc ni un progrès ni un recul de la responsabilité pour faute par rapport aux responsabilités sans faute. Il ne discrédite pas l'une par rapport à l'autre. Simplement, ce principe, dans sa formulation même, s'intègre mieux dans un système de responsabilité fondé sur la faute parce qu'il impose une norme de prudence, un standard général de jugement. Les responsabilités objectives permettent d'éviter ce détour.

Il faut remarquer aussi qu'en l'état actuel, les régimes de responsabilité pour risque restent dérogatoires par rapport au droit commun. Même s'ils ont tendance à se multiplier, ils ne concernent généralement que les opérateurs économiques qui exercent des activités dangereuses pour l'environnement ou pour la population en général. Les autorités publiques, qui sont au premier chef interpellées par le principe de précaution, sont rarement soumises à ce type de responsabilité. Il existe donc tout un pan du droit de la responsabilité où la faute reste prédominante.

Pour le surplus, un régime de responsabilité fondé sur le risque restera toujours, par nature, plus favorable à la victime qu'un régime de responsabilité fondé sur la faute, même si les critères de celle-ci sont revus à la lumière du principe de précaution[1]. Les régimes de responsabilités objectives n'imposent pas de porter un jugement sur la conduite de l'auteur du dommage. Leur mise en œuvre ne dépend pas d'une règle abstraite de conduite.

Lorsque ces régimes tolèrent l'exonération de l'agent économique pour risque de développement, le principe de précaution pourrait sans doute conduire à un renforcement des conditions de l'exonération[2]. Le risque de développement s'attache au produit dont on ne pouvait détecter qu'il était affecté d'un défaut, compte tenu de l'état des connaissances scientifiques existant au moment de sa mise en circulation. Avec le principe de précaution, il faut englober dans l'état de la science, les hypothèses qui suscitent un doute légitime, fussent-elles partagées par une minorité de la communauté scientifique. L'incertitude scientifique ne suffisant plus comme telle à justifier l'exonération de l'auteur du fait dommageable, c'est l'ignorance absolue qu'il conviendra d'établir.

1. En ce sens, N. De Sadeleer, *Les principes du pollueur payeur*, *op. cit.*, p. 217.

2. Voir l'interprétation donnée par la C.J.C.E. à la notion de risque de développement, C.J.C.E., 29 mai 1997, aff. C 300/95, *Dall.*, 1998, *Jur.*, p. 488, note A. Penneau.

En ce qui concerne le lien causal, le dommage et sa réparation, les responsabilités fondées sur le risque n'échappent pas aux difficultés exposées à propos de la responsabilité pour faute. Si ce n'est la promesse d'un assouplissement des critères d'appréciation du lien causal et du dommage, le principe de précaution n'apporte rien à la matière.

18) En conclusion, il apparaît que le principe de précaution, sans être dépourvu d'influence sur le droit de la responsabilité, ne contient pas d'enseignement clair sur l'avenir des responsabilités pour faute ou sans faute.

Dans des situations complexes où les responsabilités individuelles se diluent jusqu'à devenir insaisissables, il souligne plutôt les limites inhérentes à tout système de responsabilité civile et encourage à imaginer d'autres mécanismes d'indemnisation.

Même s'il conduit à repenser les relations entre le droit et la science, il n'est pas non plus porteur de solutions claires lorsqu'il s'agit d'apprécier le caractère fautif d'une décision. Les affaires où il a été invoqué (épizootie de la vache folle, poulet à la dioxine, ...) démontrent que les opinions peuvent être divergentes voire contradictoires lorsqu'il s'agit de savoir ce que requiert le principe de précaution dans une situation déterminée.

Bien qu'il soit intellectuellement séduisant, le principe ici discuté comporte au surplus un danger non négligeable. Dans un contexte d'urgence qui est celui généralement de la décision politique, il risque d'encourager les autorités publiques à privilégier dans le doute l'hypothèse du pire. Comme on l'a écrit avec pertinence, « la précocité des décisions prises au nom du principe de précaution est incompatible avec une évaluation quantifiée du risque, indispensable pour en estimer la pertinence » [1].

Dans un contexte d'incertitude réduite à une ou quelques hypothèses, le principe de précaution risque d'être utilisé systématiquement par les autorités publiques comme un moyen de défense en vue de justifier les mesures les plus larges, en dépit des préjudices économiques et financiers importants qui peuvent en résulter. Le faible niveau des connaissances joint à l'urgence conduit toujours et nécessairement à une surévaluation du danger.

1. M. Setbon, « Le cas du sang contaminé confronté au principe de précaution », publié dans Ph. Kourilsky et G. Viney, *Rapport au Premier ministre*, *op. cit.*, annexe 4, p. 397.

Certes, le principe de précaution appelle à des interventions raisonnables et proportionnées, mais les affaires de la dioxine, des organismes génétiquement modifiés et de l'encéphalite spongiforme bovine ont démontré que la raison n'y avait pas toujours sa place et que le principe de précaution est souvent mis en avant pour organiser la fuite devant les responsabilités.

Dans des contextes aussi difficiles où la science ne suffit plus à convaincre, le principe de précaution pourrait donc bien multiplier les litiges au lieu de les apaiser et d'accroître encore la judiciarisation de la société. Toute décision de précaution courra le risque d'être contestée par les acteurs économiques qui seront toujours les premières victimes; l'absence de précaution pourra, quant à elle, être dénoncée par les nombreuses associations dont l'objet est la défense de la nature ou de la santé.

Plutôt que de remettre en cause les fondements de la responsabilité civile, le principe de précaution incite positivement à réaménager les processus de décision dans le sens de la transparence et de la démocratisation. C'est pourquoi, il apparaît comme un principe procédural et non comme un principe de responsabilité.

Sans doute ne peut-on exclure pour le surplus qu'au fur et à mesure que le principe de précaution investira la conscience des juges, ceux-ci y adapteront leur raisonnement et les concepts juridiques traditionnels, comme celui de faute qui, on le sait, se révèle, et c'est précisément sa force, extrêmement malléable.

Bernard DUBUISSON
Professeur à l'Université catholique de Louvain

BIBLIOGRAPHIE

La gestion des risques relatifs aux OGM

AMMANN K., « L'insoutenable légèreté du demi-savoir », *Science et pseudo-sciences*, n° 272, 2006, p. 21-24.

FOX J.L., « US federal court cites risk, halts transgenic grass field tests », *Nature Biotechnology*, n° 25, 2007, p. 269.

– « US courts thwart GM alafalfa and turf grass », *Nature Biotechnology*, n° 25, 2007, p. 367-368.

GALLAIS A. et RICROCH A., *Plantes transgéniques : faits et enjeux*, Versailles, Éditions Quae, 2006.

HOUDEBINE L.M., *OGM, le vrai et la faux*, Paris, Éditions Le Pommier, 2000, 2003[2].

– « Les applications de la transgénèse animale », *Bulletin de l'Académie Vétérinaire de France*, n° 158, 2005, p. 487-498.

– « OGM et pays en développement », *Cahiers/Agricultures*, n° 15, 2006, p. 227-231.

– « Les OGM en douze questions », *Science et pseudosciences*, n° 272, 2006, p. 25-33.

– « Le débat sur les OGM. Quel rapport avec les OGM ? », *Raison Présente*, 2007, p. 15-30.

— et RENARD J.P., « Confinement et consommation des animaux clonés et trangéniques », *Revue Sci. Tech. Off. int. Epiz.*, n° 24, 2005, p. 265-274.

KAFADAROFF G., *OGM, le gâchis*, Paris, Le Publieur, 2006.

KERVASDOUÉ J. de, *Les prêcheurs de l'Apocalypse. Pour en finir avec les délires écologiques et sanitaires*, Paris, Plon, 2007.

KUNTZ M., *Les OGM, l'environnement et la santé*, Paris, Ellipses, 2007.

MITCHELL P., « Europe's anti-GM stance to presage animal feed storage ? », *Nature Biotechnology*, n° 25, 2007, p. 1065-1066.

MORRIS S.H., « EU biotech crop regulations and environmental risk : a case of the emperor's new clothes ? », *Trends Biotechnology*, n° 25, 2006, p. 1-6.

OURY J.P., *La querelle des OGM*, Paris, PUF, 2007.

RIVIÈRE-WEKSTEIN G., « OGM : Décryptage d'une manipulation médiatique », *Agriculture et Environnement*, n° 46, 2007.

– « M. Seralini se mobilise contre la CGB et l'AESA », *Agriculture et Environnement*, n° 47, 2007.

SERRE J.L., *La Génétique*, Paris, Le Cavalier Bleu, 2006.

Synthèse du baromètre des perceptions alimentaires, Ministère de l'Agriculture et de la Pêche, 2007.

« Another inconvenient truth. In Europe, no one apparently wants to listen if you have good news about genetically modified organisms (GMOs) », *Nature Biotechnology*, n° 25, 2007, p. 1330.

Des limites du principe de précaution

BONNY S., « Genetically Modified Glyphosate-Tolerant Soybean in the USA : Adoption Factors, Impacts and Prospects. A review », *Agronomy for Sustainable Devlopment*, 28, 2008, p. 21-32.

BORDOGNA PETRICCIONE B., « De l'utilisation de la notion de risque dans le débat sur les biotechnologies », *Revue européenne des sciences sociales*, tome XLII, 2004, n° 130, p. 73-108.

BOURG D., *L'homme artifice. Le sens de la technique*, Paris, Gallimard, 1996.

— GRANDJEAN A. et LIBAERT Th., *Environnement et entreprises. En finir avec les discours*, Paris, Village Mondial, 2006.

— et KAUFMANN A., « Problèmes politiques et sociaux », *Risques technologiques et débat démocratique*, n° 941, 2007.

— et PAPAUX A., *Vers une société sobre et désirable*, Paris, PUF, 2010.

— et SCHLEGEL J.-L., *Parer aux risques de demain. Le principe de précaution*, Paris, Seuil, 2001.

— et WHITESIDE K., *Vers une démocratie écologique. Le citoyen, le servant et le politique*, Paris, Seuil, 2010.

BURDEAU G., *Le libéralisme*, Paris, Points, 1979.

DUPUY J.-P., *Pour un catastrophisme éclairé*, Paris, Seuil, 2002.

DUPUY P.-M., « Le principe de précaution, règle émergente du droit international général », dans *Le principe de précaution. Aspects de droit international et communautaire*, Ch. Leben et J. Verhoeven (éds.), Paris, Éditions Panthéon-Assas, 2002.

EWALD E., GOLLIER C. et SADELEER N. (de), *Le principe de précaution*, Paris, PUF, 2001.

JONAS H., *Le principe responsabilité. Une éthique pour la civilisation technologique*, Paris, Le Cerf, 1990.

MIHAIL C.R. and BAINBRIDGE W.-S., *Converging Technologies for Improving Human Performance. Nanotechnology, Biotechnology, Information Technology and Cognitive Science*, Airlington (Vi.), National Science Foundation, 2002.

PAPAUX A., *Introduction à la philosophie du « droit en situation »*, Bruxelles-Paris-Genève, Bruylant-LGDJ-Schulthess, 2006.

– *Essai philosophique sur la qualification juridique : de la subsomption à l'abduction*, Paris-Zurich-Bruxelles, LGDJ-Schulthess-Bruylant, 2003.

ROBIN M.-M., *Le Monde selon Monsanto*, Paris, La Découverte-Arte éditions, 2008.

ROULAND N., *Anthropologie juridique*, Paris, PUF, 1988.

SALMON E., *Dictionnaire de droit international public*, Bruxelles, Bruylant, 2001.

SCHUMMER J., « Identifying ethical issues of nanotechnologies », dans A.M. Henk and J. ten Have (eds.), *Nanotechnologies, Ethics and Politics*, Paris, UNESCO, 2007.

— and BAIRD D. (eds.), « Societal and Ethical Implications of Nanotechnology : Meanings, Interest Groups, and Social Dynamics », *Nanotechnology Challenges. Implications for Philosophy, Ethics and Society*, Londres, World Scientific, 2006.

SERRES M., *Le contrat naturel*, Paris, François Bourin, 1990.

SILVER L.-M., *Remaking Eden : Cloning and Beyond in a Brave New World*, New York, Avon Books, 1997.

STEFFEN W., Crutzen P.-J. and McNeill J.-R., « The Anthropocene : Are Humans Now Overwhelming the Great Forces of Nature », *Ambio*, vol. 36, 8, Royal Swedish Academy of Sciences, 2007.

SUY E., *Commentaire des Conventions de Vienne de 1969 et 1986 sur les droits des traités*, P. Klein et O. Corten (éds.), Bruxelles, Bruylant, 2006.

THOUARD D. (éd.), *L'interprétation des indices. Enquête sur le paradigme indiciaire de Carlo Ginzburg*, Villeneuve d'Ascq, Presses Universitaires du Septentrion, 2007.

Le principe de précaution à l'épreuve des OGM

Actu-environnement.com, 2009, *Le Haut Conseil des biotechnologies prend ses fonctions*, 22 avril.

Agence française de sécurité sanitaire des aliments (Afssa), 2003, *Évaluation nutritionnelle et sanitaire des aliments issus de l'agriculture biologique*, Maisons-Alfort, juillet.

ARCHER D., 2005, « Fate of Fossil Fuel CO2 in Geologic Time », *Journal of Geophysical Research*, 110, C09S05, doi : 10.1029/2004JC002625.

– 2008, *The Long Thaw : How Humans Are Changing the Next 100,000 Years of Earth's Climate*, Princeton, Princeton UP.

Assemblée Nationale, 2008, Texte n° 147, 20 mai, relatif aux organismes génétiquement modifiés, adopté avec modifications par le Sénat en Deuxième Lecture, Paris, 17 avril.

ATTALI J., 2007, « Le principe d'imprécation », *L'Express*, 17 octobre.

– 2008, président, *Rapport de la Commission pour la libération de la croissance française*, Paris, La Documentation française.

BÉBÉAR C., 2007, « Non aux ayatollahs de la prudence », *Le Monde*, 25 octobre.

BENVENISTE P. *et alii*, 2008, « OGM : Respecter les paroles scientifiques – Lettre ouverte sur les biotechnologies végétales », *Le Figaro*, 11 janvier.

BECK U, 2001, *La société du risque. Sur la voie d'une autre modernité*, Paris, Aubier.

BERG P., 2004, « Asilomar and Recombinant DNA », 26 August, http://nobelprize.org/nobelprizes/chemistry/articles/berg/index.html.

— and SINGER M.F., 1995, « The Recombinant DNA Controversy : Twenty Years Later », *Proceedings of the National Academy of Science*, 92, September, p. 9011-9013.

BERGÉ J.-B. et RICROCH A., 2008, *Analyse de l'Avis sur la dissémination du MON810 sur le territoire français du Comité de préfiguration d'une Haute Autorité sur les organismes génétiquement modifiés*, Paris, AgroParistech, 7 février.

BIRRAUX C. et ÉTIENNE J.-C., 2009, *Rapport sur « le principe de précaution : bilan de son application quatre ans après sa constitutionnalisation » (compte rendu de l'audition publique du 1er octobre 2009)*, Paris, Office parlementaire d'évaluation des choix scientifiques et technologiques (AN n° 1964; Sénat n° 25).

BOLTANSKI L. et THÉVENOT L., 1991, *De la justification*, Paris, Gallimard.

BOURG D. et BOY D., 2005, *Conférences de citoyens, mode d'emploi*, Paris, Éditions Charles-Léopold Mayer et Descartes & Cie.

BOUTONNET M., 2005, *Le principe de précaution en Droit de la responsabilité civile*, Paris, LGDJ.

BROMLEY D.W., 1978, « Property Rules, Liability Rules, and Environmental Economics », *Journal of Economic Issues*, 12 : 1, p. 43-60.

CARREYROU G., 2010, « La pandémie de précaution », *France-Soir*, 6 janvier.

CHAMUSSY D., 2005, « Le Traité constitutionnel face à la Constitution française », *Cahiers du Conseil constitutionnel*, « Constitution et Europe » (18).

CHARNOWITZ S., 2005, « An Analysis of Pascal Lamy's Proposal on Collective Preferences », *Journal of International Economic Law*, 8 : 2, p. 449-472.

COASE R.H., 1960, « The Problem of Social Cost », *Journal of Law and Economics*, III, October, p. 1-44.

COMEPRA, 2001, *Avis sur le partenariat à l'Inra*, Paris, INRA, http://www.inra.fr/internet/Directions/DIC/presinra/INFOSERVDIC/comepra/avis-partenariat1.pdf.

– 2002, *Avis du COMEPRA sur la brevetabilité du vivant dans le domaine des végétaux*, Paris, INRA, janvier, http://www.inra.fr/internet/Directions/DIC/presinra/INFOSERVDIC/comepra/avis-brevet1.pdf.

– 2004, *Avis du COMEPRA sur les OGM végétaux*, Paris, INRA, octobre, http://www.inra.fr/presentation-inra/comepra-avis-ogm2.pdf.

Comité de Préfiguration d'une Haute Autorité sur les organismes génétiquement modifiés, 2008, *Avis sur la dissémination du MON810 sur le territoire français*, Paris, MEEDDAT, http://www.developpement-durable.gouv.fr/IMG/pdf/avis_dissemination_mon810_09_01_2008_cle1fe248.pdf.

Comité éthique, économique et social du Haut conseil des biotechnologies, 2009, *Recommandation relative à la demande de renouvellement des autorisations de culture, importation et transformation du maïs Mon810*, Paris, 22 décembre.

Comité Scientifique du Haut Conseil des Biotechnologies, 2009, *Avis sur les réponses de l'AESA aux questions posées par les États membres au sujet de la culture et de la consommation du maïs Mon810, Dossier EFSA-GMO-RX-Mon810*, Paris, 22 décembre.

– 2010, *Avis relatif à la saisine du 15 décembre 2009 de Monsieur le Député François Grosdidier quant aux conclusions de l'étude intitulée : « A comparison of the effects of three GM corn varieties on mammalian health » par J. Spiroux de Vendômois, F. Roullier, D. Cellier et G.E. Séralini*, Int. J. Biol. Sci., *2009, 5(7), p. 706-726*, Paris, 8 janvier.

Commission des Communautés européennes, 1991, « Règlement européen CEE n° 2092/91 du Conseil du 24 juin 1991 concernant le mode de production biologique de produits agricoles et sa présentation sur les produits agricoles et les denrées alimentaires », *JOCE*, 22 juillet.

– 2000, *Communication sur le principe de précaution*. Bruxelles, COM (2000)1, 2 février.

– 2001, « Directive 2001/18/CE du Parlement Européen et du Conseil du 12 Mars 2001 relative à la dissémination volontaire d'organismes génétiquement modifiés dans l'environnement », *JOCE*, 17 avril.

– 2003, « Règlement CE n° 1830/2003 du Parlement européen et du Conseil du 22 Septembre 2003 concernant la traçabilité et l'étiquetage des organismes génétiquement modifiés et la traçabilité des produits destinés à l'alimentation humaine ou animale produits à partir d'organismes génétiquement modifiés, et modifiant la Directive 2001/18/CE », *JOUE*, L268, 18 Octobre, p. 24-28.

– 2007, « Règlement (CE) n° 834/2007 du Conseil du 28 juin 2007 relatif à la production biologique et à l'étiquetage des produits biologiques et abrogeant le règlement (CEE) n° 2092/91, *JOUE*, L189, 20 juillet, p. 1-23.

Commission du génie biomoléculaire, 2006, *L'Expertise Scientifique – 20 Années d'évaluation*, Paris, CGB, 20 septembre.

Conseil d'État, 1998, *Rapport public 1998 – Réflexions sur le Droit de la santé*, Paris, La Documentation Française.

– 2010, *Décision n° 308514 : Département du Gers c/ Cour administrative d'appel de Bordeaux*, Paris, 7 janvier.

Conseil européen, 2000, « Résolution du Conseil sur le principe de précaution », dans *Conclusions de la Présidence*, Conseil européen de Nice, 7-9 décembre, Annexe III.

Conseil de l'Union européenne, 2008, *Conclusions du Conseil sur les OGM*, Bruxelles, 5 décembre, AGRILEG 223 & ENV 961.

DAVID G., NICOLAS G. et SUREAU C., 2000, *La médecine et le principe de précaution*, Paris, Académie nationale de médecine, (Rapport 57), 17 octobre.

DUFOUR G., 2007, « Les OGM à l'OMC : résumé critique du Rapport du Groupe spécial dans l'affaire *CE – Produits Biotechnologiques* », *Revue Québécoise de Droit International*, hors-série, p. 281-312.

DUPUY J.-P., 2002, *Pour un catastrophisme éclairé – Quand l'impossible est certain*, Paris, Seuil.

EFSA, 2004, « Opinion of the Scientific Panel on Genetically Modified Organisms on a request from the Commission related to the safety of foods and food ingredients derived from insect-protected genetically modified maize Mon863 and Mon863 x Mon810, for which a request for placing on the market was submitted under Article 4 of the Novel Food Regulation (EC) n° 258/97 by Monsanto », *The EFSA Journal*, 50, p. 1-25.

– 2008, « Scientific Opinion of the Panel on Genetically Modified Organisms on a request from the European Commission related to the safeguard clause invoked by France on maize Mon810 according to Article 23 of Directive 2001/18/EC and the emergency measure according to Article 34 of Regulation n° 1829/2003/EC », *The EFSA Journal*, 850, p. 1-45.

– 2009, « Summary of Scientific Opinion of the Panel on Genetically Modified Organisms- Applications (EFSA-GMO-RX-MON810) for renewal of authorisation for the continued marketing of (1) existing food and food ingredients produced from genetically modified insect resistant maize Mon810; (2) feed consisting of and/or containing maize Mon810, including the use of seed for cultivation; and of (3) food and feed additives, and feed materials produced from maize Mon810, all under Regulation (EC) n° 1829/2003 from Monsanto – Adopted on 15 June 2009 », *The EFSA Journal*, 1149, p. 1-3.

Food Standards Australia New Zealand (FZANZ), 2009, *Response to Seralini et alii (2009)*, December, http://www.foodstandards.gov.au/educationalmaterial/factsheets/factsheets2009/fsanzresponsetoseral4647.cfm

GEE D. (ed.), 2002, *The Precautionary Principle in the 20th Century – Late Lessons from Early Warnings*, London, Earthscan.

GODARD O., 1982, « La décentralisation et la planification du développement endogène », *Les Dossiers de la FIPAD*, 32, Novembre-Décembre (Fondation Internationale Pour un Autre Développement, Nyon, Suisse), p. 3-16.

– 2001, « Embargo or Not Embargo ? », *La Recherche*, Spécial « Le Risque Alimentaire », 339, février, p. 50-55.

– 2002a, « L'impasse de l'approche apocalyptique de la précaution. De Hans Jonas à la vache folle », *Éthique Publique*, 4 : 2, octobre, p. 7-23.

– 2002b, « Leçons tirées du maintien de l'embargo sur le bœuf britannique en 1999 », *Revue Française d'Administration Publique*, « L'administrateur et l'expert », ENA, 103, p. 411-421.

– 2003, « Le principe de précaution comme norme de l'action publique, ou la proportionnalité en question », *Revue économique*, 54 : 6, novembre, p. 1245-1276.

– 2005, « Le principe de précaution et la proportionnalité face à l'incertitude scientifique », dans Conseil d'État. *Rapport Public 2005 – Responsabilité et socialisation du risque*, Paris, La Documentation Française, p. 377-392.

– 2006, « Chapter 4. The Precautionary Principle and Catastrophism on Tenterhooks : Lessons from a Constitutional Reform in France », dans E. Fisher, J. Jones and R. Von Schomberg (eds.), *Implementing the Precautionary Principle : Perspectives and Prospects*, Cheltenham-Northampton (Mass.), Edward Elgar, p. 63-87.

– 2007a, « Du développement régional au développement durable : tensions et articulations », dans A. Mollard, E. Sauboua et M. Hirzak (dir.), *Territoires et enjeux du développement régional*, Paris, Éditions Quae, p. 83-96.

– 2007b, « Peut-on séparer de façon précoce le bon grain de l'ivraie ? », dans C. Kermisch et G. Hottois (dir.), *Techniques et philosophie des risques*, Paris, Vrin, p. 139-157.

– 2008a, « Le principe de précaution demande-t-il d'interdire les OGM ? », *Le Débat*, 148, Janvier-Février, p. 51-64.

– 2008b, « L'interdiction en France du maïs OGM – Comment ruiner en deux jours la crédibilité du principe de précaution et de l'expertise scientifique », *Préventique Sécurité*, 97, Janvier-Février, p. 30-31.

– 2009a, « Le principe constitutionnel de précaution en France, la souveraineté réaffirmée », Colloque *La Constitution économique de l'État – L'ordre constitutionnel économique (1958-2008)*, Paris, Université Paris-Descartes, 3 octobre, dans *Les Petites Affiches*, numéro spécial, 16, 22 janvier, p. 43-51.

– 2009b, *Managing Global Risks Through « Proportionate » Precaution : Collective Preferences and State Sovereignty in the Balance*, REFGOV Working Paper Series GPS-6, Centre for Philosophy of Law, Université catholique de Louvain.

– 2009c, « Economics in the environmental crisis : part of the solution or part of the problem ? », dans J.-P. Touffut (ed.), *Changing Climate, Changing Economy*, Cheltenham-Northampton (Mass.), Edward Elgar, p. 29-65.

– 2010, « Quid de la gestion des risques après la constitutionnalisation du principe de précaution ? », *Responsabilité et environnement – Une série des Annales des Mines*, « Faire face à l'incertitude », 57, janvier, p. 38-44.

— *et alii*, 1985, « Le développement endogène et la différenciation des espaces de développement : une grille d'analyse pour le développement local », *Les Nouvelles de l'Écodéveloppement*, Dossier « Développement Local » (35), Paris, MSH, décembre, p. 24-43.

— (dir.), 1997, *Le principe de précaution dans la conduite des affaires humaines*, Paris, Maison des Sciences de l'Homme-Inra Éditions.

— Henry C., Lagadec P. et Michel-Kerjan E., 2002, *Traité des nouveaux risques. Précaution, crise, assurance*, Paris, Gallimard.

Gosseries A., 2004, « Historical Emissions and Free-Riding », dans L.H. Meyer (ed.), *Justice in Time – Responding to Historical Injustice*, Baden-Baden, Nomos, p. 355-382.

GOUYON P.H., 2003, « Audition », dans J.-M. Pastor, *Rapport d'information de la Mission sénatoriale d'information sur les enjeux économiques et environnementaux des organismes génétiquement modifiés*, Paris, Sénat, mai (Rapport 301).

Groupe de travail n° 4 du Grenelle de l'environnement, 2007, *Rapport – Vers des modes de production et de consommation durables*, Paris, MEEDDAT, octobre.

HERMITTE M.-A. et NOIVILLE C., 1993, « La dissémination volontaire d'organismes génétiquement modifiés dans l'environnement. Une première application du principe de prudence », *Revue Juridique de l'Environnement*, 3, p. 391-417.

HOMMEL T., 2004, *Stratégies des firmes industrielles et contestation sociale*, Paris, Inra Éditions.

— et GODARD O., 2002, « Trajectoire de contestabilité sociale et production d'OGM à usage agricole », *Économie rurale*, 270, juillet-août, p. 36-49.

HOURCADE J.-C., 1997, « Précaution et approche séquentielle de la décision face aux risques climatiques de l'effet de serre », dans O. Godard (dir.), *Le Principe de précaution dans la conduite des affaires humaines*, Paris, Maison des Sciences de l'Homme-Inra Éditions, p. 259-294.

JONAS H., 1990, *Le Principe responsabilité. Une éthique pour la civilisation technologique*, Paris, Le Cerf.

JOUDRIER P., 2008, *Commentaires sur l'« avis sur la dissémination du MON 810 sur le territoire français » émanant du comité de préfiguration d'une haute autorité sur les organismes génétiquement modifiés*, Paris, 21 janvier.

KOURILSKY P. et VINEY G., 2000, *Le Principe de Précaution. Rapport au Premier Ministre*, Paris, La Documentation Française-Odile Jacob.

KUNTZ M., 2009, « Pourquoi l'Allemagne a chassé des OGM de son sol », *Le Temps*, 8 septembre.

LAMY P., 2004, « The Emergence of Collective Preferences in International Trade : Implications for Regulating Globalisation », *Conference on Collective Preferences and Global Governance : What Future for the Multilateral Trading System ?*, Brussels, 15 September.

LARRÈRE C., 2002, « Le contexte philosophique du principe de précaution », dans C. Leben et J. Verhoeven (dir.), *Le principe de précaution – Aspects de Droit international et communautaire*, Paris, Éditions Panthéon-Assas, p. 15-28.

Monsanto-France, 2008, *Analyse par la société Monsanto de l'avis sur la dissémination du MON 810 sur le territoire français rendu par le Comité de préfiguration d'une Haute Autorité sur les organismes génétiquement modifiés le 9 janvier 2008*, Paris, 30 janvier.

NOIVILLE C. (dir.), 2007, « Dossier sur le principe de précaution », *Recueil Dalloz*, 22/7295, 7 juin, p. 1514-1550.

OCDE, 1986, *Considérations de sécurité relatives à l'ADN recombiné*, Paris, Éditions de l'OCDE.

O'RIORDAN T. and CAMERON J. (eds.), 1994, *Interpreting the Precautionary Principle*, London, Earthscan.

Parlement Européen, 2000, *Résolution du Parlement européen sur la communication de la Commission sur le recours au principe de précaution (COM(2000) 1 – C5-0143/2000 – 2000/2086(COS))*, Strasbourg, 14 décembre.

PASTOR J.-M., 2003, *Rapport d'information de la Mission sénatoriale d'information sur les enjeux économiques et environnementaux des organismes génétiquement modifiés*, Paris, Sénat, mai (Rapport 301).

ROQUEPLO P., 1983, *Penser la technique. Pour une démocratie concrète*, Paris, Seuil.

ROUYÈRE A., 2006, « Chapitre 5 – Le statut juridique du principe de précaution », dans O. Godard (dir.), *La question de la précaution en milieu professionnel*, Paris, EDP Sciences-INRS, p. 107-141.

ROY A., 2001, *Les experts face au risque : le cas des plantes transgéniques*, Paris, PUF-Le Monde.

SADELEER N. de, 1999, *Les principes du pollueur-payeur, de prévention et de précaution*, Bruxelles, Bruylant-AUF.

SEN A., 2000, *Un nouveau modèle économique – Développement, justice, liberté*, Paris, Odile Jacob.

TUBIANA M., 2000, « Le principe de précaution : ses avantages et ses risques », *Bulletin de l'Académie Nationale de Médecine*, 184, p. 969-994.

– 2009, « Le principe de précaution et les scientifiques », dans C. Birraux et J.-C. Étienne, *Rapport sur « le principe de précaution : bilan de son application quatre ans après sa constitutionnalisation » (compte rendu de l'audition publique du 1er octobre 2009)*, Paris, Office parlementaire d'évaluation des choix scientifiques et technologiques (AN n° 1964 ; Sénat n° 25), p. 40-44.

VANLOQUEREN G., 2007, *Penser et gérer l'innovation en agriculture à l'heure du génie génétique*, Louvain la Neuve, Presses Universitaires de Louvain-UCL.

VECCHIONE E., 2007, « Science for the Environment : Need for Reconsidering Statistical Methodologies », Cornell Law School Working Papers Series n° 25, http://lsr.nellco.org/cornell/clsops/papers/25/.

WEITZMAN M., 2008, « On Modeling and Interpreting the Economics of Catastrophic Climate Change », *The Review of Economics and Statistics*, 91 : 1, p. 1-19.

L'analyse économique à l'épreuve du principe de précaution

AMI D., APRAHAMIAN F., CHANEL O. and LUCHINI S., 2008a, « A Test of Cheap Talk in Different Hypothetical Contexts : The Case of Air Pollution », *WP GREQAM* 2008-08.

— APRAHAMIAN F., CHANEL O., JOULE R.-V. and LUCHINI S., 2008b, « Willingness to pay of Committed Citizens : A Field Experiment », *WP GREQAM* 2008-07.

ARROW K.J., 2007, « Global Climate Change : A Challenge to Policy », *Economists' Voice* (June), p. 1-5.

– 1950, « A difficulty in the concept of social welfare », *Journal of Political Economy*, 58, p. 328-346.

ATKINSON G., MACHADO F. and MOURATO S., 2000, « Balancing competing principles of Environmental Equity », *Environment and planning A*, vol. 32, n° 10, p. 1791-1806.

BLACK F. and SCHOLES M., 1973, « The pricing of options and corporate liabilities », *Journal of Political Economy*, 81, p. 637-654.

BONNIEUX F. et DESAIGUES B., 1998, *Économie et politiques de l'environnement*, Paris, Dalloz.

BORCH K., 1963, *Economics of Insurance*, London, North-Holland.

BRIYS E. and VARENNE F. de, 2000, *The Fisherman and the Rhinoceros*, Chichester, John Wiley & Sons Ltd.

CALLON M., LASCOURMES P. et BARTHE Y., 2001, *Agir dans un mode incertain, essai sur la démocratie thechnique*, Paris, Seuil.

CHATEAUNEUF A., COHEN M. and MEILIJSON I., 1997, « New tools to better model behavior under risk and uncertainty », *Finance*, 18, p. 25-46.

Comité de Bâle, 2004, *Convergence internationale de la mesure des normes et des fonds propres*, Banque des Règlements Internationaux (BRI), http://www.bis.org/publ/bcbs107fre.htm.

DE FINETTI B., 1930, « Fondamenti logici del raggionamento probabilistico », *Bolletino dell'unione matematica italiana*, 9.

DIXIT A. and PINDYCK R., 1994, *Investment under uncertainty*, Princeton (NJ), Princeton UP.

EECKHOUDT L.R. and HAMMITT J.K., 2004, « Does Risk Aversion Increase the Value of Mortality Risk Reductions », *Journal of Environmental Economics and Management* 47, p. 13-29.

— and HAMMITT J.K., 2001, « Background Risks and the Value of a Statistical Life », *Journal of Risk and Uncertainty* 23(3), p. 261-279.

EWALD F., 1996, « Le principe de précaution ou le retour du malin génie », dans *Le principe de précaution*, O. Godard (éd.), Paris, Éditions du CNRS.

GIDDENS A., 1990, *The Consequences of Modernity*, Cambridge, Polity Press.

GILBOA I., 1989, « Expectations and variations in multi-period decisions », *Econometrica* 57, p. 1153-1159.

— and SCHMEIDLER D., 1993, « Updating ambiguous beliefs », *Journal of Econonomic Theory* 59, p. 33-49.

GODARD O., 2007, « Le principe de précaution et la controverse OGM », *Économie Publique*, 21 (2007/2), p. 13-75.

GOLLIER C., 2001, *The economics of risk and time*, Cambridge (Mass.), MIT Press.

JONAS H., 1990 (1979), *Le principe responsabilité*, Paris, Le Cerf.

JONES C., 2005, *Applied Welfare Economics*, Oxford, Oxford UP.

KAST R., 2007, « Calcul économique et mise en pratique du principe de précaution, une mise en perspective des réflexions d'Olivier Godard (2007) sur “le principe de précaution et la controverse OGM" », *Économie Publique*, 21, (2007/2), p. 77-93.

— and LAPIED A., 2006, *Economics and finance of risk and of the future*, London, Wiley.

— et LAPIED A., 2004, *Analyse économique et financière des nouveaux risques*, Paris, Economica.

KNIGHT R., 1921, *Risk Uncertainty and Profit*, Bonston (Mass.), Hart, Shaffner & Marx-Houghton Mifflin Co, http://www.econlib.org/library/Knight/knRUP.html.

KOOP R.J., KRUPNINCK A. and TOMAN M., 1997, « Cost-Benefit Analysis and Regulatory Reform : An Assessment of the Science and the Art », *Resources for the Future*, January 1997, Discussion paper, p. 97-19.

LARRÈRE C. et LARRÈRE R., 2000, « Les OGM, entre hostilité de principe et principe de précaution », *Cités*, p. 34-46.

LINTNER J., 1965, « The valuation of risky assets and the selection of risky investments in stock portfolios and capital budget », *Review of economics and statistics*, 47, p. 13-37.

MARKOWITZ H., 1952, « Porfolio selection », *Journal of Finance*, 7, p. 77-91.

MERTON R., 1973, « An intertemporal capital asset pricing model », *Econometrica*, 41, p. 867-888.

MOSSIN J., 1966, « Equilibrium in a capital market », *Econometrica*, 34, p. 768-783.

NORDHAUS W.D., 2007a, « A Review of the Stern Review on the Economics of Climate Change », *Journal of Economic Literature*, 45 (3), p. 686-702.

– 2007b, « Critical Assumptions in the Stern Review on Climate Change », *Science*, 317, p. 201-202.

ORR S.W., 2007, « Values, preferences, and the citizen-consumer distinction in cost-benefit analysis », *Politics Philosophy Economics* 2007, 6, p. 107-130.

PEARCE D., 2003, « The Social Cost of Carbon and its Policy Implications », *Oxford Review of Economic Policy*, vol. 19(3), p. 362-384.

— ATKINSON G. and MOURANO S., 2006, *Analyse Coûts Bénéfices et environnement, développements récents*, OCDE, Éditions OCDE.

POINT P., 1998, « La place de l'évaluation des biens environnementaux dans la décision publique », *Économie Publique*, n° 1.

QUIGGIN J., 1982, « A theory of anticipated utility », *Journal of economic behavior and organisations*, 3, 4, p. 323-242.

SAVAGE L.J., 1972 (1954), *The Foundations of Statistics*, New York, Dover.

SCHMEIDLER D., 1989, « Subjective probability and expected utility without additivity », *Econometrica*, 57, p. 571-587.

SHARPE W., 1964, « Capital asset prices : a theory of market equilibrium under conditions of risks », *Journal of Finance*, 19, p. 425-442.

STERN N. (dir.), 2006, *The Stern Review Report : the Economics of Climate Change*, London, HM Treasury, 30 October.

SUGDEN R., 2005, « Coping with Preference Anomalies in Cost-Benefit Analysis : A Market-Simulation Approach », *Environmental & Resource Economics* 32, p. 129-160.

TREICH N., 2005, « L'analyse Coüt-Bénéfice de la prévention des risques », DT LERNA-INRA, Université de Toulouse, décembre 2005.

– 2008, « L'analyse Coût-Bénéfice en 10 questions », *Les cahiers de la sécurité industrielle*, n° 2008-03, Toulouse, Institut pour une culture de sécurité industrielle (ICSI).

TRIGEORGIS L., 1996, *Real options*, Cambridge (Mass.), MIT Press.

TVERSKY A. and KAHNEMAN H., 1992, « Advances in prospect theory : cumulative representation of uncertainty », *Journal of risks and uncertainty*, vol. 5(4), p. 297-323.

VON NEUMANN J. and MORGENSTERN O., 1944, *Theory of games and economic behavior*, Princeton (NJ), Princeton UP.

WEITZMAN M.L., 2007, « A Review of the Stern Review on the Economics of Climate Change », *Journal of Economic Literature*, 45 (3), p. 703-724.

ZERBE R.O. (Jr) and BELLAS S.A., 2006, *A primer for benefit-cost analysis*, Chelterham-Northampton (Mass.), Edward Elgar Publishing Limited.

Principe de précaution et OGM : un regard d'économiste

ARROW K.J. and FISHER A.C., 1974, « Environmental Preservation, Uncertainty, and Irreversibility », *Quarterly Journal of Economics* 88, p. 312-319.

BAUDRY M., 2008, « Un modèle canonique d'option réelle bayésienne et son application au principe de précaution », *Annales d'Économie et Statistique*, n° 89, p. 31-120.

BOURDIEU J., CŒURÉ B. et SÉDILLOT B., 1997, « Investissement, incertitude et irréversibilité : quelques développements récents de la théorie de l'investissement », *Revue Economique* 48, p. 23-53.

DIXIT A. and PINDYCK R.S., 1994, *Investment Under Uncertainty*, Princeton (NJ), Princeton UP.

DORMAN P., 2005, « Evolving knowledge and the precautionary principle », *Ecological Economics* 53, p. 169-176.

GOLLIER C., JULLIEN B. and TREICH N., 2000, « Scientific progress and irreversibility : an economic interpretation of the precautionary principle », *Journal of Public Economics* 75, p. 229-253.

HENRY C., 1974, « Investment Decisions Under Uncertainty : The Irreversibility Effect », *American Economic Review* 64, p. 1006-1012.

KELLY D.L. and KOLSTAD C.D., 1999, « Bayesian Learning, Growth and Pollution », *Journal of Economic Dynamics and Control* 23, p. 491-518.

MUELLER D.C., 2003, *Public Choice III*, Cambridge-Naw York, Cambridge UP.

SALANIÉ B., 1998, *Microéconomie. Les Défaillances du Marché*, Paris, Economica.

– 2002, *Théorie Économique de la Fiscalité*, Paris, Economica.

TABLE DES MATIÈRES

ACHEVÉ D'IMPRIMER
EN JANVIER 2011
PAR L'IMPRIMERIE
DE LA MANUTENTION
A MAYENNE
FRANCE
N° 625253K

Dépot légal : 1er trimestre 2011